中国政法大学知识产权校友会　选编

主　编
刘　瑛

副主编
陶　乾　朱晓宇

知行天下讲堂

（第一辑）

知识产权出版社
全国百佳图书出版单位
—北京—

图书在版编目（CIP）数据

知行天下讲堂 . 第一辑 / 刘瑛主编；陶乾，朱晓宇副主编 .—北京：知识产权出版社，2024. 9. —ISBN 978-7-5130-9510-5

Ⅰ. D913.04-53

中国国家版本馆 CIP 数据核字第 2024AG1741 号

责任编辑：雷春丽　　　　　　　　　责任校对：王　岩

封面设计：乾达文化　　　　　　　　责任印制：刘译文

知行天下讲堂（第一辑）

ZHIXING TIANXIA JIANGTANG (DI YI JI)

主　编　刘　瑛

副主编　陶　乾　朱晓宇

出版发行：**知识产权出版社** 有限责任公司	网　　址：http://www.ipph.cn
社　　址：北京市海淀区气象路50号院	邮　　编：100081
责编电话：010-82000860转8004	责编邮箱：leichunli@cnipr.com
发行电话：010-82000860转8101/8102	发行传真：010-82000893 / 82005070 / 82000270
印　　刷：三河市国英印务有限公司	经　　销：新华书店、各大网上书店及相关专业书店
开　　本：720mm×1000mm　1/16	印　　张：32.25
版　　次：2024年9月第1版	印　　次：2024年9月第1次印刷
字　　数：493千字	定　　价：168.00元

ISBN 978-7-5130-9510-5

附：

陈锦川 北京知识产权法院原副院长

李秀云 中国政法大学副校长、中国政法大学校友总会会长

刘　瑛 中国政法大学知识产权校友会常务副会长、中国政法大学品
牌与社会信用研究中心主任

吕国良 世界知识产权组织中国办事处高级顾问

曲三强 北京知识产权法研究会会长

孙国瑞 北京知识产权研究会会长

陶　乾 中国政法大学知识产权创新与竞争研究中心主任

王润贵 知识产权出版社原编审

张　楚 中国政法大学知识产权研究中心主任

朱晓宇 中国政法大学知识产权校友会理事

序　一

　　中国政法大学知识产权校友会（以下简称知识产权校友会）成立于2019年6月，是中国政法大学校友会指导和监督下的分支机构，由毕业于中国政法大学的校友联合发起成立。根据知识产权校友会章程，从事知识产权相关工作的校友以及中国政法大学的名誉教授、客座教授、兼职教授均可成为知识产权校友会会员。

　　知识产权校友会自成立以来，充分发挥会员队伍的专业优势，积极开展学术交流活动，特别是由知识产权校友会和中国政法大学知识产权研究中心发起、联合北京知识产权研究会和北京知识产权法研究会共同主办的"知行天下讲堂"已发展成为一项品牌活动，同时成为中国政法大学知识产权园地的一张"学术沙龙"名片，在国内知识产权界也产生了越来越广泛的影响。讲堂五年共举办60期，呈现给读者的这部《知行天下讲堂（第一辑）》，记录了"知行天下讲堂"的部分学术成果。

　　《知行天下讲堂（第一辑）》的作者队伍，由国内知识产权司法审判人员、高等院校知识产权教学科研人员、知识产权律师、企事业单位知识产权管理人员和曾在世界知识产权组织任职的专家共同组成，是一支理论与实务相结合的优秀专家团队。

　　专家们提出并探讨的问题，在广度上，涉及著作权法、商标法、专利法、反不正当竞争法、反垄断法等知识产权领域的多个门类；在深度上，多为其各自专业工作中遇到的疑难问题或新问题的思考，理论界无定论，教科书无答案，法律规定不具体。作者们在其作品中提出的观点或意见，是他们在工作中努力钻研、不断探索的成果。

著作权法方面，本辑专家贡献了丰硕成果：陈锦川法官论述了网络服务提供者的版权过滤义务，杨德嘉法官分析了与改编权相关的法律问题，严波主任论述了体育直播节目的作品属性，张晓霞主管介绍了教材出版单位版权全流程管理工作，李颖总监提出了信息网络传播权案件中行为保全适用问题的若干思考，李自柱主任论述了著作权归属认定的一般规则，朱晓宇律师论述了复杂版权客体的识别和认定，李伟民律师呈现了舞蹈作品法律保护疑难问题的研究结论，王韵律师论述了电影作品改编中的保护作品完整权问题等；另有专家结合我国第三次修正并通过的著作权法，贡献了新法背景下对相关问题的研究成果，如冯刚法官的《新著作权法视域下短视频的作品定性及著作权归属规则问题研究》、崔宇航法官的《无障碍电影构成合理使用的认定》、郭春飞律师的《浅谈 2020 年修改的著作权法对音乐产业的影响》；还有专家针对数字时代和人工智能应用带来的知识产权问题推出了自己的研究成果，如陶乾教授对数字时代发行权的扩张进行了研究，李鸿儒老师提出了《"人工智能生成图片"案件引发的思考》，宋海燕律师对"AIGC 可版权性"问题作了多国比较研究。

商标法方面，宋鱼水院长和肖俊逸法官对高质量发展阶段司法机关对商标实质合法性的动态审查权进行了深入探析，宋健法官对我国驰名商标制度作了深刻反思并提出了修正建议。

专利法方面，宋建立主任就我国标准必要专利诉讼中禁诉令制度的构建阐述了自己的观点，芮松艳法官结合专利权纠纷审判案例就补交实验数据与创造性判断的关系及其处理进行了实证分析，世界知识产权组织中国办事处高级顾问、海牙体系专家吕国良先生介绍了工业品外观设计国际注册海牙体系的主要内容及其为保护外观设计创新提供的便利，师彦斌老师结合专利审查实践论述了专利权的本质、价值与数字技术创新保护问题。

反不正当竞争法方面，刘佳欣法官指出了商业道德司法认定的困境，并结合司法审判实践提出了破局建议，王栖鸢法官探析了网络平台公开数据的司法保护路径。

反垄断法方面，江玉远律师论述了网络游戏发行渠道高比例抽成的反垄断规制问题，尹锋林老师分析探讨了网络音乐版权独占许可的反垄断问题。

　　作为数字经济时代重要资源的数据权益的认定和保护，受到专家们的格外关注。张连勇法官论述了数据权益知识产权的司法保护，刘瑛教授论述了信用视角下数据安全的法律规制，谷海燕总经理分析了企业数据权益保护视角下面临的数据合规挑战并提出了应对建议，苏志甫老师提出了数据要素时代商业数据保护的路径选择及规则构建思路，张喆总监基于互联网内容平台数据视角分析了互联网数据纠纷问题并提出了纾解办法，陈文煊律师提出了互联网平台公开数据保护的路径与制度选择。

　　知识产权纠纷处理途径和程序问题也受到本辑专家关注。崔树磊法官以诉的利益为视角，提出了确认不侵害知识产权纠纷受理标准的若干思考；徐叶红总监基于在国外进行知识产权诉讼的实践，探讨了知识产权纠纷的可仲裁性。

　　研读各位专家的作品，感觉有如下特点：第一是比较"实"。问题来自工作实践，分析紧扣工作实际，所得结论是为了解决实际问题；既不见大而化之的设问、概而论之的空谈，也没有"放之四海而皆准"的盖帽结论。第二是比较"专"。各文章标题都是围绕工作实践提出的命题，这些问题抓得非常专业、精准，都是相关学科理论研究中的疑难问题、相关实务工作（如知识产权审判、专利或商标审查、知识产权服务、知识产权经营管理等）中需要不断探索的问题、相关立法或司法解释中需要回应的问题。第三是具有国际视野。大部分文章在提出问题、分析问题、解决问题的过程中，采用了对国内外相关理论、实践、制度进行比较研究的方法，充分体现了知识产权的国际性特点。第四是具有时代性，对于科技进步和数字经济发展背景下提出的新问题，结合我国相关法律、政策的新变化，进行了探索性研究。这些成果，奉献给知识产权界同行，自会引发共鸣，启发思路，引起共同探讨相关问题的连锁反应，从而推动我国知识产权相关工作的进步；奉献给知识产权专业学子，也会启迪他们的心智，引导他们开展"从一般到特殊，从抽象到具体，从理论到实践，从实践到认识"的辩证思维训练，把理论和实践结合起来，积极投身到服务国家和社会的知识产权事业中来。

透过"知行天下",放眼当今世界,知识产权不仅是企业核心竞争力,也是国家核心战略资源,是新质生产力的重要组成部分。进入新时代以来,党和国家高度重视知识产权工作。党的十八大报告指出,要"实施知识产权战略,加强知识产权保护"①;党的十九大报告指出,要"倡导创新文化,强化知识产权创造、保护、运用"②;党的二十大报告指出,要"加强知识产权法治保障,形成支持全面创新的基础制度"③。为深入贯彻落实党的历次代表大会报告,推进我国知识产权事业发展,除不断修改完善知识产权相关法律法规外,党和国家还出台了一系列重要政策文件,如2015年3月,中共中央、国务院印发《中共中央 国务院关于深化体制机制改革加快实施创新驱动发展战略的若干意见》(中发〔2015〕8号);同年12月,国务院发布《国务院关于新形势下加快知识产权强国建设的若干意见》(国发〔2015〕71号);2016年12月,国务院印发《"十三五"国家知识产权保护和运用规划》(国发〔2016〕86号);2018年2月,中共中央办公厅、国务院办公厅发布《关于加强知识产权审判领域改革创新若干问题的意见》;2019年11月,中共中央办公厅、国务院办公厅印发《关于强化知识产权保护的意见》;2021年9月,中共中央、国务院印发《知识产权强国建设纲要(2021—2035年)》;2022年12月,中共中央、国务院印发《中共中央 国务院关于构建数据基础制度更好发挥数据要素作用的意见》,等等。中央发布的一系列政策文件,为我们做好知识产权工作提供了根本遵循,落实好上述中央政策文件要求,无疑也是法大知识产权人的光荣使命。

2017年5月3日,习近平总书记来中国政法大学考察调研时指出,法学学科是实践性很强的学科,法学教育要处理好知识教学和实践教学的关

---

① 胡锦涛.坚定不移沿着中国特色社会主义道路前进 为全面建成小康社会而奋斗[R/OL].(2012-11-08)[2024-08-02].https://www.12371.cn/2012/11/18/ARTI1353183626051659_all.shtml.

② 习近平.决胜全面建成小康社会 夺取新时代中国特色社会主义伟大胜利[R/OL].(2017-10-18)[2024-08-02].https://www.gov.cn/zhuanti/2017-10/27/content_5234876.htm.

③ 习近平.高举中国特色社会主义伟大旗帜 为全面建设社会主义现代化国家而团结奋斗[R/OL].(2022-10-16)[2024-08-02].https://www.12371.cn/2022/10/25/ARTI1666705047474465.shtml.

系。要打破高校和社会之间的体制壁垒，将实际工作部门的优质实践教学资源引进高校，加强法学教育、法学研究工作者和法治实际工作者之间的交流。[①] 我们要用实际行动把总书记来法大考察调研时的指示落到实处，努力把法大知识产权校友会打造成为联结国内外知识产权教育界、理论界和实务界优秀校友的高端专业交流平台，发挥好法大知识产权人的专业优势，继续办好"知行天下讲堂"，不断推出优秀成果，为法大知识产权专业建设和知识产权人才培养、为我国知识产权强国建设事业发展贡献我们应有的力量！

是为序。

李秀云

中国政法大学副校长

2024 年 8 月 7 日

[①] 光明日报调研组.看一堂思政课如何"开花结果"［N］.光明日报，2022-07-06（5）.

序　二

2019 年 9 月，"知行天下讲堂"（以下简称"讲堂"）第一期开讲。该"讲堂"是由中国政法大学知识产权校友会、中国政法大学知识产权研究中心创意并牵头主办，后由北京知识产权研究会、北京知识产权法研究会加盟联合主办的，迄今已经坚持五年之久。每期"讲堂"的主讲人都是我国知识产权实务界的翘楚，每月一期，总计 60 讲，堂堂精彩，月月精华!《知行天下讲堂（第一辑）》即为该"讲堂"五周岁华诞的结萃献礼之作!

《知行天下讲堂（第一辑）》由三大模块组成：著作权法理论与实务，商标法与专利法理论与实务，竞争法、数据保护与知识产权其他问题。共有 33 篇佳作分别汇入三大模块，每篇文章均由讲堂的主讲者根据当时讲座的主题及相关的研究积淀整理供稿，向业界同行展示了对知识产权领域热点理论争议的精辟分析和司法实践中疑难问题的解决方案，读来令人豁然开朗，神清气爽。

2019 年 9 月的顺利开局，为"讲堂"的日后赓续做了良好的铺垫。但是，天有不测风云，好事毕竟多磨。第二年，即 2020 年的年初，突如其来的新型冠状病毒感染疫情打乱了我们的生活和工作秩序，也残酷地搅扰了我们运行"讲堂"的所有安排，以至于"讲堂"还要不要继续做下去也成为困扰主办方的棘手问题。幸好科技进步鼓舞我们奋力前行!主办方经过周密论证和反复筛选，决定利用功能较为强大的远程教育利器——"小鹅通"，通过线上线下结合的方式延续"讲堂"的鲜活生命。2020 年 1 月至 2023 年 3 月，"讲堂"线上运行，效果良好，并且扩大了受众范围。

"讲堂"在疫情期间能够顺畅运行激励了主办方,参与者的热情支持更增强了主办方的信心。

疫情结束后,我们的生活和工作秩序回归正常,2023年4月,"讲堂"恢复线下运行常态,所有"讲堂"的参与人长舒了一口气。时间很快就到了2024年,"讲堂"进入第五个年头,主办方和参与人根据传统习惯达成共识——就"讲堂"运行五年来的相关主题演讲做一总结,出版一部文集。作为"讲堂"主办方之一的北京知识产权研究会认为,汇编作品《知行天下讲堂(第一辑)》的出版可谓应运而生、瓜熟蒂落、水到渠成、众望所归。

综观文集,33篇文章主题鲜明、覆盖面广,特别是对新技术——诸如人工智能(以下简称 AI)、ChatGPT 以及大数据应用等对知识产权制度带来的巨大冲击和挑战等方面的主题,也多有涉猎。

众所周知,2022年11月30日,微软旗下的 OpenAI 公司发布了 ChatGPT,由于它能够基于在预训练阶段所见的模式和统计规律生成答案,还能根据聊天的上下文进行互动,像人类一样聊天交流,甚至还能完成撰写论文、剧本、文案、翻译、邮件、代码等任务,功能强大到令人不可思议的地步。2023年3月,中国科技法学会召开年会期间,与会者热烈讨论了 ChatGPT,国内外迅速涌起 ChatGPT 热浪。与此同时,对 ChatGPT 的质疑声也不绝于耳。2023年4月10日,中国支付清算协会倡议支付行业从业人员对 ChatGPT 要保持高度警惕;4月12日,此前曾经临时禁止使用 ChatGPT 的意大利开出了解禁的条件;4月13日,西班牙国家数据保护局和法国国家信息自由委员会分别宣布对 ChatGPT 展开调查;同日,欧洲数据保护委员会宣布成立专门工作组,以促进各国之间的协同调查,并就数据保护可能采取的执法措施交流信息。由此可见,ChatGPT 是对全人类发起的挑战,不可小觑!

知识产权界对于 AI 生成物的著作权问题、AI 能否成为著作权或者专利权的主体等诸如此类的话题展开了不厌其烦的讨论与辩论。我认为,我们欢迎新技术,拥抱新技术,应用新技术,但不能迷信新技术,不能在新技术面前张皇失措,乱了阵脚,要保持绅士风度——开门迎"客",礼貌待"客"。AI 也好，ChatGPT 也罢，都是人类开发出来的技术成果，它们是人类从事科学研究和改善生产生活条件的实用工具而已。

还有一个重要问题，即数据的知识产权问题。截至 2023 年 11 月，我国经济、科技相对发达的部分地区，例如，北京、上海、江苏、浙江、福建、山东、广东等八个省市开展了试点工作，上线数据知识产权登记平台，① 颁布了数据知识产权登记办法之类的规范性文件，似乎"数据知识产权"成为无可置疑、不证自明的固定概念。相关主题的学术会议也纷纷推波助澜，热火朝天。对此，我们知识产权学术界和实务界应当头脑清醒，缜密推敲，不宜人云亦云，陷入迷思。欧盟 2018 年 5 月 25 日生效的《通用数据保护条例》（GDPR）、2024 年 5 月 21 日批准的《人工智能法》两个法律文件，在某些方面给我们提供了学习和参考的模板。我国的《数据安全法》《网络安全法》《个人信息保护法》以及《电子商务法》和《民法典》对数据与知识产权、数据与人权等问题也有原则性规定。

2020 年，我国知识产权战略纲要实施完毕，实现了知识产权大国的建设目标。2021 年，我国知识产权事业揭开新的一页——知识产权强国战略开始实施。2024 年，是我国知识产权强国战略进入实施阶段的第三年，《知识产权强国建设纲要（2021—2035 年）》提出，我国要建设支撑国际一流营商环境的知识产权保护体系，健全公正高效、管辖科学、权界清晰、系统完备的司法保护体制，健全便捷高效、严格公正、公开透明的行政保护体系。截至 2020 年底，我国知识产权领域的三大主干法律均已完成多次修改，部分知识产权法律法规正列入下一步修改计划或者立法规划。知识产权法律法规的实施，知识产权司法保护体制和行政保护体系的完备与高效运行，是我国未来知识产权制度建设的重中之重，也是"知行天下讲堂"第二个五年行动计划应当高度关注的重大话题。面对复杂多变的国际国内政治经济形势，建议"讲堂"的组织者胸怀祖

---

① 苏悦 . 我国已颁发数据知识产权登记证书超 2000 份［N/OL］. 知识产权报，（2023-11-17）［2024-06-21］.https://www.cnipa.gov.cn/art/2023/11/17/art_55_188600.html.

国，放眼世界，想政府之所想，急企业之所急，补社会之所需，高瞻远瞩，会聚英才，精心布局，继续打造"讲堂"名片，靓化"讲堂"商标。过江千尺浪，入竹万竿斜——舍我其谁！

孙国瑞

北京知识产权研究会会长

2024 年 8 月 16 日

序 三 *

数月前，刘瑛教授请我为《知行天下讲堂（第一辑）》作序，我不假思索就应承下来了，因为我知道"知行天下讲堂"是由中国政法大学知识产权校友会、中国政法大学知识产权研究中心、北京知识产权法研究会与北京知识产权研究会共同主办的一个法学实务型论坛，讲堂五年共举办60期，在法学理论和实践领域产生了巨大影响，已经成为法学研究，特别是知识产权法学领域研究的一个品牌。现如今，在刘瑛教授、陶乾教授和朱晓宇律师的热情组织下，将过往诸期的精彩篇章结集出版，无疑是一次学术壮举，特别值得推荐和品读。然而，严重的拖延症致使我迟迟未能动笔，直至该文集付梓在即才重拾思绪，委实不愿背负轻诺寡信之名也。仅将新近关于知识产权与新质生产力问题的一些思考和心得分享于斯，权作书序，以期抛砖引玉之功。

知识产权是应时代要求而产生的社会现象，是上层建筑适应经济基础变化而作出的积极反应。从本质上看，知识产权是人类智慧劳动成果的法律表现形式，是精神财富的法律化结果。与传统的物权相比，知识产权更为抽象复杂，在某些场合它表现为权利形式，而在另外一些场合它却代表着权利内容。从自然法的角度看，运用大脑的智力活动与运用身体的体力劳动并无本质上的差别，两者具有同样的合理性。既然通过体力劳动所生产的物质成果可以获得法律的认可，那么运用大脑的智力活动所创造的精神成果同样也应当受到法律保护，由此可见，知识产权的财富属性是使其

---

* 该文主要内容于2024年8月17日发表于《光明日报》第5版。

成为法律权利的内在依据，与物权法意义上的其他财产一样，知识产权具有神圣不可侵犯的财产性质。

从表面上看，知识产权是由法律拟制而成的，然而，从实质上看，知识产权却是法律对精神财富的事实认定。知识产权的自然属性为其合法性提供了充分的法理基础。自然法认为，每个人都拥有与生俱来的某些先验的东西，诸如个人的生命、财产和自由。勒内·笛卡尔（René Descartes）将这些先验的东西称为"添附观念"，洛克（Locke）称之为"天赋能力"，而自然法将之统称为"天赋人权"。对于这些先验的东西，实在法只能确认而不能创设，换句话说，立法者只能通过"描述"而不是"创设"的方式加以确权。天赋人权观念不仅反映在早期经典作家们的思想层面，而且还被现代文明社会的法律制度所接纳。法国《人权宣言》第1条就宣布："人生来就是而且始终是自由的。"从自然法的角度看，人与生俱来就有思想、创造、发明和发现的能力，这些天赋能力属于个人而不属于社会或国家，因此，当一个人在思想、文化和科技等方面作出创造性贡献时，他创造的成果理所当然地应该获得法律上的认可和经济上的回报。洛克的"劳动创造说"和卢梭（Rousseau）的"社会契约论"，均为上述观点的合理性提供了理论支撑。毋庸置疑，将智力活动与体力劳动看作本质相同的社会现象，是自然法回应时代要求而作出的积极响应。正是因为有了自然法理论的有力支撑，才能顺理成章地将科技创新及其成果纳入财产权的法律框架。

从法律属性上看，知识产权既不是纯粹的自然权，也不是纯粹的法定权，而是两者兼具的一种特殊权利。自然权是每个人与生俱有的权利；法定权则是在法律制度框架下赋予公民个人的权利。后者一般是由政府或社会组织赋予，通过法律或社会契约予以表现和保障。相对于自然权，法定权更为具体和实在，在现实中的应用场景也更为生动。知识产权是国家为自然人的智力劳动成果设立的一种权利，经由法律确立并通过制度规范给予保障，其效力由法律加以确定。任何企业或个人拥有和使用知识产权，都需要经过特别的申请、审查与授权程序。从表面形式上看，知识产权是由国家通过立法程序拟制而成的，像是一种法定权利。然而，从实质内容上看，知识产权却囊括了自然人的智力创造成果，是对精神财富的确认，在很大程度上具有自然权属性。由此可见，知识产权既有自然权的内容，也有法定权的内容，其中自然权部分决定了知识产权的财产性属性，而法定权部分则决定了知识产权的法定性特征。知识产权就是这样一个看似矛盾却又对立统一的权利复合体，而这样的法律属性构成了知识产权有别于其他财产权的主要特征。

从法律意义上讲，由于知识产权的客体是不具物状的精神财富，因而法律只能通过拟制而非描述的方式对之进行确权。每个国家都会根据自身国情，依照主观意志和价值取向去塑造知识产权的具体内容，不过，国家塑造权利的权力不是无限的，而是必须受到自然法基本原则的严格限制的。尽管如此，国家的主体意识和认知对于知识产权的塑造仍然具有绝对意义，正是基于这样的原因，知识产权才不再是纯粹的客观性权利，而是涵括了国家意志的主观性权利。由于有了国家意志的介入，对知识产权的期待也就成了社会的一种价值取向，换句话说，作为生产要素的知识产权在投入社会生产时，不是在自发地发挥作用，而是承载着社会赋予它的使命。由于不同国家的政治制度、文化传统和社会经济等条件存在诸多差别，因而作为法律塑造出来的一种权利，知识产权在不同国家中的内涵和意义也不尽相同，显现了知识产权具有地域性的特征。

保护知识产权，有利于鼓励创新和投资，促进经济发展，维护社会公平和正义。当一项科技创新成果能够被转化为商业利用时，则意味着其经济价值得到了市场的认可。科技成果的价值实现，包括价值实现所形成的资产，离不开知识产权法的保障。只有当一项创新成果能够被及时地法律化成为财产权时，才能帮助相应的企业家或个人在市场中获得一种暂时的合法垄断地位，企业家或个人可以利用法律赋予的这种特殊地位，使其产品形成差异化的竞争优势，从而实现附着在商品或服务上的无形资产的经济价值。对企业家和个人而言，基于法治的产权保护，是其从事生产和扩大再生产的信心来源和制度依赖，所谓"有恒产者有恒心"，在产权得不到尊重和保护的地方，企业家和个人就不会从事那些风险较大的科创投资，更不会有经营百年老店的长远打算，因此，持久的科技创新需要强有力的产权制度作为保障。只有在产权能够获得充分保障的地方，科技创新才能获得澎湃的动力和可持续性的发展。

新质生产力强调科技创新及其成果在实现生产力跃升过程中的重要作用，科技创新及其成果作为一种全新的生产要素，与其他传统生产力要素一道，加入社会经济生产的过程。在这一过程中，科技创新及其成果大多都以知识产权的面目出现，因为科技创新及其成果的原初状态都是无形资产，只有将其法律化为知识产权后，才能对这些财富的合法性及其边界予以确认，相应的经济活动也才有可能进行下去。除此之外，国家和社会还可以通过塑造知识产权的过程将自己的主观意志和价值取向贯穿其中，从而达到引导经济方向和规范市场秩序的目的。

从本质上看，知识产权就是法律化的无形资产，是经由法律对精神财富资源进行合理配置的结果，知识产权的这种属性本身就是对法治的完美诠释。换句话说，尊重知识产权就是要确立科技创新及其成果作为生产要素在市场经济中的合法性。产权法律制度是社会文明进步的结果，是文明社会解决资源矛盾的基本方式。只有通过妥协和契约建立起符合人性的产权法律制度，并借此来公平合理地分配资源，才有可能达成经济高效、和谐共生的理想目标。知识产权恰到好处地将科技创新及其成果转化为法律意义上的财产权，这样就使无形的精神财富获得了量身定做的法律外壳。在这种权利外壳的掩护下，知识产权可以凝聚所有的科技创新成果，并以经济要素的身份去重新整合生产力结构中的其他要素，从而形成迥异于传统生产力的新质生产力。作为新质生产力的重要因素，知识产权不仅是一种财富的表征，还是社会生产能力的体现。知识产权的产生不仅表明了既往社会经济发展的成就，还代表着未来社会经济发展的方向。

科技创新及其成果之所以成为生产力的重要因素，是由它在生产力结构中所处的地位和发挥的作用决定的。市场经济竞争说到底就是科技创新的比拼，谁能在市场竞争中掌握更多的知识产权，谁就掌握了从事经济生产的主动权和定价权。科技创新不仅具有前瞻性和导向性，而且对提高劳动者的素质、改进生产工具以及优化生产资料均可产生重要影响。伴随着现代科技的进步与发展，科技创新已经成为驱动社会经济发展的一股新生力量。

生产力要素结构经常处于变动不居的状态，当各要素条件的状态良好时，相应的生产效率就会比较高；当各要素条件变得不够好时，则会严重地影响生产效率。在后一种情况下，如果能够提高要素配置的效率，那么就可以在一定程度上抵消由于要素配置不好所带来的消极影响，从而不至于对经济增长造成太大的负面影响。如果要素条件不够有利，并且要素配置的效率又跟不上，那么经济增长的势头受阻则是大概率的事情。然而，要素配置只是权宜之计而非解决问题的根本之道，彻底的方法还是要从改善要素条件入手以实现全要素生产，从而达到提高生产效率的目标。科技创新对经济发展发挥的是变革作用，当科学技术被广泛地应用于经济活动，渗透到各个生产环节时，不仅会使经济在量上获得增长，即在规模和速度上迅速提高，而且会使经济发生质的飞跃，即在经济结构、劳动结构、产业结构、经营方式等方面发生深刻变化。在生产力的发展过程中，将潜在生产力变为现实生产力的关键，就是要把物的要素和人的要素有机地结合起来，而要实现这一目的，科技创新的作用不可或缺。从本质上看，科技创新是对传统劳动生产工具的改良，而实现这种改良的根本路径是智力劳动和思想实验，无论是物理定律的发现，还是工艺流程的创作，都只能在精神世界里完成，由此而生成的智力成果也都是无形的，这些智力成果一旦被应用到经济生产过程，便会产生无比巨大的生产力。事实证明，科技创新已经成为驱动社会经济发展的一股新生力量，构成了驱动经济社会向前发展的决定性因素。

科学技术的进步是社会生产力发生质的飞跃的重要标志，科学技术的先进水平在很大程度上决定了社会生产力的发展水平。历史经验表明，科学技术的每一次重大突破都会深刻地影响并改变那个时代的生产力结构，促进生产力的重大提升，从而实现新质生产力对旧质生产力的取代和超越，并对与之相应的生产关系和经济社会产生深刻影响。

科技与经济、社会的协调发展是文明社会发展的理想目标。文明社会的生产方式不仅需要满足生产效率的要求，还必须符合人类理性的要求。人类社会本身就是从自然界演化而来，是自然界有机构成的一部分，因此，人与自然的矛盾是永恒的矛盾。生存与发展的本能，促使人类社会必须采取文明有效的方式来组织社会经济生产，唯其如此，方能创造出足够多的财富以满足自身生存与繁衍的需要。从历史上看，不同形态的社会在采取什么样的生产方式来组织社会生产的问题上，已经进行过无数的尝试，其结果并不尽如人意。新质生产力的提出，恰逢其时地满足了时代的全部预期，科学地解决了人类社会所面临的跨时代难题，为现实经济发展找到了一条理想的道路。新质生产力强调的全要素生产，实质上就是强调科技创新在生产力结构中的核心地位和作用。适应经济基础的这种变化，作为上层建筑的法律以知识产权的名义对科技创新的成果加以定分，使其具有了名正言顺的合法身份，完成了它从经济实质到法律形式的涅槃重生。

曲三强

北京知识产权法研究会会长

2024 年 8 月 20 日

目录

CONTENTS

著作权法理论与实务

陈锦川 》》》

对网络服务提供者版权过滤义务的审视

——基于现行制度文本的解读　　　　　　　　　　002

冯　刚 》》》

新著作权法视域下短视频的作品定性及著作权归属规则问题研究　　016

杨德嘉 》》》

与改编权相关的法律问题分析　　　　　　　　　　029

崔宇航 》》》

无障碍电影构成合理使用的认定

——北京爱奇艺科技有限公司与上海俏佳人文化传媒有限公司

侵害作品信息网络传播权纠纷案　　　　　　　　042

严　波 》》》

论体育直播节目作品性质判定的两难之境与解题关键　　052

陶　乾 》》》

数字时代发行权的扩张

——以 NFT 数字藏品交易为切入点　　　　　　075

张晓霞 》》》

教材出版单位的版权全流程管理　　　　　　　　090

李 颖 ≫

信息网络传播权案件中行为保全适用问题的若干思考   103

李鸿儒 ≫

"人工智能生成图片"案件引发的思考   121

宋海燕 ≫

"AIGC 可版权性"问题之多国对比研究   131

李自柱 ≫

著作权归属认定的一般规则   146

朱晓宇 ≫

复杂版权客体的识别和认定   156

李伟民 ≫

舞蹈作品法律保护疑难问题探究   167

王 韵 ≫

试论电影作品改编中的保护作品完整权问题

    ——以《九层妖塔》案为例   183

郭春飞 ≫

浅谈 2020 年修改的著作权法对音乐产业的影响   198

商标法与专利法理论与实务

宋鱼水   肖俊逸 ≫

高质量发展阶段司法机关对商标实质合法性的动态审查权探析

    ——从 icourt 案出发   210

宋 健 ≫≫≫

我国驰名商标制度的反思与修正   *234*

宋建立 ≫≫≫

我国标准必要专利诉讼中禁诉令制度的构建   *250*

芮松艳 ≫≫≫

补交实验数据与创造性判断   *270*

吕国良 ≫≫≫

工业品外观设计国际注册海牙体系与保护外观设计创新   *293*

师彦斌 ≫≫≫

专利权的本质、价值与数字技术创新保护   *303*

竞争法、数据保护与知识产权其他问题

崔树磊 ≫≫≫

确认不侵害知识产权纠纷受理标准的若干思考

    ——以诉的利益为视角   *318*

刘佳欣 ≫≫≫

商业道德司法认定的困境与破局   *336*

王栖鸾 ≫≫≫

网络平台公开数据的司法保护路径探析

    ——以北京链家房地产经纪有限公司、天津小屋信息科技有限公司

       与北京神鹰城讯科技股份有限公司、成都神鹰城讯科技有限公司

       不正当竞争纠纷案为例   *345*

张连勇 ▶▶▶

数据权益知识产权的司法保护 *356*

刘　瑛 ▶▶▶

信用视角下的数据安全法律规制 *369*

谷海燕 ▶▶▶

企业数据权益保护视角下的数据合规挑战与应对 *385*

苏志甫 ▶▶▶

数据要素时代商业数据保护的路径选择及规则构建 *394*

张　喆 ▶▶▶

互联网数据纠纷问题与纾解

　　——基于互联网内容平台数据视角 *420*

陈文煊 ▶▶▶

互联网平台公开数据保护的路径与制度选择 *434*

江玉远 ▶▶▶

网络游戏发行渠道高比例抽成的反垄断规制

　　——以苹果公司遇到的反垄断调查为例 *446*

尹锋林 ▶▶▶

网络音乐版权独占许可的反垄断分析 *457*

徐叶红 ▶▶▶

从国内外知识产权诉讼案件的处理探讨知识产权纠纷的可仲裁性 *474*

后　记 *489*

著作权法理论与实务

对网络服务提供者版权过滤义务的审视
——基于现行制度文本的解读 *

陈锦川

作者简介

陈锦川，曾任北京知识产权法院审判员、副院长，长期从事知识产权审判工作。曾获国家科技奖励工作办公室审核的、国家科学技术部批准的中国科学技术法学会"科技法学奖－突出成就奖"，中国版权协会"2010 中国版权产业风云人物奖"，国家知识产权局、国家工商行政管理总局、国家版权局"2010 年度全国知识产权保护（十名）最具影响力人物"；被北京市委、市政府评为"北京市有突出贡献的科学、技术、管理人才"，被最高人民法院授予"全国审判业务专家"称号。出版个人专著《著作权审判：原理解读与实务指导》。

关于网络服务提供者是否应承担事先审查、监控及强制性的版权过滤义务，司法判决存在着截然相反的意见。一种意见认为，网络服务提供者承担的是"中立者"责任，其对侵权信息并不负有主动的事先审查、过滤义务，仅在主观上知晓侵权信息后，才负有采取删除、屏蔽、断开链接等必要措施的义务。在上海翡翠东方公司与百度在线公司案中，法院认为，判断短视频是否侵权，难以通过技术手段而只能依赖人工审查，由于短视频的时长较短且内容存在剪辑、拼凑甚至二次创作的可能，要求平台承担主动审查义务难度较大。[①] 在喜马拉雅公司与优酷公司案中，法院认为：网络服务提供者对于网络用户在其网络平台上传的海量内容，它主动审查以发现侵权内容

---

* 原载于《中国版权》2024 年第 2 期，第 63–72 页。
① 上海徐汇区人民法院（2020）沪 0104 民初 8795 号民事判决书。

的能力有限，因此，网络服务提供者对于网络用户上传的内容并不具有主动审查义务，"通知＋必要措施规则"，系认定网络服务提供者侵权责任的重要规则。[1] 另一种意见认为，网络服务提供者在特定情况下应负主动事先审查、过滤义务。在腾讯公司与运城阳光公司、字节跳动公司、优视公司案中，法院认为，平台直接获得经济利益时负有更高的注意义务，应采取合理有效的技术对用户上传的短视频予以主动审查。[2] 在快乐阳光公司与快手公司、华艺汇龙公司案中，法院认为，平台在收到权利人通知后，仅采取断开链接措施，未及时对视频内容及用户名称等关键词进行筛选审查或采取其他合理措施，以避免持续侵权，放任部分用户重复、持续传播侵权作品，应当承担侵权责任。[3] 在腾讯公司与微博视界公司案中，法院更是明确指出，平台对侵权行为的管理控制不能仅限于对"通知－删除规则"的实施，还负有更加积极的管理、过滤、审查等管控措施的合理注意义务。[4] 相关司法判决之所以持网络服务提供者应负主动事先审查、过滤义务的观点，其中的主要理由是：随着平台经济的成熟和算法算力的极大提升，"通知－删除规则"已不能实现著作权人与网络服务提供者之间的利益平衡，与此同时算法过滤等技术已有很大提升，故应激励网络服务提供者使用各种技术措施对用户上传的内容加以管理，重视著作权识别、过滤等技术在保护著作权中的应用。

理论界关于网络服务提供者是否应承担事先审查、监控及强制性的版权过滤义务，也存在颇多争议。但这由司法职能所决定，法院审理案件应以现行有效的法律为依据，严格遵守和执行现行的法律。本文试图以现行法律规定为依据，从过错、"通知－删除规则"以及过滤措施的技术性出发厘清法律对此问题的规定和态度。

上述所称的事先审查、监控及强制性的版权过滤义务是指，网络服务提供者应担起主动者的角色，承担强制性版权过滤义务，采取内容识别技术和过滤技术，在事前查找侵权信息并阻止侵权信息在网络中的传播。

---

① 上海知识产权法院（2023）沪 73 民终 287 号民事判决书。

② 广州互联网法院（2019）粤 0192 民初 1756 号民事判决书。

③ 长沙市中级人民法院（2021）湘 01 民终 10636 号民事判决书。

④ 西安市中级人民法院（2021）陕 01 知民初 3078 号民事判决书。

一、过错与版权过滤义务

一直以来，我国的民事侵权法都是以过错归责为主导性原则，辅之以法定情形下的过错推定以及无过错责任。从 1986 年公布的《中华人民共和国民法通则》第 106 条第 2 款所确定的过错侵权责任的一般条款开始，到 2009 年公布的《中华人民共和国侵权责任法》（以下简称《侵权责任法》）第 6 条第 1 款，再到现行的《中华人民共和国民法典》（以下简称《民法典》）第 1165 条第 1 款，都一以贯之地沿用了这一制度框架。《民法典》第 1165 条第 1 款规定，行为人因过错侵害他人民事权益造成损害的，应当承担侵权责任。该条所确定的过错归责原则是适用于所有侵权行为类型的一般条款。"无论行为人侵犯的是何种民事权益（包括知识产权、人格权在内），以何种方式实施侵权行为（通过网络实施侵权行为也包括在内），原则上都应该基于《民法典》第 1165 条所确定的过错责任的归责原则来承担责任。除非法律有特别规定采取过错推定，或者规定无过错责任，否则《民法典》第 1165 条对所有类型的侵权行为具有普遍适用性。"①有观点认为，《中华人民共和国著作权法》（以下简称《著作权法》）第 52 条规定，只要实施了侵权行为，就要承担停止侵害、赔偿损失等民事责任，并不要求行为人存在过错，因此，对著作权侵权采取的是无过错责任。这是对《著作权法》规定的误读。著作权是民法规定的各项民事权利中的一种，著作权侵权行为在本质上属于一般的民事侵权行为，自然也适用《民法典》所确定的过错归责原则。在有关法律法规中，不乏过错归责原则的规定。例如，《计算机软件保护条例》第 30 条规定，软件的复制品持有人不知道也没有合理理由应当知道该软件是侵权复制品的，不承担赔偿责任。《信息网络传播权保护条例》第 22、23 条规定，提供信息存储空间服务、搜索或者链接服务的网络服务提供者不知道也没有合理理由应该知道其提供服务端信息是侵权的，不承担赔偿责任。这些规定都体现了

---

① 薛军.民法典网络侵权条款研究：以法解释论框架的重构为中心［J］.比较法研究，2020（4）：135.

过错归责原则。

《民法典》第 1194 条到第 1197 条是关于网络侵权的专门规定，可称为网络侵权条款。网络侵权条款将《民法典》第 1165 条所确定的过错归责原则具体落实到网络服务提供者的侵权责任确定上。《民法典》第 1195 条可称为"通知 – 删除规则"，在被侵权人无法证明网络服务提供者"知道或者应当知道"时，向网络服务提供者发出通知，倘若网络服务提供者不及时采取必要措施，那么网络服务提供者的这种不作为就可能导致它对损害的发生或扩大存在过错，因而与网络用户承担连带责任。《民法典》第 1197 条是对网络侵权责任中"知道规则"的规定，如果被侵权人有证据证明网络服务提供者知道或者应当知道网络用户利用其网络服务实施侵权行为的，无须向网络服务提供者发出通知，就可以直接要求网络服务提供者与实施侵权行为的网络用户承担第 1197 条规定的连带责任。可见，"'知道规则'与'通知 – 删除规则'是《民法典》规范网络服务提供者侵权责任的两项基本规则，两者都是确定网络服务提供者就网络用户利用网络服务实施侵权行为时侵权责任的归责事由，是过错责任原则的具体体现。"[①]

网络侵权条款对过错并没有作出与《民法典》第 1165 条不同的规定。有观点据此认为，应当运用一般的侵权法原理中的过错责任原理来解释网络侵权条款中的过错，在确定网络服务提供者的责任时，适用"善良管理人"的注意义务标准。那么，《民法典》的网络侵权条款规定有没有赋予网络服务提供者普遍的审查和监控义务？对此，《民法典》的起草者之一全国人大常委会的黄薇女士在其主编的《中华人民共和国民法典释义（下）》中指出：提供技术服务的网络服务提供者没有普遍审查义务。在审判实践中应当谨慎认定网络服务提供者"应当知道"网络用户利用它的网络服务实施侵权行为，如果判断标准过宽，可能会使网络服务提供者实际上承担了普遍的审查义务。[②] 从这段话中不难解读出她是反对赋予网络服

---

① 程啸 . 论我国《民法典》网络侵权责任中的通知规则 [J]. 武汉大学学报（哲学社会科学版），2020（6）：141.

② 黄薇 . 中华人民共和国民法典释义（下）[M]. 北京：法律出版社，2020：2321.

务提供者普遍的审查和监控义务的。民法学界也多持此认识。①

　　相比《民法典》对过错的原则性规定，《最高人民法院关于审理侵害信息网络传播权民事纠纷案件适用法律若干问题的规定》（法释〔2020〕19号）（以下简称《信息网络传播权规定》）对网络服务提供者在著作权侵权中的过错作了更为详尽、具体的规定。值得注意的是，该司法解释于2012年11月由最高人民法院审判委员会通过，于《民法典》公布之后的2020年12月23日进行了修正。该司法解释明确指出，其系根据《民法典》等有关法律的规定、结合审判实际制定的。

　　涉及网络服务提供者过错认定的内容在《信息网络传播权规定》中占有较大比重，其中有两条规定与网络服务提供者是否具有一般性的事先审查和监控义务直接相关。

　　《信息网络传播权规定》第8条第2款规定：网络服务提供者未对网络用户侵害信息网络传播权的行为主动进行审查的，人民法院不应据此认定其有过错。对于作出此规定的背景，《〈关于审理侵害信息网络传播权民事纠纷案件适用法律若干问题的规定〉的理解与适用》作了详细说明："其主要考虑的是著作权是私权，一般应由权利人积极保护其私权。同时，由于网络技术发展的基本目标和价值趋向是便于信息的交流与传播，网络服务提供者对网络上的海量信息是否侵害权利人信息网络传播权没有主动监控的义务，已经成为国际上普遍的认识和做法。……我国著作权法和条例虽然没有明确写明网络服务提供者没有监控义务，但其采用的通知－删除规则事实上是认可网络服务提供者没有主动监控义务的。"② 该理解与适用虽然是针对2012年11月《信息网络传播权规定》的解读，但现行规定中的相关内容与2012年规定中的对应条文相比没有任何变化，因此它的法律根据和理论基础是完全一样的。可见，司法解释关于网络服务提供者

---

　　① 例如，石佳友教授指出：在《民法典》中，平台责任基本上是事后责任而非事先行动，是不作为的侵权类型，平台只有在知情后没有采取必要措施的情况下才会被追责。石佳友.网络暴力治理中的平台责任［J］.法律科学，2023（6）：19.

　　② 王艳芳.《关于审理侵害信息网络传播权民事纠纷案件适用法律若干问题的规定》的理解与适用［J］.人民司法，2013（9）.

没有普遍审查监控义务的态度和观点是一贯的，也是旗帜鲜明的。

《信息网络传播权规定》第9条规定："人民法院应当根据网络用户侵害信息网络传播权的具体事实是否明显，综合考虑以下因素，认定网络服务提供者是否构成应知……"该条是专门针对网络服务提供者的过错应该如何具体认定所作的规定。它明确指出，对网络服务提供者是否有过错的认定必须考虑两个因素：第一个是网络用户侵权的"具体事实"；第二个是该"具体事实"的违法性是否"明显"。据此，现行司法解释对认定网络服务提供者应当知道的要求是：第一，应知的是侵权的具体事实，而不是一个概括性事实，如果网络服务提供者只是知道或者应当知道很多网络用户利用其平台实施著作权侵权活动或者其平台上存在很多侵权内容，而不确定具体是哪个主体在实施侵权活动或者哪个信息是侵权的，则网络服务提供者不具有具体认知，不能认定其有过错；第二，侵犯著作权的具体事实的违法性要非常明显，"当用户上传的特定内容或被链接的特定内容的侵权性质，已经明显到像一面鲜亮色红旗，而网络服务提供者又能够看到这些内容（'鲜亮色红旗'在网络服务提供者面前公然飘扬），则网络服务提供者当然不能采取不闻不问、视而不见的'鸵鸟政策'，放任侵权内容的传播。"① 也就是说，只有在具体的侵权行为非常明显时，才能说明网络服务提供者应当知道该侵权行为存在过错。司法解释如此选择网络服务提供者的过错标准，其基本考虑是：网络服务提供者是为网络信息交流和交易活动的双方当事人提供中介服务的第三方主体，其本身不是信息的发布者。让网络服务提供者负有过高的法律义务，会对网络服务提供者造成难以承受的运营成本和价格负担，不利于信息的广泛传播和网络产业的发展，因此有必要寻求著作权保护与技术创新之间的"平衡点"；法律不仅要明确网络服务提供者的责任标准，使责任风险具有较强的可预见性，而且要对网络服务商的责任加以适当的限制，使之责任负担不至于过于沉重。② 因此，完全可以说，在主观过错的认定上，《民法典》及司法解释并

① 王迁. 网络环境中的著作权保护研究［M］. 北京：法律出版社，2011：292.

② 薛虹. 再论网络服务提供者的版权侵权责任［M］// 郑成思. 知识产权文丛（第4卷）. 北京：中国政法大学出版社，2000：149.

没有动摇对中立的信息传播技术的保护。① 对网络服务提供者"应知"过错的认定必须基于"侵权的具体事实"及"违法性明显"，这也就意味着司法解释排除了网络服务提供者负有概括性过错义务的要求，排除了网络服务提供者对著作权侵权事先的审查和监控的义务，当然也就不能对网络服务提供者科以强制的版权过滤义务。

二、"通知－删除规则"与版权过滤义务

《民法典》网络侵权条款中规定的"通知－删除规则"也称"通知－移除规则""通知加必要措施规则"或"通知与取下程序"等。我国法律中的"通知－删除规则"源自《美国版权法》，最早于 2000 年由最高人民法院公布的《最高人民法院关于审理涉及计算机网络著作权纠纷案件适用法律若干问题的解释》（法释〔2000〕48 号）所采用。后来的《信息网络传播权保护条例》《侵权责任法》《中华人民共和国电子商务法》继续沿用，《民法典》在总结经验的基础上作了完善。

就"通知－删除规则"在我国著作权领域的发展变化，从《民法典》与《信息网络传播权保护条例》的差异可以看出。它们的差异主要表现在三个方面：第一，"通知－删除规则"适用的对象不同。《信息网络传播权保护条例》规定的"通知－删除规则"仅适用于信息存储空间、搜索链接服务提供者，自动接入、自动传输和自动缓存服务提供者不受"通知－删除规则"约束；而《民法典》中的"通知－删除规则"针对更为广泛的网络服务提供者和服务类型，既适用于信息存储空间、搜索链接服务提供者，也适用于自动接入、自动传输和自动缓存以及其他网络技术服务提供者。第二，接到通知后，网络服务提供者应采取的措施不同。根据《信息网络传播权保护条例》的规定，信息存储空间、搜索链接服务提供者接到通知后，应分别采取删除、断开链接的措施；而根据《民法典》第 1195

---

① 吴汉东. 算法推荐与版权治理［C/OL］.（2022–07–25）［2024–05–19］. https://mp. weixin. qq. com/s/B2GGZscdp3RbOuVj9cnQWA.

条，网络服务提供者所应采取的措施除了删除、断开链接外，还包括屏蔽等其他必要措施，《民法典》对网络服务提供者应采取的必要措施不做任何限定。第三，在《信息网络传播权保护条例》中，"通知 – 删除规则"是作为免责事由，但在《民法典》中，该规则则变成了归责事由，即将网络服务提供者是否违反"通知 – 删除规则"所要求的"及时采取必要措施的义务"作为确定其侵权责任的要件。虽然存在以上发展变化，但是，从"通知 – 删除规则"到"通知加必要措施规则"的变革并没有脱离"避风港规则"体系，[①] 其本质并没有发生改变。

实务中有不少案例认为，在《民法典》将之前的"通知 – 删除规则"改为"通知加必要措施规则"后，应将"过滤、拦截"纳入必要措施之一，成为网络服务提供者接到通知后的义务。

以"通知 – 删除"义务为核心的避风港规则在 20 世纪末肇始于《美国版权法》。在互联网发展早期，美国法院曾将网络服务提供者视同报社、出版社，要求其对网络用户上传的所有侵权信息承担严格责任。但美国国会和法院认识到，对网络服务提供者科以过重的责任，将会妨碍信息的传播，损害网络服务业的健康发展，不利于网络技术的创新和发展，因而有必要对网络服务提供者的责任加以适当的限制，使之责任负担不至于过于沉重。在此思想指导下，美国于 1998 年通过其《千年数字版权法》设立了以"通知 – 删除"义务为核心的避风港规则。按照"通知 – 删除规则"，网络服务提供者不负有监控经过其系统或网络的信息的合法性的义务，而只需要依法处理已知的内容，即著作权人在获知侵权事实后，可以向网络服务提供者发出侵权通知，网络服务提供者收到合格的通知后，应当迅速移除侵权信息或屏蔽对侵权信息的访问。网络服务提供者的监控网络活动、查找侵权信息的义务之所以没有得到认可，主要是因为超越了网络服务提供者的监控能力。[②] 如果要求其审查网络信息内容，只能加重其负担，

---

① 熊琦 . 著作权法"通知 – 必要措施"义务的比较经验与本土特色［J］. 苏州大学学报（法学版），2022（1）：98.

② 薛虹 . 再论网络服务提供者的版权侵权责任［M］// 郑成思 . 知识产权文丛（第 4 卷）. 北京：中国政法大学出版社，2000：150.

提高网络服务的相关费用，还将严重妨碍信息的自由交流。可见，"通知－删除规则"的核心要义在于，网络服务提供者不负普遍的审查和监控的义务，而只承担处理已知侵权内容的责任。"通知－删除规则"制度建立以后，迅速为不少国家所吸收。实践也证明，这一制度较好地解决了各类网络平台服务提供者对平台中存在的侵权行为应当承担何种责任问题，也较好地平衡了各主体之间的利益关系，除此尚未找到比之更好的解决问题的方案。《民法典》中的"通知－删除规则"较之于《美国版权法》的相应制度，虽然有了不少变革和发展，但并没有脱离其规则体系，总体上仍然延续了其制度框架，沿袭了其基本逻辑。因此，《民法典》规定的"通知－删除规则"是一项事后规则，网络服务提供者的责任是事后责任，网络服务提供者只需要依法处理已知内容，即只有在对具体的侵权行为有具体认知时，才有义务采取措施阻止侵权行为，而且仅就知道侵权行为发生而未采取处理措施的损害部分承担责任，而不需要对网络服务中的所有内容进行全方位、无限制的监控，因此也就不需要承担版权过滤义务。这是基于《民法典》中"通知－删除规则"的立法目的的应有之义。

根据《民法典》的网络侵权条款，"通知－删除规则"是包含了一系列规范或者程序的制度体系。其由通知、采取必要措施、转送通知、声明（反通知）、终止所采取的措施等规范或程序组成，各项程序虽然相互独立但又彼此关联、互相配合。"通知－删除规则"的各项制度、程序设计，是要在保护民事主体的合法权益的同时，维护网络服务提供者的合理自由，保护网络用户的合法权益，平衡各方利益。对其中一项或几项程序的改变都将可能破坏这一机制的平衡。

在"通知－删除规则"中，通知处于核心地位。根据《民法典》，通知应当包括构成侵权的初步证据及权利人的真实身份信息，即通知要符合一定的条件。对于著作权领域来说，合格的通知必须含有能够准确确定侵权内容及其位置的信息。因为通过网络传输的信息浩如烟海，只有借助权利人的合格通知，才能使网络服务提供者知晓其网络中存在他人上传的侵权内容或指向侵权内容的链接，使网络服务提供者有机会对通知书的真实性进行初步判断；如果权利人不提供侵权的初步证据，则无法支持其关于网络用户利用网络服务实施侵权行为的主张，网络服务提供者也无法判断权利人的通知究竟是正当的还是恶意的通知，从而无法采取相应的必要措施，不合格的通知也不对网络服务提供者的注意义务产生实质性影响。①借助权利人的合格通知，才能使相关的网络用户有针对性地进行抗辩，提交不存在侵权行为的声明。

根据《民法典》第1195条，权利人发出合格通知后，网络服务提供者除了应当将该通知转送相关网络用户外，还应根据构成侵权的初步证据和服务类型采取必要措施。也就是说，网络服务提供者必须是根据合格的通知所确定的内容来采取相应的必要措施。如前面所述，网络服务提供者只需要依法处理已知内容，即只有在对具体的侵权行为有具体认知时，才有义务也才有可能采取措施阻止侵权行为，故其采取的必要措施只能是针对已知内容的。与此同时，合格的通知必须包括构成侵权的初步证据、能够准确确定侵权内容位置的信息。如果权利人的通知中不含有尚未上传的信息的初步证据，网络服务提供者无法予以准确定位。从这个角度上说，要求网络服务提供者对尚未上传的信息采取过滤措施，不符合法律要求的"合格通知"及基于合格通知而采取必要措施的规定。

根据《民法典》第1196条规定的反通知程序，网络用户接到转送的通知后，可以向网络服务提供者提交不存在侵权行为的声明；网络服务提供者应将该声明转送权利人，并在符合规定的情况下终止所采取的措施。反通知程序是"通知－删除规则"的重要组成部分，"设置反通知制度，就是赋予网络用户以抗辩的权利。未经正当程序，仅凭自称权利人的一纸通知，就将涉嫌侵权的信息从网络上予以取下，是对网络用户合法权益的重大限制，若不对权利人的权利加以适当限制，将会对信息自由流动构成极大威胁"。②因此，反通知制度对于平衡权利人与网络用户之间的利益至关重要，是否将"过滤"当作网络服务提供者应当采取的必要措施，同样涉及网络用户的合法权益，应当放到"通知－删除"整体制度框架中加

① 薛军.民法典网络侵权条款研究：以法解释论框架的重构为中心［J］.比较法研究，2020（4）.

② 黄薇.中华人民共和国民法典释义（下）［M］.北京：法律出版社，2020：2318.

以衡量。网络服务提供者转送的权利人通知中如果不包括已有初步证据证明是侵权的、网络服务提供者要过滤的尚未上传的内容的信息，网络用户不知道其哪个信息将被或者已被过滤，就无法作出不存在侵权的声明，事实上也就剥夺了法律赋予其抗辩的权利。此种情形除了程序不正当，还会损害网络用户的合法权益，这同样是不符合《民法典》中"通知－删除规则"的要求的。

三、过滤技术与版权过滤义务

许多国家和地区的法律明确规定网络服务提供者不负有对经过其网络的信息的合法性的监控义务，原因还在于，网络服务提供者必须借助技术手段才能对通过其网络的信息加以监控，但技术手段本身具有局限，依据当时的技术手段实现对信息的完全监控是不可能的。对此，有观点认为，相较于"通知－删除规则"诞生的时代背景，现在的技术算法和算力均已得到极大提升，网络服务提供者具有足够技术能力采取过滤技术屏蔽相关侵权内容，故网络服务提供者事先进行审查和监控并对侵权内容进行过滤在技术上是可行的。这种观点似过于乐观。

现有的识别过滤技术包括内容元数据索引、哈希算法识别、音频视频指纹识别等技术方法。内容元数据索引技术通过寻找包含媒体资源结构化信息的"元数据"，自动识别过滤出与检索内容相匹配的文件。但其缺陷是，内容元数据与特定媒体资源并非一一对应。不同内容的文件可能具有相同的内容元数据标记，而且标题、格式、编码方式的改变也会导致相同内容的文件具有不同的内容元数据标记。因此，仅根据媒体资源的内容元数据过滤识别版权侵权内容的出错率较高。哈希算法识别技术有效解决了内容元数据无法与特定文件形成唯一对应关系的问题。哈希加密算法内嵌抗碰撞属性设置，确保不同的输入值不会产生相同的哈希值。与内容元数据索引相比，哈希算法具有识别计算成本低、识别结果准确等优势。然而，在哈希算法识别下，只要原文件在内容或形式上稍加变化（例如，转换音乐文件的存储格式、改变音频文件的时长），就会改变相应的元数据标记或哈希值，影响过滤结果的准确率。目前，更为稳健、适应性更强的音频视频指纹识别技术直接分析媒体资源本身的内容特征，而不是分析构成编码文件的一个个信息单位，基于能够处理特定类型媒体资源的算法，利用色度向量生成给定文件的音频或视频"指纹"以作对比。指纹识别过滤技术不仅能更加快速准确地识别目标文件，还具有很强的适应性——基于智能分析识别出潜在修改过的目标文件。[①] 但该技术以逐帧对比为基本方法，而逐帧对比却难以适用于时长较短的短视频。[②] 因此，现行的过滤技术还或多或少存在缺陷，是否可以准确地识别出网络上的侵权内容，仍然需要充分的数据、证据支撑。事实上，从域外经验看，识别和过滤技术要发挥应有的作用，必须首先拥有完整准确的正版作品库，这就离不开权利人的支持和配合，即由权利人提供作品数据库以作为过滤技术识别的根据。最早采用自动过滤系统的 YouTube 就是通过数字指纹技术对网络用户上传的内容进行采样，然后将其与著作权人提供的正版作品数据库进行比对。2019 年欧盟通过的《数字化单一市场版权指令》第 17 条被不少人认为是增加了网络服务提供者的过滤义务，但其关于"尽最大努力保障权利人已提供特定信息的作品不被获取"的规定的前提是这种最大努力或技术手段应建立在权利人与网络服务提供者合作的基础上。[③] 正是基于识别和过滤技术自身的局限性，吴汉东教授指出，网络服务提供者承担主动的信息审查和过滤义务的条件之一是"版权所有人需提供版权作品的数据库，以便于拥有版权算法过滤技术的平台进行审核"。[④]

现行过滤技术除了自身的局限性外，还有一个问题是他们没有"法律判断能力"，这也是当初设立"通知－删除规则"之时不认可网络服务提供者具有主动监控义务的重要原因。"过滤"措施是一种技术，其能做的就是

---

① 朱晓睿. 版权内容过滤措施与用户隐私的利益冲突与平衡［J］. 知识产权，2020（10）：66.

② 赵双阁，姚叶. 区块链技术应用于短视频版权保护的优势与局限［J］. 中国编辑，2021（8）：44–45.

③ 熊琦. 版权过滤机制的多元属性与本土生成［J］. 法学，2023（7）：125.

④ 吴汉东. 算法推荐与版权治理［C/OL］.（2022–07–25）［2024–05–19］. https://mp. weixin. qq. com/s/B2GGZscdp3RbOuVj9cnQWA.

对权利人作品与网络上呈现的相应内容进行事实上的对比，也就是说，过滤技术只能做事实判断，无法作出法律评判。相反，评判一种作品的使用是否构成著作权侵权本身是非常复杂的问题，需要考虑所使用的是表达还是思想、表达有无独创性、是否属于公有领域、对作品的使用是否为合理使用、是否经过许可、权利人是谁等，如果涉及对外国人作品的使用，还要考虑侵权纠纷适用哪国法律，而这些法律问题对技术来说是不可能完成的任务，对内容识别和过滤技术的依赖很可能会导致大量错误的删除、错误的屏蔽和过滤。因此，在现阶段的过滤技术无法识别合法和非法使用的情况下，把经由网络的信息是否构成侵权、是否应当阻止其在网络上传播的如此严肃复杂的法律问题完全交给过滤技术显然是荒唐的。当然不能否认，过滤技术对重复侵权的内容具有高效的过滤、拦截作用，可以防止反复发生的侵权内容的传播，但其范围极其有限。《最高人民法院关于审理涉电子商务平台知识产权民事案件的指导意见》（法发〔2020〕32号）第11条规定："电子商务平台经营者存在下列情形之一的，人民法院可以认定其'应当知道'侵权行为的存在：……（三）未采取有效技术手段，过滤和拦截包含'高仿''假货'等字样的侵权商品链接、被投诉成立后再次上架的侵权商品链接……"该条规定，将平台需要过滤和拦截的侵权商品链接限于包含"高仿""假货"等字样的范围，应该说考虑到了过滤技术的局限性。

另外，网络的全球性与各国法律的地域性会产生冲突。不同国家的著作权法律制度不同，对权利的保护范围、何为侵权等有不同的标准，例如，对独创性的要求不同，导致是否构成作品有不同标准；在一个国家属于合理使用的行为，在另一个国家可能是侵权行为。在网络超越国界的情况下，网络服务提供者是难以履行监控义务、对网络上的信息进行过滤的。虽然我国的网络管理有特殊性，但在分析网络服务提供者是否应承担监控、过滤义务时，这个因素也应当放到考量的范围内。

四、结语

虽然《民法典》没有明确规定网络服务提供者的过错标准，但《信息网络传播权规定》明确排除了网络服务提供者的主动监控义务，其关于应当根据侵权的具体事实是否明显认定网络服务提供者是否有过错的规定，意味着排除了网络服务提供者负有概括性过错义务及对著作权侵权事先的审查和监控的义务。《民法典》中的"通知－删除规则"较之于《美国版权法》的相应制度有了不少变革和发展，但总体上仍然延续了其制度框架、沿袭了其基本逻辑。"通知－删除"义务是一项事后规则，网络服务提供者的责任是事后责任，网络服务提供者只有在对具体的侵权行为有具体认知时，才有义务采取措施阻止侵权行为，而且仅就知道侵权行为发生而未采取处理措施的损害部分承担责任，而不需要对网络服务中的所有内容进行全方位、无限制的监控，也就不需要承担版权过滤义务。"通知－删除规则"是包含了一系列规范或者程序的制度体系，其各项程序虽然相互独立但又彼此关联、互相配合。合格的通知必须含有能够准确确定侵权内容及其位置的信息，才能使网络服务提供者知晓其网络中存在他人上传的侵权内容或指向侵权内容的链接，从而采取相应的必要措施，也才能使网络用户有针对性地进行抗辩、提交不存在侵权行为的声明。权利人通知中如果不包括已有初步证据证明是侵权的、网络服务提供者要过滤的尚未上传的内容的信息，网络用户就无法作出不存在侵权的声明，事实上也就剥夺了法律赋予其抗辩的权利。现行的过滤技术是否可以准确地识别出网络上的侵权内容，需要充分的数据、证据支撑。从域外经验看，识别和过滤技术要能发挥应有的作用，需要由权利人提供作品数据库以作为过滤技术识别的根据。过滤技术没有"法律判断能力"，把经由网络的信息是否构成侵权、是否应当阻止其在网络上传播的法律问题交给过滤技术显然是不妥的。不同国家的著作权法律制度不同，对权利的保护范围、何为侵权等有不同的标准，在网络超越了国界的情况下，网络服务提供者难以履行监控义务、对网络上的信息进行过滤。

新著作权法视域下短视频的作品定性及著作权归属规则问题研究[*]

冯 刚

作者简介

冯刚，北京知识产权法院审判委员会委员、审判员，审判监督庭庭长，三级高级法官；北京大学、中国政法大学校外导师。承办和审理知识产权案件 5000 余件，包括琼瑶诉于正案等多起知名案件。在知识产权及法律专业期刊上发表 50 余篇学术论文；出版个人专著两部，与他人合著三部；荣立个人三等功两次，个人二等功四次，被评为全国法院办案标兵、北京市人民满意的政法干警、北京市模范法官、北京市审判业务专家。

随着数字网络技术和移动终端技术的迅猛发展以及人们接收信息的方式逐渐碎片化，"抢占注意力"成为多方主体瓜分市场红利的主题，短视频应运而生。由于短视频创作的准入门槛较低，短视频质量参差不齐，这类新的表达形式再次引发人们对其可版权性的争论。著作权框架下的独创性、思想表达二分法等基础理论在技术催生新事物的冲击下成了新的论战阵地。同时，随着短视频行业的不断发展和短视频类型的不断细化，短视频相关的版权问题也越发复杂，在新著作权法框架下，短视频的可版权性以及符合作品要件的短视频应当适用何种权利归属规则成为备受关注的问题。本文选择对短视频可版权性及其权利归属规则等相关问题加以探讨，以求教方家。

---

* 原载于《中国版权》2022 年第 1 期，第 32–38 页。

一、短视频的定义及类型

《2021年中国短视频版权保护白皮书》指出，短视频即短片视频，通常由连续画面、背景音乐及字幕等组成，是区别于传统长视频（影视剧、综艺等）的内容载体，包括60秒以下的小视频（竖屏为主）和20分钟以下的短视频（横屏为主）。[①]上述定义从短视频与传统长视频区分的角度明确短视频的客体范围，并总结了目前存在"60秒以下"和"20分钟以下"两个时间维度的短视频类型。但实践中，大部分的短视频是5分钟以下的以连续视听画面为特点的视频形式，且随着短视频行业的垂直细分，短视频出现了不同时长的版本，甚至有的视频只有几秒或者几十秒的时长，因此有的定义不局限于总时长多少，而是将"秒"作为计时单位，指出短视频是"视频长度以秒计数，主要依托于移动智能终端实现快速拍摄和美化编辑，可在社交媒体平台上实时分享和无缝对接的一种新型视频形式"[②]。基于上述定义，短视频是指区别于传统长视频，以秒计数，主要依托于移动智能终端进行拍摄和编辑所形成的包含连续画面、背景音乐及字幕等组成元素的内容载体。

本文认为，短视频产生的技术基础是移动终端（手机）的普及、网络速度提升及网络流量降价，产生的后果是生产过程的简易化和受众观看的便利化；短视频发展的社会背景是受众时间的碎片化和受众偏好的差异化，产生的后果是传播内容的个性化和传播方式的互动化。

根据短视频内容是否原创，可分为原创短视频和二次加工短视频，原创短视频是制作者根据自己的创意构思制作而成的短视频，二次加工短视频则是制作者在现有作品的基础上，通过剪辑、拼接等方式制作而成的区别于原作品的短视频。根据短视频内容的不同，短视频主要可分为以下几类：一是微电影、微纪录片类短视频，此种短视频通常有鲜明的主题，并

---

① 12426版权监测中心.2021年中国短视频版权保护白皮书［EB/OL］.（2021-05-18）
［2022-01-10］.https://mp.weixin.qq.com/s/OaQ8E4QkUB9ALa3rrOfvLQ.

② 中商产业研究院.2018年中国短视频行业市场前景研究报告［EB/OL］.（2018-03-01）
［2022-01-10］.https://www.askci.com/news/chanye/20180301/160524118867.shtml.

有专业的视频制作团队，制作门槛和成本相对其他短视频而言较高；二是生活分享类短视频，这类短视频又可细分为有一定摄制和编排技巧的短视频、简单剪辑类以及单纯记录类短视频，目前大部分短视频属于生活分享类短视频，制作门槛和成本根据摄制方法的不同而有所差异；三是剪辑类短视频，此类短视频表现为以现有作品为对象，对其中的主要情节或片段进行剪辑而成，而根据剪辑方式、对原作品内容使用情况的不同，此类短视频还可分为片段类短视频、预告片类短视频、混剪类短视频、评论解说类短视频、盘点类短视频等；四是新类型短视频，这类短视频是在短视频制作技术不断发展背景下出现的，丰富了原有的短视频类型，如近期引发热议的短视频模板案①和短视频特效案②，法院均认可了涉案短视频模板和短视频特效构成视听作品，受到著作权法保护。

二、类型化视角下短视频的可版权性分析

短视频受到著作权法保护的前提是满足著作权法对作品的要件要求，根据《中华人民共和国著作权法》（以下简称《著作权法》）的规定，作品构成要件可分为：一是属于"文学、艺术和科学领域"；二是具有独创性；三是能够以一定形式表现；四是属于智力成果。③ 在认定短视频是否属于著作权法所保护的作品方面，第一个、第三个和第四个要件很少成为短视频可版权性的阻碍，分析短视频是否属于作品的难点在于其是否具有符合著作权法要求的独创性，基于此，在短视频可版权性问题上，本文主要探讨短视频的独创性问题。

---

① 杭州互联网法院.短视频模板也受法律保护！首例短视频模板著作权侵权案今日宣判［EB/OL］.（2021-04-16）［2022-01-10］. https://mp. weixin. qq. com/s/FQ1u_ujOK6QtVGag89yp0w.
② 杭州互联网法院."模仿"窗花剪剪特效道具，构成对视听作品的侵害［EB/OL］.（2021-11-30）［2022-01-10］. https://mp. weixin. qq. com/s/Vdp1o1EfDk6y5Fq6Mpi8lQ.
③《著作权法》第3条第1款规定："本法所称的作品，是指文学、艺术和科学领域内具有独创性并能以一定形式表现的智力成果。"

（一）视频长短与独创性的有无并无必然联系

对于短视频独创性的判断，曾有观点认为短视频因其视频长度"短"，限制了作者的表达空间，难以达到作品的独创性要求，而著作权法的本意在于激励优秀作品的创作，短视频时长不够长、品位不够高，因此不属于著作权法所激励的优秀作品。①但随着短视频质量的不断提高，仅凭短视频"时长短"这一理由已经难以否认短视频的独创性，主流观点均认为短视频并不因为"时长短"而不受著作权法保护。例如，北京微播视界公司与百度在线公司著作权权属、侵权纠纷案（以下简称"我想对你说"短视频案）中，法院指出："视频的长短与创作性的判定没有必然联系。客观而言，视频时间过短，有可能很难形成独创性表达，但有些视频虽然不长，却能较为完整地表达制作者的思想感情，则具备成为作品的可能性。在此情形下，视频越短，其创作难度越高，具备创作性的可能性越大。"②又如，北京快手公司与广州华多公司著作权合同纠纷案（以下简称"PPAP"短视频案）中，法院指出："虽然时长短的确可能限制作者的表达空间，但表达空间受限并不等于表达形式非常有限而成为思想范畴的产物；相反地，在数十秒的时间内亦可以创作出体现一定主题，且结合文字、音乐、场景、特效等多种元素的内容表达。"③由此可以看出，视频的长短与独创性的有无并无必然联系。因此，有观点指出，独创性判断的关键在于新表达与现有表达相比，有多少增量要素，尽管对于短视频而言，"时长"代表了短视频的"篇幅"，但对于文字作品而言，"篇幅"从来不是文字作品独创性判断的决定性因素，而仅仅是考量因素，同理，"时长"也不应当作为短视频独创性判断的决定性因素。④

① 卢海君．短视频的《著作权法》地位［J］．中国出版，2019（5）：10.
② 北京互联网法院（2018）京 0491 民初 1 号民事判决书。
③ 北京市海淀区人民法院（2017）京 0108 民初 49079 号民事判决书。
④ 孙山．短视频的独创性与著作权法保护的路径［J］．知识产权，2019（4）：45-46.

（二）短视频的独创性判断标准

在著作权法中，"独创性"通常被解释为"独立完成"和"具有创造性"。在作品独创性判断标准这一问题上，版权体系国家和作者权体系国家在独创性要求作品由作者本人"独立完成"这一问题上少有争论，但在"创造性"的认知上则差异较大。具体而言，版权体系国家看重作品的经济价值，因此，只要表达具有较低限度的独创性，就可以受到版权保护；而作者权体系国家则看重作品中所蕴含的人格精神，强调在判断表达是否具备独创性时，应当考虑表达是否具有一定的"创作高度"，是否体现了作者的个性化表达。①

通常认为，我国著作权体系受作者权体系影响较深，在作品独创性判断标准上也要求"具有一定的创作高度"，因此，传统观点在解释作品独创性标准时，强调作品应当有作者的人格精神，体现了作者的个性化表达，作品即为作者的人格体现。这种观点坚持了较高的独创性标准，在一定程度上提高了著作权的准入门槛。

尽管版权体系国家和作者权体系国家在"独创性"的认知上存在较大差异，但随着国际交流的加深以及新型作品的不断涌现等原因，版权体系和作者权体系国家在"独创性"的判断标准方面一直不断调适，以至于两种体系国家所适用的"独创性"判断标准差异逐渐缩小，甚至呈现出融合趋势。②易言之，独创性的判断标准会随着历史的发展而逐渐发生变化。③基于此，我国在作品独创性判断标准上，也应当根据实际需要进行相应的调适。

在短视频独创性的判断标准上，固守较高标准的独创性判断标准会将大部分短视频排除作品范畴，从而导致大部分短视频只能求助于邻接权保护，这样的保护模式并不利于短视频产业的蓬勃发展。因此，有观点指出，在短视频独创性标准界定方面，应当遵循利益平衡原则，结合我国短

---

① 孙山.短视频的独创性与著作权法保护的路径［J］.知识产权，2019（4）：46.

② 刘铁光.作品独创性判定标准调适的准则及其遵守的路径：以体育赛事直播画面独创性的判定为例［J］.苏州大学学报（法学版），2019，6（4）：15.

③ BENTLY L, SHERMAN B. Intellectual Property Law［M］. 4th ed. Oxford: Oxford University Press, 2014: 94.

视频自身特性和产业发展的实际情况，尽量实现作者利益与产业发展的兼顾和统一。为了实现这一目的，传统的作者权体系国家的独创性判断标准对于短视频而言太过苛刻，相比之下，版权体系国家相对"宽松"的独创性判断标准更贴近当下短视频的发展需要，但同时也不应当过分拉低独创性的判断门槛，而应当确定一个满足实际需要的、合理的独创性判断标准。① 审理前文提及的"我想对你说"短视频案的法官也曾撰文道：对短视频予以著作权保护是符合当下司法政策要求的，产业的革新的确会给现有的理论和实践带来一定的冲击，我们唯有面向未来思考，而非固守历史的标准，才能选好当下的路径。因此，尽管"我想对你说"短视频因为时长较短导致创作空间有限，但我们认为只要有"一点火花"就可以认定为作品，如果标准过高，可能短视频行业中就没有作品只有制品了，这里的"一点火花"指的是可识别的差异性，或称之为"个性化"。② 因此，在短视频独创性判断方面，只要短视频所呈现的表达与现有表达不同，具有一定的增量，这些增量表达了作者的个性或思想情感，则可以肯定其具有独创性。实际上，对独创性判断标准界定过低的担忧，主要是担心资源被合法垄断得过多，而影响到社会公共利益，阻碍社会文化事业繁荣发展，但从版权体系国家的实践经验来看，选择较低的独创性判断标准并不会产生我们所担忧的问题，且若某类表达缺少智力创作的选择空间，将会导致表达与思想难以分离，借助"思想表达二分法"理论中的"合并原则"或"场景原则"，也能够将有限的表达留给公共领域，并不会产生表达被垄断、侵害公共利益的问题。③ 因此，有学者指出，著作权法应当采用"宽

① 马治国，徐济宽，刘桢.用户原创短视频的独创性［J］.大连理工大学学报（社会科学版），2020，41（5）：73.

② 张雯，朱阁.侵害短视频著作权案件的审理思路和主要问题：以"抖音短视频"诉"伙拍小视频"侵害作品信息网络传播权纠纷一案为例［J］.法律适用，2019（6）：5-7.

③ "合并原则"又称"混同原则"，是指如果某一种"思想"实际上只有一种或非常有限的表达，那么这些表达也被视为"思想"而不受保护；"场景原则"是指在表达某一主题时，必须描述某些场景，使用某些场景的安排和设计，那么即使这些场景是在先作品描述的，在后作品对该场景的使用也不构成侵权。参见：王迁.知识产权法教程［M］.7版.北京：中国人民大学出版社，2021：91-92.

进宽出"结构，首先应避免对作品构成要件作过于严格的解释，因为从社会成本角度来看，社会生产的海量信息大多数是小概率成果，更加适合遵循著作权事后界权模式，若对作品构成要件进行严格解释，将会使本该适用事后界权的大量信息成果无法适用著作权分析框架，只能被迫求助于其他不恰当的界权工具甚至无法获得应有保护。著作权法的门槛应当足够开放，独创性的判断标准不应被过度拔高，应允许将大量成果收容至著作权适用范围内。①

综上所述，对短视频独创性的判断标准不宜过于严格，而应当立足于短视频产业的发展需要，对其独创性判断标准进行适当的调适，避免因为独创性标准的过度拔高，导致本应受到著作权法保护的短视频被排除在作品范畴外。易言之，只要短视频具有一定的智力创作空间，能够体现作者的个性化选择和安排，相比于现有表达存在一定的增量因素，就应当认可其独创性。同时，对独创性应采用"有无"还是"高低"标准，本文赞同独创性是定性而非定量的问题，即独创性的判断应当是"有无"而非"高低"。正如有学者指出"独创性只能定性，无法定量，即只能判定独创性之有无，无法判定独创性之高低，如果引入量的判断，必然导致裁判者的主观任意"②。

（三）类型化视角下短视频的独创性

正如前文所提及的，根据短视频内容的不同，短视频主要可分为微电影、微纪录片类短视频，生活分享类短视频，剪辑类短视频以及新类型短视频四类。在明确短视频独创性判断标准不宜过高的基础上，可分别探讨不同类型短视频的独创性。

关于微电影、微纪录片类短视频，由于这类短视频的制作门槛相对较高，制作方式和传统的电影和纪录片方式类似，具有主题鲜明的故事情节，而非单纯的录制行为，因而这类短视频在独创性判断方面通常并无较

---

① 蒋舸.论著作权法的"宽进宽出"结构［J］.中外法学，2021，33（2）：328-338.
② 李琛.短视频产业著作权问题的制度回应［J］.出版发行研究，2019（4）：7.

大争议。

关于生活分享类短视频，这类短视频是较为常见的短视频类型，根据内容制作方式的不同，可细分为有一定摄制和编排技巧的短视频、简单剪辑的短视频及单纯录制的短视频。其中，有一定摄制和编排技巧的短视频往往表现出制作者对拍摄内容的选择和编排设计或巧思，因此，较大可能符合作品的独创性要求。如之前比较有名的抖音博主"张同学"，其以农村生活为主题，拍摄了大量农村生活的短视频，其制作成的短视频展现出农村生活原貌，尽管呈现的视觉效果比不上制作精美的电影或电视剧，但从其短视频的运镜方法和剪辑技巧来看，"张同学"的短视频强调"第一视角"，让观众有代入感，增强了视频的叙事感，应当认可其创作的短视频具有独创性。不仅如此，有网友通过分析其制作的短视频指出，"张同学"制作的短视频通常对视频中的一个动作选取多个拍摄角度，7 分钟左右的短视频包含分镜头 200 多个。[①] 对于简单剪辑或者单纯录制的短视频，通常因为这类短视频相比于现有表达并无多少增量要素，无法体现作者的个性化选择和安排，因此，难以认定其具备独创性，只能纳入邻接权的保护范畴甚至不保护。

剪辑类短视频通常是对现有视频进行二次加工创作而成的。其中，单纯切条类短视频，由于其并未产生区别于原有作品的新表达，因而不符合独创性要求；而混剪类短视频、评论解说类短视频以及盘点类短视频，则需要根据个案进行具体判断，如果这类短视频的表达具有一定的选择空间，产生了区别于原作品的具有一定个性化表达的增量因素，则具备独创性，可以作为作品加以保护，但如果这类短视频的表达并未产生前述增量因素，则只能利用邻接权加以保护。

新类型短视频是相对于传统短视频而言的，如之前引发争议的短视频模板和短视频特效纠纷案，表明短视频类型在短视频制作技术不断发展的情况下呈现出扩展趋势，今后仍可能出现更多新类型短视频。在判断新类

---

① 袁秀月.拍乡村生活流水账的"张同学"，为啥火了［EB/OL］.（2021-11-30）［2022-01-10］.https://ent.chinadaily.com.cn/a/202111/30/WS61a5c321a3107be4979fa9bf.html.

型短视频是否具备独创性、构成著作权法所保护的作品时，需要判断短视频创作过程中是否存在可以选择的智力创作空间，是否体现了创作者个性化的选择和安排，是否能够产生区别于现有作品的增量因素等。如首例短视频模板侵权纠纷案中，一名用户在剪映 App 平台上传了名为"为爱充电"的短视频模板，法院认为该短视频模板的创作过程存在智力创造空间，具有独特的选择、安排与设计，体现了制作者的个性化表达，属于以类似摄制电影方式创作的作品（现为"视听作品"）。[①] 又如"窗花剪剪"短视频特效案中，法院认为在判断连续画面的独创性时，应当将其画面呈现与内容反映相分离，而对连续画面的呈现状态、上下衔接、体现的画面感的独创性进行分析，从涉案"窗花剪剪"特效连续画面的呈现状态、上下衔接、体现的画面感等维度进行分析可知，涉案"窗花剪剪"特效体现了作者选择和安排，具有创造性，符合视听作品连续画面独创性的要求。[②] 上述案件表明，即使仅是短视频制作过程中的视觉画面类创作元素，只要该创作元素本身能够体现作者的个性化选择和安排，也可以承认其视听作品地位。

三、短视频的作品类型及权利归属规则

当短视频具备独创性，可以作为作品受到著作权法保护时，下一步需要解决的问题是：短视频属于哪种类型的作品。

（一）短视频的作品类型及其在视听作品项下进一步归类的必要性

根据 2010 年《著作权法》的规定，视听画面类作品通常属于"电影作品和以类似摄制电影方法创作的作品"的范畴，短视频若构成作品则主要被认为属于"以类似摄制电影方法创作的作品"（以下简称类电作品）。

---

① 杭州互联网法院 . 短视频模板也受法律保护！首例短视频模板著作权侵权案今日宣判［EB/OL］.（2021-04-16）［2022-01-10］. https://mp. weixin. qq. com/s/FQ1u_ujOK6QtVGag89yp0w.

② 杭州互联网法院 . "模仿"窗花剪剪特效道具，构成对视听作品的侵害［EB/OL］.（2021-11-30）［2022-01-10］. https://mp. weixin. qq. com/s/Vdp1o1EfDk6y5Fq6Mpi8lQ.

如前文提及的"我想对你说"短视频案和"PPAP"短视频案，法院均认为具有独创性的短视频属于类电作品范畴。但在2020年《著作权法》施行前，将短视频认定为电影作品或者是类电作品，在权利归属问题上并无差别——因为修改前的《著作权法》统一规定电影作品和类电作品的著作权归制片者享有——因此，将短视频纳入电影作品范畴抑或类电作品范畴，在法律适用方面并无实质性差别。

2020年《著作权法》第17条规定：视听作品中的电影作品、电视剧作品的著作权由制片者享有，但编剧、导演、摄影、作词、作曲等作者享有署名权，并有权按照与制作者签订的合同获得报酬。前款规定以外的视听作品的著作权归属由当事人约定；没有约定或者约定不明确的，由制作者享有，但作者享有署名权和获得报酬的权利。

由此可见，根据2020年《著作权法》的规定，"电影作品和以类似摄制电影方法创作的作品"被修改为"视听作品"，视听作品包括电影作品、电视剧作品和其他作品。更为重要的是，2020年《著作权法》对视听作品规定了两种不同的著作权归属规则：针对电影作品和电视剧作品规定的著作权归属规则与2010年《著作权法》相同，仍由制片者享有，实质上就是署名推定规则；针对电影作品和电视剧作品以外的其他视听作品，规定的著作权归属规则分为两个顺位：第一顺位是约定规则，实质上就是协商一致规则；第二顺位是由制片者享有，但作者拥有保留的权利。[1] 因此，从功利主义的立场出发，在2010年《著作权法》条件下，对于短视频进一步归类并无必要或者归于电影作品抑或类电作品并无差别；但在2020年《著作权法》条件下，对于短视频在视听作品项下的进一步归类则具有实质意义。

（二）短视频的进一步归类：逐项考察

1. 行政管理视角下的电影作品、电视剧作品、视听作品

《电影管理条例》（国务院令第342号）（2002年2月1日施行）以列

---

[1] 这一规则类似于继承顺位，第一顺位存在则排除第二顺位的适用。

举的方式规定了电影的类型。①《中华人民共和国电影产业促进法》（2017年3月1日施行）以定义的方式规定了该法中电影的概念。② 对于电视剧及视听作品，行政管理规范性文件虽多有涉及，但均未作出列举式或者定义式规定，只是规定电视剧播放主体限于广播电台和电视台。可见，行政管理视角下的电影、电视剧传播渠道主要限于传统电影院及广播电视节目，不包括用于网络传播的网络电影和网剧。

2. 短视频的归类：方法论——结果导向

在侵害短视频著作权案件中很可能出现以下情况：

原告（既可能是自称的原始著作权人，也可能是自称的继受著作权人）为减少麻烦，往往主张短视频是电影作品，应当认定短视频的著作权人是署名的制片者。被告出于自身利益考虑，可能在程序上给原告设置障碍，即提出短视频属于其他视听作品的主张，要求原告提交约定；当原告系自称的继受著作权人时，原告提交上述约定存在很大的困难。

由于目前没有明确的司法解释及司法政策，法院将面临两难：为简便审理而依据署名确定著作权归属，会导致被告上诉，主张法院漏审；要求原告提交约定将导致审理烦琐，有时难以确定相关主体的范围及准确身份且难以复现当时的约定情况。

本文认为，应将符合作品条件的短视频归类为电影作品。理由是：第一，对于任何类型的作品均不因内容多少导致作品类型的改变。例如，一部长篇小说可能长达百万字，而一首五言绝句加上标题仅有20余字③，但两者均为文字作品；一部交响乐可能长达两个小时，而一首歌曲仅有五分钟，但两者均为音乐作品；《清明上河图》描绘了815人，而肖像画往往只有一人，但两者均为美术作品中的图画；如此等等，不一而足。第二，

---

① 《电影管理条例》第 2 条规定：本条例适用于中华人民共和国境内的故事片、纪录片、科教片、美术片、专题片等电影片的制片、进口、出口、发行和放映等活动。

② 《中华人民共和国电影产业促进法》第 2 条第 2 款规定：本法所称电影，是指运用视听技术和艺术手段摄制、以胶片或者数字载体记录、由表达一定内容的有声或者无声的连续画面组成、符合国家规定的技术标准、用于电影院等固定放映场所或者流动放映设备公开放映的作品。

③ 如唐代柳宗元的《江雪》：千山鸟飞绝，万径人踪灭。孤舟蓑笠翁，独钓寒江雪。

《最高人民法院关于加强著作权和与著作权有关的权利保护的意见》（法发〔2020〕42 号）^①规定：“适用署名推定规则确定著作权或者与著作权有关的权利归属且被告未提交相反证据的，原告可以不再另行提交权利转让协议或其他书面证据。在诉讼程序中，被告主张其不承担侵权责任的，应当提供证据证明已经取得权利人的许可，或者具有著作权法规定的不经权利人许可而可以使用的情形。”

综上所述，本文认为，将满足作品要件的短视频纳入电影作品范畴，直接适用电影作品相关的权利归属规定更易实现定分止争。退一步讲，若认为短视频作品和电影作品仍有差别，在对于视听作品不同类型问题尚无明确法律规定或司法解释的情况下，法院不宜主动审查视听作品不同类型的问题并在判决中弱化这一问题，可以直接适用《著作权法》第 12 条的规定，即若无相反证明，在作品上署名的主体是作者，享有相应的著作权。其中“相反证明”主要是当事人之间的约定，且如果一方（通常情况下是被告）主张在作品上署名的主体并非作者，则应由主张方承担相应的举证责任。

四、结语

短视频可版权性问题和其他大多数作品一样，难点在于适用何种独创性判断标准。从短视频行业的发展需求来看，固守高标准，将会使短视频领域的作品所剩无几，不利于新兴产业的保护。因此，有必要对独创性判断标准进行适当调适，确定一个满足短视频发展需求又不至于过分拉低著作权门槛的判断标准，这是当下及今后需要不断努力的方向。此外，在 2020 年《著作权法》中，将符合独创性等作品要件的短视频纳入视听作品范畴并无争议，但其权利归属应如何确定仍有讨论空间。尽管本文提出可以将短视频作品纳入电影作品范畴，但为了契合短视频行业的实际发展

---

① 该文件于 2020 年 11 月 16 日出台，晚于全国人大常委会审议通过 2020 年《著作权法》的时间（2020 年 11 月 11 日）。

需要，仍有必要根据短视频的行业需求选择合适的权利归属规定。具体而言，可以深入视听行业了解实际情况，考察行业惯例认定某类视听作品的著作权不属于制作者而应当由利益相关方通过约定方式确定权利归属的情况，在此基础上，判断短视频作品是否更适合由利益相关方通过约定方式确定著作权归属，从行业实际需求出发，完善短视频的著作权法保护。

与改编权相关的法律问题分析 *

杨德嘉

作者简介

杨德嘉，北京市海淀区人民法院审判委员会委员、知识产权审判庭庭长；北京市审判业务专家，北京法院首届"审判业务标兵"。从事知识产权审判工作近20年，承办和参与审理各类知识产权案件4000余件，多案入选中国法院五十件典型知识产权案例、北京法院知识产权司法保护十大案例；撰写的"避风塘""杰克琼斯""百科词条""全民K歌""网盘服务商责任"等案判决书在最高人民法院、北京市高级人民法院的裁判文书评比中多次获奖。

近年来，改编作品的市场热度不断攀升。小说改编为游戏，游戏改编为影视剧，影视剧改编为小说……可谓无所不改，花样频出。特别是在影视作品①领域，在原作品已经具有较高知名度的情况下，改编影视剧往往更容易吸引当红导演和演员的参与，进而推动公众和媒体的高度关注和期待，由此产生巨大的吸金效应，成为资本市场追逐的热点。随之而来的是所谓"IP改编"引发的一系列法律纠纷：从《宫锁连城》到《九层妖塔》，从《三生三世十里桃花》到《匆匆那年》……几乎哪里有热点，哪里就有纠纷。

不难发现，其中很多争议都是围绕着改编权展开的。除改编权这一关键词之外，通常还会涉及复制权、修改权、保护作品完整权、摄制权以及

---

* 原载于《中国版权》2017年第6期，第12–18页。

① 指2010年《著作权法》规定的电影作品和以类似摄制电影的方法创作的作品。由于影视作品这一说法简洁易懂、流传广泛，也不至于引起歧义，故本文从众用之。

抄袭、剽窃等诸多权项和争议。本文旨在以涉及影视作品的纠纷为引子，梳理改编权与著作权法规定的其他权利及相关概念之间的关系和界限，希望能为前述问题的讨论提供一些帮助。

一、改编权的含义

《中华人民共和国著作权法》（以下简称《著作权法》）第 10 条第 1 款第 14 项规定：改编权，即改变作品，创作出具有独创性的新作品的权利。可见，改编的核心，一是要对原作品作出改变，二是要创作出新作品。《中华人民共和国著作权法释义》一书中对改编权做了进一步说明："所谓改变作品，一般是指在不改变作品内容的前提下，将作品由一种类型改变成另一种类型。如将小说改编成适于演出的剧本、改编成连环画等。改编权也包括将作品扩写、缩写或者改写，虽未改变作品类型，只要创作出具有独创性的作品，也可以认为是改编。"① 郑成思教授也曾指出："从剧本改到剧本也是改编。表现形式就是我用的语言和你不一样了，我的情节、人物有所改变了，绝不是指艺术形式、载体、媒介，统统不是。"②

二、改编权与复制权的关系

复制权即对作品进行复制的权利，是著作权中最基础也是最核心的权项。对于什么是复制，存在狭义、广义等不同理解③，在各国著作权法中的含义也不尽相同。从现行《著作权法》对复制权的规定（以印刷、复印、拓印、录音、录像、翻录、翻拍、数字化等方式将作品制作一份或者多份的权利）来看，我国所采用的应当是狭义的复制概念。然而即便如此，我们也不能简单地将复制理解为是"原封不动"地再现作品。在我国《著作权法》中，复制权所控制的复制行为应当是在不增加具有独创性的新内容

---

① 胡康生.中华人民共和国著作权法释义［M］.北京：法律出版社，2002：58.
② 张鲁民，陈锦川.著作权审判实务与案例［M］.北京：中国方正出版社，2001：176.
③ 陈锦川.著作权审判：原理解读与实务指导［M］.北京：法律出版社，2014：315.

的情况下再现作品，这其中包括仅对作品进行了少量增删、调整等非实质性改变的再现。

与复制不同的是，改编恰恰要求必须在原作品的基础上进行新的创作，进而产生新的作品。由此可见，尽管都需要依附原作品，但复制与改编的区别，关键在于是否产生了新的作品，即是否出现了创作增量。同理，原作品与改编作品间的关系也可以归纳为：

原作品（整体或部分）+ 改编者的独创性表达 = 改编作品

在薛某克与燕某娅、北京翰海拍卖有限公司侵害著作权纠纷案中，法院在判决中对涉案行为属于复制还是改编进行了准确的认定。法院经审理认为：薛某克的摄影作品《次仁卓玛》和燕某娅的油画《阿妈与达娃》系以相同人物为创作对象的两种类型不同的作品……通过对比，燕某娅的油画与薛某克的摄影作品存在高度相似，除油画画面相对模糊外，两者在整体构图，场景布局，人物的姿势、神态、服饰特征以及物品摆放等方面均相同……燕某娅在绘制涉案油画时使用了薛某克摄影作品中具有独创性的画面形象，两者的基本内容相同，但由于创作方法不同，涉案油画的绘制需要燕某娅通过对表现对象的观察、理解并借助绘画颜料和自身的绘画技能才能完成，绘画过程体现了其个人的构思和判断，且涉案油画与薛某克的摄影作品相比，两者在视觉上仍存在较为明显的、能够被识别的差异。因此，燕某娅的涉案行为属于在不改变作品基本内容的前提下，将作品由摄影作品改变成油画作品的行为，构成了对薛某克摄影作品的改编。[①]

与上述案例相对应的是，同样为绘画，如果仅是对某一画作的"高仿"，则只能被认定为复制而不是改编。例如，名画的仿制，古今中外，层出不穷。在这个"地下产业"中，涌现出了不少天赋异禀、技艺超群的大师级仿制者，很多上乘的仿制画作，即使摆在专家面前也难以辨明真伪，甚至在标明是赝品的情况下，仍然价值不菲。然而即便如此，我们也无法认定这种高超的仿制具有著作权法意义上的独创性，甚至连对原画作的改编都算不上。因为越是以假乱真的仿品，就越说明其是在对原画作进

---

① 北京市朝阳区人民法院（2011）朝民初字第 20681 号民事判决书。

行复制，而非在原作的基础上注入新的独创性表达。

同样的道理也适用于文物修复，特别是古书画修复行为的性质认定：如果是根据照片、复制品等资料对古书画进行高度还原的修复，应属复制行为；但如果原作残损严重，且缺乏可以反映原貌的图像资料等修复依据，进而需要修复者查询文字记载等间接资料，最终按照自己的理解和想象对残缺部分加以修补，则经此修复的古书画，已经在原作基础上附加了新的独创性表达，构成改编作品。

三、侵害改编权与抄袭、剽窃的关系

抄袭和剽窃是涉及影视作品的著作权纠纷中经常出现的高频词汇。然而，就像一千个人眼中有一千个哈姆雷特一样，不同的人眼中的抄袭、剽窃也有着不尽相同的含义。特别是文艺工作者与法律工作者之间，同样是谈论抄袭和剽窃，但所指向的行为及其性质认定却经常有很大差异——前者更容易把思想、创意、观点等著作权法不予保护的对象纳入侵权认定的范围。即便是在法律领域内，对抄袭、剽窃的认识，也并非没有争议。而产生这种不同认识甚至争议的重要原因就在于缺乏明确的法律依据和概念界定。尽管 1990 年《著作权法》在侵权责任条款中出现了"抄袭、剽窃他人作品"的表述，但在随后的修法过程中，有关部门和专家指出两者基本上是同一语义，不必重复，因此删除了"抄袭"而保留了"剽窃"。①

至于抄袭、剽窃与侵害改编权的关系，有观点认为：剽窃分为低级剽窃和高级剽窃。前者是指原封不动地照搬他人作品或者稍加改动他人作品并署上自己的名字，因此既侵害复制权也侵害署名权；后者是指"改头换面"使用他人作品或作品的片段，同时还加入了自己的独创性劳动，因此同时构成对改编权和署名权的侵害。剽窃与侵害复制权、改编权的最大区别在于是否为原作者署名或注明出处，② 即是否割裂了原作品被使用的部分

---

① 胡康生. 中华人民共和国著作权法释义［M］. 北京：法律出版社，2002：194.
② 陈锦川. 著作权审判：原理解读与实务指导［M］. 北京：法律出版社，2014：315–316.

与原作者之间的联系。

　　尽管本文赞同上述观点对剽窃与侵害复制权、改编权之间关系的分析和结论，但对司法实践，特别是判决书中频频使用抄袭、剽窃表述的做法，仍持保留意见。因为无论如何，"剽窃并非著作权法中类型化的侵权行为"。[①] 值得注意的是，在现行《著作权法》中，"剽窃"仅出现了一次，即第 52 条法律责任的第 5 项规定：剽窃他人作品的。然而，这里的剽窃具体指什么侵权行为，与著作权人享有的十七项权利之间是什么关系，法律规定中未做任何交代。在 2013 年修订的《中华人民共和国著作权法实施条例》（以下简称《著作权法实施条例》）中，也未见"剽窃"的踪迹。同样，《最高人民法院关于审理著作权民事纠纷案件适用法律若干问题的解释》（法释〔2020〕19 号）、《最高人民法院关于审理侵害信息网络传播权民事纠纷案件适用法律若干问题的规定》（法释〔2020〕19 号）等司法解释中也没有使用剽窃的表述或对其含义加以明确。至于"抄袭"，更是在上述法律文件中没再露面。

　　综上所述，本文认为，司法裁判毕竟与理论研究和公众表达有着本质不同，在著作权法已经提供了署名权、复制权、改编权等具有明确含义的概念并足以据此对纠纷作出清晰认定的情况下，另行使用抄袭、剽窃等语焉不详的表述用于侵权判断，不仅毫无增益，反而有可能引发不必要的误解和争议。因为法官所认定的剽窃，很可能与原告所主张的剽窃不尽相同；而此判决中所认定的剽窃，也未必与彼判决中所称的剽窃完全一致。况且无论是对抄袭、剽窃作出认定还是进行解释，终究还是要回归到《著作权法》第 10 条所规定的相关权项范围内。如此使用，既大费周章又易引起歧义，恐怕缺乏足够的合理性和必要性，是否仍需在《著作权法》条文中予以保留，值得进一步考量与商榷。

---

① 陈锦川.著作权审判：原理解读与实务指导［M］.北京：法律出版社，2014：315.

四、改编权与修改权的关系

现行《著作权法》将修改权作为四项著作人身权中的一项，是指修改或者授权他人修改作品的权利。在 2014 年的《中华人民共和国著作权法（修订草案送审稿）》（以下简称 2014 送审稿）中，曾对修改权作出了较大的调整。按照该稿中的表述，已不存在单独的修改权，但从其中对保护作品完整权（允许他人修改作品以及禁止歪曲、篡改作品的权利）的规定看，应当是将原《著作权法》中的修改权和保护作品完整权进行了合二为一的处理，即保留了修改权的主要含义和功能，只是不再将其列为一项独立的权利。当然，现行《著作权法》最终并未采纳这一方案，对修改权及其相关表述仍与此前的规定保持不变。

对现行《著作权法》中的修改权，主要存在以下三种理解。

（一）与保护作品完整权是"一体两面"

郑成思教授认为："狭义的修改权与保护作品完整权实际上是一项权利的两个方面。"[1] 李明德教授也持相同观点："从正面讲，作者有权修改自己的作品，或者可以授权他人修改自己的作品。从反面讲，作者有权禁止他人篡改、歪曲、割裂自己的作品。无论是自己修改还是禁止他人修改，目的都是维护作品的完整性，维护体现在作品中的作者的思想、感情、精神和人格。"[2] 无论是从 2014 送审稿表述的调整，还是从现行《著作权法》的维持不变的结果来看，目前立法者仍然持此观点。

（二）与保护作品完整权衔接，形成不同程度的保护

简单来说，他人未经许可对原作品进行修改，如果改动较小，尚未达到歪曲、篡改程度的，即构成对修改权的侵害；如果改动较大，足以达到歪曲、篡改程度的，则构成对保护作品完整权的侵害。这是在当前的司法

---

① 沈仁干.郑成思版权文集（第一卷）[M].北京：中国人民大学出版社，2008：168.

② 李明德.知识产权法 [M].北京：社会科学文献出版社，2007：98.

审判实践中比较流行的观点。在涉及侵害修改权、保护作品完整权的案件判决中，不难找到相关的论述。

（三）与"收回权"相关，旨在保障作者自行修改作品的权利

收回权是指："当作者的思想、感情或观点发生重大变化，作品之表达与作者的人格发生严重冲突时，作者有权收回其作品的使用权，使作品退出公开传播领域，但作者必须赔偿著作权的被许可人或受让人因此遭受的财产损失。"[1] 世界上赋予作者收回权的国家很少，《伯尔尼公约》和我国《著作权法》中均未作此规定。

郑成思教授认为，"广义的修改权包含了'收回权'的意思"[2]。因为作品一旦经发行进入市场，作者若不先行收回作品，是不可能进行修改的。

尽管李琛教授也认为修改权与收回权具有相同的利益基础，"都是为了保障作者在观点发生变化时能够消除作品与人格之间的冲突。但是，收回权对作者的保护程度更高，它不仅允许作者将作品收回后进行修改，也允许作者永久地使作品退出传播领域。"并且"收回权很大程度上吸收了修改权的效力，'为修改而收回'成为收回权行使的理由之一。"[3]

对于上述观点，本文首先难以认同"一体两面"说。因为除修改权和保护作品完整权外，《著作权法》所规定的其他十余项权利，无一例外地在每项权利中均含有"正反"两方面的含义，即权利人自行行使和禁止他人未经许可行使该权利，非常一致地采用了"集两面于一体"的方式进行规定。这就使修改权和保护作品完整权"分一体为两面"的规定显得非常突兀和怪异。如此特立独行，让同为著作人身权的发表权和署名权怎么想？又让隔壁作为著作财产权的复制权、发行权等权利怎么看？更重要的是，我们难以为这种特立独行的存在找到合理的依据和积极的意义。况且从立法技术的角度来看，在本应惜字如金的法律条文中作出这样的处理恐

---

① 李琛. 著作权基本理论批判［M］. 北京：知识产权出版社，2013：191.

② 沈仁干. 郑成思版权文集（第一卷）［M］. 北京：中国人民大学出版社，2008：168.

③ 李琛. 著作权基本理论批判［M］. 北京：知识产权出版社，2013：191–192.

怕也是一种"立法浪费"。^① 这都使"一体两面"说显得很缺乏说服力。

而"保护程度"说的问题在于，尽管貌似将改编权和保护作品完整权界定为相互关联又各司其职的两个权利，但是仍然存在两个权利的重叠问题，即凡是达到侵害保护作品完整权程度的行为，也必然会"路过"修改权所控制的范围，因此才会有"侵犯修改权往往也侵犯了作者的保护作品完整权"之观点，^② 司法实践中确实也出现过不少将侵害这两项权利进行"捆绑"认定的情形。由此看来，这种认识与"一体两面"说虽然"殊途"但却"同归"，亦不可取。

几相比较，本文更赞同李琛教授对修改权的理解：它不是创作自由或保持作品完整权的附庸，修改权的效力并不在于"禁止他人非法修改作品"，而体现为"排除他人对作者修改自由的干涉"。^③ 姑且不论当年立法时是否存在技术瑕疵，至少通过这样的合理的分析和解释，可以最大限度实现《著作权法》中不同权项之间各司其职、边界清晰的目的，避免了控制范围的交叉甚至重合，也减少了在司法实践中具体适用时的混乱和冲突。

尽管李琛教授已经就修改权给出了合乎逻辑的恰当定位，但我们仍有必要对设立修改权的必要性作一点探讨。按照上述观点，修改权的行使大致可以分为两种情况：作品发行前和作品发行后。在作品发行甚至发表前，作者对作品的内容具有极强乃至绝对的控制，似乎并不存在外界对作者修改作品的干涉或障碍，自然也无须由法律提供保障。当然，在作品经发行进入市场后，作者要想收回并修改其作品，确实会遇到很大困难，此时修改权似乎终于可以派上用场了。然而即使是在明确规定了收回权的国家，也鲜有作者行使该项权利的实例。究其原因：首先，作者在发表作品后全面修正甚至推翻原有思想、观点的情况极少出现，也就是说，现实中这类需求并不大。其次，即使确有必要，作者往往也可以通过在后续作品中修订或更正观点，或采取单独发表声明、进行公告，甚至召开新闻发布

---

① 李琛.知识产权法关键词［M］.北京：法律出版社，2006：120.

② 胡康生.中华人民共和国著作权法释义［M］.北京：法律出版社，2002：44.

③ 李琛.著作权基本理论批判［M］.北京：知识产权出版社，2013：190.

会等更加便捷、高效的方式表明态度。最后，也是最重要的原因，就是收回权（修改权）的实际行使往往难度过大，代价太高。一方面，规定收回权的国家通常也会通过经济责任来防范这一权利被滥用的风险，即需要对图书的出版商、作品的被许可人所遭受的损失等进行赔偿，而这恐怕是绝大部分作者无力负担的。另一方面，在信息传播高度发达的当今社会，特别是在互联网环境中，任何内容一经发布、传播，客观上便很难实现"根除"。即使理论上能够做到，不仅作者本身需要投入巨大的时间、精力和费用，相应社会成本的付出恐怕也会非常之高。特别是影视作品，如果剧本的作者在发行后突然要求修改自己的观点，我们很难想象会有多少行业、多少人来为这一决定付出代价，包括作者自身。如此雕琢出一项看上去很美、装饰性很强的权利，但在现实中却由于其极其高昂的行使成本让作者敬而远之，这恐怕也是另一种"立法浪费"。

五、改编权与保护作品完整权的关系

在涉及影视作品的改编权纠纷中，有关侵害保护作品完整权的争议几乎如影随形。特别是在将小说改编为影视作品的情况下，由于作品类型、艺术表现形式的巨大变化，如何在取得改编权许可的情况下避免构成对作者保护作品完整权的侵害，是所有制片者都不得不面对的问题。本文以此为前提，试从以下三个方面进行探讨。

（一）侵害保护作品完整权是否以损害作者声誉为要件

从现行《著作权法》的规定看，保护作品完整权的直接目的在于保护作品不受歪曲、篡改。但究其本质，"保护作品完整权的目的不在于保护'作品的完整性'，而是在于保护'人格的完整性'，欲合理把握保护尺度，必须衡量作品的改动是否真的影响人格利益，不能简单地把作品等同于人格。"[1] 正是因为如此，很多国家才将可能损害作者声誉作为侵害保护作品

---

[1] 李琛. 知识产权法关键词［M］. 北京：法律出版社，2006：118.

完整权的要件。① 因此，一般而言，对作品的修改导致原作者的声誉受损，社会评价降低，即可以认定侵害了保护作品完整权。

与此同时，我们还应看到改编情形的复杂性。实践中，改编后的新作品取得更高的艺术成就和商业成功的案例时有发生，随之也往往带来对原作品及作者的关注增加和声誉提升。很多影视作品正是在改编过程中摆脱了原作品在表达甚至是思想层面的束缚，或调整了人物、叙事，或改变了思考角度，甚至注入了更深刻的内涵，从而达到了全新乃至更高的境界。克里斯托弗·诺兰（Christopher Nolan）导演的"蝙蝠侠三部曲"和李安导演的《少年派的奇幻漂流》便是超越原作的典型。那么，是否所有未损害原作者声誉的改编都不会侵害保护作品完整权？本文认为不应一概而论。例如，一部以批判为主题的小说，被改编、摄制为电影后基调却变成了赞颂，那么无论原作品此前是否乏善可陈，也不管改编后的电影获得了多少奖项和赞誉，其本质仍然是一种篡改。判断的关键在于是否改变了原作者希望通过作品表达的思想、观点、情感。不当地贬损固然应予制止，而不当地"拔高""转化""充实"等，恐怕也是对作者人格利益的一种侵害。

此外还需要注意的是，即使出现了公众的负面评价，也应准确甄别其所指向的对象：针对的是原作品、原作者，还是仅仅针对改编后的作品本身？如果是后一种情况，则不宜轻易认定侵害保护作品完整权。例如，尽管很多观众和媒体对电影版《白鹿原》的改编非常失望，但很难就此认定小说作者陈忠实先生的声誉受到了损害。

（二）改编作品侵害保护作品完整权的判断：主观标准还是客观标准

两种标准的区别在于，对是否构成对原作品的歪曲、篡改，是以原作者的主观判断为准绳，还是以一般受众的认识为依据。

同样是发表后的作品，赞成主观标准的主要理由是"有利于加大对著作权的保护，增强公众尊重他人权利、维护他人作品同一性的意识"，且"现行《著作权法》规定的保护作品完整权并没有'有损作者声誉'的限

---

① 王迁.著作权法［M］.北京：中国人民大学出版社，2015：155–156.

制"。① 而认同客观标准的考虑是"在作品发表之后，公众已经知晓作者本人表达的原貌，如果第三人利用作品时进行了改动，只要公众知晓改动并非作者本人所为且客观上没有影响作者的声誉，即使改动不符合作者的意愿，也不宜认定为侵权"。②

本文认为，首先，如果脱离开公众环境和公众评价，则包括保护作品完整权在内的著作人身权既没有存在的价值也缺乏保护的必要。在与世隔绝的状态下，作者本无声誉可言，遑论损害呢？所谓有损声誉，必然是与公众评价相结合的结果，哪怕只是一种可能性，也必然是以假定一般公众将有可能作出的反应为基础。与作者的主观感受相比，公众评价无疑更具客观性。其次，以作者的主观意志作为判断依据，具有极大的不确定性和随意性。特别是将其用于审判实践中，极易出现诉讼结果完全受原告意志左右的局面，从而将保护作品完整权打造成一项"无往不胜"的权利。然而如前所述，即便是作者本人，在不同情况下或不同时期内，也很有可能对其以往的作品和观点产生完全不同的认识，这也是我们讨论收回权、修改权的事实基础。如果将判断标准建立在如此难以预期甚至飘忽不定的基础上，那么裁判结果本身恐怕也会缺乏必要的稳定性和说服力。因此，本文更倾向于借鉴《中华人民共和国商标法》中"相关公众"的判断方法，以作品一般受众的感受和评价为标准，相对客观地进行评判。

（三）许可他人行使改编权后，原作者对改编的容忍度

这一问题在影视作品领域显得尤为突出，也确实引发了不少"恩怨"。金庸先生在接受中央电视台《新闻会客厅》栏目采访时，谈及自己的作品在内地/大陆、港台的大量影视改编版本，曾表达诸多不满，甚至说到"台湾的这个，我电话都不听"。③

---

① 陈锦川.著作权审判：原理解读与实务指导［M］.北京：法律出版社，2014：144.

② 李琛.知识产权法关键词［M］.北京：法律出版社，2006：118.李琛教授同时认为"在作品发表之时，原则上必须尊重作品的全貌……此时可采取主观标准"。

③ CCTV【新闻会客厅】金庸：笑说神侠［N/OL］.中国知识产权报，（2005-06-11）［2017-11-24］.http://www.cctv.com/culture/special/C14133/20050611/100641.shtml.

对呕心沥血而成的作品，作者往往视如亲生骨肉，很难容忍他人摆布。对这种心情，我们不难理解。但在拍摄影视作品前，制片者通常已经通过订立合同获得了小说等作品作者有关改编、摄制的授权，甚至不惜重金予以"买断"。在此情况下，原作者应当理性地认识到，因牵涉影视作品改编的自身特点（作品类型的变化以及创作规律、表现手法等不同）、改编者的水平和认识差异，甚至市场开发和拍摄预算等诸多因素，往往将不可避免地改变原有表达，甚至改动的数量和幅度均会很大。对此，原作者应有充分的预期和较高的容忍。《著作权法实施条例》第 10 条专门规定：著作权人许可他人将其作品摄制成电影作品和以类似摄制电影的方法创作的作品的，视为已同意对其作品进行必要的改动，但是这种改动不得歪曲篡改原作品。也就是说，除非侵害了原作品的完整性，否则这种改动就是法律所允许的。

在对侵害保护作品完整权的认定上，同样是对原作品进行改编，但改编行为是否经过合法授权，将导致适用"双重标准"，即对未经许可的改编，采用从严的认定标准；而对经过合法授权的改编，采用相对从宽的认定标准。从权利限制的角度看，"当作者将著作权许可或转让给他人之后，作者的保护作品完整权应当受到更严格的限制，权利的行使必须符合诚实信用原则，不得滥用权利。如果动辄主张他人的使用构成'歪曲、篡改'，被许可人或受让人的财产权益就会形同虚设"。[1] 对于影视作品这种往往需要汇聚大量人力、物力、财力方可启动创作的特殊作品，在合法获得改编许可的情况下，对侵害保护作品完整权的认定应当进一步从宽，即须达到德国著作权法规定的"粗暴歪曲或割裂"[2] 的程度方可构成。

在《九层妖塔》案一审判决中，法院认为：鉴于电影作品的特殊创作规律，再结合《著作权法实施条例》关于"必要的改动"的规定，判断涉案电影是否侵犯原告的保护作品完整权时，应当充分考虑改编者的艺术创作自由，尽量缩小保护作品完整权的控制范围。在当事人对著作财产权转

---

① 李琛. 知识产权法关键词［M］. 北京：法律出版社，2006：118-119.
② 王迁. 著作权法［M］. 北京：中国人民大学出版社，2015：155-156.

让有明确约定、法律对电影作品改编有特殊规定的前提下，司法应当秉持尊重当事人意思自治、尊重创作自由的基本原则，在判断电影是否侵犯原告的保护作品完整权时，不能简单依据电影"是否违背作者在原著中表达的原意"这一标准进行判断，也不能仅根据电影"对原著是否改动、改动多少"进行判断，而是要注重从客观效果上进行分析，即要看改编后的电影作品是否损害了原著作者的声誉。[①] 审理该案的二审法院则认为：作者的名誉、声誉是否受损并不是认定侵害保护作品完整权的要件，其只是判断侵权情节轻重的因素。改编权无法涵盖保护作品完整权所保护的利益，侵权作品是否获得了改编权并不影响保护作品完整权对作者人身权的保护。《著作权法实施条例》中规定的"必要的改动"应包括两个含义，即改动是"必要的改动"和改动应当在"必要的限度"之内。涉案电影对涉案小说主要人物设定、故事背景等核心表达要素进行大幅度改动，超出了必要限度，对作者在原作品中表达的观点和情感作了本质上的改变，构成了对原作品的歪曲、篡改。最终判决撤销一审判决，改判侵权。[②] 该案一二审结果的差异，在一定程度上反映出不同裁判者对此问题的认识分歧，从某种角度也说明了保护作品完整权在侵权判定上的复杂性。相信对这一问题的探讨仍会继续，且随着探讨的深入和全面，各界对侵害保护作品完整权的判定标准终将达成较为广泛的共识，并促使与作品创作、改编相关的各方主体对此形成相对合理和稳定的预期。

总之，在改编权已经许可或转让的情况下，既要充分保障作者人格利益，也应尊重影视作品的创作特点和规律，不宜让保护作品完整权成为悬在改编者和制片者头上的"达摩克利斯之剑"，从而不当地限制影视作品的创作空间，影响这一产业的正常发展。

[①] 北京市西城区人民法院（2016）京 0102 民初 83 号民事判决书。
[②] 北京知识产权法院（2016）京 73 民终第 587 号民事判决书。

无障碍电影构成合理使用的认定
——北京爱奇艺科技有限公司与上海俏佳人文化传媒有限公司侵害作品信息网络传播权纠纷案 *

崔宇航

作者简介

　　崔宇航，北京知识产权法院立案庭三级高级法官。从事知识产权审判十余年，多次获"优秀公务员"称号及嘉奖；多篇论文在《北京审判》《法律适用》《天津法学》《中国检察官》等刊物发表，并被人大复印报刊资料转载；承办北京知识产权法院作为改革试点探索由法官独任审理简单民事上诉案件第一案；主审多类典型案件，涉无障碍版电影著作权纠纷案获评北京法院 2022 年度知识产权司法保护十大案件、2022年北京市版权十件大事、2023 年人民法院电影知识产权保护典型案例。

　　关于"阅读障碍者"的合理使用条款在《中华人民共和国著作权法》（以下简称《著作权法》）中表述为"以阅读障碍者能够感知的无障碍方式向其提供已经发表的作品"，但现行法律对该条款所述"阅读障碍者""已经发表的作品""能够感知的无障碍方式"等概念尚没有解释。本文结合北京爱奇艺科技有限公司（以下简称爱奇艺公司）与上海俏佳人文化传媒有限公司（以下简称俏佳人公司）侵害作品信息网络传播权纠纷案，① 从案情简介、裁

---

　　* 原载于《版权理论与实务》2024 年第 2 期，第 46—53 页。

　　① 北京互联网法院（2020）京 0491 民初 14935 号，北京知识产权法院（2021）京 73 民终 2496 号民事判决书。

判结果、法理分析及重要意义等四个方面，并结合《马拉喀什条约》[①]有关"无障碍格式版""受益人"等相关规定，认定该条款所述"阅读障碍者能够感知的无障碍方式"应当包含着对该种"无障碍方式"的特殊限定，即应当仅限于满足阅读障碍者的合理需要、供阅读障碍者专用的解释，从而对提供涉案影片无障碍版的行为是构成侵权抑或属于合理使用作出认定与判断。

一、案情简介

爱奇艺公司经授权取得了电影《我不是潘金莲》的独家信息网络传播权及维权权利。俏佳人公司运营的"无障碍影视"App 提供了涉案影片完整内容的在线播放，其在涉案影片画面及声效基础上添加相应配音、手语翻译及声源字幕，但没有设置障碍者识别机制。爱奇艺公司认为，"无障碍影视"App 向不特定公众提供电影《我不是潘金莲》无障碍版的在线播放服务，侵害了其信息网络传播权，诉至法院，请求判令俏佳人公司立即停止通过其开发运营的"无障碍影视"App 安卓手机端应用程序、苹果手机端应用程序、安卓平板电脑端应用程序提供影视作品《我不是潘金莲》的播放服务并赔偿经济损失 489000 元，支付公证费 1000 元、律师费 10000 元。

俏佳人公司辩称，俏佳人公司在公益网络平台向残障人士无偿提供无障碍影片不构成侵权。具体理由为：（1）"无障碍影视"App 是俏佳人公司与中国盲文出版社（以下简称盲文出版社）合作的专为残障人士服务的无障碍影视网络平台，是针对残障群体的无偿公益网络平台，平台上的影视节目均为盲文出版社制作出版发行，版权均归盲文出版社所有。（2）根据 2010 年修正的《中华人民共和国著作权法》（以下简称 2010 年《著作权法》）第 22 条第 1 款第 12 项的规定，将已经发表的作品改成盲文出版，可以不经著作权人许可，不向其支付报酬。俏佳人公司在"无障碍影

---

① 《马拉喀什条约》全称《关于为盲人、视力障碍者或其他印刷品阅读障碍者获得已出版作品提供便利的马拉喀什条约》，是国际著作权体系中的历史性条约，于 2013 年 6 月 27 日在马拉喀什签署，于 2016 年 9 月 30 日生效，并于 2022 年 5 月 5 日对中国生效。

视"App 无偿向残障人士提供无障碍影片符合上述规定,属于合理使用,不应被认定为侵权。(3)2007 年 3 月 30 日,中国正式加入《残疾人权利公约》。根据该公约第 30 条,中国作为缔约国有义务确保残疾人获得以无障碍模式提供的电视节目、电影、戏剧和其他文化活动;有义务确保保护知识产权的法律不构成不合理或歧视性障碍,阻碍残疾人获得文化材料。

一审法院审理后认为,俏佳人公司行为构成侵权,应当承担停止侵权和赔偿损失的法律责任,并考虑到俏佳人公司初衷系方便残障人士且点击量小等因素,酌定赔偿经济损失 1 万元。俏佳人公司不服,提起上诉。二审法院经审理,运用系统解释的法律解释方法,考量 2020 年修正的《著作权法》(以下简称 2020 年《著作权法》)关于"以阅读障碍者能够感知的无障碍方式向其提供已经发表的作品"的修改与《马拉喀什条约》对我国正式生效密切相关的特定情况,并结合《马拉喀什条约》有关"无障碍格式版""受益人"等相关规定,作出该条款所述"阅读障碍者能够感知的无障碍方式"应当包含着对该种"无障碍方式"的特殊限定,即应当仅限于满足阅读障碍者的合理需要、供阅读障碍者专用的解释,从而对无障碍版电影是否构成合理使用等问题进行了认定,最后法院认为俏佳人公司的行为不符合合理使用的要件,构成侵权,并维持原判。

二、裁判结果

一审北京互联网法院经审理判决:(1)俏佳人公司于本判决生效之日起,立即停止通过其运营的"无障碍影视"App 安卓手机端、苹果手机端以及安卓平板电脑端提供影片《我不是潘金莲》的在线播放服务;(2)俏佳人公司于本判决生效之日起十日内,赔偿爱奇艺公司经济损失 1 万元;(3)驳回爱奇艺公司的其他诉讼请求。

二审北京知识产权法院经审理认为,2020 年《著作权法》规定的"阅读障碍者能够感知的无障碍方式"应当包含对该种"无障碍方式"的特殊限定,即应当仅限于满足阅读障碍者的合理需要,供阅读障碍者专用。俏佳人公司的被诉侵权行为面向不特定公众开放并不符合上述条件,不属于法定的合理使用情形，构成侵权。考虑到俏佳人公司的初衷是方便残障人士且涉案影片点击量较少等因素，一审法院酌定赔偿经济损失 1 万元并无不当，终审判决：驳回上诉，维持原判。

三、法理分析

著作权制度的目的在于促进社会主义文化和科学事业的发展与繁荣。[①]著作权法规定专有权利的目的并不是使创作者对作品的传播和使用进行绝对垄断，也不是单纯地对创作者加以奖励，而是通过赋予创作者有限的垄断权，保障其从作品中获得合理的经济收入，以鼓励和刺激更多的人投身于原创性劳动之中，促使更多高质量的作品得以产生和传播。为实现这一目的，著作权法应维护激励作者创作与满足社会公众需求之间的平衡。"合理使用"制度即发挥了一定的平衡作用。

我国著作权法并未规定一项判定特定行为是否属于"例外和限制"的一般原则，学界习惯于将 2020 年《著作权法》第 24 条规定的"权利的限制"称为"合理使用"。[②]同时，《信息网络传播权保护条例》第 6 条也在上述范围内规定了八种数字环境中"合理使用"的情形。根据 2020 年《著作权法》的相关规定，"合理使用"可以不经著作权人许可，不向其支付报酬，但应当指明作者姓名或者名称、作品名称，并且不得影响该作品的正常使用，也不得不合理地损害著作权人的合法权益。可见，"合理使用"从著作权人角度来看，是对其著作权范围的限制；从著作权人之外主体的角度来看，则是使用他人作品而享有利益的一项权利。

为保障"阅读障碍者"平等参与文化生活、共享文明发展成果，我国修改了著作权法相关规定并批准了《残疾人权利公约》《马拉喀什条约》等国际条约。国际条约的作用是协调各国的知识产权国内法，促成各缔约国按照国际条约的要求，依照本国的法律承认和保护外国人的知识产权。

---

① 《著作权法》第 1 条。

② 王迁. 著作权法［M］. 北京：中国人民大学出版社，2015：319.

一国缔结或者加入国际条约，只是承诺对成员国国民的知识产权予以保护，但保护的具体根据不是国际条约，而主要是本国法。只有在本国法的保护水平低于国际条约的要求时，才依据国际条约。《残疾人权利公约》在我国现已生效，该条约第 30 条第 1 款规定，缔约国确认残疾人有权在与其他人平等的基础上参与文化生活，并应当采取一切适当措施，确保残疾人：（1）获得以无障碍模式提供的文化材料；（2）获得以无障碍模式提供的电视节目、电影、戏剧和其他文化活动……该条第 3 款规定，缔约国应当采取一切适当步骤，依照国际法的规定，确保保护知识产权的法律不构成不合理或歧视性障碍，阻碍残疾人获得文化材料。而《马拉喀什条约》系世界上第一部，也是迄今为止版权领域唯一的人权条约，其中对"阅读障碍者"的合理使用问题也作了进一步的规定。《马拉喀什条约》于 2022 年 5 月 5 日起对我国正式生效，而我国 2020 年《著作权法》刚修正不久，著作权法实施条例的修改仍在进行中。如何在现行法律框架下实现国内法与国际条约的衔接适用，考验着司法的智慧。

2020 年《著作权法》第 24 条第 1 款第 12 项规定的"以阅读障碍者能够感知的无障碍方式向其提供已经发表的作品"构成合理使用的条款，是 2020 年《著作权法》相较于 2010 年《著作权法》的重要修改内容之一，但现行法律对该条款所述"阅读障碍者""已经发表的作品""能够感知的无障碍方式"等概念尚没有解释。为正确适用法律，本案运用系统解释的法律解释方法，考量该条款的修改与《马拉喀什条约》对我国正式生效密切相关的特定情况，结合《马拉喀什条约》有关"无障碍格式版""受益人"等相关规定，作出该条款所述"阅读障碍者能够感知的无障碍方式"应当包含着对该种"无障碍方式"的特殊限定，即应当仅限于满足阅读障碍者的合理需要、供阅读障碍者专用的解释，从而对提供涉案影片无障碍版的行为是构成侵权抑或属于合理使用作出认定与判断。

具体而言，2020 年《著作权法》第 24 条第 1 款第 12 项规定，以阅读障碍者能够感知的无障碍方式向其提供已经发表的作品，可以不经著作权人许可，不向其支付报酬，但应当指明作者姓名或者名称、作品名称，并且不得影响该作品的正常使用，也不得不合理地损害著作权人的合法权益。因此，对于俏佳人公司的被诉侵权行为是否构成合理使用的认定，需要判断其是否符合 2020 年《著作权法》第 24 条第 1 款第 12 项规定的要件要求，主要包括三个方面的内容："以阅读障碍者能够感知的无障碍方式向其提供已经发表的作品""不得影响该作品的正常使用"以及"不得不合理地损害著作权人的合法权益"。

关于"以阅读障碍者能够感知的无障碍方式向其提供已经发表的作品"的要件要求。2020 年《著作权法》第 24 条第 1 款第 12 项规定的合理使用条款是 2020 年《著作权法》相较于 2010 年《著作权法》的重要修改内容之一。虽然现行法律对该条款的具体内涵尚没有解释，但对该条款的理解可以参考《马拉喀什条约》的相关规定。《马拉喀什条约》第 2 条规定："在本条约中：（一）'作品'是指《保护文学和艺术作品伯尔尼公约》第 2 条第 1 款所指的文学和艺术作品，形式为文字、符号和（或）相关图示，不论是已出版的作品，还是以其他方式通过任何媒介公开提供的作品。（二）'无障碍格式版'是指采用替代方式或形式，让受益人能够使用作品，包括让受益人能够与无视力障碍或其他印刷品阅读障碍者一样切实可行、舒适地使用作品的作品版本。无障碍格式版为受益人专用，必须尊重原作的完整性，但要适当考虑将作品制成替代性无障碍格式所需要的修改和受益人的无障碍需求。"该条约第 3 条规定："受益人为不论有无任何其他残疾的下列人：（一）盲人；（二）有视觉缺陷、知觉障碍或阅读障碍的人，无法改善到基本达到无此类缺陷或障碍者的视觉功能，因而无法以与无缺陷或无障碍者基本相同的程度阅读印刷作品；或者（三）在其他方面因身体残疾而不能持书或翻书，或者不能集中目光或移动目光进行正常阅读的人。"据此可知，基于《马拉喀什条约》的相关条款内涵，2020 年《著作权法》第 24 条第 1 款第 12 项规定中所述"阅读障碍者能够感知的无障碍方式"应当包含着对该种"无障碍方式"的特殊限定，即应当仅限于满足阅读障碍者的合理需要，供阅读障碍者专用。本案中，双方当事人均认可，涉案影片无障碍版在侵权公证时可供不特定公众注册登录并观看，在本案诉讼过程中涉案 App 进行了版本更新，更新版本对注册人的身份审查核验机制进行了变化，截至本案二审审理终结，涉案 App 经改版可供所有残障人士注册登录后观看涉案影片无障碍版。但这也意味着，即便涉案 App 版本更新后，能够感知涉案影片无障碍版这种无障碍方式的群体也并不限于阅读障碍者。因此，俏佳人公司的被诉侵权行为并不符合"以阅读障碍者能够感知的无障碍方式向其提供已经发表的作品"的要件要求。

关于"不得影响该作品的正常使用"以及"不得不合理地损害著作权人的合法权益"的要件要求。保障残障人士的阅读权利，为残障人士提供阅读便利，使阅读障碍者拥有更多获得作品的机会，是 2020 年《著作权法》第 24 条第 1 款第 12 项规定的合理使用条款的应有之义。但是，在保障阅读障碍者权益的同时，也需要平衡对著作权人合法权益的维护。涉案影片无障碍版能够实质呈现涉案影片的具体表达，公众可通过观看或收听的方式完整获悉涉案影片的全部内容，被诉侵权行为对涉案影片起到了实质性替代作用，影响了涉案影片的正常使用。涉案 App 面向不特定的社会公众开放，导致原属于授权播控平台的相关流量被分流，势必会影响爱奇艺公司通过授权涉案影片使用获得的经济利益，造成了对著作权人合法权益的损害。

可见，被诉侵权行为既不符合《著作权法》所规定的合理使用情形，亦不符合《信息网络传播权保护条例》规定的通过信息网络进行合理使用的情况，影响了涉案影片的正常使用，同时不合理地损害了著作权人的合法利益，故法院认定该行为不属于合理使用。

因此，自爱奇艺公司进行侵权公证时至本案二审审理终结，俏佳人公司的被诉侵权行为虽然发生了一些变化，但均不属于 2020 年《著作权法》第 24 条第 1 款第 12 项规定的构成合理使用的范畴。尤其是考虑到俏佳人公司称其在技术上具有审查核验残障人士具体类别的可操作性、涉案 App 能够改版实现仅供阅读障碍者专用等因素，故对俏佳人公司认为被诉侵权行为构成合理使用、其已尽到合理审查义务的主张，法院未予支持。由此可见，无障碍版电影是否限于"阅读障碍者专用"以及提供者是否为达到前述要求而对受众身份设置了有效的核验机制，是法院判断被告对涉案影片的使用行为是否构成合理使用的重要因素之一。

2023 年 11 月，最高人民法院发布人民法院电影知识产权保护典型案例，其中一例是关于无障碍电影著作权纠纷案，即本案。本案法院关于无障碍电影构成合理使用认定的观点与国家版权局《以无障碍方式向阅读障碍者提供作品暂行规定》（国版发〔2022〕1 号）（以下简称《暂行规定》）要求一致。《暂行规定》第 3 条对 2020 年《著作权法》第 24 条第 1 款第 12 项规定的"无障碍格式版"的合理使用作了更加明确的九点要求，其中就包括：仅限通过特定渠道向可以提供相关证明的阅读障碍者或无障碍格式版服务机构提供，不得向其他人员或组织提供或开放服务；采取身份认证、技术措施等有效手段防止阅读障碍者以外的人员或组织获取、传播；向阅读障碍者提供的无障碍格式版类型应当仅限于满足其合理需要。

具体到本案，正如判决所述"无障碍影视"App 初衷确系向残障人士提供无障碍电影的观影服务。残障人士在政治、经济、文化、社会和家庭生活等方面享有同其他公民平等的权利。国家和社会应当依法采取多种措施，为残障人士平等享受社会文化生活提供便利。作为信息无障碍的重要组成部分，无障碍影片的发展将对国家无障碍环境建设起到积极的推动作用，是帮助残障人士融入社会、自立自强的重要渠道。相关团体及公司企业可积极探索在通过技术手段保证使用受众为特定残障人士的前提下，通过信息网络合法合规地提供无障碍电影。那么，在互联网时代，考虑到技术层面，在电影著作权保护领域，能否精准识别阅读障碍者关系到相关平台对作品合理使用的认定。

关于阅读障碍者的具体范围，《暂行规定》明确阅读障碍者包括视力残疾人以及出于视觉缺陷、知觉障碍、肢体残疾等原因无法正常阅读的人；明确无障碍格式版指采用替代方式或形式，让阅读障碍者能够感知并有效使用的作品版本。

实践中，常见的无障碍格式版包括文字作品的盲文版、大字版、有声版、电子版，视听作品的解说音频版等。需要强调的是，无障碍格式版是一个相对的概念。国家版权局相关负责同志就《暂行规定》答记者问中强调，无障碍格式版是对于阅读障碍者而言的，因为只有该作品版本才能满足其使用需求，虽然大字版、有声版等无障碍格式版，阅读障碍者以外的人也可以感知并有效使用，但对于这些人而言，则不是无障碍格式版。同时，无障碍格式版还是对于具体类型的阅读障碍者而言的，例如：大字版对于视力残疾人中的低视力者是无障碍格式版，对于其他阅读障碍者则不是；视听作品的解说音频版对于视力残疾人是无障碍格式版，对于双手不能有效持书或翻书的阅读障碍者则不是。因此，未经著作权人许可，将无障碍格式版提供给阅读障碍者以外的人或者向阅读障碍者提供的无障碍格式版类型超出其合理需要的，均不属于 2020 年《著作权法》第 24 条第 1款第 12 项规定的合理使用情形。[①]

目前，我国残疾人证采用全国统一编码，倒数第二位号码代表了残疾类别，1 代表视力残疾，2 代表听力残疾，3 代表言语残疾，4 代表肢体残疾，5 代表智力残疾，6 代表精神残疾，7 代表多重残疾。其中，残疾人证全国统一编码倒数第二位为 1、2、3 的，根据一般文义理解，应当属于较为明确的"阅读障碍者"，但倒数第二位为 7 的多重残疾人中目前法律并未明确细分，既包含了阅读障碍者，又可能包含非阅读障碍者。影视作品无障碍版本准确识别适格受众面临困难。在这种情况下，如何实现影视作品著作权保护与推进影视作品无障碍建设之间的平衡是司法实践中面临的难题。

司法实践中，上海某法院在案件中经调解，原被告双方达成一致："无障碍影视"App 上的涉案无障碍视听作品无须下架、删除；对于残疾人证全国统一编码倒数第二位为 1 的视力残疾人、倒数第二位为 2 的听力残疾人、倒数第二位为 3 的言语残疾人、倒数第二位为 7 的多重残疾人，上述人员有权注册、登录、使用被告公司运营的"无障碍影视"App；被告公司须定期筛查会员信息，杜绝非上述人员使用"无障碍影视"App 观看无障碍视听作品的可能性。上述做法在实践中可以参考并借鉴。

总之，要实现影视作品著作权保护与推进影视作品无障碍建设之间的平衡，需要在以阅读障碍者能够感知的无障碍方式向其提供已经发表的作

---

① 新华社. 更好保障阅读障碍者的文化权益：国家版权局相关负责同志就《以无障碍方式向阅读障碍者提供作品暂行规定》答记者问［EB/OL］.［2022-10-11］.https://www.gov.cn/xinw-en/2022-08/10/content_5704900.htm.

品的同时，不得影响原版影视作品的正常使用，也不得不合理地损害著作权人的合法权益。实践中，为更大程度地保障残障人士的合法权益，不能要求提供"无障碍视听作品"的一方采取其无法做到的审核方式，作品的版权方应当在目前技术手段或法律背景下，对此予以适当的宽容，这也是《著作权法》的应有之义。

四、重要意义

本案系全国首例涉无障碍版电影侵害作品信息网络传播权纠纷案，判决明确以阅读障碍者能够感知的无障碍方式向其提供已经发表的作品合理使用情况仅限于供阅读障碍者专用，作为"合理使用者"应采取有效的"阅读障碍者"验证机制排除不符合条件者。该案判决有利于准确落实我国已经加入的国际条约（《马拉喀什条约》），有利于全面保护著作权人的权利，有利于规范无障碍版电影的制作发行。

论体育直播节目作品性质判定的
两难之境与解题关键*

严 波

作者简介

　　严波，现任中央广播电视总台总经理室版权运营中心主任、华东政法大学兼职教授。曾负责并承担奥运会、世界杯、亚运会、欧洲杯、全运会以及世博会等大型体育赛事及文化活动的媒体权利合同谈判任务，多次赴日内瓦参加世界知识产权组织版权及相关权常设委员会会议并参与世界知识产权组织《保护广播组织条约》的立法推进工作，在版权经营开发、IP 授权管理、媒资版权著录、音乐版权付酬、版权交易与管理系统设计、版权保护与维权等领域拥有较为丰富的实践经验。

　　2019 年 1 月 24 日，世界知识产权组织（WIPO）公布了当年世界知识产权日主题——奋力夺金：知识产权和体育，并借此在世界范围内强调加强对体育赛事相关知识产权的保护。其实，早在北京成功举办 2008 年奥运会之后，我国即已明显加强对体育赛事知识产权的保护，尤其是对职业体育赛事的现场直播节目（以下简称体育直播节目）的作品性质问题，我国立法部门、司法机构以及法律学界、业界无不十分关切。但时至今日，关于体育直播节目作品性质判定问题的争议仍然较大。一方面，面对网络环境中大量的网络同步盗播等侵权行为，产业界一直呼吁将体育直播节目纳入作品保护，以期获得通过著作权救济的有效途径；另一方面，我国司法实践中，却因为不同观点和争议陷入两难之境，始终未能真正妥善解决

　　* 原载于《苏州大学学报（法学版）》2019 年第 4 期，第 30-41 页。本篇收录时出于篇幅限制，稍作删减和修改。

体育直播节目作品性质的判定问题。

本文认为，著作权法制度本是舶来的法律制度，其保护版权产业利益这一诞生背景和法律功能原本十分浓厚，但到了我国，其"确认、分配知识的市场化所产生的利益"这一主要的法律功能[①]始终未能得到应有的重视。更重要的是，我国司法实践中似乎过多地采取狭义法律解释来适用法律，在法律概念不明或存有争议的疑难案件中缺乏必要的价值补充和漏洞补充，[②]或将因此对产业重大利益造成不可弥补的损害。为此，本文希望能够帮助学者和法官更加透彻地理解体育直播节目作品性质判定问题对于我国产业利益的至关重要性，并在充分理解和尊重法官严格依法审判的做法和态度的同时，着重说明司法实践中仅依靠狭义法律解释来适用法律和进行裁判所存在的法律隐患；应结合技术发展、政策要求、产业利益以及法律比较等相关因素进行综合评估和考量，避免狭义法律解释可能带来的法律风险，及时弥补法律的漏洞或澄清不确定的法律概念，通过广义法律解释方法[③]以解决该难题。

一、为何产业界强力呼吁将体育直播节目归入作品保护

体育直播节目的版权经营及其经济收入是体育产业健康可持续发展的重要支撑。2018 年俄罗斯世界杯在国内收视的观众超过 300 亿人次，仅世界杯揭幕战就预计有 2 亿中国观众同时通过电视端或移动端观看比赛直

---

① 李琛.知识产权法关键词［M］.北京：法律出版社，2006.

② 梁慧星先生认为，在司法裁判中确定法律规范意义内容的作业即狭义法律解释。但在疑难案件中，还需要针对法律漏洞进行补充，对不确定的法律概念及一般条款进行价值补充，即采取法解释学上所称的广义法律解释来获得作为裁判大前提的法律规范。参见梁慧星.民法解释学［M］.4 版.北京：法律出版社，2015：215.

③ 广义法律解释既包括狭义法律解释（确定法律规范的意义内容），也包括漏洞补充和价值补充。而为解决具体案件，为获得作为判决大前提的法律规范，都需要先从事广义法律解释的作业。梁慧星.法解释方法论的基本问题［J］.中外法学，1993（1）：16.

播。^①世界知识产权组织指出："由于广播和通信技术的进步……体育已经成为一个价值数十亿美元的全球产业……以知识产权为基础的商业关系有助于确保体育的经济价值。这样可以推动体育组织资助我们所享受的各项赛事，并且提供促进基层体育发展的方法，从而刺激体育产业增长。"^②体育直播节目版权费收入一直是国际体育组织最主要的经济来源。以奥运会为例，根据国际奥委会2024年发布的市场报告^③数据显示，2017—2021年度国际奥委会的收入来源中，广播权^④的收入占比高达61%，远远大于顶级赞助商的广告收入（30%）以及门票等其他收入。

我国体育赛事及其传播产业的发展较国外晚些。早期，我国体育产业收入以广告赞助为主，近年来随着我国体育产业职业化、市场化逐渐走向成熟，体育直播节目的版权费收入开始成为我国体育产业的重要经济支柱之一。2015年10月，体奥动力公司签约5年购买中超联赛直播节目的版权，版权费高达人民币80亿元。2016赛季，体奥动力公司全额支付给中超公司人民币10亿元，为我国职业足球赛事产业的发展作出重要经济贡献。^⑤中超公司的总收入从2006年的0.6亿元增长到了2019年的15.9亿元，版权收入已占到中超公司收入的一半以上。^⑥另外，我国职业篮球联赛（CBA）2018—2019赛季版权费总和达人民币4.5亿元左右，这让我国

---

① 艾瑞咨询 . 2018年中国世界杯球迷观赛数据解读［EB/OL］.（2018-07-27）［2024-05-08］. https://report. iresearch. cn/report_pdf. aspx?id=3249.

② 孙迪 . 奋力夺金：知识产权和体育［N/OL］. 中国知识产权报，（2019-01-28）［2024-05-08］. http://ip. people. com. cn/GB/n1/2019/0128/c179663-30593426. html.

③ IOC. Olympic Marketing Fact File: 2024 Edition［EB/OL］.［2024-04-13］. https://library. olympics.com/doc/SYRACUSE/3157619.

④ 基于历史惯例，奥运会赛事所有媒体传播和分授权权利往往会在一个国家或地区授权给一家媒体（所谓"守门人权利"）。因此，此处所述"广播权"并非仅指广播电视上传播的权利，而是包含互联网站、手机App、网络电视（IPTV）、视频及数据服务（OTT）等在内的所有视听新媒体的传播权利。

⑤ 虽然出于一系列原因导致中超版权费重新调整，价格变为10年110亿元，但其对中超产业发展的经济支撑作用却显而易见。赵宇 . 从5年80亿到10年110亿 天价砸中超版权值不值［EB/OL］. 腾讯体育，（2018-01-26）［2024-05-08］. https://sports. qq. com/a/20180126/014656. htm.

⑥ 郭晨辉 . 关于体育赛事转播权保护的产业思考（上辑）［EB/OL］.（2019-08-08）［2024-05-08］. https://mp. weixin. qq. com/s/uTOwPrP5ruoDQxkStAsCwA.

职业篮球联赛的版权经营和商业开发收入也突破了人民币 10 亿元大关。[①]
这些收入数据很清晰地表明版权费收入对我国体育产业发展具有重要的支撑作用。

　　然而，对我国体育赛事的持权转播机构而言，体育直播节目版权则更是其生存和发展的命脉。近年来，无论是中央电视台等传统媒体，还是腾讯体育、苏宁体育等新媒体传播机构，无不斥巨资购买体育直播节目的版权。据报道，苏宁体育以每年约人民币 1.7 亿元购买了 2017—2020 年亚足联旗下所有赛事（亚足联冠军联赛、世界杯预选赛等）在中国内地的全媒体转播权和信号制作权，以 2.5 亿欧元拿下了 2015—2020 年共 5 个赛季西甲联赛中国地区独家全媒体版权，又以人民币 13.5 亿元拿下 2017 赛季中超联赛新媒体的全场次独家版权。[②]2019 年 7 月 29 日，腾讯宣布与 NBA续约 5 年版权，有报道称购买该篮球体育直播节目版权每年花费高达 3 亿美元。[③]

　　众所周知，体育直播节目的主要经济价值体现在直播期间。而网络上的同步盗播等侵权行为正在蚕食我国体育及其传播产业的正当版权利益，这样的伤害和打击对于持权转播机构而言无异于釜底抽薪。举例而言，2017 赛季亚足联冠军联赛期间，相关监测人员发送了 838 封直播预警函，但直播监测结果显示，共发现侵权平台 36 个，侵权链接数 413 条，覆盖了亚足联冠军联赛的所有场次，无一幸免。[④] 2018 年俄罗斯世界杯的决赛直播期间，某服务公司监测到的直播侵权数据多达 1043 条。其中，

　　① 付政浩，郭福瑞 . CBA 首次进入十亿元时代：赞助 8 亿元＋版权 4.5 亿元［EB/OL］.（2018-10-18）［2024-05-08］. https://sports.sina.com.cn/basketball/cba/2018-10-19/doc-ifxeuwws5850008.shtml. 另见：付政浩 . CBA 版权再添两大买家！视频巨头混战助 CBA 挺进 10 亿时代［EB/OL］.（2018-09-28）［2024-05-08］. https://www.weibo.com/ttarticle/p/show?id=2309404289248600672289.

　　② 佚名 . 苏宁体育曾钢：为什么巨头愿意购买顶级头部赛事版权［N/OL］. 北京商报，（2017-05-31）［2024-05-08］. https://www.iyiou.com/p/46729.html.

　　③ 佚名 . 腾讯宣布与 NBA 续约 5 年版权，传闻称每年要 3 亿美元［EB/OL］.（2019-07-29）［2024-05-08］. https://finance.sina.com.cn/stock/relnews/hk/2019-07-29/doc-ihytcerm7005418.shtml.

　　④ 郭晨辉 . 关于体育赛事转播权保护的产业思考（上辑）［EB/OL］.（2019-08-08）［2024-05-08］. https://mp.weixin.qq.com/s/uTOwPrP5ruoDQxkStAsCwA.

各大重点网站和中小型网站信号盗用行为最为严重,侵权占比高达 68.9%;App 端和视频及数据服务(OTT)聚合类应用端侵权占比分别为 20.6% 和 10.5%。[①]而根据中国版权协会版权监测中心针对足球类、篮球类、乒乓球类、格斗博击类、综合赛事等共计 546 场赛事的版权监测,共监测到未授权直播流链接达 4633 条,其中直播秀平台链接占比超过 50%,其次是网络直播链接,随后是视频及数据服务端的聚合类应用。版权监测中心副主任为此指出,我国体育赛事直播产业的盗播现象不容乐观,极大地损害了市场竞争秩序,呼吁强化体育赛事直播产业的版权保护,促进行业良性发展。[②]苏宁集团旗下斥巨资购买体育直播节目版权的 PP 体育仅 2019 年以来就不得不针对盗播和侵权进行超过 3000 场比赛和 13000 条短视频的取证工作,提起 64 件版权诉讼案件,诉讼赔偿金额竟超过 4 亿元。[③]为此,苏宁集团知识产权总监郭晨辉指出:"长此以往,遵守规则的成本越来越高,正规操作的利润越来越少,当整个产业链无法形成一个有效的循环,其最终伤害的还是我们的体育产业。"[④]

严重的体育直播节目盗版侵权行为已经让我国体育传播产业难以承受。投入巨额资金购买独家体育直播节目版权的持权转播机构,如果任由网络侵权同步盗播却不能通过《中华人民共和国著作权法》(以下简称《著作权法》)寻求保护和救济,势必遭受难以挽回的经济损失。而由于部分司法案例几乎是全面否定了体育直播节目归入作品保护的可能性,意味着持权转播机构将失去著作权的救济手段,并导致法律维权工作变得十分

① 博通影音 . 透视 2018 年俄罗斯世界杯收视盛况,全面版权行动保护在路上[EB/OL].(2019-03-31)[2024-05-08]. https://mp. weixin. qq. com/s/6OqZsFXW-0EdivCT9hAQxA.

② 张维 . 2017 年监测到未授权赛事直播流链接 4633 条 体育赛事直播需强化版权保护[EB/OL].(2018-05-18)[2024-05-08]. http://baijiahao. baidu. com/s?id=1599866238297268670&wfr=spider&for=pc.

③ 韩双明 . PP 体育今年提起 64 件版权诉讼,索赔金额超 4 亿元[N/OL].新京报,(2019-08-12)[2024-05-08]. https://m. bjnews. com. cn/detail/156559596214246. html?from=groupmessage&isappinstalled=0.

④ 郭晨辉 . 关于体育赛事转播权保护的产业思考(上辑)[EB/OL].(2019-08-08)[2024-05-08]. https://mp. weixin. qq. com/s/uTOwPrP5ruoDQxkStAsCwA.

艰难，这就是为何产业界不得不以"近乎偏执的态度进行着作品性质定义的争取"。[①] 伴随着我国体育及其传播产业快速发展，产业界对于完善体育直播节目的版权保护提出了更加强烈的诉求。苏宁集团董事长张近东多次建议要求加强体育直播节目的版权保护，指出我国目前对于有关体育赛事直播的知识产权保护仍有不足，屡禁不止的盗链盗播等侵权行为影响了体育产业健康有序发展，并提出"希望通过法律体系的建立和完善，尽快厘清体育直播的法律性质和权利边界，统一司法尺度和裁判标准，加大惩罚力度，有效促进体育产业的长远发展"[②]。

二、体育直播节目作品性质司法判定的两难之境和问题所在

在我国产业界强烈呼吁将赛事节目归入作品保护的同时，法院系统却陷入一个两难的境地：一方面，大多数法官都基本认可，体育直播节目作为有着巨大投资和经济价值的智力成果，理应给予更加完善的著作权保护；[③] 另一方面，法院有案例认为，受《著作权法》相关法律规范的束缚，体育直播节目无论"固定性"还是"独创性"要件都无法满足作品的要求。[④] 不过，该判决结果也引发了较大的争议。为此，我们有必要进一步探析体育直播节目的作品性质问题在司法判定上到底难在何处，并探寻解决问题的方法。

首先，仅靠《著作权法》规定的邻接权保护无法满足体育直播节目网

[①] 郭晨辉.关于体育赛事转播权保护的产业思考（下辑）［EB/OL］.（2019-08-09）［2024-05-08］.https://mp.weixin.qq.com/s/UdvuKH9AS3OMfUer-e6BSA.

[②] 孙迪.全国人大代表张近东：建立体育赛事直播权利法律保护制度［N/OL］.中国知识产权报，（2018-03-07）［2024-05-08］.https://mp.weixin.qq.com/s/ZGI9gt3kcnEhTlbvQUAMtA.

[③] 笔者多年来曾就该问题与全国各地的学者和法官广泛交流，从法律正义的角度理应给予体育直播节目及其相关产业利益以更加完善的著作权保护。并且排除个别的通过反不正当竞争法或民法保护等观点外，大多数学者和法官均认同"（广义）著作权保护说"，所存争议更多的是在保护路径的选择上。体育直播节目作为视频节目，笔者并不赞同通过反不正当竞争法或者民法保护的学术观点，但囿于篇幅，本文对此不作深入探讨。

[④] 北京知识产权法院（2015）京知民终字第1818号民事判决书。

络播放或网络同步转播的版权保护诉求。这是由于，根据《著作权法》，录像制品制作者权仅包括复制权、发行权、出租权、信息网络传播权和许可电视台播放权这五项权利，无法对网络同步转播等侵权行为提供《著作权法》救济。在《著作权法》的第三次修改过程中，也并无扩大录像制品制作者权权利范围的修法方案。[①] 另有学者主张："对现场直播画面的保护，应当通过完善《著作权法》对广播组织权的规定加以实现。"[②] 北京知识产权法院在"天盈九州公司与新浪公司案"二审判决中也认为"体育赛事公用信号……其属于广播组织权的权利客体"。[③] 但问题在于：其一，虽然现行《著作权法》已将广播组织权延伸至网络环境，也覆盖了对广播电视的同步转播和点播行为，但问题是广播组织权的主体毕竟仅限于广播电台、电视台，体育组织和其他机构不能作为原始权利人主张广播组织权；其二，无论根据现行《著作权法》还是参照世界知识产权组织正在讨论制定的"保护广播组织条约"，都对广播组织权的主体范畴有着十分严格的限定，即广播组织权的主体并不包括网络直播机构或将来可能产生的新型直播机构。[④] 因此，类似腾讯体育、PP 体育等新媒体持权转播机构仍然无法通过广播组织权获得救济。

其次，《著作权法》中涉及体育直播节目作品性质判定问题的相关法律概念存在模糊和不明，诸如作品独创性标准到底应该有多"高"，"摄制在一定介质上"是否就意味着电影作品较其他作品（如口述作品）有着更高的"固定性"要求，等等，已经在很大程度上困扰我国法律界，并导致近年来我国各地法院案例中对体育直播节目性质的判断呈现出较大的差

---

① 笔者曾多次参与《著作权法》第三次修改工作的相关研讨，有兴趣的读者可参考公布的《中华人民共和国著作权法修正案（草案）》。

② 王迁. 论体育赛事现场直播画面的著作权保护：兼评"凤凰网赛事转播案"[J]. 法律科学（西北政法大学学报），2016（1）：182.

③ 北京知识产权法院（2015）京知民终字第 1818 号民事判决书。

④ 例如，当前技术条件下，电影院也可以同步转播电视直播节目，但电影院的同步转播行为显然不能受广播组织权保护。佚名. 在影院看阅兵直播，是种怎样的体验 [EB/OL]. (2019–10–02) [2024–05–08]. http://news.cctv.com/2019/10/02/ARTIybzKrzauf7P3cOvCK9WC191002.shtml.

异，有的法院认为是录像制品①，有的法院认为是作品②，而另有部分法院则认定构成不正当竞争③，不一而足，如表1所示。其中，"天盈九州公司与新浪公司案"曾被誉为我国"体育赛事画面著作权第一案"。④但经过近三年的二审过程，北京知识产权法院推翻了一审法院的判决，认为体育赛事直播公用信号所承载画面不能满足电影作品中固定的要求，并且在独创性的"高度"上"较难"符合电影作品的要求，从固定性、独创性两方面否定了体育直播节目的作品性质。⑤虽然该案最终经北京市高级人民法院再审改判，认定案涉体育直播节目构成视听作品，且对视听作品独创性的判断在于"有无"而非"高低"，但是有关视听作品和录像制品在独创性方面区别的争论在法律学界、产业界一直没有平息。部分专家学者仍坚持视听作品和录像制品的区别在于独创性的"高低"。另外，不同体育项目转播的拍摄制作差别较大，同一体育项目不同级别比赛的转播水准也存在明显差距，不能一概认为具有独创性。可见，体育直播节目作品性质判定问题的复杂和疑难。

最后，根据《著作权法》等相关规范，法院若将体育直播节目判定为作品，存在法律障碍和风险。例如，关于体育直播节目是否满足作品"独创性"问题，有学者提出，体育直播节目的创作因为需要遵循一定规范或需要满足观众的稳定预期，所以独创性程度有限。⑥另有学者认为，赛事

① 北京市石景山区人民法院（2015）石民（知）初字第752号民事判决书，深圳市福田区人民法院（2015）深福法知民初字第174号民事判决书。

② 北京市朝阳区人民法院（2014）朝民（知）初字第40334号民事判决书，上海市浦东新区人民法院（2013）浦民三（知）初字第241号民事判决书。

③ 上海市第一中级人民法院（2013）沪一中民五（知）终字第59号民事判决书，北京市第一中级人民法院（2014）一中民终字第3199号民事判决书。

④ 北京新浪互联信息服务有限公司诉北京天盈九州网络技术有限公司侵犯体育赛事转播权上诉案被众多媒体称为国内"体育赛事画面著作权第一案"。参见吕可珂. 新浪凤凰网掀起国内"体育赛事画面著作权第一案"［N/OL］. 中国知识产权报，（2016-08-28）［2024-05-08］. http://www.sohu.com/a/112459496_473656.

⑤ 北京知识产权法院（2015）京知民终字第1818号民事判决书。

⑥ 王迁. 论体育赛事现场直播画面的著作权保护：兼评"凤凰网赛事转播案"［J］. 法律科学（西北政法大学学报），2016（1）：182.

节目的拍摄都属于对客观事实的记载，并非"创作"，无论导播怎样选择画面，其融入自己精神、情感和人格的空间同样很小，也没有到达（作品）独创性的要求。① 而在是否满足"固定性"这一问题上，有法官指出，既然《著作权法实施条例》中关于电影作品的定义要求"摄制在一定介质上"，即将（事实或事件）记录下来以备他人使用，或者是，将（声音或图像）保存在磁盘或磁带上以便重放，因而其本身就是"固定"的意思。② 另有学者也支持该观点，认为电影作品只有"摄制在一定介质上"才能受到《著作权法》的保护，这明显属于对"已固定"的要求。因此，现场直播的连续画面在我国并不符合"已固定"的要求，无法作为电影作品受到《著作权法》的保护。③

表 1 2012—2015 年各地法院案例中体育直播节目作品性质的判定

序号	案号	审级	涉案节目	作品性质
1	（2012）浦民二（商）初字第 2451 号	一审	2010—2012 年亚足联赛事	未作认定
2	（2013）沪一中民五（知）终字第 59 号	二审	2010—2012 年亚足联赛事	未作认定（根据独创性高低可作为作品或制品，驳回物权保护诉求）
3	（2013）浦民三（知）初字第 241 号	一审	2012 年伦敦奥运会开幕式	影视作品
4	（2014）一中民终字第 3199 号	二审	2012 年伦敦奥运会	不构成作品（不侵害广播权，不侵害广播组织权，但构成不正当竞争）
5	（2014）朝民（知）初字第 40334 号	一审	中超联赛	其他作品
6	（2015）石民（知）初字第 752 号	一审	2014 年巴西世界杯	录像制品

① 李明德.体育赛事节目的著作权保护路径［N/OL］.中国知识产权报.（2018-04-13）［2024-05-08］. http://www.iprchn.com/cipnews/news_content.aspx?newsId=107238.
② 陈锦川."固定"在我国著作权法中的地位［J］.中国版权，2019（4）：27.
③ 王迁.论现场直播的"固定"［J］.华东政法大学学报，2019（3）：54.

序号	案号	审级	涉案节目	作品性质
7	（2015）深福法知民初字第 174 号	一审	2015 年巴西世界杯	录像制品

但这里留待讨论和解决的关键问题是，《著作权法》下，针对体育直播节目作品性质问题，法律是否存在明显的漏洞？相关法律概念是否存在文义不明、尚待进一步解释和澄清之处？另外，在涉及我国产业重大利益的法律定性问题上，法院是否应作必要的法律伦理分析和漏洞补充？虽前文已有不少权威学者和知名法官的观点，本文仍希望我国法律界能够意识到，对于体育直播节目作品性质判定这一涉及我国产业重大利益的疑难问题，如果对文义不明或尚存争议的法律概念或规范，未作必要的价值评估、漏洞补充和利益平衡就采狭义法律解释，其裁判结果将可能对我国产业的正当利益造成不可弥补的创伤和损失，对体育直播节目的创作者、投资者、传播者等利益相关方也显失公平。让创作和传播者失去保护，却让盗版盗播者得利，这显然违背了《著作权法》的基本原理和立法宗旨。

三、对体育直播节目不能满足作品要求的法律规定存在疑问

综合部分学者和法院案例观点，否定体育直播节目作品性质的法律规定主要可以归纳为以下三类：第一，因为电影作品定义中的"摄制在一定介质上"要件，而否认体育直播节目满足电影作品的"固定性"要求；第二，因为电影作品和录像制品的二分法，电影作品要求有"较高"的独创性，而体育直播节目无法满足电影作品"较高独创性"标准要求；第三，认为体育直播节目更多表现为"信号"形态，应通过广播组织权保护体育直播节目信号，如果将体育直播节目纳入作品保护，广播组织权将失去存在的基础。本文认为，上述理解仍然存有较多疑问，还须作进一步的分析和判断。

（一）如何理解"摄制在一定介质上"

根据《著作权法实施条例》，作品是指"能以某种有形形式复制的智力成果"，这里规定的作品构成要件是"可复制性"而非"已固定"。有学者指出，所谓复制是指不改变作品的内容，通过手工、机械、电子等方式对作品进行再现。① 那些不具有可复制性特征的智力成果不能成为著作权法意义上的作品。② 显然，体育直播节目并不属于"不具有可复制性特征的智力成果"。学者李琛认为，"逻辑上如果一般的作品没有固定的要求就能受到保护，而对个别作品施加固定的要求是说不通的"。③

有法院案例认为，"摄制在一定介质上"的限定是要求电影作品应"已经稳定地固定在有形载体上"，因此认为体育直播节目不能满足"固定性"要求。④ 本文认为，"摄制在一定介质上"的概念存在模糊不明之处，而法院仅通过字面文义进行解释即否认体育直播节目的"固定性"失之偏颇。法律上并没有限定电影作品不可以是在"摄制在一定介质上"的同时进行同步播放的。事实上，体育直播节目在当今的技术条件下都是在对节目稳定录制在录像带或硬盘上的同时进行播出的。⑤ 显然，体育直播节目已经满足电影作品"摄制在一定介质上"的要求，再去考察是否还在"同时播放"没有任何意义。⑥ 相关判决一方面承认"赛事直播节目后"公用信号所承载画面整体已被稳定地固定在有形载体上，另一方面却不认可"现场直播过程中"体育直播节目画面"已被稳定地固定在有形载体上"，⑦ 这显然是偷换了概念，因为所有体育直播节目都是在被稳定固定在有形介质上的同时进行播放，并

---

① 黄勤南.知识产权法［M］.北京：中国广播电视大学出版社，2003：266.

② 孙国瑞，刘玉芳，孟霞.视听作品的著作权保护研究［J］.知识产权，2011（10）：62.

③ 李琛.关于作品的几个基本问题［EB/OL］.［2024-05-08］. https://mp. weixin. qq. com/s/BBuPrHZ Ps1JbJXfuqtK-DA.

④ 北京知识产权法院（2015）京知民终字第1818号民事判决书。

⑤ 根据中央电视台体育节目导演的介绍，根据节目制作规范，体育直播节目都是同步稳定地录制于录像带或硬盘录像机上。笔者也曾经多次组织法官参观转播车和体育直播节目制作现场，均可说明这一点。

⑥ 作品的权利人显然有权利决定该作品"同时播放"还是"滞后播放"。

⑦ 北京知识产权法院（2015）京知民终字第1818号民事判决书。

不存在"赛事直播节目后"才被"稳定地固定"的情况。正如学者张伟君指出，"只要原告能证明被告转播的是自己享有权利的画面，就不应该以其是被同步直播所以没有满足'固定'要求为理由而拒绝保护"①。

另外，从比较法角度，在对作品"固定性"要求比我国更严，甚至有"违宪"争论的情况下②，美国国会报告仍然认为在体育直播节目中"当被广播的图像和声音是首先录制后被传送的，被录制的作品应当被视为'电影'，而当节目内容在即时向公众传送的同时被录制时，也应亦然"。③事实上，即使在法律逻辑严明的德国，其著作权法下也并未因"固定性"而否认现场直播节目的作品保护。德国法学家雷炳德（Rehbinder）指出，表达工具的液体性或固体性以及技术上所需的时间在著作权法上都并不具有什么意义；在判断是否与电影具有相似性的问题上，人们必须更多地考察存在于著作权法方面的特征以及存在于创作过程中的各种相似性；而这一条件已经存在——只要电视作品被确定下来或者以某种形式被固定下来，就产生了一部真的电影作品。④雷炳德还特别指出，在德国《著作权法》下，能够作为电视作品的是指"那些在图像的前后衔接过程中体现出独创性成果的现场直播"。⑤

（二）如何理解体育直播节目不能满足作品"独创性高度要求"

《著作权法实施条例》第 2 条对作品的定义强调的是"具有独创性"，而非要求有"独创性高度"。而部分法院判决却认为"电影作品与录像制品之间的区别在于独创性程度的高低，而非独创性的有无"，并认定体育直播节目"通常情况下"都不符合电影作品独创性的"高度要求"。⑥这里笔者只想强调，对于独创性这个"如同哥德巴赫猜想般难解而又非常重要

① 张伟君.从固定要求看我国《著作权法》对体育赛事直播画面的保护［J］.中国发明与专利，2019，16（4）：30.

② 美国尼莫（Nimmer）教授认为"对同步录制概念的扩张可能被认为是违宪的"。转引自王迁.论现场直播的"固定"［J］.华东政法大学学报，2019（3）：50.

③ Copyright Law Revision, House Report, No. 94–1476, Section 102.

④ 雷炳德.著作权法［M］.张恩民，译.北京：法律出版社，2005：156–157.

⑤ 雷炳德.著作权法［M］.张恩民，译.北京：法律出版社，2005：157.

⑥ 北京知识产权法院（2015）京知民终字第 1818 号民事判决书。

的问题"，① 其法律概念存在较大的争议，而有关判决对作品"独创性高度
要求"已被诸多学者质疑。② 本文认为，包括电影作品在内，独创性概念
的法律本质只是对作品保护边界的界定标尺，而并非对作品创作的艺术性
水准的考量。如果坚持将电影作品的独创性标准视为一个较高的"高度要
求"，则会如"天盈九州公司与新浪公司案"二审判决中那样，法官陷入
对体育直播节目中"对素材的选择""对素材的拍摄""对拍摄画面的选择
和编排"等创作内容、创作手段和创作方法等影视艺术范畴的评审当中，
甚至连法律工作者完全不熟悉的信号制作手册是否限制了节目创作、通过
特写镜头能否"看出较高的独创性程度"等艺术创作细节都要考虑在内，
对这些问题的分析和判断显然超出了作为法律工作者的法官的知识领域和
职能范畴，并可能导致不同法官因为对同一客体的创作流程、工艺或是艺
术表达方法的认知不同而得出独创性"高低不同"的荒谬结论。这显然违
背了法律判断"以事实为准绳"的基本法律逻辑。③

　　其实，美国早期的拿破仑·萨罗尼（Napoleon Sarony）诉布鲁 – 贾尔
斯（Burrow–Giles）公司案也遭遇过同样的问题。该案之所以棘手，一个
重要原因是该案中独创性是从艺术性的角度解释的，即"法院确信能够
区分那些具有艺术性从而符合著作权资格的作品跟那些不符合资格者"，
也就是说作品的独创性等同于作品的艺术性。后来，美国大法官霍姆斯
（Holmes）通过自己的天才洞见改变了这一切，通过布莱斯坦诉唐纳森平
版印刷公司（Bleistein v. Donaldson Lithographing Co.）一案的判决推翻了这
些司法先例，指出了将作品独创性等同于作品艺术性带来的可怕后果。④

---

① 刘辉.作品独创性程度"三分法"理论评析［J］.知识产权，2011（4）：65.

② 卢海君.著作权法语境中的"创作高度"批判［J］.社会科学，2017（8）；郭晨辉.关
于体育赛事转播权保护的产业思考（下辑）［EB/OL］.（2019-08-09）［2024-05-08］. https://mp.
weixin. qq. com/s/UdvuKH9AS3OMfUer-e6BSA.

③ 笔者曾在专著中就体育直播节目的技术工艺、创作流程、艺术表达结合案例进行过较为
详细的分析和阐述，完全可以达到作品独创性的最低限度要求。参见严波.现场直播节目版权问
题研究［M］.北京：法律出版社，2016.

④ 保罗·戈斯汀.著作权之道：从谷登堡到数字点播机［M］.金海军，译.北京：北京大学
出版社，2008：49.

这也是为何霍姆斯法官会强调"由那些只接受过法律训练的人来为一件美术作品价值作最终评判是一件非常危险的事情，超出了最狭窄和明显的界限"。① 正如刘春田教授所深刻指出的，独创性高低，那既是一个非本质问题，也是一个见仁见智的主观感觉问题，没有客观标准。拿独创性高低这个主观的、难以确定的概念为准，作为给不给著作权保护的尺度，这种理论本身就值得怀疑，也不符合法律的逻辑。②

本文认为，作品独创性标准的概念本质是为作品保护范围划定一个边界。作为作品重要的构成要件，"独创性"应该是一个清晰明确、便于司法裁量的标准，而绝不能是一个需要动用法律知识以外的艺术判断能力去裁量其创作高度或艺术价值的手段。其实，通过比较可见，大陆法系和英美法系在作品独创性标准上实际并无本质区别，如德国法学家雷炳德认为，作品的创作只是需要"比人们所常见的普通的智力劳动能多带来那么一点点独特性的东西"。③ 尼莫（Nimmer）教授也指出："即使是由最普通和陈腐的独立努力的结果都有可能受到版权法的保护，只要这种独立努力不是微不足道的。"④ 无论是德国的"智力创造加上个人因素投入"的标准，还是法国通过经典判例确定的"反映作者个性"标准，⑤ 抑或是美国著名的"费斯特案"中确立的"最低限度的创造性要求"标准，⑥ 作品独创性标准一定是无须进行艺术价值判断并且简单明了、易在司法中实施和操作的标准。

（三）体育直播节目作品保护与广播组织权保护是否存在冲突

有学者提出，认定体育直播节目为作品将"降低广播组织权的意义"，

---

① COHEN A B. Copyright Law and the myth of objectivity: the idea-expression dichotomy and the inevitability of artistic value judgments [J]. Ind. L. J., 1990（66）.

② 刘春田教授于 2017 年 6 月 21 日在北京大学举办的第二届中美娱乐法高峰论坛上的发言。

③ 雷炳德. 著作权法 [M]. 张恩民，译. 北京：法律出版社，2005：10.

④ NIMMER M B, NIMMER D. Nimmer on copyright [M]. Matthew Bender, 2003.

⑤ 姜颖. 作品独创性判定标准的比较研究 [J]. 知识产权，2004，14（3）：8-15.

⑥ Feist Publ'ns, Inc. v. Rural Tel. Serv. Co., 499 U. S. pp. 345-346（1991）. 转引自王坤. 论作品的独创性：以对作品概念的科学建构为分析起点 [J]. 知识产权，2014（4）：16.

理由是：电视台在制作和播出节目时采取的正是类似体育直播节目中所采取的多机位拍摄，如拍摄新闻发布会或教师的授课，往往有数个机位的摄像机同时拍摄，镜头可以在发言人和听众之间进行切换，焦距也可以在全景与特写之间变化。而如果电视台播出的此类独创性较低的连续画面都可以作为作品受到保护，《著作权法》赋予电视台对载有连续画面的信号以"广播组织权"的意义就会大大降低。① 但根据世界知识产权组织所讨论的《保护广播组织条约》最新文本，"广播组织"是指对广播负有编辑责任的法律实体，包括对信号所载的节目进行组合和编排，② 而并非作为节目制作者的身份而受到保护。有学者深入研究并指出，大陆法系国家保护广播组织的权利是基于以下三点：第一，广播组织在节目传播过程中付出了巨大的劳动及大量的投资；第二，广播组织的贡献对社会进步有重要作用；第三，通过法律保护来激励广播组织更好地为社会服务。③ 这里并不包括保护广播组织者制作的独创性较低的节目的立法目的。比较视野下，德国《著作权法》下设立广播组织权保护是因为由广播电台、电视台所进行的播放行为也属于发展文化生活的组织的劳动投入，这种劳动投入同样也需要大量的资金投入，并且这种劳动投入可能被他人非法利用，如被其他广播组织者采用并且再度播放等。④ 由上可见，设立广播组织权的根本原因是广播电台、电视台在选择、编排节目发展文化生活，对社会作出贡献的同时也需要进行投资，而并非为保护未受作品保护的电视节目而设立。欧洲广播联盟知识产权部主任海约·鲁伊塞纳尔斯（Heijo Ruijsenaars）指出，广播组织权的保护是独立的，其设立的根本原因是对广播组织者在对其节目进行组合编排并向公众传播过程中大量的技术和商业投资的保护，

---

① 王迁. 论体育赛事现场直播画面的著作权保护：兼评"凤凰网赛事转播案"［J］. 法律科学（西北政法大学学报），2016（1）：190.

② 原文："'broadcasting organization'［and 'cablecasting organization'］means the legal entity that takes the initiative and has the editorial responsibility for broadcasting［or cablecasting］, including assembling and scheduling the programmes carried on the signal." See SCCR/34/3, Geneva, May 1 to 5, 2017.

③ 胡开忠. 广播组织权保护研究［M］. 武汉：华中科技大学出版社，2011：18-23.

④ 雷炳德. 著作权法［M］. 张恩民，译. 北京：法律出版社，2005：516.

而并不论其所传送的节目是否受到作品保护。① 可见，广播组织权的设立与体育直播节目能否归入作品保护并无关联。

事实上，广播组织播放的节目类型除了体育直播节目以外，还包括新闻、综艺、专题片、纪录片、电视剧、动画片等各类节目，既包括直播节目，也包括录播节目，广播组织权保护不会也不可能只为体育直播节目的"信号保护"而设立。另外，需补充说明的是，电视台既非节目的创作者或制作者，又非该节目专有许可人的情况在业界是十分常见的，而非如学者所认为的"这种情形毕竟并不多见"。② 例如，根据我国广播电视总局的相关政策，无论是已施行多年的"4+X"政策还是"一剧两星"政策，电视台所获得的电视剧版权都不是专有权。③ 再如，中央电视台每年也会将《春节联欢晚会》等综艺节目非独家授权给各地方电视台播出。离开广播组织权，广播电台、电视台对播出的非独家版权节目都将失去保护能力。这也间接说明了体育直播节目定性为作品不应关联到广播组织权存在的意义。

四、建议通过广义法律解释解决体育直播节目作品性质判定难题

朱采真先生曾言，先文字解释而后伦理解释之旧说，实无一顾之价值。文字解释与伦理解释，并无先后重轻之别，必两者相俟而行，始能得

---

① 海约·鲁伊塞纳尔斯先生自 1998 年开始即参与世界知识产权组织关于《保护广播组织条约》的制定工作，是世界范围内关于广播组织权最资深的法律专家之一。该段话摘自鲁伊塞纳尔斯先生在参加国家版权局于 2017 年 8 月 17—19 日在中南财经政法大学举办的"世界知识产权组织广播组织公约"研讨会中的发言。参见：袁名希.世界知识产权组织广播组织条约研讨会在中心成功召开［EB/OL］.（2017-08-09）［2024-05-08］.https://xkw.zuel.edu.cn/zgzscqyjw/zgzscqy-jw-zgzscqyjw_zxdt/zgzscqyjwcn_cont_news/details-26770.html.

② 学者认为，如果播送信号的电视台不是相关节目的创作者或制作者，也不是专有被许可人，则著作权法对作品或录像的保护是无法保护该电视台的，但这种情形毕竟并不多见。参见：王迁.论体育赛事现场直播画面的著作权保护：兼评"凤凰网赛事转播案"［J］.法律科学（西北政法大学学报），2016（1）：190.

③ 韩亚栋.国产剧明年进入"一剧两星"时代 好剧争抢白热化［N/OL］.北京日报，（2014-04-16）［2024-05-08］.http://media.people.com.cn/n/2014/0416/c40606-24901281.html.

法律之真意义。^① 如上文所述,既然体育直播节目作品性质问题相关法律概念和规范的"法律真意义"尚存较大的不确定和争议性,仅通过狭义的文义解释将难以解决这一问题。然则,是否真如部分法官所遗憾表达的,虽明知产业利益正在遭受伤害,但"法律如此规定,法官也没有办法"?难道明知著作权法不应给予盗版者以法律保护上的明显漏洞,法官也只能遵照法律规范中的狭义解释来进行判决,至于"法律规定是否科学合理,那是立法问题,亦属修法范畴,司法只能尊重并依法适用"?^② 本文并不完全赞同。

由于媒体传播技术的发展日新月异,著作权法有着天然的滞后性,并不可能通过立法来解决所有法律漏洞和问题。有学者形容著作权法如同"一部永远诠释不尽的法律,无论在先有多少论著,当案例发生时还是'捉襟见肘'"。^③ 也因此,在审理著作权疑难案件时,尤其当遇有著作权法相关法律概念存在不确定性、法律保护可能存在漏洞、判决结果可能对产业利益产生重大影响等情况下,如果仅通过著作权法的字面文义去解释法律规范,缺乏必要的价值评估、漏洞补充和利益平衡,所得结论反而可能偏离正确的轨道。

综上所述,针对体育直播节目作品性质判定这一疑难问题,本文建议法院在对著作权法有关概念和规范进行解释并依法适用之前,能够就技术发展对作品保护范围的影响、政府政策中关于保护体育知识产权方面的规定要求、其他国家保护体育直播节目版权的基本做法、失去作品保护可能对我国体育及其传播产业正当利益造成的影响等方面因素进行审慎评估和考量,为体育直播节目作品性质的司法判定奠定一个良好的基础和前提。

---

① 朱采真.法学通论:全一册 [M].上海:上海世界书局,1929:80.

② 笔者参与并听取了有关体育直播节目作品性质问题研讨会上部分法官的发言,也参阅了不少法官关于体育赛事节目作品性质的相关文章,部分法官表达了希望解决产业遇到的版权保护问题却苦于受现行著作权法相关规范束缚的矛盾心情,具有一定代表性。

③ 周晓冰.著作权法适用与审判实务 [M].北京:中国法制出版社,2008:1.

（一）应充分认识随着技术和产业的发展所带来的著作权法下作品保护扩张的基本趋势和规律

郑成思先生曾言，在知识产权领域的几个单行法中，著作权法始终被技术的发展影响着。[①] 著作权法律制度是为了满足社会的需求而产生，并且随着技术的发展而不断变化的。[②] 自有著作权法以来，作品保护的范围随着技术发展一直呈扩张的趋势。通过考察著作权制度的历史可以看出，著作权保护范围随着技术发展而不断被扩张，著作权法的发展史也就是著作权的扩张史。[③] 从印刷技术、电子技术到网络技术，每次技术进步都会催生出新的著作权客体和专有权利，因此需要用发展的眼光看待著作权法律制度。[④] 技术的发展变化一方面使作品的利用和传播形式大为增强，为著作权人实现自己的权利提供了保障，另一方面使作品因使用和传播方式的增多而越来越难以控制。在这种"两难"处境中，著作权法在不同的技术发展阶段总是面临新的挑战。近年来，更是由于数字技术的出现，从根本上改变了传统的作品生产、传播和消费的格局，使著作权赖以建立的预设前提与运营机制发生了根本性的变化。著作权的一切都源于复制和传播技术的发展，因此可以说技术催生了著作权制度，技术也促进了著作权的扩张。[⑤]

当产业强烈呼吁将体育直播节目纳入作品保护时，所反映的本质问题其实是直播节目制作技术和网络传播技术飞速发展的必然结果。近年来，体育直播节目的现场制作技术早已日新月异，而互联网及手机网络的普及和网络传播的发展程度更是立法者所不能想象的，对直播节目网络盗播的严重性正伴随着网络传播技术的高速发展而产生新的著作权问题。技术发

---

① 郑成思.知识产权论［M］.北京：法律出版社，2007：1.

② 冯晓青，胡梦云.动态平衡中的著作权法："私人复制"及其著作权问题研究［M］.北京：中国政法大学出版社，2011：22.

③ 冯晓青，胡梦云.动态平衡中的著作权法："私人复制"及其著作权问题研究［M］.北京：中国政法大学出版社，2011.

④ 王迁.知识产权法教程［M］.3 版.北京：中国人民大学出版社，2011：19.

⑤ 许辉猛.著作权基本原理［M］.北京：知识产权出版社，2011：309.

展必然带来作品保护的扩张，这是著作权法律制度发展的基本规律之一。既然体育直播节目有着巨大的投资和传播价值，体育直播节目的创作有了日新月异的发展，著作权制度就没有理由对此予以漠视。

（二）应更加充分考虑我国加快体育产业发展、加强体育知识产权保护的公共政策要求

知识产权制度具有公共政策属性。吴汉东教授指出，知识产权制度在公共政策体系中也是一项知识产权政策，是在国家层面上制定、实施和推进的，即政府以国家的名义，通过制度配置和政策安排对知识资源的创造、归属、利用以及管理等进行指导和规制，宗旨在于维护知识产权的正义秩序，实施知识产权传播的效益目标。并且，知识产权政策的实施也有赖于其他公共政策予以配合。与知识产权政策相关联的公共政策主要有文化教育政策、产业经济政策、科学技术政策、对外贸易政策等。[①]

加强体育知识产权保护、鼓励体育及相关产业发展，既是国家政策的要求，也是本土产业发展的诉求。近年来，我国政府相继出台了一系列加快发展体育产业的政策，并反复强调加强知识产权保护和体育转播权经营的重要性。2014 年 10 月，《国务院关于加快发展体育产业促进体育消费的若干意见》（国发〔2014〕46 号）出台，特别提出了"完善无形资产开发保护和创新驱动政策""加强知识产权运用和保护"等要求，对体育产业的发展给予了政策方面的指导。[②] 2018 年 12 月，国务院办公厅印发的《国务

---

① 吴汉东. 中国应建立以知识产权为导向的公共政策体系 [J]. 中国发展观察，2007（5）：4.
②《国务院关于加快发展体育产业促进体育消费的若干意见》第 3 条第 6 项规定："（六）完善无形资产开发保护和创新驱动政策。通过冠名、合作、赞助、广告、特许经营等形式，加强对体育组织、体育场馆、体育赛事和活动名称、标志等无形资产的开发，提升无形资产创造、运用、保护和管理水平。加强体育品牌建设，推动体育企业实施商标战略，开发科技含量高、拥有自主知识产权的体育产品，提高产品附加值，提升市场竞争力。促进体育衍生品创意和设计开发，推进相关产业发展。充分利用现有科技资源，健全体育产业领域科研平台体系，加强企业研发中心、工程技术研究中心等建设。支持企业联合高等学校、科研机构建立产学研协同创新机制，建设产业技术创新战略联盟。支持符合条件的体育企业牵头承担各类科技计划（专项、基金）等科研项目。完善体育技术成果转化机制，加强知识产权运用和保护，促进科技成果产业化。"

院办公厅关于加快发展体育竞赛表演产业的指导意见》（国办发〔2018〕121号）提出，到 2025 年，我国体育竞赛表演产业总规模达到 2 万亿元，推出 100 项具有较大知名度的体育精品赛事，打造 100 个具有自主知识产权的体育竞赛表演品牌，基本形成产品丰富、结构合理、基础扎实、发展均衡的体育竞赛表演产业体系，并特别提出要完善与体育赛事相关的法律法规，加强对体育赛事相关权利归属、流转及收益的保护。①2019 年 9 月，《国务院办公厅关于促进全民健身和体育消费推动体育产业高质量发展的意见》（国办发〔2019〕43 号）出台，提出"体育产业在满足人民日益增长的美好生活需要方面发挥着不可替代的作用。在新形势下，要以习近平新时代中国特色社会主义思想为指导，强化体育产业要素保障，激发市场活力和消费热情，推动体育产业成为国民经济支柱性产业"的明确要求，并特别强调要"加强知识产权保护。推动体育赛事转播权市场化运营"。②可见，政府要求加快体育产业发展、强化相关知识产权保护、推动赛事转播权市场发展的思路是清晰的，要求也是十分迫切的。

---

① 《国务院办公厅关于加快发展体育竞赛表演产业的指导意见》规定："……（三）发展目标。到 2025 年，体育竞赛表演产业总规模达到 2 万亿元，基本形成产品丰富、结构合理、基础扎实、发展均衡的体育竞赛表演产业体系。建设若干具有较大影响力的体育赛事城市和体育竞赛表演产业集聚区，推出 100 项具有较大知名度的体育精品赛事，打造 100 个具有自主知识产权的体育竞赛表演品牌，培育一批具有较强市场竞争力的体育竞赛表演企业，体育竞赛表演产业成为推动经济社会持续发展的重要力量。……（十六）打造发展平台。加快推动体育赛事相关权利市场化运营，推进体育赛事制播分离，体育赛事播放收益由赛事主办方或组委会与转播机构分享。大力支持体育新媒体平台发展。鼓励搭建体育产业公共服务平台。完善与体育赛事相关的法律法规，加强对体育赛事相关权利归属、流转及收益的保护。赛事相关权利归各级单项体育协会以及其他各类社会组织、企事业单位等合法办赛的赛事主办方所有。推进赛事举办权、赛事转播权、运动员转会权等具备交易条件的资源公平、公正、公开流转。……"

② 《国务院办公厅关于促进全民健身和体育消费推动体育产业高质量发展的意见》规定："体育产业在满足人民日益增长的美好生活需要方面发挥着不可替代的作用。在新形势下，要以习近平新时代中国特色社会主义思想为指导，强化体育产业要素保障，激发市场活力和消费热情，推动体育产业成为国民经济支柱性产业，积极实施全民健身行动，让经常参加体育锻炼成为一种生活方式。……二、完善产业政策，优化发展环境……（六）加强知识产权保护。推动体育赛事转播权市场化运营。建立体育无形资产评估标准、完善评估制度。支持各类体育协会采用冠名、赞助、特许经营等方式开发其无形资产。……"

（三）应看到各国著作权法对体育直播节目所给予的完善保护和救济的现状和趋势

综观各国著作权法，无论通过何种保护路径，其最终都无不克服了法律概念的障碍，对体育直播节目给予完善的版权保护和救济，确保体育及其传播产业的正当利益不会受到网络同步盗播等侵权行为的伤害。参考美国著作权法的历史，我们发现，经过美国国家橄榄球联盟（NFL）、哥伦比亚广播公司（CBS）等体育及其传播产业代表在美国国会上的强烈呼吁，美国 1976年在《国会报告》中即克服了因为"直播"可能对作品"固定性"带来的困扰，规定只要体育直播节目在即时向公众传播的同时被录制，被录制的作品即可视为"电影"。[1] 即使尼莫教授曾对该规定有着"违宪"的批评，[2]但并未妨碍该规定在美国司法保护中的实施。该报告在此后美国篮球协会（NBA）诉摩托罗拉案、20 世纪福克斯（Twentieth Century Fox Film Corp.）诉加拿大网络电视公司（iCrave TV）案[3]、现场之国汽车运动公司（Live Nation Motor Sports Inc.）诉罗伯特·戴维斯（Robert Davis）案[4] 等案件中屡屡被援引，便可见一斑。

在逻辑严明的德国，为了不违背著作权法对电影作品和活动图像之间的逻辑划分，在早期案例中将体育赛事等直播节目视为"活动图像"这一邻接权客体予以保护。但即使如此，由于德国《著作权法》下"活动图像"的邻接权保护与电影作品的著作权相比实际并无多大差距，[5]体育直播节目同样可以获得完善的保护。事实上，大陆法系下也从未否认体育直播节目判定为作品的可能性。例如，足球比赛或者其他体育赛事，可以成为

---

① Copyright Law Revision, House Report, No. 94- 1476, Section 102.

② NIMMER M B，NIMMER D. Nimmer on copyright ［M］. Matthew Bender, 2003.

③ 2000 WL 255989（W. D. Pa）.

④ 2007 WL 79311（N. D. Tex.）.

⑤ 根据德国《著作权法》第 95 条，"活动图像"的邻接权保护适用于电影作品的著作权保护类似的第 88 条、第 89 条第 4 款、第 90 条、第 93 和第 94 条，只有第 92 条不适用于"活动图像"。参见：《十二国著作权法》翻译组 . 十二国著作权法 ［M］. 北京：清华大学出版社，2011：178. 另见：雷炳德 . 著作权法 ［M］. 张恩民，译 . 北京：法律出版社，2005：205.

德国《著作权法》第95条下活动图像的保护对象，但也可以作为电影作品予以保护。[1] 根据阿姆斯特丹大学国际体育法律研究中心2014年对28个欧盟成员国的调查显示，除了瑞典之外，其余所有欧盟国家都认为足球比赛之类的体育直播节目可以满足著作权保护所需要的相对低的独创性要求。[2] 海约·鲁伊塞纳尔斯先生也认为，在电视机屏幕上呈现的现场摄像机画面选择越多，则越可能得出导演需要通过编辑选择创作视听作品的结论。[3] 由上可见，对于体育直播节目作品性质的判定问题，无论英美法系国家还是大陆法系国家，均将为体育及其传播产业的正当利益提供完善的保护和救济作为判决的大前提，防止了因为法律漏洞而导致体育及其传播产业可能蒙受的巨大财产损失。

（四）应充分衡量体育直播节目失去作品保护可能给我国体育及其传播产业带来的巨大财产损失和利益失衡

综观近年来的相关法院案例和学者的文章，较少提及否认体育直播节目作品保护将可能对我国产业正当利益造成的损害，这不得不说是一个遗憾。知识产权制度的完善本是知识经济发展的需要，更是我国建设创新型国家的需要。[4] 保护和促进我国版权产业的可持续发展本是著作权法立法和实施的基本法律功能。如果认定体育直播节目失去作品保护将可能对产业正当利益造成重大损害，那么如何弥补法律漏洞则显然应成为司法审判过程中的重要考量。

---

① Dreieryer/Schulze/ Schulze, 3. Aufl., München 2013, UrhG § 95,RN. 10.

② The investigations of 28 EU member states show that, except Sweden, they all hold that the live broadcast programs of sports events, such as football games, meet the relatively lower originality requirement necessary for copyright protection. See T. M. C. Asser Instituut/Asser International Sports Law Centre and Institute for Information Law . Study on sports organisers' rights in the EU［R］. University of Amsterdam, 2014.

③ RUIJSENNAARS H. Copyright Handbook - key issues for broadcasting lawyers［M］. EBU, 2015.

④ 吴汉东 . 中国知识产权制度评价与立法建议［M］. 北京：知识产权出版社，2008：3-6.

五、结语

综上所述，综合产业、政策、技术因素并结合域外经验，体育直播节目归入作品保护符合我国政府政策要求及产业利益诉求，并且与作品扩张的基本趋势以及各国保护体育直播节目正当版权利益的基本情况并不相悖。至于体育直播节目是否满足"摄制在一定介质上"要件、是否满足作品独创性标准要求、是否与广播组织权的设立产生冲突等法律存疑问题，在完成广义法律解释的前提下，完全可以通过法律解释予以解决。

最后，谨以最高人民法院陶凯元副院长的讲话作为本文结语："著作权所保护的作品类型虽由法律明确规定，但权利内容却是相对开放的。同时，特定客体是否属于法定作品类型仍会因独创性标准的弹性而具有一定解释空间。要妥善运用著作权权利的兜底性规定和独创性裁量标准，对于确有保护必要、有利于产业发展的客体或者客体使用方式，可以根据最相类似的作品类型或者运用兜底性权利给予保护，保护新兴产业发展壮大。"①

---

① 孙航. 陶凯元在第四次全国法院知识产权审判工作会议讲话上强调：以习近平新时代中国特色社会主义思想为指引 全面开启新时代知识产权司法保护新征程［EB/OL］.（2018-07-09）［2022-05-10］.https://www.chinacourt.org/article/detail/2018/07/id/3386426.shtml.

数字时代发行权的扩张
——以 NFT 数字藏品交易为切入点 *

陶 乾

作者简介

陶乾，中国政法大学教授、博士研究生导师、知识产权创新与竞争研究中心主任。兼任中国法学会知识产权法学研究会理事，中国科学技术法学会理事，北京知识产权法研究会监事、著作权法专业委员会主任，北京市文化娱乐法学会版权法研究专业委员会主任。主持国家社科基金项目、北京市社科基金项目、教育部留学归国人员科研启动基金项目；主持国家中医药管理局、最高人民法院、中国法学会、中国版权保护中心、广东省知识产权研究中心等的多个科研项目。发表中英文学术论文 50 余篇，独著、合著 10 余部。

在区块链的应用场景下，NFT［non-fungible token，非同质（化）代币或者通证］作为一种权利凭证，能够被用来指向一个特定的以美术、音乐、短视频等为内容的数字藏品。NFT 能够将数字化内容予以特定化，使之成为可被权利人支配的虚拟财产，从而借助于智能合约与区块链上的权属变更产生权利在不同主体之间转移的效果。这对传统著作权法下的发行权制度带来了挑战。在著作权法下，NFT 的定性是作品的一个数字化复制件。尽管在我国司法实践中的几起案件中，法院以信息网络传播权侵权来处理未经许可将著作权人的作品"铸造"为 NFT 的线上发售行为，但应该注意的是，数字藏品以 NFT 形式进行的交易更接近一种发行行为，该行为

---

* 原载于《版权理论与实务》2022 年第 7 期，第 9–19 页。

具有独立于复制、信息网络传播行为的意义。本文对此进行理论探讨，突破发行权指向的是有形载体这一观念，当数字化的作品复制件能够在区块链与智能合约的作用下发生财产权转移效果时，该交易落入发行权的范畴。

一、著作权法下发行权的内涵

（一）《著作权法》中的发行权

1990年《中华人民共和国著作权法》（以下简称《著作权法》）没有单独规定每项著作财产权的使用方式，而是统一规定在使用权下。对发行权的界定仅出现在1991年《中华人民共和国著作权法实施条例》（以下简称《著作权法实施条例》）第5条第1款第5项中。"发行"是"为满足公众的合理需求，通过出售、出租等方式向公众提供一定数量的作品复制件"的行为。2001年《著作权法》分别规定每项著作财产权的使用方式。复制权是所有著作财产权项中最基础的一项权利。发行权作为紧随复制权的一项权利，即以出售或者赠与方式向公众提供作品的原件或者复制件的权利。在传统的有形复制的情境下，发行是实现作品复制件经济价值的最重要的方式。

数字时代来临之后，法律增设了信息网络传播权。网络是作品传播的发生场所，同时也是控制作品线上传播必不可少的工具。因此，只要被使用的作品是以数字形式创作的或者数字化之后存储于空间（以下统称为数字作品），那么信息网络传播权可以将网络环境下发生的"放映""展览""机械表演"甚至"复制"予以涵盖。之所以信息网络传播权有如此大的功能，是因为这项权利在命名上，就已经把作品传播分为信息网络传播与非信息网络传播。通过播放软件和手机电脑终端设备公开再现美术作品、摄影作品、视听作品，公开播送作品的表演；通过互联网空间来向公众展示美术作品、摄影作品、视听作品，都属于信息网络传播行为。对于数字作品的传播，基本上只能以信息网络为媒介进行传播，而难以通过传统的在物理意义的场所面向现场受众公开陈列、播送或再现。

上述几种公开传播行为有一个关键特点是以不转移作品载体所有权的方式向公众提供作品。与此相反，以出售或者赠与这种转移作品载体所有权的方式向公众提供作品原件或复制件，则落入了发行权的范畴。传统意义上，作品的载体是有形的物，发行行为发生于作品有形载体上，发行转移了作品载体，发行时，形成对作品原件或作品复制件的转让法律关系。而信息网络传播的对象是以数字化形式存在的作品，其载体区别于传统意义上的有形之物，没有有形载体做依托，传播时，形成的是许可法律关系。[①] 信息网络传播的相对方，获得的是浏览作品的权限，而非所有权。

发行与信息网络传播看似是两个不会产生交集的作品使用行为，然而是否永远不可能产生交集？也就是说，网络环境下能否发生作品的发行？在产业界，似乎早已接受发行概念在互联网情境下的延伸，例如，数字音乐专辑的线上发行、电子书的发行、网络剧的线上发行以及新近流行的数字藏品的发行。然而，产业语言中的发行是否与法律语言中的发行有相同的内涵，则要做进一步的分析。

（二）比较法视角下发行权的内涵

《保护文学和艺术作品伯尔尼公约》没有单独规定发行权，而是将发行权作为复制权的应有之义。《世界知识产权组织版权条约》规定了发行权，指的是对作品原件或者复制件的提供，不包括作品在网络上的传输和下载。1996 年 12 月 20 日外交会议通过了对《世界知识产权组织版权条约》的议定声明[②]，声明中指出受《世界知识产权组织版权条约》第 6 条和第 7 条中发行权的约束，专指可作为有形物品投放流通的固定的复制品。

从其他国家的立法上看，有的国家专门规定发行权，定义与我国类似。[③] 例如，《德国著作权法》规定，发行权指公开提供著作原件或者复制件或者使之进入流通的权利。《俄罗斯知识产权法》规定，发行作品即销

① 陶乾. 电子书转售的合法性分析 [J]. 法学杂志，2015，36（7）：82.
② Agreed Statements Concerning the WIPO Copyright Treaty.
③《十二国著作权法》翻译组. 十二国著作权法 [M]. 北京：清华大学出版社，2011.

售作品或者以其他方式转让作品原件或复制件。《美国版权法》规定，发行是以销售或其他转让所有权的方式，或者以出租、租赁或出借的方式向公众发行版权作品的复制品或录音制品。《意大利著作权法》规定，著作权人有权以任何方式及任何名义将作品原件或者复制件投入市场或者交由公众自由获取。《日本著作权法》规定，作者享有通过转让其作品原件或者复制品向公众提供其作品的专有权利。有的国家没有单独规定发行权。例如，《巴西著作权法》规定，著作权人在行使其复制权时，有权以其认为适当的任何形式，在任何地点、任何时间向公众有偿或者无偿提供作品。《法国知识产权法典》也没有专门规定复制权，但在 2006 年修订时增加了发行权用尽规则。

从上述国际公约以及各国的规定可以看出，"载体有形"仅是在《世界知识产权组织版权条约》议定声明中的表述，并没有在法条中被明确地作为一种对作品复制件的必要限制。考虑到议定声明是对条约条款中用语的进一步解释，对于缔约国有约束力，因此，各缔约国司法机关在解决具体纠纷时，对发行权的理解受制于议定声明中对复制件是有形物品的这一限制。在欧盟法院曾经裁决的汤姆·卡比内特（Tom Kabinet）二手电子书交易案[1] 中，欧盟法院也指出，将发行限定于有形载体上，是欧盟履行其在《世界知识产权组织版权条约》下义务的应然之义。

尽管如此，这并不影响学术界从理论上去分析数字时代的发行权以及发行权用尽在网络空间的适用问题。事实上，早在 1995 年美国知识产权工作组的报告中，就曾讨论数字传输不应受到首次销售原则的保护，报告发布之后，曾一度引发"数字首次销售原则"和"转发并删除"规则的讨论。美国版权局在 2001 年的一份报告[2] 中称："首次销售原则在网络传输的情况下不适用"，建议不修改版权法中的首次销售原则，原因在于首次销售原则并未因技术保护措施在作品上的广泛使用而受到较大影响。

时至今日，区块链给互联网环境下的作品传播与商业化利用带来革命

---

[1] Dutch Association of Publishers v. Tom Kabinet Internet B.V., EU Court of Justice Case C–263/18.

[2] U. S. Copyright Office. DMCA Section 104 Report 82 [R] . 2001：79–80.

性的影响。NFT 应用场景解决了数字作品作为商品时的可流通性，使得网络用户具有成为一件数字商品的真正所有者的可能性。将发行权进行扩张，已经成为产业发展的需求，此时，我们需要的则是对一些传统观念进行一定程度的突破。

（三）对"载体有形"传统观点的突破

基于作品的可复制性，对作品进行复制是扩大作品经济价值的重要方式，复制之后的发行则成为实现这一经济价值的重要路径。在多数情况下，发行行为的对象是作品复制件。在发行权的语境之下，该作品或者作品复制件是作为一件商品在商业领域流通。发行的是作为商品的"物"，由于该"物"之上承载着智力成果，因而对这一"物"的首次流转需要经过智力成果权利人的同意。而基于物权与知识产权的二分，物权的绝对支配效力和排他效力，著作权人无法再以发行权为由控制该"物"的二次流通。

如果不考虑《世界知识产权组织版权条约》议定声明，单从我国《著作权法》的现有的定义来看，"载体有形"并非对发行权定义中的作品或者作品复制件的必要限制。判断一个行为是否构成作品发行行为，最核心的要求是该行为是否是以转让作品或者作品复制件所有权的方式实施的。

无论是国际公约还是各国著作权法，均认可以数字化形式再现作品属于一种复制行为。我国 2020 年修正《著作权法》时，更是明确地在复制权的定义中，将"数字化"作为作品的复制方式之一，即"以……数字化等方式将作品制作一份或者多份"。而且，2020 年《著作权法》增加了作品的定义，将作品的要件从《著作权法实施条例》要求的"以某种有形形式复制"修改为"能以一定形式表现"。也就是说，"载体有形"并非作品的构成要件，作品的复制件可以以数字化形式存在。也就是说，以二进制的形式存在的字符也可以作为一种作品的载体。在特定的场景下，在符合转移作品载体所有权这一要件下，发行权是可以扩展至数字作品的。从物权的角度，此时，发行的对象是一个无体物。

如果一件数字藏品上承载着作品，那么这件数字藏品就是作品的一个数字化复制件。我国有学者提出过数字文化商品的概念，指的是以数字形式存在或者表达的文化商品，借助于"1—0"数字化的信息符号而生成和传递，承载文化和审美，以满足人们精神生活的需要。[①] 作为一种数字化形态存在的商品，数字藏品本质上属于《中华人民共和国民法典》（以下简称《民法典》）所规定的网络虚拟财产，是一种新兴的财产形态，是一种无体物。虚拟财产是以数据代码形式存在于虚拟空间且具备财产性的现实事物的模拟物。[②] 如果这种虚拟财产能够被特定主体所支配，借助于区块链实现法律意义上的财产权的转移效果，那么发行权应有适用的可行性。

二、数字作品流转对发行权的影响

（一）账号交易——作品浏览权限的移转

通过支付会员费、订阅费等方式获得浏览或者下载互联网上作品权限的网络用户，对其所获得的权限进行后续交易的第一种方式是转让、出租、转赠其用户账号。因为用户购买的访问权限是与其账号绑定，所以对账号的流转就发生对该账号能够浏览特定作品的权限的流转。这一权限，实际上仍然属于一种对一部作品在特定时间特定条件下的使用权。而且，对于账号本身，一般来说，网络用户只享有使用权。国家互联网信息办公室出台的《互联网用户账号信息管理规定》要求，互联网信息服务提供者与互联网用户签订服务协议，明确账号信息注册、使用和管理相关权利义务。国家互联网信息办公室出台的另一部部门规章《互联网用户公众账号信息服务管理规定》要求"公众账号信息服务平台应当依法依约禁止公众账号生产运营者违规转让公众账号"。网络平台通常会在用户协议中写明，账号所有权归属于平台，平台禁止用户实施账号租赁、转让等行为。因此，网络用户违反用户协议实施的账号转让、出借等行为，构成违约。个

---

① 齐爱民.数字文化商品确权与交易规则的构建［J］.中国法学，2012（5）：75.

② 林旭霞.虚拟财产权性质论［J］.中国法学，2009（1）：89.

别市场主体实施规模化商业化的账号租赁行为，构成不正当竞争。

虽然账号交易本身不属于著作权法上的问题，对发行权、信息网络传播权不会带来影响，但是账号交易模式的出现，反映出网络用户对其通过支付对价所获得的数字作品的二次流转存在需求。

（二）"发送即删除"——类似转让所有权的效果

在数字作品传播领域，创新性的尝试体现为二次交易模式的出现。美国 ReDigi 网站曾允许用户将其在合法渠道获得的数字音乐上传至该网站上运行的系统里转售。网站设有"发送即删除"功能，即当买方付款购买了这首音乐之后，卖方系统里的音乐将即刻被自动删除。

苹果公司和亚马逊公司也曾做"数字内容二次转售"的技术专利布局。该技术的基本运行原理是，网络用户通过合法来源获取数字内容后，可将其存储在与个人用户账号关联的数据存储柜中，用户可以通过不同的电子设备随时在线访问其存储的数字内容或将数字内容下载到本地存储设备中；用户发出将某数字内容从个人存储柜转移到与别的用户账号所关联的另一个存储柜的指令，进而该数字内容可供另一个用户访问；在符合一条或多条预定规则的条件下，第二个存储柜中出现授权转让的数字内容但同时，第一个存储柜中的该数字内容会被自动删除。任何用户可以在其登录后的个人界面中列出其合法持有的拟交易的数字内容，也可以发布其想购买的二手数字内容，如整张专辑或单首音乐。当某用户发布了其拟交易的数字内容后，其他用户可以通过网站或应用商店主页上的查找功能，找出该交易客体，并要求系统向卖方发出要约。经卖方承诺该交易后，发生交易对象从卖方流转至买方的效果，根据卖方预设的交易条件或根据交易对象的原始著作权人的预设条件，买方可以在线访问、将数字文件下载到本地磁盘或者从一个本地磁盘转移到另一个本地磁盘。①

可惜的是，"发送即删除"模式被证明是一种失败的尝试。究其原因：第一，获得数字作品的用户，其所获得的仅仅是使用权还是一个以数字介

---

① 陶乾. 数字出版物二次交易技术评析［J］. 现代出版，2017（1）：39.

质为载体的作品复制件的所有权，是存疑的。也就是说，一手买家与苹果音乐之间，成立的是许可关系还是转让关系存疑。欧盟法院曾在"甲骨文公司诉用软公司案"①中认为，"销售是指合同一方收到合同向对方的付款，将属于他的一项有形或无形财产的所有权转让给另一方。若著作权人给用户提供的软件复制件，不管是有形的方式提供还是无形的方式提供，且与用户之间的软件许可协议中写明给用户的是无限期的使用权，用户进行了付款，那么该交易的性质是著作权人向用户出售软件复制件，结果是软件复制件所有权的转移"。尽管欧盟法院在该案中对"销售"作出广义解释，包括各种的作品销售形式，只要允许买方无限期地使用计算机程序复制件，用以换取与其作品经济价值相称的回报，这种行为就是销售行为。若将权利穷竭规则仅适用于有形物理载体上的计算机软件，而不能适用于网络下载这种情况，这会使著作权人不能控制这些下载件的转售，去要求在每次销售中获得经济回报，即便其已经在这些软件复制件的首次销售时获得了利益。这是显失公平的，超出了对特定的知识产权客体的保护范围。但是，在随后的汤姆·卡比内特二手电子书交易案②中，欧盟法院并未将上述软件案的结论应用于电子书，而是指出不能将对电子书这类无形作品的保护与对计算机程序保护相等同，"应该明确划分无形作品与有形作品的界限，这种电子书传播利用的'交互式按需传输'的新形式知识产权应该涵盖在'向公众传播权'中。通过在线下载提供电子书的行为属于向公众传播，而不属于转移作品所有权的发行行为"。将发行权仅限于有形载体上的作品，是对《欧盟关于协调信息社会中著作权和相关权若干方面的规定》（第 2001/29/EC 号指令）进行目的解释、体系解释和文义解释所得出的结论。欧盟法院还从经济学的角度指出，非物质化数字副本与实体载体上的书籍不同，不会随着使用而变旧，因此，实体新书与二手书分属两个市场，所不同的是，二手数字副本仍然是新副本的完美替代品。此外，交换此类复制品既不需要额外的努力，也不需要额外的成本，因此平行的

---

① Used Soft GmbH v. Oracle International Corp. EU Court of Justice Case C–128/11.

② Dutch Association of Publishers v. Tom Kabinet Internet B. V., EU Court of Justice Case C–263/18.

二手市场可能会比二手实体市场更容易影响版权持有人因其作品获得适当回报的利益。

第二，尽管网络用户从合法渠道获得了数字作品，但是在其将数字作品进行二次交易的过程中，绕不开对作品的复制，这一复制的行为受著作权人的控制，可能构成侵犯著作权人的复制权。在交易过程中，数字作品从二手卖方到二手买方会经历两次复制，第一次是二手卖方将数字作品上传至交易系统所指定的服务器，第二次是二手买方将数字作品存储于本地磁盘。这两次复制是未经著作权人授权的复制。域外司法实践中，法院曾试图运用必要复制原则、空间转换理论来为此过程中的复制行为豁免责任。必要复制原则在"用软公司与甲骨文公司案"中曾被适用，即"对于数字商品的买受人，其将软件下载和存储到本地磁盘中的行为，不构成侵犯著作权人的复制权，因为此时的复制，是使其能够按合同目的使用其购买的软件的必要的复制"[1]。空间转换理论曾在美国第九巡回法院审理的美国唱片业协会诉帝蒙多媒体公司案（Recording Industry Association of America v. Diamond Multimedia System Inc.）中适用，即"用户将电脑里存储的音乐变得可移动，属于空间转换，这种复制是非商业性的个人使用，受版权法的合理使用规则保护"[2]。尽管域外理论界与司法界尝试运用必要复制原则与空间转换理论来排除"发送即删除"模式下的复制权侵权问题，但是当网络平台商业性地专门从事此类业务时，复制权的禁锢将始终都在。

我国互联网产业中，有市场经营者引入了"发送即删除"模式。以一起判决书[3]为例，用户可以将其从亚马逊、京东、当当等多种平台购买的电子书上传到藏书馆 App 上，用户可以选择私藏或公开，若选择私藏则只有上传用户可以阅读，若选择公开即表示上传用户同意将该电子书借阅给其他用户。其他用户借阅后，首先要将电子书下载到手机，下载后才能阅

---

[1] Used Soft GmbH v.Oracle International Corp., EU Court of Justice Case C-128/11.

[2] Recording Industry Association of America v. Diamond Multimedia System Inc., 29 F. Supp. 2d 624, 625-26, C.D. Cal. 1998.

[3] 北京互联网法院（2019）京 0491 民初 8273 号民事判决书。

读。电子书被其他用户借阅之后，除了借阅用户之外的任何用户包括上传用户自己也无法在电子书借阅期间进行阅读。对于这一模式，如果用户选择"公开"后任何人可以阅读该电子书，那么该行为显然落入信息网络传播权的范围。但是，如果用户选择"公开"后仅意味着其他用户可以借阅该书，在借阅前仅可以看到封面或极少数内容，那么该行为不属于信息网络传播行为。一审法院未对此进行查明，而仅以"将用户提供的电子书进行了租赁、借阅，属于通过信息网络传播作品"为理由认定上传用户和藏书馆 App 共同侵犯信息网络传播权，尚属草率。从该案中平台的运营模式来看，出借人与借阅人之间是一对一定向的传播，不属于信息网络传播权定义下的传播。该案的关键问题是在出借人上传图书和借阅人下载图书这两个行为，侵犯了著作权人的复制权。

从产业实践上看，很多数字作品是存储于云服务器中，数字内容提供者是著作权人或者著作权人授权的网络平台，故在云服务器的助力之下，上述第一次复制和第二次复制事实上均可以避免。

"发送即删除"模式从经济意义上保证了一件商品的平行使用者数量没有增加，但是，从著作权法的角度，如果软件、数字音乐等的首次发售，无法属于著作权法意义上的发行，那么谈发行权用尽规则能否适用是没有意义的。发行权用尽规则的适用既要求被发行的客体是能够特定化的作品或作品复制件，也要求该特定的作品复制件的首次销售经著作权人同意而发生所有权转移。如同上文"用软公司与甲骨文公司案"，如果说数字作品的首次线上发售存在被理解为所有权转移的可能性，那么数字作品或作品复制件的"载体特定化"则称为数字作品线上交易的首要前提。事实上，通过技术手段，载体特定化并不难实现。

（三）载体特定化——虚拟商品使用权的流转

由于数字作品原件与每个复制件在形式与内容上没有差别，因而数字作品无法像依附于纸张、光盘等有形载体的作品那样，从载体物权的角度具有稀缺性。这是数字作品无法像物一样实现所有权变动的根本障碍。产业界为克服这一障碍想尽办法，尝试以编码的方式来将每份数字内容予以特定化。

在音乐领域，数字音乐单曲或专辑发行已经成为主流。在腾讯音乐移动应用上，用户购买每首数字音乐，会获得一个铭牌，这个铭牌就是一串序号，用户可以把其购买的数字专辑转赠给其他的腾讯音乐用户。受赠人接受赠与后，该铭牌将在受赠人的手机应用账户之下，其可以收听、下载该专辑。而赠与人账户下将不再有该铭牌对应的数字专辑，手机应用系统断开了访问该数字专辑的权限，但其可以再次支付对价来购买新的数字专辑，并获得一个不同序号的铭牌，继而重新获得访问权限。通过不重复的序号，对每位用户购买的若干张同一专辑予以特定化，再通过转赠序号的方式实现使用权的流转。

网络平台在数字专辑的售卖说明中将这每份复制件定性为虚拟商品。但事实上，这并非法律意义上的买卖关系，因为当用户注销账号或者网络平台不再存续时，用户所购买的数字专辑则无法再被播放和下载。因此，所谓的购买数字专辑，用户获得的仍然只是一种使用权，即永久播放和下载的权利。平台通过功能设置，将序号从一个账号之下转至另一个账号之下，从而实现了对一首音乐作品复制件使用权的流转。这并非所有权的转让，并非著作权法意义上发行权所控制的发行行为。

与上述第一种模式相比，虽然在法律效果上都是使用权的流转，但这一流转是平台通过功能设置所实现的，而非违反用户协议的私下流转。将一部数字专辑通过序号予以特定化，从而通过若干个序号与数字作品的绑定，产生发行若干个数字作品复制件的效果。这一方式是一种将数字作品的每份复制件特定化的有益探索。只是在这一模式下，数字作品内容提供者（平台）控制着内容的存储，内容与用户的账户绑定，而用户账户又与平台同生共存，平台用户协议排除了用户对账户以及对账户内虚拟商品的所有权，因此，在这些局限之下，用户没有所有权，也无法真正实现所有权的流转。那么，可否利用具有独立性的第三方存储来解决这些局限？区块链技术的出现，使这一问题迎刃而解。

（四）区块链赋能下的权属变更——真正的网络发行

NFT 为区块链技术下的一个新兴应用场景。NFT 表现为区块链上的一组加盖时间戳的元数据，其与存储在网络中某个位置的某个数字文件具有唯一且永恒不变的指向性。该元数据显示为存储特定数字内容的具体网址链接或者一组哈希值。点击链接或者使用哈希值进行全网检索，就能够访问被存储的特定数字内容。NFT 本质上是一张权益凭证，该凭证指向的是有交易价值的特定客体。该凭证与区块链上的智能合约相关联，能够记录关于该特定客体的初始发行者、发行日期以及未来的每次流转信息。①

区块链赋能下的 NFT 与智能合约下的数字作品交易，实际上是通过区块链记录的权属变更来实现一件数字化的作品载体的所有权转让。这是数字作品交易领域的一大实质性的突破。区块链的技术特征使一部作品的任意一份复制件都能被特定化，解决了数字环境下作品复制件的稀缺性无法保证的问题。每个数字作品复制件均具有了被标记的唯一"身份"，从而借助于区块链的记录，能够以出售或者赠与方式发生财产权的移转。"NFT 持有人对其 NFT 所享有的权利包括排他性占有、访问、控制、使用、收益和处分等"。②通过持有、交易代表所有权的通证，在 NFT 与作品之间以技术方式确立一一对应关系，实现对数字艺术品的"拥有"。③

可以说，在 NFT 模式之下，财产权的移转得以实现，并且，省却了复制环节，不需要传输，也不需要下载。那么，此时，我们看能否将 NFT 数字藏品中所包含的作品纳入发行权的控制范围？这不仅需要对现行法进行考察，而且需要进行既有观念上的突破。

三、NFT 交易模式下发行权扩张的必要性

（一）NFT 交易模式下发行权的独立意义

从 NFT 数字藏品的交易流程上看，分为铸造、许诺销售和销售三个环

---

① 陶乾. 论数字作品非同质代币化交易的法律意涵 [J]. 东方法学, 2022（2）: 71.

② 司晓. 区块链非同质化通证（NFT）的财产法律问题探析 [J]. 版权理论与实务, 2021（7）: 13.

③ 邓建鹏, 李嘉宁. 数字艺术品的权利凭证：NFT 的价值来源, 权利困境与应对方案 [J]. 探索与争鸣, 2022, 1（6）: 91.

节。铸造是一种上传行为，在此过程中产生新的作品复制件。许诺销售是一种展示行为，作品复制件在交易平台上以出售为目的呈现。销售是一种将作品复制件进行交易的行为。因为在交易平台上向公众展示作品或者在购买者支付对价后使其能够看到作品，均是通过信息网络来实现的，所以在整个交易过程中存在复制行为和信息网络传播行为。

然而，数字藏品交易的目的在于转移所有权，而非传播作品。这已经完全不同于过去我们看到的那些信息网络传播情形，例如，在文学网站上传播小说、在视频网站上传播影视剧、在公众号中展现美术作品。在上述情形中，行为目的就是传播作品，与发行无关。网络发行和网络传播的本质不同，网络传播限于作品内容，而网络发行必然含有转让作品复制件所有权的意思表示。[①] 将作品以 NFT 形式进行铸造和销售，本质上是一种新型的作品发行行为。从交易所欲实现的效果来看，"与现实生活中实体作品的发行行为并无本质区别，只是该过程更加简便、快捷，因为省去了机器制作、人员配发、运输送达等环节，直接在网上自动完成"[②]。

在数字藏品交易的整个过程中，其中铸造环节的复制行为是为发行服务的，就像出版纸质版图书时复制是发行的前提一样；而其中出售环节的信息网络传播是作品发行所不可避免的，正如出售印有美术作品图案的服装时，展览是发行的不可避免的环节一样。因此，在 NFT 模式下的数字藏品交易中，发行不仅具有独立于信息网络传播行为和复制行为的价值，而且是更为主要的起到决定性作用的行为。如果仅使用复制权来规制未经著作权人许可的数字藏品铸造与发售，仅解决了问题的表面，而没有解决问题的实质。NFT 数字藏品交易模式的出现，需要适用发行权来对著作权人进行保护。在杭州互联网法院审理的奇策公司与原与宙公司案（又称胖虎打疫苗案）[③]中，仅适用信息网络传播权无法为著作权人提供充分的保护。

---

① 何怀文.网络环境下的发行权［J］.浙江大学学报（人文社会科学版），2013（5）：150.

② 何炼红，邓欣欣.数字作品转售行为的著作权法规制：兼论数字发行权有限用尽原则的确立［J］.法商研究，2014，31（5）：24.

③ 杭州互联网法院（2022）浙 0192 民初 1008 号民事判决书。

（二）发行权用尽规则对数字藏品流转的适用

数字环境下，发行权应当予以扩张的原因还在于数字藏品后续流通需要适用权利穷竭规则，即发行权用尽规则。虽然当下基于金融监管风险的考虑，我国数字藏品二次交易受到一定的政策限制，但是允许数字藏品流通是大势所趋，亦符合国际做法，可流通性亦是收藏品应具有的特征之一。如果禁止流通，那么数字藏品存在的意义会大打折扣，会使版权方与设计方缺乏动力去推动数字作品的上链交易。

在发行权用尽规则之下，著作权人仅能依据发行权来控制一件包含其作品的数字藏品的首次交易，而无法控制该数字藏品售出之后的流转。权利穷竭规则在数字作品二次交易中的适用，"从肯定消费者有处置数字化财产自由及支持新经济形态的观点出发"[①]，将带来积极的效果，会激发数字藏品市场的活力。但是，发行权用尽规则在数字作品二次交易中的适用，必须严格把握以下条件：第一，交易产生了特定作品复制件财产权转移的法律效果；第二，交易标的物在首次交易时，是著作权人或者经其授权的主体以出售方式发行至网络空间的数字作品复制件；第三，交易未造成新的作品复制件的产生；第四，一件作品复制件的平行持有者数量没有增加。在满足上述四个条件下，合法获得了经过著作权人授权发售的数字藏品的主体，可以转售，不侵犯发行权。鉴于一件 NFT 数字藏品无论经过多少手的交易，在交易平台上展示的始终是铸造者最初上传至服务器的那个复制件，所以二次交易不侵犯著作权人的复制权。鉴于二次交易过程中呈现数字藏品的行为不仅是转售环节所不可避免的，而且是首次交易时著作权人在许可铸造 NFT 时已经许可同意的信息网络传播行为，故该数字藏品的后续买受人，继续在 NFT 交易平台上展示该数字藏品并不构成信息网络传播权侵权，但是，其不能将作品复制之后在其他互联网平台上传播，除非具备合理使用的法定情形。[②]

事实上，我国司法实践曾有将发行权穷竭规则适用于网络空间的探

---

① 魏玮.论首次销售原则在数字版权作品转售中的适用［J］.知识产权，2014（6）：25.
② 陶乾.论数字作品非同质代币化交易的法律意涵［J］.东方法学，2022（2）：78.

讨。在北京市高级人民法院再审的一个案件中，法院指出，在当前我国著作权立法状况下，将发行权用尽规则引入网络传播领域尚存在障碍，即便引入，其也应至少满足"原件或复制件所有权转让"和"受让方向他人网络传输数字化作品文件后要删除其存储的该文件"两个限定条件，否则将导致复制件数量不受控制，严重损害权利人的利益。① 在 NFT 数字藏品交易中，"原件或复制件所有权转让"这一条件符合，后一限定条件也能被区块链技术所克服。"随着区块链技术市场潜能的发挥，它对数字环境下的版权带来了变革性的重大影响"。②NFT 交易模式成功地绕开了复制权的障碍，无须通过"发送即删除"模式来控制一个复制件的平行所有人数量。考虑创设数字环境下权利穷竭规则正当其时。

四、结语

NFT 应用场景对数字作品产生巨大影响，其解决了作为商品时的可流通性以及作品数字化载体的非稀缺性，能够为作品交易带来广阔市场。在元宇宙的场景下，在区块链与智能合约的助力之下，NFT 将能够作为虚拟空间中人们享有虚拟财产的权益凭证，发挥更大的作用。这要求我们不仅需要重新审视数字财产权的概念，而且需要重新思考发行权的内涵以及发行权用尽规则的适用。

---

① 北京市高级人民法院（2020）京民申 4151 号民事裁定书。

② BODÓ B, GERVAIS D, QUINTAIS J P. Blockchain and smart contracts: the missing link in copyright licensing？［J］. International Journal of Law and Information Technology, 2018（26）: 311, 336.

教材出版单位的版权全流程管理

张晓霞

作者简介

张晓霞，人民教育出版社版权与对外交流部资深主管，负责版权资源管理、许可使用、对外版权贸易以及维权等相关业务。曾在《中国版权》《电子知识产权》《科技与出版》《版权理论与实务》等杂志发表多篇论文，2018 年开展教育部"中小学国家统编教材法律关系研究"课题研究；兼任中国版权协会文字版权工作委员会秘书长、中国知识产权研究会理事、中国作家协会著作权保护与开发委员会委员、中国文字著作权协会理事、北京市文化娱乐法学会出版与版权运营保护法律专业委员会副主任等。

版权制度自产生以来，就与出版行为如影相随，中外莫不如此。因此，出版单位的版权管理与运营是其必要的业务环节。教材（在本文中与教科书、课本是同一概念）作为教学载体，其编写出版存在特殊要求，教材出版单位的版权工作因此也具有相当多的特殊性。教材除了应符合《中华人民共和国著作权法》（以下简称《著作权法》）[①] 对出版物的版权管理

[①] 1990 年 9 月 7 日第七届全国人民代表大会常务委员会第十五次会议通过，根据 2001 年 10 月 27 日第九届全国人民代表大会常务委员会第二十四次会议《关于修改〈中华人民共和国著作权法〉的决定》第一次修正，根据 2010 年 2 月 26 日第十一届全国人民代表大会常务委员会第十三次会议《关于修改〈中华人民共和国著作权法〉的决定》第二次修正，根据 2020 年 11 月 11 日第十三届全国人民代表大会常务委员会第二十三次会议《关于修改〈中华人民共和国著作权法〉的决定》第三次修正。

要求,《出版管理条例》^①对出版单位在中华人民共和国境内从事出版活动的管理要求以外,还应遵守国家教育行政管理部门关于教材(教科书)编写、出版、使用的特殊要求,例如《义务教育课程方案(2022年版)》《义务教育语文课程标准(2022年版)》等各学科课程标准^②,以及《中小学教材管理办法》《职业院校教材管理办法》和《普通高等学校教材管理办法》^③等规范文件的规定。因此,教材在版权创作、管理、运营和维护等方面与其他图书相比既有共性,也有很多不同之处。教材的版权创作、管理、运营和维护不是孤立的环节,而是环环相扣、先后关联、循环往复的有机整体。本文将围绕教材出版单位的版权全流程管理进行论述,内容包括教材出版单位版权管理的必要性、教材编写(创作)过程中的版权管理、教材出版后的版权管理、教材的版权维护以及版权专业团队的建立等。

一、教材出版单位版权管理的必要性

(一)教材的定义

《教育大辞典》对"教材"的解释为:教材是教师和学生据以进行教学活动的材料,教学的主要媒体。教材通常按照课程标准(或教学大纲)的规定分学科门类和年级顺序编辑。^④《中国大百科全书》对"教材"的解释为:"教师和学生据以进行教学活动的材料,教学的主要媒体。是依据

---

① 2001年12月25日中华人民共和国国务院令第343号公布,根据2011年3月19日《国务院关于修改〈出版管理条例〉的决定》第一次修订,根据2013年7月18日《国务院关于废止和修改部分行政法规的决定》第二次修订,根据2014年7月29日《国务院关于修改部分行政法规的决定》第三次修订,根据2016年2月6日《国务院关于修改部分行政法规的决定》第四次修订,根据2020年11月29日《国务院关于修改和废止部分行政法规的决定》第五次修订。

②《教育部关于印发义务教育课程方案和课程标准(2022年版)的通知》(教材〔2022〕2号),2022年3月25日公布。

③《教育部关于印发〈中小学教材管理办法〉〈职业院校教材管理办法〉和〈普通高等学校教材管理办法〉的通知》(教材〔2019〕3号),2019年12月16日公布。

④ 顾明远.教育大辞典:增订合编本[M].上海:上海教育出版社,1998:695.

国家的教育方针和课程标准，为实现一定的教学目标开发、编写而成。它既包括以教科书为主体的各种文字教材，又包括各种视听教材、电子教材以及来源于生活实践的现实教材等。"①《辞海》对"教材"的解释为："根据课程标准编选的供教学用和要求学生掌握的基本材料。"②根据《教育部关于印发义务教育课程方案和课程标准（2022 年版）的通知》（教材〔2022〕2 号），其中《义务教育课程方案（2022 年版）》有如下表述："国家课程标准规定课程性质、课程理念、课程目标、课程内容、学业质量和课程实施等，是教材编写、教学、考试评价以及课程实施管理的直接依据。"③

归纳以上权威说法，可以总结为：教材是依据课程标准或教学大纲编写的、系统反映学科内容的教学用书，是全面贯彻党和国家的教育方针，落实课程教学目标的重要手段。

（二）教材的特殊功能及其编写要求

教材依据课程标准编写，其功能需要符合课程标准的培养目标，编写内容应当体现课程标准的育人要求。"义务教育要在坚定理想信念、厚植爱国主义情怀、加强品德修养、增长知识见识、培养奋斗精神、增强综合素质上下功夫，使学生有理想、有本领、有担当，培养德智体美劳全面发展的社会主义建设者和接班人。"④

本文以《义务教育语文课程标准（2022 版）》和《义务教育艺术课程标准（2022 年版）》的部分内容为例来说明教材内容的特殊性及其编写要求。

《义务教育语文课程标准（2022 版）》规定："（三）教材编写建议……

---

① 《中国大百科全书》总编委会，《中国大百科全书》编辑部.中国大百科全书：第 11 卷 [M].2 版.北京：中国大百科全书出版社，2009：429-430.

② 辞海［M］.7 版.上海：上海辞书出版社，2020：2117.

③ 中华人民共和国教育部.义务教育课程方案（2022 年版）［M］.北京：北京师范大学出版社，2022：11.

④ 中华人民共和国教育部.义务教育课程方案（2022 年版）［M］.北京：北京师范大学出版社，2022：2.

6.教材选文要体现正确的政治导向和价值取向，文质兼美，具有典范性，富有文化内涵和时代气息。……7.……教材要组织和选取原著部分文本和辅助性阅读材料，创设综合型、阶梯式的学习问题和交流活动，提高学生理解和评价能力……"[①]

以上原文引用目的在于引出"选文"这个与版权紧密相关的概念，也就是教材需要选用他人的文字作品，并且需要按照课程标准的要求选用作品。

《义务教育艺术课程标准（2022年版）》规定："（三）教材编写建议……2.精选内容素材　依据本标准中的'内容要求'选择内容素材。……内容素材的形式要多样，包括文字、图片、音乐、视频、案例、故事等，为学习情境的创设提供丰富的素材，使学生在知识建构的过程中和对知识意义的体悟中逐步发展核心素养。"[②]

除了文字作品，图片作品（包括美术作品、摄影作品、图形作品等）、音乐作品、视听作品也是教材使用的常见作品形态。

（三）教材出版单位版权管理的必要性

1. 经许可使用他人作品的必要性

教材因其性质特殊，有不同于其他图书的内容和编写要求，其中一个特点就是要大量使用他人享有版权的文字作品、美术作品、摄影作品、音乐作品、视听作品等，这是教材版权管理必须面对和解决的问题。

2. 教材编写过程中对内容素材版权管理的必要性

教材编写启动后，进入版权创作的阶段，在教材出版前，大量的内容素材需要进行版权管理，有效的素材管理可以为编辑工作提供极大的便利，同时减少和避免版权纠纷隐患。

---

① 中华人民共和国教育部. 义务教育语文课程标准（2022年版）［M］.北京：北京师范大学出版社，2022：52–53.

② 中华人民共和国教育部. 义务教育艺术课程标准（2022年版）［M］.北京：北京师范大学出版社，2022：118–119.

3.教材出版后版权管理的必要性

教材出版后，涉及的版权管理工作包括版权运营和维护。此类业务大多数出版单位都会涉及，无论传统出版单位还是互联网出版单位。

对教材出版单位而言，版权的创作、运营和维护全流程都涉及专业管理的工作，教材出版单位建立全流程版权管理机制是非常必要的。

二、教材编写（创作）过程中的版权管理

（一）教材委托编写和委托设计合同的签署

教材编写选题通过后，应及时签署委托编写和委托设计合同。委托编写合同约定主编（包括执行主编、分册主编等，负责组织编写工作）、执笔人（负责内容组织编写）等与教材出版单位的权利义务关系，委托设计合同有时候也称为委托绘制合同，约定插图绘制者与出版单位的权利义务关系。

因"教材建设体现国家意志，是国家事权"[1]，将教材的版权约定为属于出版单位的法人作品，既符合法人作品的构成要件，也符合教材编写、出版和经营的特殊性。

《著作权法》第11条第3款规定："由法人或者非法人组织主持，代表法人或者非法人组织意志创作，并由法人或者非法人组织承担责任的作品，法人或者非法人组织视为作者。"绝大多数教材是由出版单位主持，代表出版单位意志创作，并由出版单位承担责任的作品，出版单位应视为作者，这是有法律依据的。但教材文字事实上是由受托自然人执笔编写，插图是由受托自然人设计绘制，因此签署委托合同非常重要。《著作权法》第19条规定："受委托创作的作品，著作权的归属由委托人和受托人通过合同约定。合同未作明确约定或者没有订立合同的，著作权属于受托人。"因此，出版单位除了必须与执笔人、设计人签署委托合同以外，还应当在合同中与执笔人、设计人明确约定所编写的教材内容和插图等著作权属

---

① 靳晓燕.建设中国特色高质量教材体系［N］.光明日报，2024-03-26（13）.

于出版单位。还有一个必须明确约定的条款是教材封面、版权页等位置的署名方式。《著作权法》第 12 条规定："在作品上署名的自然人、法人或者非法人组织为作者，且该作品上存在相应权利，但有相反证明的除外。"出版单位与执笔人、设计人应明确约定作品的署名方式。关于权属和署名方式的明确约定，可以避免日后出现版权纠纷。

除了权属和署名方式，委托合同还应当约定交稿（最终作品）时间、付酬方式、标准和时间，再次使用，出于委托方原因导致的修改及其他双方认为必要的条款。

（二）签署使用他人作品的许可使用合同或授权书

无论是教材自身性质的需求，还是按照课程标准的要求，教材编写都需要大量使用他人享有版权的文字作品、音乐作品、美术作品、摄影作品、其他图形作品以及视听作品等，尽管《著作权法》第 25 条规定："为实施义务教育和国家教育规划而编写出版教科书，可以不经著作权人许可，在教科书中汇编已经发表的作品片段或者短小的文字作品、音乐作品或者单幅的美术作品、摄影作品、图形作品，但应当按照规定向著作权人支付报酬，指明作者姓名或者名称、作品名称，并且不得侵犯著作权人依照本法享有的其他权利。前款规定适用于对与著作权有关的权利的限制。"即对教材使用作品实施法定许可，但教材出版单位须尽可能事先联系权利人，在联系不上的情况下再按照法定许可的要求将使用费转交至各类作品的集体管理组织。事先联系是对权利人的尊重，并且部分作品可能需要作出适宜编辑出版要求的修改，按照著作权法的要求，也应当事先联系权利人。

版权部门可以协助编辑联系各类作品的权利人，并签署著作权许可使用合同或者授权书。联系版权并签约是一项相对专业的法务工作，教材出版单位应当安排专业的人员来完成此项工作，可以提高编辑版权资源需求的效率，实现版权工作服务编辑工作的职能，事实上也达到了版权管理的目的。因为编辑基于时间和效率的原因，或者认知不到位，经常不愿意主动联系权利人，这会导致版权隐患。版权部门协助编辑联系权利人，可以实现资源合法使用和版权管理的双重目标。因此，这项工作重要且必要。

（三）法定许可使用作品

在未能事先联系到权利人的情况下，因教材编写时间有限，按照《著作权法》第 25 条的规定，可以不经著作权人许可，在教材中汇编已经发表的作品片段或者短小的文字作品、音乐作品或者单幅的美术作品、摄影作品、图形作品，但应当按照规定向著作权人支付报酬，指明作者姓名或者名称、作品名称，并且不得侵犯著作权人依照本法享有的其他权利。

2013 年 12 月 1 日起施行的《教科书法定许可使用作品支付报酬办法》①对法定许可使用作品作出了具体规定。按照该规定，法定许可的适用范围是使用已发表作品编写出版九年制义务教育和国家教育规划教科书的行为，不包括教学参考书和教学辅导材料。教科书汇编者支付报酬的标准为：文字作品每千字 300 元，不足千字的按千字计算；音乐作品每首 300 元；美术作品、摄影作品每幅 200 元，用于封面或者封底的，每幅 400 元；在与音乐教科书配套的录音制品教科书中使用已有的录音制品，每首 50 元。支付的时间为教科书出版发行存续期间，教科书汇编者应当每年向著作权人支付一次报酬；教科书汇编者如未能联系到权利人，可委托各类作品的著作权集体管理组织收转报酬等。

教材出版单位一般都会涉及法定许可业务，因为无法及时联系到全部权利人，为了避免侵权，可按照法定许可使用作品，教材出版单位将应当支付的报酬连同邮资以及使用作品的有关情况交给相关的著作权集体管理组织后，对著作权人不再承担支付报酬的义务。

法定许可涉及与权利人和著作权集体管理组织接洽业务，具有相当程度的专业性，由版权专业人员负责更为妥当，这也是版权工作服务编辑出版核心业务的体现。

总之，在教材的编写阶段，版权方面需要解决与委托编写人员、委托设计绘制人员签约并明确约定权属和署名方式问题，解决使用他人各类作品的问题，解决法定许可使用作品的签约及付费问题，做好编写过程中版

①《教科书法定许可使用作品支付报酬办法》，2013 年 10 月 22 日国家版权局、国家发展和改革委员会令第 10 号发布，自 2013 年 12 月 1 日起施行。

权资源的保护等。在这个阶段，版权工作的核心是保障教材作为一个新作品创作的过程中没有版权隐患，为教材出版后的版权运营和维护奠定坚实的基础。

三、教材出版后的版权管理

（一）教材出版后的内部管理

教材出版后，新的教材已成为出版单位的重要版权资源，对其进行管理是非常必要的。教材的内部版权管理，至少有以下三方面的工作要做：第一，版权素材管理，例如各类构成教材内容的文字作品素材、图片作品素材、音乐作品素材，以及视听作品素材，须来源清晰、版权标签清晰，实现查询便利、复用快捷；第二，教材整体版权资源管理，或者说一本书管理，一本具体教材的版权信息清晰可查；第三，电子文档的管理，电子文档管理十分重要，相对于传统的纸质印制型板，电子文档的管理非常困难，因为其易传播性使其管理需要强大的技术手段。无论是对素材资源的管理还是整本书管理，以及电子文档的管理，没有信息化管理平台是很难到位的，靠人工管理的方式查询复用的时间成本会很高，也难以防范电子文档的流失。因此，建立版权信息管理平台非常重要。

（二）教材出版后的外部管理（运营管理）

1.教材的市场推广

教材出版后，进入选用阶段，一般出版单位都会配备精良的市场营销团队负责相关工作。营销本质上是一种版权推广，实现的是版权的复制权。不过，行业内通常认为教材市场营销自身就是重要且独立的工作，开展这项工作是为了市场营销，但客观上实现了版权价值，毕竟我国没有版权制度之前，图书的营销早已存在。关于教材市场营销问题不是本文讨论的范围。

2. 教辅资源的授权

教材的重要衍生品就是围绕教材开发的各类辅助学习资源，名称可能是同步辅导、课堂笔记、教材解读、名师导学、学霸笔记等，载体上有纸质教辅、电子音像配套资源、视听资源等，有的教辅资源在课堂上使用，有的是学生课后使用。《著作权法》第26条规定："使用他人作品应当同著作权人订立许可使用合同，本法规定可以不经许可的除外。"使用教材编写、制作、出版教辅资源不在除外之列。因此，教材的著作权许可使用是教材出版后的核心运营工作，许可使用合同应当包括下列主要内容：（1）许可使用的权利种类；（2）许可使用的权利是专有使用权或者非专有使用权；（3）许可使用的地域范围、期间；（4）付酬标准和办法；（5）违约责任；（6）双方认为需要约定的其他内容。著作权许可使用是非常专业的工作，应当由专业的版权团队负责。

四、教材的版权维护

（一）教辅侵权

《2022年中国教育出版行业发展现状分析 出版行业平稳发展，图书市场渠道变革》有这样的表述："分品类看，教材教辅零售金额位列'出版物发行 – 出版物零售'领域第一大品类，2020年占比提升至66.6%。根据国家新闻出版署的数据，教材教辅近8年来占据出版物零售市场主要份额，2012—2020年教材教辅零售金额由371亿元上升至745亿元，零售金额CAGR 9.1%；占出版物零售金额比重保持上升态势，2012—2020年平均占比为59.0%，2020年占比达66.6%。教材教辅主要面向学生，具有稳健的刚性需求，是出版物零售市场稳定增长的支撑。"[1] 据此，说教材、教辅占据出版业的半壁江山并不为过。

---

[1] 佚名. 2022年中国教育出版行业发展现状分析 出版行业平稳发展，图书市场渠道变革 [R/OL].（2022–02–25）[2024–05–15].https://www.vzkoo.com/read/20220224895af1fd39012eee–b08e7389.html.

关于教材的定义和功能，前文已有论述。教辅从其与教材的关系上区分为两种：第一种是与教材配合使用的，按照教材的编排顺序、结构和内容编写的；第二种是与教材关系不大，未按照教材的编排顺序、结构和内容编写的。根据《著作权法》第26条，使用教材编写教辅应当与教材著作权人签署许可使用合同，上文中我们提到教材出版单位版权运营的重要业务之一，就是教辅编写出版授权。因此，编写出版第一种教辅是需要得到教材出版单位授权的。不过，市场上绝大多数第一种教辅产品，尤其是通过线上线下各种店铺零售的，基本上都没有经过教材出版社的授权。除了纸质教辅，还有海量的通过网络传播的数字化配套教辅资源，也是以侵权产品居多。可以说，教辅侵权非常严重，是教材出版单位维权的重点。

（二）追查教材侵权盗版行为

线上线下销售盗版教材的情况依然非常严重，还有大量不具有教材销售资质的商家违规销售教材。以人民教育出版社为例，2023年累计投诉电商平台违规销售中小学教材商品链接12000多条，配合文化行政执法部门和公安机关查办盗版案件近400件，鉴定疑似盗版图书近10000册，配合国家相关部门查办案件14件，捣毁制假、售假、侵权窝点30多个，收缴盗版出版物300万册，涉案码洋超过4000万元。

（三）教材信息网络传播权的维护

我们在搜索引擎中输入"人教版教材"等类似关键词，就会出现大量的人教版各学科教材信息，人教版教材的电子版被海量侵权传播。2023年，人民教育出版社投诉微信公众号、微信小程序传播电子教材侵权信息7000多条，另外针对网络侵权、移动端应用程序侵权、网站侵权进行了大量投诉。

（四）维权方式

无论是对纸质教辅或数字化教辅侵权，还是对教材盗版或违规销售，以及对教材信息网络传播权的侵犯，侵权数量巨大，侵权程度恶劣，尽管国家重拳出击，行政查处和刑事惩罚的力度不断加大，但侵权的形势依然严峻。

侵权盗版的存在，迫使教材出版单位耗费巨大的人力物力维权。人民教育出版社有着强大专业的版权团队，通过与外界维权律师、公安部门、行政执法部门、各大互联网公司维权团队对接、配合，极大提高了维权效率，降低了维权成本。

维权方式包括自主维权（发函、平台投诉）、行政举报、民事诉讼和刑事追诉，部分案件以自主维权为主要方式，部分案件配合版权行政执法部门和公安部门开展相关工作，还有部分案件聘请律师进行民事诉讼。

（五）维权态度

由于维权成本高、效率低、效果弱，且屡禁不止，导致很多权利人无奈、无助、无计可施，失去维权的积极性。

作为全国最大的教材专业出版单位，人民教育出版社的维权工作在社领导的重视和支持下，能够持续加强，并在打击侵权盗版方面取得较好的进展，起到追究盗版、支持正版的作用。

我们认为，权利人主动维权才能减少侵权的发生，从根源上制止侵权；权利人维权才能引起全社会对版权的关注，也是最为鲜活有效的版权宣传方式；权利人维权是推动版权环境改善的关键力量。因为版权是民事权利，主要靠权利人自身维权来得到保护和尊重。

近年来，法治环境极大改善，党和国家高度重视知识产权保护。2019年11月24日，中共中央办公厅、国务院办公厅印发《关于强化知识产权保护的意见》，2021年9月22日，中共中央、国务院印发《知识产权强国建设纲要（2021—2035年）》。与此同时，《著作权法》加大了对侵权行为追究惩处的力度，互联网法院的设立为权利人维权提供了便利，降低了成本、节省了时间。

因此，教材权利人（一般为教材出版单位）应当积极主动维权，通过向侵权者发函、民事诉讼、行政举报和刑事追究等手段维护自身版权，教材出版单位自身维权与国家的行政执法、刑事追究结合起来，才能更大程度起到遏制盗版侵权的作用。

（六）运用技术手段协助维权

侵犯教材版权的行为普遍、数量巨大，仅靠人工监测远远不能掌握线索或收集证据。近年来，运用人工智能、区域链、大数据等技术进行全网侵权监测、取证，取得了很好的效果。

以人民教育出版社为例，我们对教材等出版物内容进行整理分析，将教材文字内容、插图、朗读音频、关键字符等导入监测系统，进行全网智能分析比对，配以专业律师团队进行人工筛查、核对，从而形成专业的版权监测报告；根据监测报告结果确认维权方案，对侵权线索进行电子证据的固定，形成各方面均符合相关国家标准或者行业标准的电子证据；根据侵权情节，选择线上投诉、行政举报、发函、和解或诉讼等方式进行维权。在技术的加持下，维权的效率极大提高。

（七）维权行业共治的重要性

以"京版十五社反盗版联盟"为例，联盟协同行动，近年来在维权方面取得很大进步。据不完全统计，2020年联盟及各成员单位配合政府执法部门查办盗版案件200多起，查办非法销售盗版图书门店和各类机构、学校200多家，查获藏匿盗版图书仓库和窝点50多个，查办盗印企业及装订厂家多家；收缴盗版图书100万余册（盘），维权行程遍及全国十余个省份。联盟及各成员单位还配合各地版权行政执法部门和公安部门出具鉴定意见千余份。

另外，联盟牵头与阿里巴巴、腾讯、京东、字节跳动等平台建立维权合作关系，开通维权绿色通道，对联盟成员维权起到了积极的促进作用，同时有助于各互联网平台配合维权，开展行业自治自律。

五、版权全流程管理的必要因素——专业的版权团队

版权创作—版权管理—版权运营—版权维护的全流程统筹管理，如果

没有专业的版权团队是很难衔接和完成的。

以人民教育出版社为例，版权部门综合负责全社的知识产权管理工作。首先，要进行内部协调与管理，保持与编辑部门、总编室、出版部门、发行部门、下属企业等各个环节业务部门的日常协调关系，既服务编辑出版工作，也协调与管理版权，通过运营实现版权价值，通过维权保护智力成果创作者的积极性。其次，要负责外部协调与联络，与行业主管单位对接（行政举报），与行政执法部门对接（配合行政执法），与法院对接（民事诉讼），与公安部门对接（刑事调查），与检察院对接（刑事诉讼），与行业对接（如"京版十五社反盗版联盟"等），与律师对接（日常版权服务、民事诉讼）等。

因此，全流程统筹管理和专业团队，才能打造高效能的企业版权管理组织，为教材出版单位的编辑、出版和经营业务提供优质的版权服务，助力教材出版单位的高质量发展。

六、结语

本文从教材出版单位版权管理的必要性入手，在第二到第五部分逐一论述了教材版权管理的全流程工作。全流程版权管理为：编写过程中的管理，这部分管理的主要任务是避免教材出现版权隐患；教材出版后的内部管理，这部分管理的目标是做好教材的版权素材管理和整本书管理，实现素材可查询、可复用；对外版权运营管理，目标是实现版权价值；版权维护，目的是保护智力成果，促进正版销售和许可使用，进而实现版权价值。教材出版单位如能认识到版权全流程管理的重要性，并做好每个环节的版权管理工作，建立专业的版权团队，就一定能感受到高效专业的版权管理对教材全业态工作的极大贡献，从而使版权资源名副其实地成为教材出版单位的核心资源与核心资产，实现教材出版服务国家教育事业的宗旨。

信息网络传播权案件中行为保全
适用问题的若干思考

李 颖

作者简介

李颖，现任抖音集团法务部法律研究总监，兼任北京市文化娱乐法学会版权法研究专业委员会副主任及多个学会理事。曾在法院工作15年、阿里巴巴法务部文娱内容线工作3年，撰写的判决多次在全国知识产权优秀裁判文书评选和全国法院系统优秀案例分析评选中获奖，获评第二届北京市审判业务专家。在《知识产权》《法律适用》《人民司法》《竞争政策研究》等刊物发表文章50余篇，参与国家社科基金项目"媒体权利和责任司法界限研究"课题及内容撰写。

近年来，在信息网络传播权案件中申请行为保全的数量越来越多。信息网络传播权案件中行为保全的占比，已明显超过其他知识产权案件中行为保全的占比，其中大公司之间的行为禁令占到很大比例，禁令申请具有浓烈市场竞争意味。要正确解决信息网络传播权案件中行为保全的适用问题，应认识到，信息网络传播权的有限排他性、保护范围不确定性与行为保全的绝对排他性、程序高效化对应的法律判断简单化之间，存在天然而不易调和的矛盾。行为保全作为一把"双刃剑"，容易成为市场竞争延伸的竞技场，一旦被滥用可能引发严重后果。故法院应充分考察行业的现实状况、技术能力以及现行法律规定，从严把握该类案件中行为保全禁令的适用条件和程序。

一、信息网络传播权案件中行为保全的特点和问题

《中华人民共和国民事诉讼法》（以下简称《民事诉讼法》）明确规定了行为保全制度，其第 103 条规定："人民法院对于可能因当事人一方的行为或者其他原因，使判决难以执行或者造成当事人其他损害的案件，根据对方当事人的申请，可以……责令其作出一定行为或者禁止其作出一定行为；当事人没有提出申请的，人民法院在必要时也可以裁定采取保全措施"，该规定将行为保全的适用扩展到所有民事诉讼领域。2018 年 11 月 26 日，最高人民法院通过《最高人民法院关于审查知识产权纠纷行为保全案件适用法律若干问题的规定》（法释〔2018〕21 号）（以下简称《知识产权保全规定》），自 2019 年 1 月 1 日起施行。该规定总结司法实践经验，将知识产权诉讼行为保全涉及的权利范围，从传统的商标权、专利权及著作权领域，扩展到了新兴的信息网络传播权、竞争利益等领域，进而调整所有因知识产权纠纷案件引发的行为保全案件，[①] 并对行为保全的审查标准、适用程序等问题进行了较为详细的规定，完善了行为保全制度在知识产权与竞争领域案件中的审查标准和适用、救济程序。

2022 年 4 月 26 日，中国司法大数据研究院在其网站上刊登了其撰写的《涉侵害作品信息网络传播权诉讼保全案件特点和趋势（2019.1—2021.12）》（以下简称《报告》）。[②] 通过对《报告》中相关数据的分析，可以发现：第一，信息网络传播权案件中行为保全的占比，已明显超过其他知识产权案件中行为保全的占比。这一方面说明在涉信息网络传播权这一诉讼领域中，相关市场主体更加倾向于选择申请行为保全，法院的适用也更为活跃；另一方面也促使我们反思这样一个问题：信息网络传播权领域作为《知识产权保全规定》新拓展的行为保全制度司法适用领域，过于活

[①] 宋晓明，王闯，夏君丽，等.《关于审查知识产权纠纷行为保全案件适用法律若干问题的规定》的理解与适用［J］. 人民司法, 2019（7）: 20.

[②] 中国司法大数据研究院. 中国法研发布《涉侵害作品信息网络传播权诉讼保全案件特点和趋势（2019.1—2021.12）》研究报告摘要［R/OL］.（2022-04-26）［2022-05-15］. https://mp.weixin.qq.com/s/w0CpUY-YPVx3_YkXpyTpGg.

跃的申请、适用现象，是否会带来对信息网络传播权这种著作权权项的过度保护，忽略了相关利益的复杂平衡，从而超出了行为禁令制度内涵或承载的权利绝对排他性、判断简单化、程序保障化的适用前提和制度假设？第二，大公司之间的行为禁令申请占到很大比例，具有浓烈市场竞争意味。数据显示，行为保全禁令的申请人或被申请人多是腾讯、阿里巴巴、字节、爱奇艺、优酷等大公司。而报告中有关行为保全案件申请人、被申请人身份、案件占比等的数据统计，凸显了竞争因素在诉讼行为保全程序中的作用，行为保全禁令存在由维权武器向竞争工具异化的趋势和特点。大公司强大的经济实力决定了，法院判决其应赔偿给原告的经济损失大概率是可通过判决生效后的自动履行或申请执行等方式弥补的。这样，在互联网激烈竞争的态势下，法院是否根据申请人的申请颁发行为禁令而责令被申请人停止侵权、承担版权过滤责任，可能成为当事人借此打压竞争对手、争夺市场竞争优势的工具。

司法实践中，各地法院对这些申请的态度和处理方式存在较大差异。有的法院积极支持了禁令申请，不仅要求平台删除特定账号及 App 中所有用户已上传的侵权视频，还要求其立即采取有效措施过滤和拦截用户未来可能上传、传播的所有侵权视频[1]；有的法院审慎地考虑了利益平衡，因被申请人作出超出法律规定的法律义务范围的承诺而驳回了禁令申请[2]；有的法院则直接认为在当前情况下无采取保全措施的必要性，驳回了禁令申请[3]；还有些案件中，申请人自行撤回了禁令申请。可见，不同法院对涉信息网络传播权行为保全禁令适用要件的宽严程度及程序等的把握仍有较大分歧。对此，我们需要思考的是，在当事人可以根据信息网络传播权纠纷案件管辖的规定，选择、制造管辖连接点而让对其更有利的法院进行管辖的情况下，如果诉讼行为禁令会成为或已成为企业之间用来开展竞争的一种手段和工具，那么法院应努力保证司法裁判尺度的一致性，防止行为保

---

[1] 重庆市第一中级人民法院（2021）渝 01 行保 1 号民事裁定书，天津市第三中级人民法院（2021）津 03 行保 1 号民事裁定书。

[2] 北京知识产权法院（2021）京 73 民初 1016 号民事裁定书。

[3] 海南自由贸易港知识产权法院（2021）琼 73 民初 34 号之一民事裁定书。

全制度被滥用，以免影响互联网行业的长远发展和良性竞争。

二、行为保全的特点与信息网络传播权的特点之间的矛盾

近年来，在信息网络传播权案件中，原告滥用诉讼权利的情况越来越多见，这不仅表现为通过职业维权、碰瓷敲诈等方式进行诉讼"劫持"的现象日益增多，也表现为通过滥用诉讼程序权利包括滥用管辖选择权、申请诉讼财产保全或行为禁令等方式，来谋求法律规定以外的利益。要正确处理信息网络传播权案件中行为保全的适用问题，首先应当意识到，信息网络传播权的有限排他性、保护范围不确定性与行为保全的绝对排他性、程序高效化对应的法律判断简单化之间，存在天然而不易调和的矛盾，因此法院应充分考察行业的现实状况、技术能力以及现行法律规定，从严把握该类案件中行为保全禁令的适用条件和程序。

（一）行为保全的绝对排他性及法律判断简单化的特点

1. 行为保全申请权是一种程序性请求权，客观上容易被滥用

按照诉讼权与审判权的关系，可将当事人的民事诉讼权利分为两种：一种是程序形成权，即经过法院形式审查就可发生效力的行为，如起诉权、撤诉权等；另一种是程序请求权，即当事人用以请求法院在经过实质性审查后作出裁判的权利，如胜诉权等。因行为保全禁令申请需要法院进行一定程度的实质性审查，所以其属于程序请求权。基于行为禁令救济的紧迫性（情况紧急的，要求 48 小时内作出），法院不得不在实质性审查的程序和证据审查、证明标准、法律构成要件分析论证等方面有所牺牲，故对行为保全申请的实质性审查仅要求"申请人的诉讼请求具有较大胜诉可能性"，而非胜诉的必然性。这导致行为保全制度具有明显的"双刃剑"性质，虽然可能会最大限度地保护申请人的利益，但也可能因被错误适用而造成对被申请人生产经营、日常生活的重大干扰和巨大伤害，容易被滥用而成为不当竞争的工具。而从双方当事人的诉权应获得平等保护的诉讼原理出发，行为保全的申请权属于当事人诉讼权利的一种，但诉讼权利并

非原告的专有权利，被告获得平等对待和保护的权利亦不容忽视，故法院需要对两方当事人进行平等诉权保护，在注意保障申请人的行为保全禁令申请权的同时，还应注意到对该诉讼权利若不加适当制约，则很容易沦为侵犯他人合法权益的不良手段。"这种滥用或者轻率使用者……目标不在于诉讼的最后结局，而在于让被告疲于应诉从而产生痛苦的过程。"①

2. 行为保全具有"双刃剑"性质，适用于绝对性权利且要求法律判断简单

我们必须注意的是，行为保全制度要更好地发挥作用、克服制度本身可能存在的缺陷，客观上要求其所适用的最理想权利类型是能够事先清晰划定权利边界的绝对性权利。因为行为禁令的对象是除权利人以外的所有潜在被告，故权利的清晰划界至关重要，以"有助于公众评价哪些属于公有领域的东西以及哪些是已成为私人所拥有的对象"②。划定清晰的权利边界，可向所有人传递简单而又强烈的禁止侵权信号，一旦越界即构成侵权，法院会发布行为禁令加以制止，除非存在法定的例外情形。当资源必须在不同的人之间进行分配，且无法以简单方式划定资源的周边界限时，禁令救济的绝对适用就是无效、不公平的。③ 因此，行为保全禁令要发挥其制度优势、克服其制度缺陷，客观上要求其所适用的权利类型需要具备权利边界清晰的特点，属于绝对性权利。

《民事诉讼法》第103条规定，人民法院接受申请后，对情况紧急的，必须在48小时内作出裁定；裁定采取保全措施的，应当立即开始执行。因此，对基本要件事实的审查判断、证据的交换和审查以及胜诉可能性的判断，都需要快速而相对准确地进行，这必然意味着法院要进行的法律判断是比较简单的，不能有太多相对复杂、曲折繁复的待查明事实，客观上排斥对不明事实情况的查明。复杂的事实查明、利益平衡可能会超出行为保全禁令这一程序制度的承载量和判断审查能力，更适合通过诉讼程序中

---

① 汤维建. 我国民事证据制度的过去与现在（下）[EB/OL].[2022-05-13]. http://www.legal-theory.org/?mod=info&act=view&id=11413.

② FROMER J C. Claiming Intellectual Property [J]. The University of Chicago Law Review, 2009, 76（2）: 731.

③ 杨红军. 版权禁令救济无限制适用的反思与调适 [J]. 法商研究, 2016, 33（3）: 189.

的实体审查来加以解决。正因为行为保全禁令强调救济的快速性、必要性（如果法院不颁发行为保全禁令，被申请人正在实施或即将实施的行为能否给申请人造成难以弥补的损害），是一种适度向权利人保护倾斜的制度，而可能牺牲被告的程序利益、诉争行为持续带来的诉讼周期利益和可期待利益（不需要等待诉讼程序全部结束、胜诉判决生效，而在裁定后立即开始执行），造成原被告之间诉讼利益的严重失衡，所以其适用应受到严格的程序和条件限制。因此，笔者认为，行为禁令所指向的诉争标的物一般应属于绝对排他性权利，权利边界应非常明确，且相关法律关系简单而易于判断，在此基础上，法院还需要严格把握适用的条件、综合考量各种因素、进行严谨的审查和听证程序，申请人需提供初步的证据和必要担保等。①只有这样，才能较好地发挥其制度优势，防止可能导致诉讼双方利益过度失衡情况的发生。

正如北京知识产权法院在腾讯影视公司、腾讯科技公司与北京微播视界公司案的民事裁定书中所指出的："显效快、时间短、力度大的行为保全措施，正是有效的救济方式，其对于权利人的意义甚至不亚于最终的胜诉判决。同时也需要看到，行为保全措施对被实施方可能造成的影响也是巨大的，不适当地采取或扩大行为保全措施范围，除了可能妨碍被申请人的正常经济活动外，甚至会限制公众获取、欣赏文化产品的自由。因此，法律和司法解释对于适用行为保全措施进行了诸多限制，包括限定了相对严格的适用条件，可以要求申请人对申请行为保全错误可能造成的损失提供充分担保，都体现了法律上的利益平衡。"②

---

① 最高人民法院知识产权法庭.最高人民法院关于审查知识产权纠纷行为保全案件适用法律若干问题的规定［EB/OL］.（2020-07-14）［2022-05-16］.https://ipc.court.gov.cn/zh-cn/news/view-395.html.
② 北京知识产权法院（2021）京73民初1016号民事裁定书。

（二）信息网络传播权的有限排他性，权限范围不确定，法律判断难度大

由于信息网络传播权具有有限排他性、权限范围不确定性等特性，相较其他类型的知识产权案件，适用行为保全禁令要采取更严格的标准。

1.著作权的有限排他性和权限范围不确定性

由于著作权保护的是独特的思想表达方式而非思想本身，且"思想/表达二分法""合理使用"及"实质性相似"等侵权判断标准仅是事前模糊的原则，并不具有有体物那样清晰、客观的权利客体边界，经常需要通过事后诉讼中法院对"表达方式"的具体界定才能确定表达方式的具体边界，进而完成是否侵权的个案界定，因此，著作权侵权的判断难免具有较强的个人主观性，权利及其保护范围具有较大不确定性。同时，作为一种无形财产权，享有著作权的权利人亦经常发生变化，存在多个权利人共享著作权的情况，并缺乏有效的权利公示和公开查询途径，这就导致潜在侵权人在一定程度上缺乏对行为法律后果的可预见性。而边界模糊的著作权与行为禁令所指向的理想权利类型——绝对排他性权利基本不存在。在著作权有限排他性的理论背景下，作为与排他性权利严格对应而存在的行为禁令救济，也必须作出相应调整，方可实现与著作权权利性质的兼容。①

另外，著作权法的立法目的意味着涉及著作权的行为保全禁令的颁发，更应注重各种公私利益的平衡，而非追求仅保护权利人的单一目标。著作权法的创设初衷，一方面，固然是给予作者物质和精神上的激励，奖励其作出的精神创造；另一方面，是要保证相关创造成果的私有化不至于产生对思想资源本身开放性的过度威胁。因此，自著作权法诞生之初，就在作者、作品的传播者、使用者及其他社会公众之间扮演着利益平衡器的作用，对其排他性进行了种种必要限制，甚至认为一项措施只有对版权所有排他性权利进行限制，如合理使用，还有用户隐私及其他可能的社会关

---

① 关华鹏. 著作权诉讼禁令救济适用的反思［EB/OL］.（2017-09-02）［2022-05-08］. https://www.fx361.com/page/2017/0902/2224522.shtml.

切进行考虑，才能被视为合理。① 基于分配正义、社会公共利益等考虑，著作权法不允许著作权人完全垄断对作品资源的利用，并借助"思想／表达二分法"、合理使用、独立创作、保护期限等机制，保障他人可在一定程度上享有使用他人作品的自由，而这显然难以符合行为保全制度对权利保护绝对化、法律判断简单化的要求。

2. 信息网络传播权的有限排他性和权限范围不确定性更突出

作为著作权的一种权项，信息网络传播权的权利性质决定它并非行为禁令所指向的理想权利类型，因此必须对其行为保全申请进行更多调适，更加注重各种利益的动态平衡。相比传统著作权，信息网络传播权因其表现形式更多样、网络环境更复杂，其有限排他性、权限范围不确定性更加突出，故《最高人民法院关于审理侵害信息网络传播权民事纠纷案件适用法律若干问题的规定》（法释〔2020〕19号）第1条专门规定："人民法院审理侵害信息网络传播权民事纠纷案件，在依法行使裁量权时，应当兼顾权利人、网络服务提供者和社会公众的利益。"《北京市高级人民法院侵害著作权案件审理指南》第1.1条也规定，法院在行使裁量权时，应鼓励作品的创作，促进作品的传播，平衡各方的利益。鉴于侵犯信息网络传播权纠纷中，视频平台一般并非直接侵权人，而仅会因存在过错而承担间接侵权责任，其责任形式更为复杂，侵权判断更加困难，故对于此类案件的行为保全禁令，法院应更为谨慎。

3. 短视频平台侵权责任及版权过滤所涉问题的判断难度更大

侵犯信息网络传播权的责任，可分为直接侵权和间接侵权。其中，用户的直接侵权相对容易判断，网络服务商或者网络平台是否构成间接侵权（或帮助侵权）的判断则更加困难。短视频平台上用户直接侵权以及平台间接侵权的判断，相比长视频的侵权判断，要更加复杂和困难。而对于平台应承担的注意义务范围，特别是其是否需要在"通知－删除规则"之外，再承担版权过滤责任的争论，更牵扯复杂的利益衡量和立法、司法政策选择。这使得判断平台是否构成侵权，更适合交给法院在进行实体审理

---

① 帕特尔·萨缪尔森，侍孝祥，宋红松. 版权基本原则：改革的方向［M］// 金福海. 版权法改革：理论与实践. 北京：北京大学出版社，2015：40.

后作出慎重判断，而并不适合在注重效率要求的行为保全禁令程序中作出判断，否则，会远远超出行为保全制度中所假设的法院要投入的实体审查工作量，是该制度本身难以提供有效保证的。

（1）对用户直接侵权的判断难度更大。长视频的制作专业程度高、耗资巨大，制作者相对集中，其权利人一般不会选择将自己享有权利的长视频作品免费上传，而一般用户很难被认定为权利人，故对于个人账号上传、传播的长视频，比较容易判断用户是侵权的，判断错误的可能性很小。而短视频平台上有大量专业机构、权利人入驻，加之短视频的创作成本、制作门槛低，个人也有能力制作短视频，权利主体呈平民化、分散化的特征，且存在私下授权、多重授权的可能性，权利人及其合作者经常会在平台上宣推拉流进行推广，又缺乏成熟稳定的授权公示体系，因此平台工作人员及法院在判断短视频的权属和是否侵权时，存在较大困难，相关用户上传的短视频并非一眼就能判断出是否侵权。何况，还存在对众多用户上传的二创短视频是否构成合理使用的判断问题，而合理使用的认定是非常专业的法律问题，即使法院也要综合考虑具体案情和诸多证据，并可能存在不同的观点。因此，相比长视频，短视频平台上的用户是否构成直接侵权的判断更加困难。

（2）对平台是否构成帮助侵权的判断更为复杂。法院只有认定用户构成直接侵权的情况下，才有必要继续分析、判断平台是否构成帮助侵权问题，而能否认定平台构成帮助侵权，尚需考虑诸多方面的因素，需要法院完成较为复杂的多个法律判断、推理过程，法律推理的链条中只要有一个环节发生变化，就可能发生法律认定结论的重大差异。一方面，短视频平台上数据更加海量（有的平台一天的用户日新增视频数量超过1亿条），在不构成"红旗"①或者未接到权利人通知的情况下，平台较难注意

---

① "红旗规则"是著作权法中的一个侵权责任承担规则，其是作为"避风港原则"的例外规则而存在的。"红旗规则"是指如果网络服务平台上存在的侵犯信息网络传播权的事实是显而易见的，就像是红旗一样飘扬，网络服务商就不能装作看不见或以不知道侵权的理由来推脱法律责任，在此种情况下，如果不采取删除、屏蔽、断开链接等必要措施，尽管权利人没有发出过通知，法院也应该认定网络服务商知道第三方侵权行为的存在而怠于采取有效、必要措施，进而裁判网络服务商承担帮助侵权等侵权责任。

到。只有在平台明知或应知侵权视频存在，却未及时采取删除等措施的情况下，平台才承担帮助侵权责任。另一方面，由于平台中存在大量的二创短视频，创作者对原有视频的利用是否构成合理使用，也是短视频平台和法院面临的巨大审核难题。而平台是否接到侵权通知、通知是否属于合格通知、是否及时删除、是否侵权如"红旗飘扬"那样明显而平台构成"应知"却未采取必要措施，这些都是需要法院查明和考虑的问题。法官要正确地解决以上一系列问题，不仅要有较强的专业能力且了解行业最新动态，而且要有根据双方的举证、质证、辩论，抓住要点，进行环环相扣的法律推理能力。而在行为保全制度中，受限于其时间紧、任务重、没有双方质证和辩论等程序，似乎并未给法官留出对这些问题足够的思考时间和充足的程序保障。

（3）法律未规定过滤义务，过滤技术成熟度、实施可行性和成本有待考察。相对于信息网络传播权权利范围的不确定性，有一点是非常肯定的，那就是我国现行法律并未明确规定平台对用户上传内容要履行版权事先审查和过滤义务。无论是《民法典》《著作权法》，还是《信息网络传播权保护条例》，抑或最高人民法院有关著作权、信息网络传播权的司法解释，都明确规定平台对于用户生成的内容并不承担著作权上的事先审查、版权过滤的义务，而多数法院判决也认为平台并没有版权上的事先审查和过滤义务。正如北京知识产权法院在相关裁定中所阐述的："被申请人在本院审理中作出四项承诺，其承诺履行的义务高于网络存储空间服务提供者必须承担的通知删除义务，涵盖了主动审查过滤、阻拦遏制侵权行为的内容，展现了主动作为、履行平台管理责任的诚意。"[1]笔者认为，在法院实体审理涉信息网络传播权类型互联网平台版权责任案件时，需要根据双方当事人提供的证据，进行侵权要件的具体分析，依据现行法律和司法解释的规定，遵循利益平衡的理念，具体考量平台是否采取了"通知-必要措施"，是否尽到了必要的注意义务，之后才能作出实体判断。行为保全制度作为一种更强调法律救济效率和及时性的程序性权利，要避免错误适

---

[1] 北京知识产权法院（2021）京 73 民初 1016 号民事裁定书。

用可能带来的对被申请人的巨大损害，对此更需要特别注意。

在信息网络传播权侵权案件中，法院经常会面临对现有过滤技术成熟度、实施可行性、成本等的考察问题。目前，视频行业对视频的审核机制基本一样，长视频、短视频平台在这方面并无不同，都分为人工审核和技术审核两种。人工审核是指通过人力进行投诉后的审核和日常的巡查、审核，目前是最主要的审核机制。技术审核是指通过技术方式进行审核、过滤，目前业界的主要技术审核过滤手段包括关键词过滤、文件哈希值过滤和关键帧对比过滤，然而这三种技术，无论是对长视频平台还是短视频平台，都面临较多挑战。如通过关键词过滤召回的内容，算法往往会过度匹配，存在过滤出错率高、误伤大的问题；经人工审核后，实际下架率较低，表明算法过滤准确性较低，对人工审核依赖性较强。虽然哈希值过滤是唯一的准确率高的方法，但只要用户稍微修改视频，哈希值就会随之变化，就无法实现过滤和拦截效果，经常会发生大量遗漏。而关键帧过滤耗费算力较大，无法时时刻刻对所有内容进行回扫匹配。如经常性把所有视频和所有介质库进行比对，对算力要求、成本耗费是非常巨大的，也是行业目前难以承受的。同时，相比长视频而言，短视频的内容非常短小，可供比对的关键帧和点位较少，因此短视频领域对合理使用的误伤可能性更大，需要大量人工进行后续审核。必须强调的是，以上技术的作用主要在于对视频内容进行初步召回，后续均由人工再进行是否侵权的复核、判断，对审核人力资源依赖均较大。

值得注意的是，美国 YouTube 等公司虽开展了有关版权过滤的探索，但其实施前提是平台与权利人达成合作，权利人需要接受平台的相关条款，并向平台提供比对介质，平台在比对发现可能侵权后，也并非直接自行删除，而是通知权利人相关对比情况，由其自行选择是采取删除还是保留、分成等多种方式。因此，在美国，版权过滤目前属于平台和权利人在法律规定之外的合作尝试，而非法律明确要求。同时，美国版权部门发现，目前版权过滤技术仍存在准确率低误伤大、经济成本高、无法实现权利人保护与公众合理使用等利益平衡等问题，因此其在近期关于"避风港制度"的评估报告中，仍然不建议国会对"避风港制度"进行修改，认为只有在进行更多研究后，包括研究了拦截会引起的非版权影响之后，才能规定一般性拦截要求和/或强制性过滤，[①]鼓励相关公司对版权过滤进行探索。欧盟虽然在《单一数字市场版权指令》第 17 条规定了"通知–拦截"规则，要求平台需要积极履行版权过滤义务，但同时要求考虑"比例原则"，并强调平台和权利人的合作不得导致过度移除，要保证满足合理使用条件的内容可以上传。欧盟各国在落实到国内法时，也特别注意避免上传过滤器过度屏蔽合法内容的问题，有各种适用条件限制。我国目前的版权过滤技术水平并不比美国等国家先进，平台和相关权利人的合作更是少有实践，在权利人不愿意与平台合作、向平台提供比对介质的情况下，国内企业开展版权过滤的难度和成本会很高。这也是为什么长视频的侵权更容易判断，视频数量也更少的重要原因，但以腾讯公司为代表的长视频公司，仍在多起案件诉讼中明确向法院表示版权过滤技术不成熟，其难以进行版权过滤。

另外需要指出的是，进行版权过滤及配套人工审核的成本非常巨大。以 YouTube 为代表的国外网站，尝试通过权利人上传方式建立介质库、识别上传视频内容并辅以人工审核的方式来进行版权内容过滤。相关大公司为此的投入是非常巨大的，如谷歌的 ContentID 系统，初始投入就达到 6000 万美元[②]，这还不包括后续不断发生的人工审核成本。我国国内还未出现正版的视频介质库，内容比对过滤所需的视频介质多零散分布于各大网站，这对视频拷贝检测技术的应用造成了很大困难。虽有提供版权监测服务的相关公司，但版权监测所追求的发现更多数量的侵权、哪怕造成误伤，与版权过滤所要求的精准发现侵权、务必减少误伤的需求存在着追求目标和评价标准的巨大差异，后者的技术要求更高。同时，无论哪种技术，都需要强大的人工审核成本、算力成本及存储成本支撑。基于保护数

---

① United States Copyright Office. Section 512 of title 17: A report of the register of copyrights [R/OL]. (2020–05) [2022–05–06]. https://www.copyright.gov/policy/section512/section–512–full–report.pdf.

② LEMLEYAND M A, WEISER P J. Should property or liability rules govern information [J]. Texas Law Review, 2007, 85 (4): 795.

据安全及商业秘密等考虑，网络平台特别是大的平台多会选择搭建自己的视频拷贝检测、过滤系统，需要支付的成本主要包括：算法开发成本、数据收集成本、机器成本及人力成本等。视频拷贝检测系统一般需要包含介质视频数据库、介质视频特征数据库、视频特征数据库、查询视频数据库等数据库，需要一台或多台部署视频特征检索算法的服务器以及运行及维护该系统的团队。由于需要比对数据的海量性，平台需要负担租用图形处理器（GPU）云计算服务器、文件存储网络附属存储系统（NAS）及检索算法开发、进行数据收集等多项成本。相关系统搭建完成后，要维护正常运行，还需要持续投入巨大的运营成本，包括用于审核可疑样本的人工成本。考虑到版权过滤样本库的巨大数量及平台日新增的以亿计数的海量视频，平台要投入的各项成本将是惊人的。根据我国现行法律规定，相关侵权视频搜索定位、侵权比对、发送通知等成本均是由权利人自行承担的，如果转而要求由平台自己承担如此大的成本，获益却完全由权利人享受，可能是不合理、低效率的。而通过行为保全程序来进行这种利益转移和分配新方式的判断、推行，实际上是法院替代立法机关进行了新的立法，该功能可能是行为保全制度所无力、无意承担的。

三、行为保全禁令可能成为竞争手段而被滥用

对于信息网络传播权相关的行为保全申请，法院应更严格地进行适用条件审查的一个重要原因是，版权资源越来越成为企业间开展竞争的重要元素，对企业间竞争的成本、舆论评价、商业计划等发挥着越来越重要的作用，而行为保全禁令因其见效快、具有与胜诉判决同样的效力、容易被错误适用、影响大等特性，可能成为竞争对手施压、炒作舆论的工具，法院则容易成为企业间竞争的筹码。

（一）行为保全成为市场竞争延伸的竞技场

近年来，著作权作为一种巨大的权利资源，越来越成为市场竞争中的重要元素，市场有关版权资源的竞争越来越激烈。而随着近几年来短视频

行业的火爆，长短视频平台之间对存量用户市场的争夺越来越激烈。越来越多的长视频平台加入短视频市场的争夺战中，长、短混营的情况越来越多，长短视频平台之间的竞争日益白热化，双方之间"擦枪走火"的情况日益增多。报告显示，在涉信息网络传播权的诉讼行为保全案件中，争议双方往往存在市场竞争关系，且以大公司居多，这在一定程度上说明，法院成了市场竞争延伸的竞技场，诉讼成了市场竞争态势的"晴雨表"。而在打诉讼战、舆论战的同时，长视频平台自己也在大举布局、发展自有的短视频平台，因此，长视频平台对相关短视频平台频频诉讼和申请禁令的行动，难免带有借此打击和遏制相关短视频平台发展，为自有短视频平台的发展、市场的开拓创造有利条件的竞争手段色彩。

（二）行为保全被滥用可能引发的市场效果

行为保全禁令可以依照当事人一方的申请而启动，一旦法院作出禁令就立即生效，具有和生效判决一样的执行效力，却仅仅需要通过很短时间、简单程序就可以被颁发，比诉讼推进更加简单高效，且其一旦被颁发，可以发挥通过相对冗长、烦琐的审判流程取得的判决效果所无法企及的作用，故相关诉讼参与主体自然愿意尝试申请禁令，以追求最大的诉讼效益、舆论效益。因此，信息网络传播权领域中，法院是否颁发行为禁令、以怎样的标准和方式颁发和执行禁令，势必对被申请人投入的人力、物力成本以及社会形象、商业计划等产生重大影响，影响相关市场主体参与市场竞争的行为、意愿和选择，进而对双方的竞争利益乃至整个市场、行业的竞争格局产生重大影响。

面对大量被诉案件及被判令停止服务、进行事前版权过滤的法律风险、不利舆情风险，重压之下，前期进行了高额投资的短视频平台，为避免潜在的陷阱，要么放弃当前用户生成内容（UGC）的商业模式；要么奉行"必须许可，不要诉讼"策略（哪怕属于合理使用等不须获得许可的情况）；要么被迫超出现有法律规定作出额外承诺，安排大量人力、物力进行针对特定平台众多作品的人工审核、加快下线，尝试了解、学习国外企业的做法进行版权过滤，进而背负上比同期竞争对手沉重得多的法律义务，甚至可能被迫推迟、取消相应的商业计划。同时，诉讼禁令的滥用，对已进入和拟进入短视频行业的中小公司，也可能形成巨大的威慑和劝退作用，迫使它们考虑如果进行版权过滤需要花费的巨额成本、不进行版权过滤可能面临的巨大法律风险，由此主动放弃入局。如此，虽然减少了潜在竞争对手，强化、延伸了现有大平台的版权竞争优势、跨行业影响力，但是降低了整个社会的竞争活力。

四、信息网络传播权案件中行为保全适用的建议

为避免诉讼禁令异化为不正当竞争的手段和工具，建议法院基于"比例原则"，严格把握诉讼禁令司法审查条件的适用，对信息网络传播权案件的行为保全审查力度应严于一般案件的行为保全，并明确"难以弥补"的适用前提应是"金钱无法赔偿"，慎重颁发行为保全禁令。具体建议如下：

（一）强调组织听证程序的必要性

法院在一般情况下应组织双方当事人进行听证，避免偏听偏信作出实体以及程序不公正的裁定。《知识产权保全规定》第 5 条规定："人民法院裁定采取行为保全措施前，应当询问申请人和被申请人，但因情况紧急或者询问可能影响保全措施执行等情形除外。"对于信息网络传播权侵权案件而言，除非是奥运会直播、版权局重点作品名单中列明的作品或者电视台、视频网站正在热播的影视剧，一般情况下并不构成"情况紧急"，在申请人提供了被申请人地址和联系方式、相关网站联系方式可以查询到的情况下，法院应第一时间与被申请人取得联系，通过现场或线上等方式进行必要的听证，听取被申请人的意见，审阅双方提交的相关证据，避免因仅听取一方当事人的意见而被误导、偏听偏信，从而忽略对其他权益的考虑和平衡。法院通知被申请人和组织听证程序听取双方意见，也可因已履行诉讼行为禁令所要求的必要程序，而避免自身遭受程序违法的指责，这对法院自己也是一种保护。

（二）对"不可弥补的损失"进行狭义把握

法院应考虑相关损害是否可通过赔偿损失的方式进行救济，对于可通过金钱补偿的损失，一般不认为是不可弥补的。不可弥补的损失通常仅指非财产性权益的损害，如商誉损害、市场份额减少、竞争优势丧失等。基于信息网络传播权有限排他性、权利范围模糊性、平台责任判断复杂化的特点，作为与排他性权利严格对应而存在的停止侵权的行为禁令，更应谨慎进行多方利益平衡，更多考虑发挥损害赔偿与合理补偿在适当场合下的替代功能，而非不加考虑地径直颁发行为禁令。毕竟，"当财产权的范围不能被清晰地界定，或者当禁令的范围不能局限于这些权利的范围时，适用财产规则将会系统性地扭曲结果，对被告施加与其违法行为不成比例的成本……假如财产规则在这类情形中导致系统性的扭曲，责任规则相对更好些"。[1] 笔者认为，在侵犯信息网络传播权的诉讼中，财产性救济相对于禁令救济而言，是法院更好的选择。正如北京知识产权法院判决中所提到的："可以经过案件实体审理以损害赔偿的方式救济，不宜认定为知识产权行为保全司法解释第七条规定的难以弥补的损失。"[2] 此外，如果损失主要是纯粹财产方面的损失，而被申请人是有雄厚经济实力进行赔付、不存在经济赔偿不能履行可能性的大公司，更不宜认定相关经济损失属于"不可弥补的损失"。

（三）从严把握"可能给申请人造成的损害大于可能给被申请人造成的损害"

《知识产权保全规定》第 7 条规定："人民法院审查行为保全申请，应当综合考量下列因素：……（三）不采取行为保全措施对申请人造成的损害是否超过采取行为保全措施对被申请人造成的损害；（四）采取行为保全措施是否损害社会公共利益……"将"如不采取行为保全可能给申请人

---

[1] Hearing on Section 512 of Title 17 before the H. Judiciary Subcomm. on Courts,Intellectual Prop.,& the Internet,113th Cong. 47（2014）at 49（testimony of Katherine Oyama,Senior Copyright Policy Counsel,Google Inc.）

[2] 北京知识产权法院（2021）京 73 民初 1016 号民事裁定书。

造成的损害大于如采取行为保全可能给被申请人造成的损害"作为法院决定是否颁发禁令时的重要考量因素，充分显示了法院对行为禁令"双刃剑"性质的认识，应予严格执行。实践中，法院应要求申请人举证说明如不采取行为保全可能遭受的损害，被申请人举证说明如采取行为保全其可能遭受的损害，并由申请人证明前者的损害显著大于后者。另外，对于采取行为保全措施还可能会损害公共利益的情况，应由被申请人向法院说明可能损害公共利益的具体情形，如确实会损害公共利益，在此情况下，法院不宜颁发行为保全禁令。

（四）充分考虑禁令落地执行的标准和可操作性

法院在决定是否颁发行为禁令时，还应充分考虑裁定后续的执行标准以及可落地性，避免发生后续争议和问题。但我们看到，有的法院在其行为保全禁令中，仅要求平台对未来用户可能上传、传播的所有侵权视频，均要采取有效措施来进行过滤和拦截[1]，却未明确具体过滤、拦截的标准，如相关视频是完全相同还是部分相似，相似度是 30%、50% 还是 100%，有无时长等的限制，仅以纯粹是否"侵权"的结果来考察、执行，忽略了著作权法中合理使用等例外的存在，可能导致平台难以落地执行，可能造成大量误伤，并引发后续争议。笔者认为，对于裁定落地执行细节上的考虑，是非常重要的，而受到行为保全禁令程序时间、证据等的限制，可能是在行为保全程序中难以完成的，更适合在实体判决中作出认定、推敲和阐述。

综上，上述信息网络传播权案件行为保全中的程序和实体问题，已成为各方关注的焦点。今后，我们需要进一步考虑知识产权案件中行为保全制度的完善，以及怎样将现有司法解释中规定的原则加以传导、落实，特别是要严格履行听证这一必要程序，从严把握"难以弥补的损失"要件、重构行为保全复议的有效救济途径、合理认定"申请有错误"的情形，并积极探索滥用行为保全的损害赔偿诉讼及责任追究机制，以有效遏制滥用

---

[1] 重庆市第一中级人民法院（2021）渝 01 行保 1 号民事裁定书。

行为保全申请的行为，防止行为保全制度沦为某些主体进行不正当竞争的工具。而法院在处理相关案件时，也应充分考虑企业间的竞争因素，充分考量采取行为保全可能给被申请人造成的损失或负担是否大于申请人的损失，从严把握纯粹经济损失不属于"不可弥补的损失"，并在行为保全禁令可能发生损害社会公共利益的情况下，拒绝颁发禁令。各法院还应尽量确保司法裁判的一致性、可操作性，即使法院最终决定颁发行为禁令，也应特别注意裁定表述的准确性、场景化、标准化，对于平台确实需要进行版权拦截、过滤的特殊情况如版权局重点作品清单中的作品、热播剧等，应特别明确相应的执行标准、确定合理的禁令持续时效，以提升裁定的可执行性，更好地平衡保护各方利益。

"人工智能生成图片"案件引发的思考 *

李鸿儒

作者简介

　　李鸿儒，好丽友食品有限公司中国区知识产权负责人，具有14年知识产权实务和管理经验；入选《亚洲法律杂志》"2022 ALB 中国知识产权法务15强"，知产力"2021年中国优秀企业法务卓越榜TOP50"；代理的"高笑笑"商标侵权纠纷案获选"2020年福建法院商标权司法保护十大案例"；具备专利代理师资格，作为发明人拥有专利23项，发表专业文章19篇。

　　近期，北京互联网法院（2023）京0491民初11279号民事判决，即"人工智能生成图片"案引发了大家的关注和热议。对于人工智能（以下简称 AI）生成物可版权性的问题，有的人支持，有的人反对，有的人中立。笔者虽然对 AI 相关技术的了解有限，但是愿意从一名普通人的视角，结合该案，谈谈自己对 AI 生成物的粗浅思考。

一、"人工智能生成图片"案的判决要点

　　本案争议焦点为："春风送来了温柔"图片是否构成作品，构成何种类型作品。是否构成作品需要考虑如下要件：（1）是否属于文学、艺术和科学领域；（2）是否属于智力成果；（3）是否具有一定的表现形式；（4）是否具有独创性。本案中，从涉案图片的外观上来看，其与通常人们见到的照片、绘画无异，显然属于艺术领域，且具有一定的表现形式，具备了要件

---

　　* 该文于2024年1月26日发表于"IPRdaily"微信公众号。

（1）和要件（3）。因此，在本案中，是否构成作品的核心判断要件为"春风送来了温柔"图片是否属于智力成果、是否具有独创性，即是否具备要件（2）和要件（4）。

对于是否属于智力成果，一审法院认为：本案中，原告希望画出一幅在黄昏的光线条件下具有摄影风格的美女特写，其随即在 Stable Diffusion 模型中输入了提示词，提示词中艺术类型为"超逼真照片""彩色照片"，主体为"日本偶像"并详细描绘了人物细节如皮肤状态、眼睛和辫子的颜色等，环境为"外景""黄金时间""动态灯光"，人物呈现方式为"酷姿势""看着镜头"，风格为"胶片纹理""胶片仿真"等，同时设置了相关参数，根据初步生成的图片，又增加了提示词、调整了参数，最终选择了一幅自己满意的图片。从原告构思涉案图片起到最终选定涉案图片止的整个过程来看，原告进行了一定的智力投入，例如，设计人物的呈现方式、选择提示词、安排提示词的顺序、设置相关的参数、选定哪个图片符合预期等。涉案图片体现了原告的智力投入，故涉案图片属于智力成果。[①]

对于是否具有独创性，一审法院认为：一方面，原告对于人物及其呈现方式等画面元素通过提示词进行了设计，对于画面布局构图等通过参数进行了设置，体现了原告的选择和安排。另一方面，原告通过输入提示词、设置相关参数，获得了第一张图片后，其继续增加提示词、修改参数，不断调整修正，最终获得了涉案图片，这一调整修正过程亦体现了原告的审美选择和个性判断。在无相反证据的情况下，可以认定涉案图片由原告独立完成，体现了原告的个性化表达。综上，涉案图片具有独创性。[②]

二、对智力成果与独创性的思考

（一）AI 与使用者的"合作分工"

智力成果是人类智力活动的成果，需要人类完成实质性创作，众所周

---

① 北京互联网法院（2023）京 0491 民初 11279 号民事判决书。
② 北京互联网法院（2023）京 0491 民初 11279 号民事判决书。

知，猴子的自拍照不构成作品。独创性要求作品由作者独立创作、源自本人，是本人思想和意志的表达，并体现作者的个性化选择。而本案有趣的点在于，没有猴子，却有 AI，图片系原告利用生成式人工智能技术制作。

AI 有什么特别之处？如果 AI 是单纯的工具，关于作品的判断可以简单很多。机器学习、深度学习、神经网络都不是新概念，AI 具有里程碑意义的事件是 2022 年 11 月推出 ChatGPT。之前的通用 AI 在理解和处理复杂任务时表现不佳，但是当 AI 的参数超过了 1000 亿（大模型），AI 脑神经元的算法让 AI 展现出了强大的逻辑分析能力，它们能够处理海量数据，学习并模拟出复杂的模式和关联，AI 的泛化能力大幅提升，从而在逻辑推理、语言理解、图像识别等诸多领域表现极为出色。因此，在利用 AI 创作时，就需要根据 AI 与使用者的"合作分工"、各自起到的作用和贡献来分析判断 AI 使用者是否完成了实质性创作、AI 生成物是否源自使用者本人、是否为使用者本人的思想和意志表达。

在本案中一审法院认定：根据公开资料和相关调研显示，Stable Diffusion 模型是由互联网上大量图片和其对应文字描述训练而来，该模型可以根据文本指令，利用文本中包含的语义信息与图片中包含的像素之间的对应关系，生成与文本信息匹配的图片。该图片既不是通过搜索引擎调用已有的现成图片，也不是将软件设计者预设的各种要素进行排列组合。通俗来讲，该模型的作用或者功能类似于人类通过学习、积累具备了一些能力和技能，它可以根据人类输入的文字描述生成相应图片，代替人类画出线条、涂上颜色，将人类的创意、构思进行有形呈现。[①]

虽然说该模型的作用或者功能类似于人类通过学习、积累具备了一些能力和技能，但其应当有特定的运行机制和原理。笔者基于上文表述大胆猜想：Stable Diffusion 模型将互联网上的大量图片进行要素细节的拆分，与文字描述对应，不断地训练和自我迭代。例如，当 AI 使用者认可了一个图片要素与文字描述的关系，则该对应关系将进一步丰富数据库，即 AI 使用者成为训练和迭代的一环，从而 Stable Diffusion 模型可以归纳

---

① 北京互联网法院（2023）京 0491 民初 11279 号民事判决书。

总结掌握数据库图文的规律，根据指令不断优化产出。作为 AI 使用者需要做的是输入指令、参数，进行不断调整，直到生成令自己满意的图片。这样，生成图片时 AI 和 AI 使用者的"合作分工"就比较明确了，每一次的图片由 AI 输出提供，AI 使用者的指令起到了定位、调整、校正的作用。虽然孙远钊教授在《论人工智能生成内容应否享有著作权》一文中指出：所谓的"贡献度"本身就有高度的误导性。须知在著作权领域，唯一会涉及"贡献度"问题的，是共同作者必须拆分利润的情形，而那也只是一个概估罢了。[①] 但是笔者认为，对于使用 AI 生成产品的情况，实质性贡献仍然是一个可以参考的概念，构成作品不仅要求体现人的智力投入，还应当明确是人在创作上的智力投入，且达到了实质性的创作贡献。而通过对 AI 与 AI 使用者"合作分工"的分析，我们明确可知本案在使用 Stable Diffusion 模型生成图片的过程中人力的作用相对有限。

（二）AI 使用者的行为非实质性创作

作品需要是源自作者本人意志的思想表达。一般美术作品在创作前和创作过程中，作者对作品的形态和表达应当心中有数。所谓胸有成竹的创作，应当内心有大致的概念、轮廓、线条走向，甚至局部具体的细节设计。也许出于个人技艺的原因，可能最终的画作没有完全符合心中所想，但画作应当是作者内在意志和思想的外在表达，技艺问题由作者在其他层面（如艺术）承担结果。

我们并不要求美术作品一定是作者手绘，创作可以借助和使用工具，目前市场上也存在众多绘图软件，为创作和表达提供便利。但是借助工具创作绘制作品，应当是作者由内向外的体现。在本案中，原告在生成图片时向 Stable Diffusion 模型输入提示词、调整参数，对生成图片的选取发表了意见，但并未对构成美术作品基本表达（如线条）进行选择。也就是说，AI 使用者没有对美术作品的表达性要素实施选择和控制，对美术作品创作尚未达到实质性贡献，而更倾向于创意、构思、指导和审核。

---

① 孙远钊 . 论人工智能生成内容应否享有著作权［J］. 版权理论与实务，2024（3）.

其一，从整体上，原告借助 Stable Diffusion 模型生成图片的过程更像是一个委托设计项目的甲方对乙方设计师提出创作要求，但并没有指定创作的具体表达。乙方设计师反馈稿件后，甲方再次提出修改要求，如此往复，直到产生令甲方满意的设计产品。在委托设计合同没有特别约定权属的情况下，著作权的权属不言而喻应当属于乙方。甲方作为需求方、审稿人、图片筛选人，虽然提供了一些构思方面的贡献，但其属于抽象概括法的金字塔结构偏上层的内容，除非这些构思直接构成和限定了作品的核心表达和价值体现，否则 AI 使用者对生成图片的贡献相对有限，图片不应当构成作品，AI 使用者不应当成为著作权人。

其二，从细节上，本案原告向 Stable Diffusion 模型输入的"棱角匀称的脸、完美的皮肤、皮肤毛孔、梦幻般的黑眼睛、红褐色的辫子、均匀、长腿、长筒袜"等指令，笔者认为属于创作构思的模糊描述，是需求的表达。面对这些概括的形容性指令，从数据库中调取资源、融合生成，对表达性要素具体细节进行选择和展示的是 Stable Diffusion 模型，而非 AI 使用者。故，在创作生成图片的过程中，Stable Diffusion 使用者的贡献并非实质性的。只是在这个过程中，由于 AI 足够强大，依据指令的输出让 AI 使用者的体验和感受更好，选择参与的空间更大，能够生成更加符合 AI 使用者需求、令使用者满意的图片，这是 AI 人工智能生成技术的提升与进步。

再举两个不甚恰当的例子：第一，如果我们讨论的是借助 AI 生成文章的情况呢？AI 使用者对撰写文章提出需求，例如，职场汇报风、年终总结、体现办理案件数量、具体真实、体现优势、差异化、突出重点等。AI 反馈文稿，AI 使用者不断提出修改意见，最终 AI 使用者选择了一篇自己满意的文章，这个文章到底是谁创作的？可以构成作品吗？AI 使用者可以成为作者吗？第二，著作权涉及文学、艺术、科学等领域，即使在同一领域内，也应当区分讨论。例如，摄影作品，需要借助照相机、手机这样的工具，将瞬间的画面定格、保存。在那个特定的瞬间，眼前所见之物不可变，客观存在。摄影则像是对这个客观存在在精确复制基础上的创作演绎，包含了作者选择纳入镜头前的对象、构图、明暗、光线等，所以著作权法对摄影作品的保护范围是创作空间内的个人演绎。那么，即便假设有一天将 AI 生成物纳入著作权的保护范围，也应当区分和明确作者的选择空间和作品的保护范围，保护人类实质性创作的部分。仅针对本案而言，AI 使用者未完成实质性创作，生成的图片不属于智力成果，不具备独创性。

三、对实质创作与构思审核界限的思考

（一）创作是由内向外的表达

我们承认在借助 AI 生成图片的时候，实质创作与构思审核的界限有些难以界定。假如 AI 使用者输入的指令是头身比、脸型等具体的关于创意表达的数据呢？到底指令输入到什么程度才可以在量与质的平衡中突破实质性的贡献，认为是 AI 使用者的实质性创作和表达？什么样的 AI 可以实现 AI 使用者的思想表达？

近日，笔者有幸拜读了王迁教授撰写的文章《再论人工智能生成的内容在著作权法中的定性》，深受启发。王迁教授在文章中指出："创作"是基于自由意志直接决定表达性要素的行为。《中华人民共和国著作权法实施条例》第 3 条第 1 款规定："著作权法所称创作，是指直接产生文学、艺术和科学作品的智力活动。""直接产生……作品"强调的是民事主体决定构成作品所需表达性要素的自由意志。其与作品之间的联系如此紧密，以至于只能用"直接"而非"间接"予以描述。需要指出的，不属于"直接产生……作品"的行为，并非不能对构成作品的表达性要素造成影响。尽管"直接产生……作品"要求民事主体基于其自由意志决定构成作品的表达性要素，但这里的"决定"并非局限于百分之百地确定作品中的每处细节，而是可以留下容纳其他来源贡献的空间。只是其他来源的贡献不属于实质性地改变或发展作品的表达，则不能被认为构成"创作"。①

对于以上观点，笔者非常赞同。作品是思想的表达，创作需先有思

---

① 王迁.再论人工智能生成的内容在著作权法中的定性［J］.政法论坛，2023，41（4）：16-33.

想，该思想以表达来体现。作者对这种由内及外的核心思想外化表达的控制，表现为其对表达性要素在选择上的可决定性。选择，顾名思义，意思是挑选、选取。在传统的创作过程中，作者对于心中所想结合其社会生活经验、知识储备、思考感悟、潜在意识等因素，从自己可持续创作的无尽的素材库中决定选择什么样的合适的表达，这其中可能包含归纳、概括、总结、想象、联想、创造、升华甚至灵光一现等复杂的思维过程。

正如《浅析艺术创作的一般过程》一文中所述：艺术作为一种特殊的精神文化产物，每一件作品都是独一无二，这是因为创作人以及创作过程的差异。但是，这并不意味着艺术创作的过程无迹可寻，因为艺术是一种思想，也是一种技巧，需要理性思考。艺术创作的过程中一般由经验的累积、艺术构思和艺术表现这三个环节来完成。经验的累积是前提和基础，艺术构思是关键的决定作品走向的环节，也是承前启后的中心环节，艺术表现是为这之前的一切找到一个最适合的诉求方式，使创作者想表达的东西更能被大家所感知。[①]

（二）AI 是否实现了思想表达

经验累积、创作构思、对构思选择表达，整个过程其实内化在创作者的脑海之中。AI 的出现，似乎为这个内化的过程提供了显现的可能，AI 广阔的素材库极大丰富了艺术创作中的经验积累环节，AI 依照使用者的指令输出结果，提升了产品生成和呈现效率，显化了部分的创作过程。也正因此，使用 AI 便利操作的同时，让智力成果、独创性构成要件的评判变得复杂。

传统的创作过程，创作者独立完成思想到表达的呈现。这个过程中，作品由作者实质创作完成、源自作者本人的意志无须刻意证明。而使用 AI 生成产品，到底是 AI 帮助创作者实现了思想的表达，还是创作者接受了 AI 选择的结果和答案，在直接与间接、实质性创作与构思审核的判断上，需要结合 AI 的具体功能、操作、人机互动过程等因素来进行评价。就目

① 卫佳诗.浅析艺术创作的一般过程［J］.群文天地，2013（5）下：101，103.

前而言，那个被感知的、最终呈现的 AI 生成物是否源自 AI 使用者本人意志、是否实现了使用者由内及外的思想表达，需要个案判断和证实。

对"人工智能生成图片"案中类似的 AI 模型，AI 根据使用者的指令完成图片的推送—调整—再推送—再调整等一系列的过程，AI 使用者对生成物表达性要素的作用，属于要与不要、好与不好的是非判断，是"间接"的审核指导，对于 AI 使用者来说在表达性要素上无甚选择的空间，更谈不上对选择的可决定性。但如果设想 AI 可以根据使用者的指令推送诸多对应的要素表达，且 AI 使用者输入的是关于实质性创作的具体指令，是关于表达性要素的表达指令，而输入的指令与 AI 提供的表达之间存在关联或对应关系，AI 为使用者提供了较充分的选择空间，AI 使用者可能选择到符合自己思想的表达，存在 AI 恰好实现了使用者思想表达的情况，此时在实质性创作与构思审核界限的判断上应当向实质性创作偏移。

（三）AI 可能打破创作界限

2024 年 1 月 30 日，埃隆·马斯克（Elon Musk）在社交平台 X（原推特）上发表了一条消息："神经连接公司（Neuralink）成功进行了首例脑机接口人体植入手术，植入者的恢复状况良好。并且，植入的脑机接口设备运行良好，已经接收到植入者脑部的神经信号。"[1] 所谓脑机接口技术，简单理解就是将电极等微型设备植入大脑特定区域，这些设备能够精确地捕捉大脑皮层产生的信号，这些信号反映了大脑的活动和意图。采集到的神经信号被传输到外部处理设备，这些设备具备高度敏感和精确的信号处理能力，能够对神经信号进行解码和分析，提取有用的信息。通过复杂的算法和模型，将解码后的神经信号转换为计算机或其他设备可以理解的指令或控制信号，这些指令或控制信号能够精确地反映用户的意图和需求。在理论上，这给了我们无限的遐想空间。

我们知道总有一天，AI 可以发展到非常智能完善的程度。彼时，AI 可

---

① 科普中国. 马斯克宣布：人类首次植入脑机接口芯片!《黑客帝国》成为现实?［EB/OL］.［2024-02-08］. https://baijiahao.baidu.com/s?id=1790295463403590934&wfr=spider&for=pc.

以与人类实现深度交互，创作者的灵感闪动、创意想法，可以实时地被记录、被感知、被表达，AI可以打通思想与表达的界限，实现创作零距离，AI的工具属性被发挥到极致的程度。甚至，AI可以与人类思想直接交互，AI的素材库就是创作者的素材库，人类在创作过程中可以与AI互通深度交流，AI的智能属性被发挥到极致的程度。也许到那个时候，AI生成物就是我们大脑即时所想的创作呈现，从思想到表达的实质性创作就无须再去证明了。

四、对AI数据库的思考

未来可以交给时间，针对现阶段而言，数据、算法、算力是人工智能的三驾马车。在本案中，AI生成物与数据库资源的体量、丰富程度，素材分解颗粒度、与文字描述等输入指令的匹配程度等有关。在排除AI记录保留使用者偏好的前提下，原则上数据库越丰富，生成物差异性越大，相同指令得出不同结果的可能性越大，但是AI尚不能突破数据库及学习迭代的规律，创造一个全新的表达。这与人类创作不同，即使面对相同的要求，不仅100个人存在100个不同创作结果的可能性，还非常可能存在差异极大或创新程度极高的情况，这是AI不能实现的人类智力创造。

我们可以看到，对于AI来说数据库是非常重要的资源和基础。这涉及数据库来源、知识产权侵权、知识产权保护强度和范围等问题，我们暂且不表。仅在数据库层面，AI高效便捷的生成产品的基础，是利用算法将数据库中的原始作品和AI使用者迭代的"作品"吸收、匹配、改进、融合后输出，这种情况下，数据库中原始作品面临着因AI发展而被弱化的趋势和风险。甚至可以说越是智能、高明的AI模型，数据库中差异化作品对AI生成物本身的贡献度越大，但在AI生成物中的贡献体现程度可能相对越低。如今AI在生成内容的时候已经进入像素级别，AI生成物可能综合了千万个数据作品和思路，而与这些数据作品的任何一个都不近似。一个高独创性的作品，一旦被AI吸收，如石沉大海，迅速被淹没、融入AI生成物。因此，从AI可持续发展的角度，更加需要鼓励作品创作，特别是独创性高的作品的人类创作。

五、结语

面对 AI 迅猛的发展趋势，一方面我们期待科技的力量和对社会发展的贡献，另一方面我们应当站在全产业生态的视角来考虑创作和保护的问题。即使 AI 生成物可以构成作品，也应当慎重考虑其在著作权保护中的地位和范围，不影响人类独立的实质性创作的产生、传播和作品价值。而一个现实的问题是 AI 产品的问世需要经历复杂、多阶段、多方主体参与的过程，殊为不易。AI 公司可以通过专利技术的授权、转让或置换、提供技术服务、销售 AI 产品等方式盈利。作为 AI 公司，有责任确保其提供 AI 产品的使用和输出是合法、合规、安全、道德的，这种责任不仅涉及 AI 产品本身的功能、性能，还涉及用于训练和优化产品的数据。作为 AI 产品核心基础的数据，由 AI 公司或其数据供应商负责收集处理。为了吸收大量、多元的数据，特别是高质量的数据，AI 公司或其数据供应商可以考虑开辟针对性的获取和激励通道，提升 AI 产品能力和效果的同时，促进基础数据层面的创作和保护。

对于 AI 生成物，需要通过考虑 AI 和 AI 使用者的"合作分工"，分析 AI 使用者是否完成了实质性创作，AI 生成物是否实现了使用者思想的表达，判断相关的著作权问题。AI 对数据的依赖，也将促使 AI 公司和数据供应商站在全产业生态的视角，发展 AI 产品的同时，促进人类作品的实质性创作和传播。

"AIGC 可版权性"问题之多国对比研究 *

宋海燕

作者简介

宋海燕（Seagull Song），金杜律师事务所国际合伙人，兼任中国版权协会常务理事、《美国版权》杂志编委会成员，北京大学法学院、北京电影学院客座教授等职位。业务领域为人工智能、传媒、娱乐、体育与高科技行业，在中国内地、中国香港和美国执业近三十年，先后在国际律师事务所、跨国媒体娱乐公司及中外学术机构任职。著有《全球生成式人工智能与版权：中国篇》《娱乐法》《中国娱乐法案例精读》《跨国知识产权法》等专著。

2022 年底，以 ChatGPT 为代表的生成式 AI 技术（生成式人工智能技术）① 掀起了 AI 领域的新科技浪潮。伴随生成式 AI 技术的快速发展，关于人工智能生成内容（artificial intelligence generated content，以下简称 AIGC）可版权性的讨论也在持续进行。按照人类在 AIGC 创作过程中的参与程度，AIGC 可分为以下几种：第一类是完全或绝大部分由 AI 生成的内容，即 AIGC 完全或基本由 AI 自主运行生成，人类未参与生成过程或在生成过程中的干预程度极低。根据目前已出现的司法案例，各国均倾向于认为该类型的 AIGC 缺少人类的贡献，故不属于受版权保护的作品。第二类是基于

---

    * 部分内容于 2024 年 4 月 7 日发表于"金杜研究院"微信公众号。

    ① 国家互联网信息办公室. 生成式人工智能服务管理暂行办法（国家互联网信息办公室、中华人民共和国国家发展和改革委员会、中华人民共和国教育部、中华人民共和国科学技术部、中华人民共和国工业和信息化部、中华人民共和国公安部、国家广播电视总局令第 15 号）[Z/OL].（2023-07-10）[2024-03-07]. https://www. gov. cn/zhengce/zhengceku/202307/content_6891752. htm. 具体详见该规章第 22 条第 1 款。

AI 生成的内容，即人类部分参与了 AI 生成过程。第三类是 AI 辅助生成的内容，即 AI 仅作为工具（类似 Photoshop）帮助人类完成创作型活动，而人类的创意依然主导创作过程。其实，AI 作为工具早已不是新情况，各国均倾向于认为此类 AIGC 因为体现了人类的智力成果，故属于版权保护的作品。①

目前，世界各国关于"AIGC 可版权性"问题的争议，主要集中于第二类"基于 AI 生成的内容"，各国对此态度有较大差异，需要根据具体案情进行个案分析。而这其中的核心问题便是如何看待 AI 生成内容过程中的"人类参与"？"人类参与"达到何种程度才能使 AIGC 生成内容具备可版权性？本文将围绕"AIGC 是否为受版权保护的作品（可版权性）"这一问题，通过分析美国、欧盟（捷克）、韩国、中国的司法案例，以探讨各地对 AIGC 可版权性问题的态度观点。

一、美国对待 AIGC 的严苛态度

美国版权局和美国法院在过去一两年的相关案例中逐步明确了其对 AIGC 可版权性问题的判断倾向。其中，《黎明的扎里亚》(Zarya of the Dawn) 案、《最近的天堂入口》(A Recent Entrance to Paradise) 案以及《太空歌剧院》(Théâtre D'opéra Spatial) 案皆清晰阐明了美国在决定是否给与 AIGC 版权保护时的严苛态度。下文将按时间顺序，对上述三个案件进行一一介绍。

（一）《黎明的扎里亚》的登记请求

在本案中，美国艺术家克里斯蒂娜·卡什塔诺娃（Kristina Kashtanova）创作了一本名为《黎明的扎里亚》的科幻漫画书。该漫画书的部分图像是由人工智能平台 Midjourney 根据卡什塔诺娃的指令创建。卡什塔诺娃将该

---

① 宋海燕，李梓潼. 再论 AIGC 的可版权性：中美司法实践剖析与比较 [EB/OL].（2024–04–07）[2024–04–07]. https://mp. weixin. qq. com/s/UqE8JmESjNJnKie_PX–TKQ.

书提交给美国版权局，申请版权登记，并获得了核准。随后，美国版权局通过卡什塔诺娃的社交媒体发帖获悉，其在写作该书时使用人工智能平台 Midjourney 创作了该书的部分内容。美国版权局随后以"该作品缺少人类作者"为由拒绝版权登记——因《美国版权法》仅保护"人类作者身份的作品"。美国版权局回应称，如果该作品集并非由人类创作，那么美国版权局将拒绝登记该作品。[1]

然而，在结合卡什塔诺娃的回复意见进一步考虑之后，美国版权局于 2023 年 2 月 21 日修改了其决定，即准许漫画《黎明的扎里亚》的整体版权登记，但缩小了其登记范围，并明确将由人工智能技术生成的材料部分（Midjourney 根据卡什塔诺娃的提示指令自动生成的图像）排除版权登记范围。新的版权登记范围仅涵盖卡什塔诺娃在写作本书时所形成的"作者创作的文字和对人工智能生成的作品的选择、协调和安排"，而那些由 Midjourney 自动生成的图像则不予版权保护。美国版权局作出上述决定的考量因素之一是人类参与创作过程的程度。美国版权局认为，卡什塔诺娃只是为 Midjourney 提供了目标生成图像的提示和参数，而这种提示和参数并未证明卡什塔诺娃对 Midjourney 结果的输出有足够的控制权，无法使她有资格成为这些 AIGC 的作者（或合作作者）。[2]

随后，2023 年 3 月 16 日，美国版权局发布了《版权登记指南：包含人工智能生成材料的作品》（以下简称《美国 AIGC 版权登记指南》），进一步澄清了美国版权局对 AIGC 进行审查和版权登记的基本政策。《美国 AIGC 版权登记指南》明确规定，受版权保护的作品必须由人类作者创作，缺乏人类作者身份的作品将无法获得版权登记。科技工具可以是创作过程中的一部分，但作品表达的创造性必须是由人类控制的。如果人类艺术家以足够有创意的方式选择或安排 AIGC，使得 AIGC 包含足够人类创作的贡

---

① Zarya of the Dawn（Registration # VAu001480196）[Z/OL].（2023-02-21）[2024-05-07]. https://www.copyright.gov/docs/zarya-of-the-dawn.pdf.

② 宋海燕，陈玮聪.浅谈 AIGC 的可版权性：美国、欧盟、英国与中国之比较[EB/OL].（2023-03-31）[2024-04-07]. https://mp.weixin.qq.com/s/yJ-CienfpaMdHJrg0d2rKA.

献，则可以支持 AIGC 获得版权保护的主张。[①]

此外，《美国 AIGC 版权登记指南》还要求申请人在提交版权登记时，须披露提交登记的版权作品中包含人工智能生成的内容，并简要说明人类作者在题述作品中的贡献。而《美国 AIGC 版权登记指南》的上述立场也清晰体现在随后出现的《最近的天堂入口》案以及《太空歌剧院》案中。

（二）《最近的天堂入口》的登记请求

在本案中，计算机科学家斯蒂芬·泰勒（Stephen Thaler）博士利用 AI 程序 Creativity Machine 生成了一幅名为最近的天堂入口的二维图像[②]，随后泰勒就该图像向美国版权局申请登记。泰勒在向版权局提交的登记申请中写明：本作品的原始作者是 AI 程序 Creativity Machine，图像系由 AI 算法自主运行生成；申请者作为 AI 的所有人，依据普通法上的财产转移规则与版权法上的雇佣作品规则而获得该生成图像的版权。

对于泰勒的主张，美国版权局不予认同。在两次复议均被驳回后，泰勒于 2022 年 6 月起诉美国版权局。2023 年 8 月 18 日，美国哥伦比亚特区地方法院发布判决，维持了美国版权局的决定。[③]判决中涉及 AIGC 可版权性的主要观点为：

首先，人类作者身份是版权保护的基本要求。根据 1976 年《美国版权法》，原创作品应当由作者或由作者授权完成，而版权法所称之作者仅指人类，非人类作者不是美国版权法的创作激励对象。尽管版权法旨在与时俱进，容纳各类新型表达形式，但对新作品的保护应当基于一个统一的理解，即人类创造力始终是可版权性的核心必要条件。

其次，由于 AI 在生成图像时未产生有效的版权，故无须再考虑后续

---

① U. S. Copyright Office, Library of Congress. Copyright registration guidance for works containing AI-generated material［Z/OL］.（2023-03-16）［2024-04-07］. https://www. govinfo. gov/content/pkg/FR-2023-03-16/pdf/2023-05321.pdf.

② 图像详情，读者感兴趣的话，可在互联网上检索。

③ Thaler *v.* Perlmutter., No. 1:22-cv-01564（D. D. C.）［Z/OL］.（2023-08-18）［2024-04-07］. https://storage. courtlistener. com/recap/gov. uscourts. dcd. 243956/gov. uscourts. dcd. 243956. 24. 0_2. pdf.

的版权转移问题。法院承认，AI 与版权领域仍存在许多悬而未决的问题，包括人类贡献达到何种标准后能成为 AI 生成图像的作者、如何划定生成图像的受版权保护范围、如何评估生成图像的原创性、如何以版权制度激励 AI 创作等。目前，该判决仅是在特定案情下对版权局决定的维持，上述新问题仍有待回应。

由此可见，本案明确了美国当局对 AIGC 可版权性的第一个立场，即"完全由 AI 生成的作品因缺乏人类作者身份而不受版权保护"。同时，根据法院判决，人类对 AI 程序是否有所有权并不影响法院对 AIGC 可版权性的判断。

（三）《太空歌剧院》的登记请求

在本案中，游戏设计师杰森·艾伦（Jason Allen）使用 AI 绘图工具 Midjourney，创作了一幅名为太空歌剧院的二维艺术图像。在美国科罗拉多州举办的新兴数字艺术家竞赛中，《太空歌剧院》获得"数字艺术 / 数字修饰照片"类别一等奖。随后，艾伦以该图像向美国版权局提交了登记申请，并将自己申请登记为作者。由于该图像曾在公开比赛中获奖，版权局得知其包含 AI 生成内容，故要求申请者提交创作过程说明。根据说明，艾伦在生成过程中输入了至少 624 次文本提示才得到图像的初始版本，并使用图像处理软件 Adobe Photoshop 消除部分瑕疵、新增视觉内容，最后通过图像处理工具 Gigapixel AI 提高了图像的分辨率和尺寸。[1]

美国版权复审委员会（the U.S. Copyright Review Board）经复审后于 2023 年 9 月 5 日再次拒绝了《太空歌剧院》的版权登记申请。[2] 美国版权复审委员会认为，该图像包含的 AI 生成材料超过了最低限度，不得整体登记为作品。具体而言：首先，对于申请者使用 Adobe Photoshop 增加图

---

[1] 涉案图片《太空歌剧院》的 Midjourney 生成图片的初始版本与 Jason Allen 修改后的图片版本，读者感兴趣的话，可在互联网上检索到。

[2] U. S. Copyright Review Board. Re: Second request for reconsideration for refusal to register Théâtre D'opéra Spatial［Z/OL］.（2023-09-05）［2024-03-07］. https://www. copyright. gov/rulings-filings/review-board/docs/Theatre-Dopera-Spatial. pdf.

片内容的行为，复审委员会认为目前缺乏充足的信息用以判断手动增加的内容是否达到版权保护的标准。如进行版权登记，申请者需要补充有关说明（根据复审委员会的观点，倘若申请者仅使用了 Adobe Photoshop 的锐化、色彩平衡、AI 填充等功能，则其手动增加的内容不能体现人类创造性）。其次，对于申请者使用 Gigapixel AI 提高像素的行为，复审委员会认为该行为没有在图像中引入新的原创要素，因此不能体现人类创造性。最后，对于申请者输入了至少 624 次文本提示的行为，复审委员会认为该行为不足以使申请者成为图像的作者。尽管申请者输入了大量提示词，但最终的生成结果仍取决于 Midjourney 系统如何处理人类的提示。这一观点与美国版权局此前发布的《美国 AIGC 版权登记指南》相符：当 AI 系统仅接收到人类用户的提示词，并依此生成复杂的文字、视频、音频时，"传统作者元素"是由技术决定和执行的，而非人类用户。①

此外，复审委员会承认部分提示词可能具有足够的人类创造性，可以单独作为文学作品受到版权保护。但这不意味着向 AI 提供文本提示就"实际形成"了生成的图像，申请者的行为不对图像元素构成"创意控制"。

本案显示了美国当局对 AIGC 可版权性的第二个立场，即"对于基于 AI 生成的作品，若其中人类参与创作的程度低于标准，则其整体不受版权保护"。该标准可具体理解为：作品表达的创造性必须由人类控制，人类艺术家应以足够有创意的方式选择、安排或修改 AI 生成的材料以符合版权保护标准，使得 AI 生成的作品具备"作者创造性的想法（智力活动），（由作者）赋予表现形式"，则可以支持版权主张。②

总而言之，从《黎明的扎里亚》案、《最近的天堂入口》案、《太空歌

① U. S. Copyright Office, Library of Congress. Copyright registration guidance for works containing AI-generated material［Z/OL］.（2023-03-16）［2024-03-07］. https://www.govinfo.gov/content/pkg/FR-2023-03-16/pdf/2023-05321.pdf.

② U. S. Copyright Office, Library of Congress. Copyright registration guidance for works containing AI-generated material［Z/OL］.（2023-03-16）［2024-03-07］. https://www.govinfo.gov/content/pkg/FR-2023-03-16/pdf/2023-05321.pdf.

剧院》案到《美国 AIGC 版权登记指南》，美国版权局阐明了其给与 AIGC 版权保护的严苛态度，即当且仅当 AIGC 具备"作者的创造性想法（智力活动）、（由作者）赋予表现形式"时，才有可能获得版权法的保护。

（四）美国产业界对 AIGC 可版权性的不同声音

对于美国版权局近于严苛的版权登记审查标准，美国产业界也发出了一些质疑的声音。2023 年 8 月 30 日起，为应对日益增长的 AI 技术纠纷，美国版权局就"版权和 AI"向公众征求意见。在提交的回应评论中，美国电影协会（Motion Picture Association，以下简称 MPA）呼吁美国版权局改进对 AIGC 的版权登记评估方法。[①]

与美国版权局相同，MPA 同意完全由 AI 生成的作品不符合版权保护的条件。但与美国版权局相左的是，MPA 认为此前美国版权局在《黎明的扎里亚》和《太空歌剧院》的登记审核中采用的标准过于严格。MPA 指出，如果 AIGC 作品能够反映作者的创造性输入和原创智力概念，那么该 AIGC 作品应当受到版权保护。MPA 希望美国版权局在审核 AIGC 的可版权性时，将对人类作者身份的审查重心从过多关注"输出结果的可预测性以及人类对其的控制程度"，转移至"作品是否反映了人类的原创智力概念"这一更具灵活性的标准。

MPA 最后指出，在影视行业中，产业人员已开始使用 AI 辅助进行后期制作，如色彩校正、细节优化、背景增强、添加特效等，由此产生的 AIGC 作品应当受版权法保护。面对产业界的质疑，美国当局是否会调整目前 AIGC 可版权性的判断标准尚未可知，需待未来持续观察。

二、欧盟境内"AI 文生图"第一案

2024 年 3 月，《欧盟人工智能法案》宣告通过。该法案在序言部分强

---

① U. S. Copyright Office, Library of Congress. Reply comments of the Motion Picture Association, Inc.［Z/OL］.（2023—12—06）［2024—03—07］. https://www. motionpictures. org/wp-content/up-loads/2023/12/2023. 12. 06-MPA-Reply-to-CO-NOI-2. pdf.

调了版权的重要性，但并未对"AIGC可版权性问题"作出直接和清晰的回答。

（一）S某诉陶贝尔律师事务所案（S. Š. v Taubel Legal）概览

虽然欧盟在立法层面并未给出明晰回答，但在司法领域已经开始先行探索。近期，欧盟境内也诞生了"AI文生图"第一案，即由捷克布拉格市法院（The Municipal Court in Prague）判决的S某诉陶贝尔律师事务所案。[①]在本案中，原告S某通过一个名为DALL-E的AI程序生成了一幅图片，其输入的指令为"创建一幅双方在正式场合（如会议室或布拉格的律师事务所办公室）签署商业合同的图片，只需露出双手即可"。原告随后将生成的图片上传到自己的网站上。被告陶贝尔律师事务所从原告的网站上获取该图片后，未经授权擅自发布到其网站上。原告由此提起版权侵权之诉，并请求法院：第一，确定原告是该AI生成图片的作者；第二，要求被告从其网站上删除该图片；第三，禁止被告从事任何可能传播图片的行为。

本案的争议焦点为：首先，通过指令利用AI生成图像的自然人能否被视为该图像的作者；其次，AI生成的图片是否有资格获得版权保护。

本案中原告主张，涉案图像是AI根据其具体指令创建的，因此他是AI创建图像的作者。而被告抗辩称，根据《捷克版权法》第2条，AI创作的图像在不符合原创作品的概念特征时，不构成原创作品。因此，原告不是这一图像的作者，该图像也不是原创作品。

（二）S某诉陶贝尔律师事务所案结论

捷克布拉格市法院判决指出：首先，只有自然人才能成为版权作品的作者。根据《捷克版权法》第2条第1款，"作品"是指文学作品和其他艺术和科学作品，它们是作者创造性活动的独特成果，并以任何客观可感

---

① S. Š. v. Taubel Legal, No. 10 C 13/2023- 16 [Z/OL]. (2023-10-11) [2024-03-07]. https://justice.cz/documents/14569/1865919/10C_13_2023_10/108cad3e-d9e8-454f-bfac-d58e1253c83a.

知的形式（包括电子形式）永久或暂时地表达。而根据《捷克版权法》第
5条第1款，版权法下的作者是创作作品的自然人。^①其次，除非创作者能
证明所生成的图像是其独特创造的结果，否则就不能归为作者的作品。在
人类干预显著影响AI输出的情况下，AIGC可能会适用版权法受到保护。
但是这仍然涉及哪些元素/部分可以受到保护的争论。^②最后，AI生成指
令属于作品的"主题"或"想法"，但这一"主题"或"想法"本身并不
符合版权保护的条件。根据《捷克版权法》第2条的规定，作品不应包括
作品本身的主题、数据、想法、程序、原则、方法、发现、科学理论、数
学公式、统计图等。^③但是结合上文，如果输入的提示词是作者独特的创
作行为，对生成的图像有很大程度的贡献，则设计出提示词的人便可以被
视为该图像的作者。

　　最终，捷克布拉格市法院得出结论，原告对生成的图像不享有版权，
也无法控制其进一步传播。同样，该图像也不能作为无形财产进行许可或
进一步交易。由于本案并未上诉，故该判决目前已经生效。^④本案为欧盟
第一个关于AIGC版权性的案例，捷克法院在此案中的态度沿袭了美国对
于是否给与AIGC作品版权保护的严苛和审慎态度。

---

① JINDŘICHEM KALÍŠKEM. Rozhovor: Jindřich Kalíšek–AI a（autorské）parvo［EB/OL］.（2024–03–25）［2024–04–07］. https://www. pravniprostor. cz/clanky/obcanske–pravo/rozhovor–jindrich–kalisek–.

② VOJTĚCH KRISTEN. Člověk versus umělá inteligence. V Česku padl první rozsudek ohledně autorských práv z tvorby AI［EB/OL］.（2024–01–19）［2024–04–07］. https://www. info. cz/zpravodajstvi/cesko/clovek–versus–umela–inteligence–v–cesku–padnul–prvni–rozsudek–ohledne–autorskych–prav–z–tvorby–ai.

③ JAKUB KŘIVKA. Grafika vytvořená prostřednictvím umělé inteligence jako autorské dílo［EB/OL］.（2024–02–05）［2024–04–07］. https://blog. peterkapartners. com/grafika–vytvorena–prostrednic–tvim–umele–inteligence–jako–autorske–dilo/.

④ TOMÁŠ ŠČERBA, JAROSLAV FOŘT. The first Czech case on generative AI［EB/OL］.（2024–04–04）［2024–04–07］. https://www. technologyslegaledge.com/2024/04/the–first–czech–case–on–generative–ai/.

三、韩国对待 AIGC 的审慎态度

(一)《韩国生成式 AI 版权指南》

生成式 AI 的快速发展也为文娱产业发达的韩国带来了困扰,为"最大限度减少 AI 技术商业化造成的市场混乱",韩国版权委员会[①] 于 2024 年发布了《韩国生成式 AI 版权指南》,以期为该国现行法律下的 AIGC 版权管理问题提出指引。[②]《韩国生成式 AI 版权指南》提出:首先,如果人工智能创造的结果中存在诸如人为修改或增减等创造性的"附加工作",则只有在该部分的版权得到承认的情况下,才可以对该部分进行版权登记;其次,申请人在申请人工智能成果版权登记时,必须在申请说明书的"作品内容"部分详细说明哪些部分是创造性添加的。[③]

(二)《AI 水路夫人》("AI Suro's Wife")的登记

在实践层面,近期韩国出现了关于 AI 生成电影《AI 水路夫人》版权登记的相关讨论《AI 水路夫人》是奈良知识信息公司(Nara Knowledge Information)的子公司奈良 AI Film[④] 利用人工智能程序制作的电影。其制作过程包括两方面:一是使用 AI 生成场景、图像、声音等;[⑤] 二是奈良 AI

---

① 根据《韩国版权法》成立的有关版权的唯一政府机构,其主要负责实施版权登记、调解纠纷、协助制定版权相关政策等。

② HWAN KYOUNG KO, IL SHIN LEE, MATT YOUNGHOON MOK. Analysis of AI regulatory frameworks in the Republic of Korea [EB/OL]. (2024-04-15) [2024-05-07]. https://law. asia/ai-regulatory-frameworks-south-korea/.

③ 표경민, 변호사. AI 창작의 미래는? [EB/OL]. (2024-02-14) [2024-04-07]. https://www. tech42. co. kr/ai-%EC%B0%BD%EC%9E%91%EC%9D%98-%EB%AF%B8%EB%9E%98%EB%8A%94/.

④ 奈良 AI Film(Nara AI Film)是奈良知识信息公司的子公司,官方网站链接为:https://narainformation. com/.

⑤ 使用 "GPT-4" "ClovaX" 和 "GPT-3. 5" 等大型语言模型(LLM)创建场景后,使用 "Midjourny" 和 "Stable Diffusion" 创建图像。视频使用 "Zen 2" 和 "D-ID" 等视频创作 AI,角色的声音使用 "Clova Dubbing" 制作。音乐使用 "Soundrow" 创作,参见장세민. 국내 생성 AI 영화 '저작권 첫 인정' ... 세계 2 번째 사례 [EB/OL]. (2024-01-04) [2024-04-07]. https://www. aitimes. com/news/articleVi ew. html?idxno=156286.

Film 深度参与编辑和微调创作 AI。① 奈良知识信息公司就该 AI 电影提出了版权登记申请，并于 2023 年 12 月获得通过。但需要注意的是，此 AI 电影并非被登记为"类电作品 / 视听作品"，而是"汇编作品 – 其他"。②

有相关报道将该案视为韩国 AIGC 版权保护第一案，认为 AIGC 在韩国可以获得版权法保护。③ 但需注意，首先该案属于行政确认，不涉及司法程序。其次，韩国版权委员会认为，将题述作品登记为"汇编作品 – 其他"的结果"并不承认人工智能输出本身的可版权性，而只意味着人类在选择、安排和组成人工智能输出方面具有创造性"。④

韩国版权委员会在声明中指出，版权登记针对的是图像的选择和编排，而非影片本身。《韩国版权法》将作品定义为"表达人类思想或情感的创造性作品"（《韩国版权法》第 2 条第 1 款）。因此，这部电影被注册为"汇编作品"而非"类电作品"，即韩国版权局仅承认该作品的原创性部分为"除了人工智能输出之外，人类选择、安排和合成图像的部分"，

---

① 例如，生成的 AI 大部分是国外制造的，因此训练数据中很少有韩国或亚洲图像。据介绍，Surorbuin 的表达存在很多困难。因此，该公司通过大量研究对模型进行了微调，或者使用自行研发的小语言模型（sLM），参见장세민. 국내 생성 AI 영화 '저작권 첫 인정'... 세계 2 번째 사례［EB/OL］.（2024–01–04）［2024–04–07］. https://www. aitimes. com/news/articleView. html?idx–no=156286.

② 汇编作品：作品、代码、文本、声音、音频、图像或其他材料的集合，是对材料的选择或排列具有创造性的作品，例如文学全集、诗集、数据库、网站等。参见深圳知识产权保护中心. 关于韩国版权登记程序分析报告［R/OL］.（2022–04–24）［2024–05–07］. https://mp. weixin. qq. com/s/PBYGRt2yryH30E8NnOOuRA.

根据《韩国版权法》第 2 条、第 4 条、第 5 条、第 6 条，可获得版权保护的作品涵盖文学作品、音乐作品、戏剧作品、艺术作品、建筑作品、摄影作品、影像作品、图形作品、计算机程序作品等，此外还包括衍生作品和汇编作品。电影通常被归类为影像作品。参见《韩国版权法》，https://www. law. go. kr/LSW/lsInfoP. do?lsiSeq=223493&ancYd=&ancNo=&efYd=20210609&nwJoYnIn–fo=N&ancYnChk=0&efGubun=Y&vSct=*#0000.

③ 장세민. 국내 생성 AI 영화 '저작권 첫 인정'... 세계 2 번째 사례［EB/OL］.（2024–01–04）［2024–04–07］. https://www. aitimes. com/news/articleView. html?idxno=156286.

④ 홍보팀 최웅정. '국내 생성 AI 영화 저작권 첫 인정 세계 2 번째 사례' 일부 보도 사실관계 설명［EB/OL］.（2024–01–10）［2024–04–07］. https://www. copyright. or. kr/notify/press–release/view. do?brdctsno= 52575#.

而排除了 AI 生成的部分。① 韩国版权委员会明确表示，只有在人工智能创作涉及人类创造力的领域，版权才得到承认。这一立场也体现在韩国版权委员会发布的《韩国生成式 AI 版权指南》中。②

总而言之，韩国在此次 AI 电影版权登记事件中的态度和观点，与美国《黎明的扎里亚》案类似，其核心仍是判断人类在 AIGC 创作过程中的作用，只对人类创造的部分给与版权保护。

四、中国对待 AIGC 的灵活判断标准

（一）中国相关立法

我国对"作品"的相关规定主要体现在《中华人民共和国著作权法》（以下简称《著作权法》）第 3 条、《中华人民共和国著作权法实施条例》（以下简称《著作权法实施条例》）第 2 条和第 3 条，以及《北京市高级人民法院侵犯著作权案件审理指南》（2018 年）第 2.1 条规定。

《著作权法》第 3 条、《著作权法实施条例》第 2 条和第 3 条均指出，我国著作权法所保护的作品，是指文学、艺术和科学领域内具有独创性并能以一定形式表现的智力成果。《北京市高级人民法院侵犯著作权案件审理指南》（2018 年）第 2.1 条进一步指出，"审查原告主张著作权的客体是否构成作品，一般需要考虑如下因素：（1）是否属于在文学、艺术和科学范围内自然人的创作；（2）是否具有独创性；（3）是否具有一定的表现形式；（4）是否可复制"。

---

① 홍보팀 최웅정. '국내 생성 AI 영화 저작권 첫 인정 세계 2 번째 사례' 일부 보도 사실관계 설명［EB/OL］.（2024–01–10）［2024–04–07］. https://www. copyright. or. kr/notify/press–release/view. do?brdctsno= 52575#.

② HWAN KYOUNG KO, IL SHIN LEE, MATT YOUNGHOON MOK. Analysis of AI regulatory frameworks in the Republic of Korea［EB/OL］.（2024–04–15）［2024–05–07］. https://law. asia/ai–reg–ulatory–frameworks–south–korea/.

（二）中国关于 AIGC 的司法实践

在 2022 年底生成式 AI 浪潮爆发之前，我国司法领域与 AI 可版权性相关的典型案件主要有两例，分别为菲林律师事务所与百度公司案①，以及腾讯公司与盈讯公司案②。综合以上两份判决，菲林律师事务所与百度公司案中的大数据报告系威科先行数据库利用输入的关键词与算法、规则和模板结合形成。而腾讯公司与盈讯公司案中的网页文章蕴含了创作者团队个性化的选择与安排，满足了《著作权法》对作品的相关规定要件。由此观之，我国司法实践中，对 AIGC 的版权问题，依然延续"自然人＋独创性"的思路，并将其作为判断作品资格的关键因素。

2023 年 11 月 27 日，北京互联网法院对李某与刘某著作权纠纷案作出生效判决，诞生了国内首例认定"AI 文生图"具有可版权性的案件。本案中，原告李某利用开源 AI 软件 Stable Diffusion 生成一张图片，并发布在自己的社交平台上。③后被告刘某在网络平台发布诗歌时将涉案图片用作插图。原告认为被告未获得原告的许可，且截去了原告的署名水印，使相关用户误认为被告为该作品的作者，严重侵犯了原告对该作品享有的署名权及信息网络传播权，遂向北京互联网法院提起诉讼。④

根据北京互联网法院的判决书，涉案图片被认定为作品，并受《著作权法》的保护。法院认为，涉案图片满足作品的四个前提条件：属于文学、艺术和科学领域内；具有独创性；具有一定的表现形式；属于智力成果。涉案图片是通过人类输入的文字描述生成的，代替了人类的绘画过程，体现了原告的智力投入和个性化表达。利用人工智能生成图片时，需要个案判断是否体现了作者的个性化表达，本案中涉案图片体现了与在先作品存在可以识别的差异性，且原告通过输入提示词、设置参数进行调整修正，体现了其审美选择和个性判断。因此，涉案图片被认定具备独创性

---

① 北京互联网法院（2018）京 0491 民初 239 号民事判决书，北京知识产权法院（2019）京 73 民终 2030 号。

② 深圳市南山区人民法院（2019）粤 0305 民初 14010 号民事判决书。

③ 涉案图片"春风送来了温柔"，读者感兴趣的话，可在互联网上检索。

④ 北京互联网法院（2023）京 0491 民初 11279 号民事判决书。

智力投入，符合作品的定义。同时法院还强调，人们利用人工智能模型生成图片时，本质上仍然是人利用工具进行创作，但原告应该显著标注使用的人工智能技术或模型。

最终，北京互联网法院作出判决，肯定了 AI 生成的涉案图片属于《著作权法》上的美术作品，原告对其拥有著作权。刘某未经许可，在自己的账号使用涉案图片作为配图，并去除图片水印，侵害了原告的署名权和信息网络传播权。依据《著作权法》，法院判令刘某发布致歉声明，持续时间不少于 24 小时，同时赔偿原告经济损失 500 元。本案的判决结果对中国的 AIGC 行业也有着重要影响，可能会激励 AIGC 产业的发展。[①]

由此可见，目前中国司法实践在满足一定条件时倾向于赋予 AIGC 著作权保护，不过前提是该生成物并非严格意义上的纯粹机械劳动产物，必须有人类的智力投入，但对人类智力投入的程度与可版权性的关系尚存争议。

五、结语

通过上文对美、欧、韩、中关于"AIGC 可版权性"问题立法和司法实践的对比可以发现，各国 / 地区在面对"AIGC 可版权性"问题时有一定共识，也存在一定分歧。

各国 / 地区的共识在于：首先，AI 不得作为作品的作者，作者须为人类（自然人 / 法人）。其次，在判断人类在 AIGC 中的创作程度时，各方采取了类似的判断思路，即通过分析人类在创作 AIGC 中的行为，如输入提示词、编排内容、选择最终呈现图像等，并结合最终呈现的图像样态，判断 AIGC 是否能够反映出人类的原创性智力成果。

然而，在判断人类在 AIGC 中"创作程度"的"质与量"的具体分析上，各国 / 地区存在分歧。一方面，以美国为代表的国家 / 地区更加关注人类对 AIGC 的控制程度及 AIGC 的可预测性，并要求将 AIGC 中的"AI

---

① 北京互联网法院（2023）京 0491 民初 11279 号民事判决书。

生成成分"与"人类创作成分"进行严格区分。例如在《太空歌剧院》案中，尽管申请者输入了 624 个提示词，并通过软件对图像进行了后期处理，美国版权局仍认为该图像不符合《美国版权法》作品的保护标准。另一方面，中国法院则采取了更为灵活的判断标准，认为只要 AIGC 的生成过程及最终呈现能够体现人类的智力投入与表达，则可受《著作权法》的保护。

综上，现有知识产权法规则仍以保护人类智慧为逻辑起点，坚持人类的创作主体地位。但 AI 技术的跃迁正使人类社会逐步接近 AGI（通用人工智能），彼时对于 AI 身份的判断，以及 AI 在生成内容过程中的作用或面临更多伦理与法律争议，需持续关注。

著作权归属认定的一般规则 *

李自柱

作者简介

李自柱，中国政法大学法学博士，现任北京市伟博（西安）律师事务所顾问，兼任中国国际经济贸易仲裁委员会仲裁员、中国政法大学知识产权研究中心研究员、北京知识产权法研究会专利法委员会副主任等。在北京法院知识产权审判领域从事审判工作17年，曾任北京市朝阳区人民法院知识产权庭庭长。

著作权归属的审查判断是审理侵害著作权案件必不可少的一环，而且也容易引起争议。这既涉及对著作权权利归属规则的理解，也涉及对证据的审查判断。在互联网环境下，还会有一些新情况引发的新问题。本文在现行法的基础上，对著作权归属认定的一般规则 [①] 进行梳理，并结合审判实务从法理上予以分析。

一、署名推定规则

著作权归属认定最为基本的规则就是署名推定规则。在侵害著作权纠纷案件中，几乎每个案件都离不开对该规则的适用，但大家仍然对其有一些模糊认识，有必要从理论上予以解释。

---

* 　原载于《中国出版》2020 年第 13 期，第 60-64 页。

① 著作权归属的认定规则可以分为一般规则和特殊规则。本文论及的署名推定规则和初步证据规则属于一般规则。《著作权法》第二章规定了演绎作品、合作作品、汇编作品、电影作品、职务作品、委托作品，并规定了各类作品的权利归属，这些属于特殊规则。特殊规则中也有一些需要研究的问题，但本文仅论及一般规则。

（一）署名推定规则的含义及其法理

《中华人民共和国著作权法》（以下简称《著作权法》）第 11 条第 1 款规定："著作权属于作者，本法另有规定的除外。"该法第 12 条第 1 款规定："在作品上署名的自然人、法人或者非法人组织为作者，且该作品上存在相应权利，但有相反证明的除外。"将以上规定结合起来，即可得出结论：一般情况下，在无相反证据时，著作权归属于在作品上署名的作者。当然，在有相反证据的情况下，作品上的署名即可被推翻，不能依据该署名确定权利归属。这种根据署名认定著作权归属的方法其实是一种法律推定，而非必然如此。

著作权基于创作行为自动产生，"作者是作品的直接生产者，是作品之母"①，因此一般情况下，著作权原始地归属于作者，才符合公平正义观念。"这是有著作权保护制度以来首要的和基本的原则。"② 鉴于创作行为一般都是个人行为，大多不具有外观性，社会公众较难观察到创作行为本身，因此只能以某种形式表征这种创作行为，这种形式就是作者署名，即在作品上署名何人是作者，就表示其实施了创作行为，那么著作权就归属于他。作者身份的署名也可以说是一种创作行为的公示方法。

可能有人会问，如果 A 在 B 创作的一篇文章上署上 A 的姓名发表了，那么在尚未证明该作品是 B 创作的情况下，根据该署名推定规则，就应当认定 A 享有著作权，这不是明显和事实不符吗？应该说，的确不能排除这种情况。但即使如此，也不能否定署名推定规则，理由如下：首先，这种推定符合社会一般认识，在他人作品上署上自己的姓名发表的情况不是没有，但至少不是常态，因此不能以个别情况否定通常情况。其次，这种推定符合著作权客体非物质性特点。作品本质上是信息的集合，没有客观的物理形体，不能像有体物那样被占有，无法以有形的占有表彰权利归属，只能采取符合其自身特点的方式去表彰作者，这种表彰方式非署名莫属。

---

① 费安玲.著作权法教程［M］.北京：知识产权出版社，2003：107.

② 刘春田.著作权的主体和权利归属［M］//最高人民法院著作权法培训班.著作权法讲座.北京：法律出版社，1991：74.

这其实与以占有表彰动产所有权归属的道理一致，"为了标明作品的真正所有人，人们便将自己的姓名署于其作品之上，以代替作者实际上对该作品的占有"①。再次，这是著作权应当得到尊重的一种制度安排。创作行为不具有公开性、外观性，一般情况下不能被社会公众识别，所以如果非要深究到必须让社会公众明白无疑地看到何人实施了创作行为，才能据此认定其享有著作权，那么世界上绝大多数作品将成为无主作品。如此一来，作者的著作权将无法得到尊重，整个著作权制度也无法建立。最后，在确定署名推定规则的同时，为了防止署名有误，同时建立了反证规则，即署名可以被推翻，这是一种平衡机制，不会让署名错误成为一种常态。

（二）署名的识别

适用署名推定规则的前提是能够确定某一署名是著作权法意义上的作者署名，这就涉及署名的识别问题。在确定表演者权、录音录像制作者权归属时，同样存在表演者、录音录像制作者署名的识别问题，其方法是一致的。

一般情况下，作者署名有如下含义：第一，表明作者身份。署名必须体现了作者身份的意义，表明了作者和作品之间的创作关系。如果体现的不是作者身份，就不是这里讲的作者署名，如电影作品片尾署名的统筹、灯光师等，都不是作者身份意义的署名。第二，在作品上署名，即署名与具体作品的对应关系。如果署名的对象不是具体作品，而是某作品种类或其他，也不是这里讲的署名。例如，在安顺市文化和体育局与北京新画面公司、张某谋、张某平案中②，被告在电影中将"安顺地戏"称为"云南面具戏"，原告认为被告侵害了其对"安顺地戏"享有的署名权。法院判决认为"安顺地戏"是一个剧种，不是作品，因此"安顺地戏"非署名权的权利客体，涉案电影中对"云南面具戏"这一名称的使用，也仅属于对特定剧种名称的使用，其既非对署名权权利主体（作者）的标注，也非对权

---

① 李雨峰.中国著作权法：原理与材料［M］.武汉：华中科技大学出版社，2014：71.
② 北京市第一中级人民法院（2011）一中民终字第 13010 号民事判决书。

利客体（作品）的标注，故这一使用方式不属于著作权法意义上的署名行为。当然，该案是从侵权的角度阐述的，但足以说明在剧种上不存在作者署名的问题，只有在具体作品上的署名才能被理解为作者署名。识别是否为作者署名时必须立足于署名的上述内在含义。另外，还需要从社会公众的认知习惯出发，充分考虑作品性质、作品类型、作品表现形式、行业惯例等外在因素。例如，对于"在作品上署名"的理解就需要结合作品类型和表现形式，不可过于狭隘，不能理解为必须在作品的载体上署名。如在雕塑旁边放置一个牌子，在牌子上而非雕塑本身上标注作者姓名，依然属于"在作品上署名"。对于这类作品而言，应该说这种署名属于行业通用的方式，也可以说是行业惯例。又如，在节目中，主持人进行自我介绍，也属于表明表演者身份的形式，而非必然在节目字幕中署名。在耿某涵与北京摇太阳文化公司案中，法院判决即认为耿某涵在节目开头向观众作身份介绍，是一种表明主持人身份的形式，应认为北京摇太阳文化公司已经以适当的形式表明耿某涵的身份。[①] 有些情况，根据社会的通常认识，就无法认定为是作者署名。例如，在影视作品中以"制片人""出品人"名义所标注的自然人，一般情况下都是制片公司的负责人，无论如何他们也不是影视作品的作者及权利人。这就是影视作品在行业内的通常做法，社会公众一般也不会认为这些人是电影作品的作者、权利人。再如，根据社会一般常识，在文字作品所署名的自然人作者后面显示的单位名称，一般情况下都是作者所在的单位，而不是作者署名。综上，对作者署名的识别需要从社会公众的认知习惯出发，结合作品的性质、作品的类型、行业惯例等，而不能简单、机械地作判断。

（三）非真名的证明

实践中，经常遇到作者署笔名等非真名的情况，这种情况下就需要作者证明该笔名是作者的笔名，与作者身份存在真实对应关系。根据举证责任的一般规则，主张权利的当事人对署名与作者身份之间存在真实对应关

[①] 北京市高级人民法院（2004）高民终字第 153 号民事判决书。

系负有举证责任。在具体个案中需要原告结合案件具体情况进行举证。例如，在出版的图书上署笔名时，一般情况下需要原告提供出版合同，审查合同中对该笔名是否有约定，或者由出版社出具一份该笔名是作者笔名的证明等。在有些情况下，可能需要作者通过其发表的其他作品的一贯署名来证明涉案作品上的署名与其存在真实对应关系。在当今自媒体发达的信息时代，作品不一定都通过出版社、杂志社发表，相当一部分作品由作者通过互联网自行发表。如果在互联网上发表的作品上署有作者的真实姓名，那么互联网仅是一个发表载体，与传统纸媒发表无本质不同，根据署名推定规则，该署名人当然被推定为作者，对此作品享有著作权。但如果所署的不是作者真实姓名，也同样存在一个署名与作者真实身份对应的证明问题。然而，互联网上发表的作品大多是作者自己发表的，很难有像出版社一样的主体能出具证明，因此证明署名与作者真实身份对应就存在一定的困难。但根据互联网的特点，既然大多数作品是作者自己登载在互联网上的，那么如果主张权利人能够通过用户名和密码登录发表作品的网站的后台操作账户，至少能够说明该作品是主张权利人发表的，在对方提不出反证的情况下，根据民事证据的优势证据和高度盖然性标准，则可以推定该署名即主张权利人的署名，当然该推定也可以被相反证据推翻。

（四）录音制品的署名问题

录音制作者权归属于录音制作者。何人是录音制作者，与何人是作者一样，仍然通过署名推定规则予以确定。《最高人民法院关于审理著作权民事纠纷案件适用法律若干问题的解释》（法释〔2020〕19号）第7条第2款对此有明确的规定。但鉴于行业中对录音制作者的署名并不规范，有署名为制作者的，有署名为录制者的，有用Ⓟ加以标注的，还有人根据加注Ⓒ的单位主张录音制作者权的，甚至相当多的情况是上述标注都没有，仅有"提供版权"的单位，原告即主张该"提供版权"的单位是录音制作者。基于此，有必要在此作一分析。根据文意，制作者、录制者都能表明其是录音制品的制作者，因此署名为制作者、录制者的主体应该可以被认定为录音制作者。Ⓒ和Ⓟ其实是来自《世界版权公约》以及美国等国家关于在出版物上加注版权标记的做法。《美国版权法》自一开始就要求在出版物上加注版权标记，否则作品就丧失版权，进入公有领域。ⓒ即 copyright 的缩写，当出版物是录音制品时，就用Ⓟ表示，即 phonogram 的缩写。具体表示方法是"ⓒ+作品的首次发表年份+作品版权人姓名、缩写或其他名称""Ⓟ+录音作品的首次发表年份+录音作品版权所有人名称"①。随着美国加入《伯尼尔公约》，其取消了将加注上述版权标记作为版权保护的前提，但《美国版权法》仍然保留了版权标记的通告含义。②根据上述表示方法，ⓒ之后表示的是版权人。因为录音制品在《美国版权法》上都是作为作品对待的，所以在Ⓟ之后表示的是录音版权人。在我国法律中并无上述版权标记的相应规定，因此，无法从我国法律中找到ⓒ和Ⓟ的规范含义。但ⓒ作为 copyright 的缩写，显然无法认定其是录音制作者的标记，参考美国法中Ⓟ的含义，可以认定其后表示的是录音作品版权所有人。在我国音像制品行业，用Ⓟ表示录音录像制品权利人也已经成为一种行业习惯。因此，在该意义上，可以据此认定录音录像制品制作者权的归属。对于仅标注了"提供版权"的单位，能否据此认定为是录音制作者权人，实践中曾有不同的做法。有的判决仅以此认定为"提供版权"的单位享有录音制作者权，也有的判决对此不予认可。但目前"提供版权"在行业中并没有一个确定的录音制作者权或者录音制作者的含义，且也无法律规定的含义。因此，对仅署有"提供版权"的，在没有其他证据的情况下，不能仅以此认定录音录像制作者权的归属。

二、初步证据规则

著作权归属认定的另一条规则就是初步证据规则。尽管对该规则的适用侧重于对证据的审查判断，但不妨碍将其作为判断著作权归属的一条实体规则，只是在适用该规则时，需要从证据法的角度充分运用证据的审查

---

① 《美国版权法》第401条、第402条。
② 李明德，许超．著作权法［M］．2版．北京：法律出版社，2009：119-120.

判断方法。

（一）初步证据规则的含义及其法理

《最高人民法院关于审理著作权民事纠纷案件适用法律若干问题的解释》第7条第1款规定，当事人提供的涉及著作权的底稿、原件、合法出版物、著作权登记证书、认证机构出具的证明、取得权利的合同等，可以作为证据。一般认为，该规定提出了著作权归属认定的一条一般规则，即初步证据规则，也即在诉讼中，只要原告提供了涉及著作权的底稿、原件、合法出版物、著作权登记证书、认证机构的证明、取得权利的合同等初步的证据，就可以认为原告完成了权属举证责任，从而认定原告享有著作权。如果被告否认的，举证责任即转移至被告，由被告提反证，如果被告仅否认而不能提供反证，或者提供的反证不足以推翻原告提供的初步证据，则被告的否认不能成立，不足以撼动原告已经完成的证明权利归属的事实。当然，在原告提供初步证据后，法院仍然需要根据证据规则对该初步证据进行审查。例如，原告提供的出版物是合法出版的还是盗版的、底稿是真实的还是伪造的、取得权利的合同的真实性等，这是民事诉讼法对证据审查和判断的当然要求。

在审判实践中，如果原告提供一张底稿（如摄影作品的胶片底片）来主张著作权，在被告提不出相反证据的情况下，依照该规则，就可以根据该胶片底片的原件认定原告享有著作权。初步证据规则与上述署名推定规则的法理是一致的，都是根据著作权客体的非物质性、著作权制度建立并得以运行的需要等特点确定的。我们可以与动产物权的权利归属证明规则进行比较，动产物权是根据占有确定所有权归属的，那么凭什么说占有人就是所有权人呢？万一占有人占有的是别人的动产呢？这种可能性肯定存在。但这是快速定分止争的一种制度安排，与一般情况下动产大多是所有人占有的通常认识相符，也是尊重所有权和物权秩序的一种表现。在著作权法中，道理也是同样的。尽管不能客观真实地确定持有胶片底片的原告就是真正的著作权人，但依然根据上述规则，初步认定其就是著作权人，被告否认的，给予被告提供反证推翻原告主张的机会。这就合理地平衡了双方当事人的举证责任和利益关系。

（二）数码照片著作权归属的认定

随着数码相机的普及，数码照片已经代替胶卷照片成为常态。实践中，有关摄影作品的纠纷几乎全是数码照片，且对数码照片的权属争议最容易发生。在对数码照片权属的认定中，依然是根据初步证据规则。尽管数码照片表现为一个电子文件，容易被复制、传播，但其仍然存在最初形成时的原始文件，该原始文件即为数码照片的底片。原告提交了该底片，如果运用证据规则能够确定该数码照片底片的真实性，那么就可以据此认定照片著作权归属于原告。但鉴于数码照片是一种电子文件，存在易改性，实践中对方当事人往往会提出异议，此时就需要结合照片拍摄过程、拍摄器材、存储介质、传输情况、文件格式、文件大小、电子信息、发表情况等各种因素综合判断当事人提交的电子底片的真实性。这种判断不是否定数码照片底片的初步证据属性，更不是否定初步证据规则，而是民事诉讼法中证据规则的必然要求，恰恰符合初步证据规则的内在逻辑。

（三）权利人声明的效力

在实践中，越来越多的影视作品片尾署名出现"本剧著作权归某某公司所有""本剧信息网络传播权归某某公司所有"等。原告据此主张享有声明归其所有的相应著作权。有的判决据此认定原告享有相应著作权，有的判决则对此不予认可。《北京市高级人民法院侵害著作权案件审理指南》第3.1条对此作出了规定，即当事人提供的符合行业惯例的权利人声明等可以作为证明权利归属的初步证据。本文赞同该规定，即如果该权利声明符合行业惯例，具有客观性，可以直接根据该声明认定权利归属，因为该种权利声明可以看作证明权利归属的初步证据，据此认定权利归属的法理也与上述署名推定规则是一致的，而且还能在一定程度上减轻权利人的举证负担，符合"减轻权利人的举证责任、加大知产保护力度"的价值取向。当然，这个声明必须是符合行业惯例的，是客观真实的，是全体权利人之间协商一致的结果，而不是随便在他人作品上添加一句声明，因为任何人都不能自作主张地声明对他人的作品享有著作权，这是显而易见的道理。因此，在诉讼中，如果原告仅根据权利声明主张权利，就应当对该权利声明的基本情况进行审查，而非只要有声明即可。

三、对署名推定规则与初步证据规则的灵活把握和综合运用

署名推定规则和初步证据规则是根据现行法律、司法解释规定归纳总结出来的两条证明著作权归属的一般规则。该两条规则均具有实体规则的意义，是判断著作权归属的基本方法。

署名推定规则首先强调的是对作者身份的推定，然后再根据《著作权法》第11条和第12条的规定，得出署名于作品之上的作者享有该作品的著作权，其一般逻辑思路按照"署名—作者身份—权利归属"展开，其规范意义并非直接规定署名的人是权利人，尽管大多情况下的确如此。换句话说，署名的人不一定是对作品享有权利的人，如作者将著作权转让他人后又在该作品上署名，该人仍然是作者，此时该署名的作者并不享有已经转让出去的著作权。因此，尽管署名推定规则是一条证明著作权归属的基本规则，但在理解和适用上也不可僵化和绝对化，在判断著作权归属的整个诉讼活动中，其仍然具有初步证据的意义，在对方当事人提出证据证明作者已经将著作权转让或许可给他人后，就不能再根据署名认定著作权的归属。初步证据规则直接证明的对象可能更为复杂一些，既可能是作者身份，也可能是直接的权利归属，这主要是由什么样的初步证据所决定的。作者署名本身就可以被作为初步证据，此时初步证据所证明的当然是作者身份。取得权利的合同，自然证明的是通过继受而取得的著作权权利本身。影视剧片尾出现的权利归属声明显然也是直接证明权利归属的。根据认证机构出具的证明、著作权登记证书则根据其上所记载的信息，既可证明作者身份，又可证明著作权流转后的权利归属。因此，在实践中，要注意根据初步证据本身的情况确定其所能证明的事项。

虽然署名推定规则和初步证据规则被归纳为两条规则，但两者不是非此即彼的关系，而是相互关联、相互作用的。从证据的角度看，署名推定

规则本身也是初步证据规则的体现，在具体适用中离不开相关证据的支持，需要在相关证据中体现作者的署名，而且需要在双方当事人证据的攻防中呈现其证明力。如前所述，有些初步证据所直接证明的对象是作者的身份，这又是在初步证据规则中对署名推定规则的运用，两者呈现相互交融的情景。在证明继受取得的著作权权利归属时，可能既需要查明著作权的原始归属，又需要查明著作权的流转过程，在此过程中既会涉及对作者身份的查明，又会涉及审查判断一系列的著作权转让或许可合同、授权书等相关证据，署名推定规则、初步证据规则会相互关联、综合运用。总之，两条规则既具有相通的法理基础，同时在实际运用中又相互交织，所以在实践中，要注意灵活把握两条规则，并根据案件具体情况加以综合运用，以准确认定著作权归属。

复杂版权客体的识别和认定 [*]

朱晓宇

作者简介

朱晓宇，北京斐普律师事务所主任、律师，毕业于中国政法大学、澳大利亚墨尔本大学，法学硕士，兼任北京市法学会体育法学与奥林匹克法律事务研究会常务理事、北京知识产权法研究会理事、北京市文化娱乐法学会理事、北京知识产权研究会理事，中华全国律师协会知识产权专业委员会委员。长期服务广播电视、出版和互联网产业，参与多届奥运会等重大国际体育赛事媒体合作谈判；代理的多案入选最高人民法院和北京法院年度知识产权典型案例；荣获《商法》"The A-List 法律精英：2023 年中国业务睿见领袖"等奖项。

在著作权司法实践中，原告明确、固定其主张权利的客体，是原告准确主张权利、被告针对性答辩、法庭组织有效调查（举证质证），进而认定侵权与否的前提。自 2009 年中央电视台开始针对各类网络盗播"春晚"的行为启动维权，引发了持续多年的"春晚"制品、作品及作品类型之争，到近年来针对体系复杂、画面精良的网络游戏，各地各级法院以软件、视听、美术等不同作品类型加以保护的差异，再到产生著作权单个案件历史最高判赔的"百度地图"被诉侵权案 ^①，笔者作为参与其中个案的代理人深刻认识到，复杂版权客体客观存在。

本文所谓"复杂版权客体"，是指由多种版权客体和 / 或非版权客体组

---

* 原载于《版权理论与实务》2022 年第 9 期，第 33-41 页。

① 北京知识产权法院（2017）京 73 民初 1914 号民事判决书，北京市高级人民法院（2021）京民终 421 号民事判决书。

成的客体集合，其整体或部分均符合某一类或多类作品类型的特征，其整体或部分均可以作为主张版权的基础，也可能成为被诉侵权的对象。面对涉及复杂版权客体的著作权侵权纠纷，片面关注某一方面特征而将作品类型绝对化，是不可取的。只有结合案情，引导权利人准确选择客体，并基于客体明确主张权利，才能锁定争议，进行恰当的举证责任分配，采用有效的比对方法，从而查清事实，对侵权与否作出可靠的认定。

一、复杂版权客体的共同特点

纵观过往案例中涉及的综艺节目、网络游戏、导航电子地图等客体，复杂版权客体存在如下共同特点：成果整体作为一个客体，符合作品具有独创性且可复制（可传播）的基本要求，符合至少一种作品类型的特征，整体上可以构成作品；同时，成果中存在可识别、可分割的多类组成元素。部分组成元素也符合作品或邻接权客体的基本要求，具备某一种作品类型或邻接权客体的特征，可以分别作为不同的客体，受到著作权法的保护。

以综艺节目的天花板——中央电视台"春晚"为例，现场晚会构成汇编作品，拍摄现场晚会而制作的电视节目构成视听作品。在组成元素中，除了典型的音乐、戏剧、曲艺、舞蹈、杂技艺术作品外，主持人串词构成文字作品，舞美和服装设计构成美术作品，事先录制的串场视频或动画构成视听作品。更进一步，小品（戏剧作品）的剧本构成文字作品。作品类型之多，不胜枚举。

再以典型的网络游戏为例，除用户在操作网络游戏过程中看到的、听到的音乐、动画、游戏人物（角色）形象、道具、特效、地图、背景，以及预设情节、人物特征技能的文字介绍等分别构成音乐作品、视听作品、美术作品、文字作品以外，还有安装在用户电脑、手机上的客户端程序无疑是软件作品，安装在物理服务器或云服务器上，用于支持网络游戏运行、信息交互和数据存储的服务器端程序是可以独立运行，并与众多安装于用户终端设备上的客户端程序进行信息交互的大型软件作品。服务器端程序还可能包括独立的数据库模块、通信模块、地图模块等。这些模块中，有的部分可能是游戏开发商自行编写的软件作品，有的部分则可能是采购自其他单位（仅获取版权使用许可）。例如，有公司专门从事数据库模块、地图建模的开发，并将其许可给网络游戏开发商直接使用，也可能接受网络游戏开发商委托将已有模块做修饰或个性化调整后，许可或转让给网络游戏开发商嵌入其游戏使用。网络游戏开发商也可能经许可，基于其游戏需要，自行对已有模块进行修饰或个性化调整，并与模块的原始版权人约定衍生成果的版权归属。这些具有独立软件功能的模块也分别构成软件作品。

本文关注的复杂版权客体，不是常规意义上的衍生作品，或者使用、包含其他作品且本身具有典型特征的作品。例如，依照剧本排演的话剧、使用背景音乐的电影等。权利人针对具有典型特征的作品主张权利时，通常不会产生客体识别的困难，而本文关注的复杂版权客体往往由于侵权行为的多样性和复杂性，指向复杂客体中包含的不同客体。

二、识别复杂版权客体的必要性

在司法实务和学术研究中，都有观点从功利主义、实用主义、效率主义等维度出发，认为只要能实现知识产权保护的目的，认定构成作品并加以保护就可以了，没有必要细究和明确客体范围及其作品类型。笔者在针对复杂版权客体的实际维权和侵权抗辩过程中深切体会到，笼统认定作品并加以保护经不起推敲，不利于举证责任分配和侵权比对，甚至可能导致脱离权利基础、背离实际情况的错误认定。面对形式各异、性质不同、纷繁复杂的侵权行为，准确识别行为指向的客体尤为重要，直接关涉主张的权利基础和维权成败。

以综艺晚会为例，针对直播、点播、截录晚会电视节目的行为，可基于视听作品主张权利；针对现场观众偷拍晚会并上传网络的行为，则不能基于晚会电视节目视听作品主张权利，而只能基于现场晚会汇编作品抑或其他独立作品主张权利（取决于不间断偷拍整场晚会，还是只偷拍单个节目）。相关研讨会上，有专家认为现场晚会是拍摄制作晚会电视节目的基础，可以作为原始客体，它在应对各类侵权行为，其作为一个整体而存在。可是，面对将晚会节目逐一截录，按舞蹈、歌曲、相声小品、魔术杂技等分类，或按点播热度等因素，重新排序，提供单个节目点播的侵权行为，以汇编作品（仅在选择和编排上具有独创性）保护难免尴尬，而以视听作品及其部分主张权利更为直接有效。又如，晚会主办方委托著名笑星团队创作小品剧本并约定剧本版权归主办方所有，其他晚会请擅长模仿该笑星的演员完整重演该小品。此种情况下，主办方针对该行为，显然不能再基于晚会节目、现场晚会这样的客体主张权利，只能基于小品的剧本主张权利。如果晚会主办方没有通过约定取得小品剧本的著作权，则其无从主张权利。

相对综艺晚会，网络游戏更为复杂。不同的侵权行为很可能指向完全不同的客体类型，且可能并不交叉和覆盖。常规的网络游戏软件不是单一的软件作品，至少包括客户端程序和服务器端程序两部分，即两个独立的软件作品。对于未经许可通过应用市场仅提供客户端程序下载服务的，可以针对客户端程序软件作品主张权利，不能因为该客户端程序与官方服务器端程序正常通信，就连同服务器端程序一同主张权利（侵权人没有提供服务器端程序）；对于提供盗版客户端程序并自行设置服务器的，则除针对客户端程序软件作品主张权利以外，还要识别自行设置服务器的情况。如果是直接破解、复制了权利人的服务器端程序，则可以一并针对服务器端程序软件作品主张权利。如果是自行开发的服务器端程序（权利人的服务器端程序可能支持万人在线，而私服程序可能只支持几十人娱乐，除和客户端程序通信，实现游戏功能外，数据库架构、地图规模等可能不同），则需要进一步考虑是否利用权利人服务器端程序，不能轻易认定侵犯了权利人服务器端程序软件作品的著作权。从软件作品角度，针对未经许可仅使用了网络游戏中的音乐、动画、游戏人物（角色）形象、道具、特效、地图、背景或是文字介绍的，应当针对关涉的具体音乐作品、视听作品、美术作品、文字作品主张权利，不适合轻易认定侵犯了网络游戏软件作品的著作权。另外，对近年来出现的游戏"换皮"，也需要详细调查，区别对待。对盗取权利人游戏软件源代码，仅替换游戏中用户操作界面展现出的美术元素的（人物替换为动物、海洋替换为森林、弓箭替换为手枪等），其侵权行为指向的仍是软件作品；双方游戏的用户操作界面展现出的美术元素近似，但后台软件编写代码完全不同的，则不宜基于软件作品主张权利，而应基于美术元素主张权利；对于软件源代码重新编写，界面美术元素完全不同，仅是游戏的组织架构、关卡方案、玩法规则等近似的，则不能基于软件作品和美术作品主张权利，应转而考虑组织架构、关卡方案、玩法规则等游戏设计方案的整体或部分能否构成类似剧本、说明书的文字作品或其他作品类型。

由此可见，面对复杂版权客体及更为复杂多变的"侵权"行为，仅以某一突出特征认定单一类型作品并以此作为主张权利的基础往往是不够的。权利人有必要针对不同的侵权行为，准确识别行为直接关涉的客体，再基于具体的客体准确主张权利。不同客体的权利人可能一致，也可能不一致。客体的识别和选择直接影响着权利人身份的认定。

三、从复杂客体识别角度解构"导航电子地图"

在"百度地图"被诉侵权案[①]中，法庭面对的巨额索赔争议，早已不是多年前曾出现的直接复制、使用权利人地图数据，被控侵权人没有其他数据来源，靠少量比对点就能推定被告完整使用权利人地图数据的情形。仅依靠道路、水系等一少部分图层特征，就认定地图数据构成图形作品，再依靠部分图层的少量选点比对就推定全量使用地图数据，显然缺少了将地图数据作为复杂版权客体的必要考量。

（一）导航电子地图数据是复杂版权客体

根据"百度地图"被诉侵权案二审阶段庭审直播过程中公开的信息，

---

① 北京知识产权法院（2017）京 73 民初 1914 号民事判决书，北京市高级人民法院（2021）京民终 421 号民事判决书。

原告明确主张权利的客体范围与其在与"百度地图"合作过程中提供的完整"数据包"内容一致，至少包括如下类别：（1）兴趣点（POI）、道路、行政区划、水系、绿地、铁路、山、岛屿等基础数据；（2）景点、大学、医院、火车站、机场等数据；（3）模式图、实景图、交通规则信息、隧道、天桥、人行横道、红绿灯、摄像头等数据；（4）地域范围、门址、公共交通等数据；（5）模型图像、地形图像、地物三维模型等数据；（6）用于指示导航的音频文件等。

由此可见，原告主张权利的"数据包"由众多不同类别的数据组成（存在可识别、可分割的多类组成元素），既有道路、水系、绿地这类图形化元素，也有模式图、实景图等美术类元素，还有兴趣点、红绿灯、摄像头等数据，更有提前录制好的音频文件，无疑是一款复杂的客体集合。

面对导航电子地图数据这样的复杂客体，"侵权人"可能完整复制并使用"数据包"，也可能按省份、城市、10 千米 × 10 千米图幅（地图行业内称为"瓦片"）等不同幅面的地域范围，部分复制并使用"数据包"，还可能只复制"数据包"中道路、行政区划、水系、绿地、兴趣点等某一类或多类数据的全部或部分。在如此复杂多变的情况下，权利人在主张权利之前进行调查取证的细致程度，直接影响其对侵权情况的预判。对侵权情况预判则直接影响对主张权利客体的选择和固定。而选择和固定客体，是其主张权利的第一要务，也是被告抗辩和法庭审理的基础。权利人基于完整"数据包"主张著作权，并主张被告持续使用其完整"数据包"，与基于具体的线图、模式图、形状图、音频文件分别主张著作权，同时主张全国范围内数据抑或某个省、市、县范围内的数据，在独创性判断、证明事项、举证方法和证明责任转移等方面均存在巨大的差别。

（二）区分"数据包"与"渲染图"

导航电子地图数据是通过"外业"采集道路等地物数据，并经过"内业"修正，形成的基础地图"数据包"。导航软件读取"数据包"后显示输出的，终端用户可识别并实际使用的地图，业内称为"渲染图"。导航电子地图服务提供商（如百度地图），需要对导航软件进行参数设定（道路式样、宽窄、颜色等）以及预先设计好模式图（转向提示、路口式样等），通过读取"数据包"，形成用户通过设备终端显示屏看到的"渲染图"。通常情况下，"渲染图"完全由导航软件运行产生，没有人工操作介入。"数据包"与"渲染图"在生成方式和展现出的表达方式上存在明显区别。涉及导航电子地图侵权认定的案件中，首先应当明确区分"数据包"和"渲染图"。"数据包"包含的是可以自动生产"渲染图"的各类数据，而"渲染图"中可能受著作权法保护的仅限于具有独创性的参数设定，即道路式样、宽窄、颜色等可以能构成美术作品的设计表达。在"百度地图"被诉侵权案中，经过二审合议庭释明，原告明确其主张权利的客体是"数据包"以及通过软件识读"数据包"而看到的简单线条，不是用户通过导航软件看到的经由被告预设参数加工后的"渲染图"。

（三）数据包整体可以构成"集合类"作品

在当前的导航电子地图领域内，优质先进的导航电子地图数据包，通常包括国界、省界、市县区界、道路、铁路、公交线、水系、绿地、模式图、实景图、市街图、语音等数据，还有海量的兴趣点、红绿灯、车站等信息，以及相关规格说明书等各类文档。这些数据中，除存储于专门文件夹的道路数据以外，还有大量以独立的文件夹和独立文件形式存在的其他数据，例如，绿地、水系、模式图、实景图、市街图等"图形"化内容，规格说明书等"文字"类内容，公交线、兴趣点等"文字"类信息，关联文件等"软件"类内容，大量录制好的语音等"视听"类内容。这些数据按文件夹分类存储。在同一类下，可能还需要按省、市分别存储。在使用过程中，各类数据按用户发出的使用指令，被导航软件识读和调用，并分层叠加显示。

随着技术的演进，"同名"客体可能在作品类型层面发生了质变。例如，基于美术作品制作的动画片，构成视听作品；同样基于美术作品开发的网络游戏，则整体构成软件作品；基于雕塑作品制作的"裸眼3D动态语音视觉陈列"已经不再是雕塑作品，而是包含美术作品、录音制品、软件作品的硬件设施。相对于传统地图、电子化地图，导航电子地图"数据包"不再是单一维度的图形作品，而是涉及软件作品、文字作品、美术作品、图形作品、汇编作品、数据库和一般数据等多维度客体的"集合类"作品。本文认为，这类数据集合在整体上具有独创性，是科学领域内以一定形式表现的智力成果，整体可以作为"符合作品特征的其他智力成果"给予保护。

（四）数据包中的各类版权客体

道路等需要通过识图软件读取并显示出来的点、线、面数据，如果仅关注局部，每一处都过于简单，难以体现作者的创作意图和表达，可能不具备著作权法意义上的"独创性"。但是，由众多线条连接的整个"瓦片"路网，抑或是乡、县、市、省，乃至全国的连片路网，则可能由于众多线条的选择、组合、链接、整体视觉差异等因素，具有独创性，构成"图形作品"。

绿地、水系等美术或图形化内容，每个单纯的形状图及所在图层的众多形状图组合，由于在绘制过程中的取舍、整体视觉差异等因素，可能具有独创性，可能构成"美术作品"或"图形作品"。

模式图则是数据包中多个独立的视图文件，在导航过程中遇到相应路口时被选择调用。每个模式图的内容包括绘制的天空、绿地、道路及相应的颜色选择。每个模式图，基于其绘制过程中的构图、线条、颜色等方面的差异，可能具有独创性并构成"美术作品"。

为了通过声音指示导航，数据包中还有提前录制好的音频文件。这些"前方路口向右转""驶入辅路"等音频文件，以及为了提升用户体验制作的方言语音包或者明星语音包等，可能构成著作权法保护的录音制品。

另外，数据包中的说明文档可能构成文字作品，而兴趣点、红绿灯、限速牌等信息则是数据包中数量最多的信息集合。这些信息集合可能构成"数据库"，其编排方案、调用模式等技术细节都可能成为著作权法、专利法或反不正当竞争法保护的对象。但是，显然某一处兴趣点的信息（如国家大剧院、北海公园）不是著作权法保护的客体。

四、针对复杂版权客体的权利主张和举证责任

由于复杂版权客体中作品构成的复杂性，如果发生侵权行为，也必然存在复杂多变的情况。权利人基于复杂版权客体提出权利主张时更应当慎重，针对侵权行为全面深入的调查和评估是必要的前置工作。

（一）查清侵权情况并固定客体

仍以导航电子地图数据为例，除整体复制并使用数据包的侵权行为以外，还可能存在由于侵权人在某省、某市没有投放测绘资源，又没有单独购买该地域的地图数据，进而仅复制使用某省、某市地图数据的情形；也可能存在侵权人仅盗用道路、行政区划、水系、绿地、兴趣点等某一类或几类数据的情形，其侵权使用的数据也可能是这一类数据中的部分省市区域而非全部地域；还可能未经许可仅使用模式图的，或仅使用某一个明星语音包。由此可见，同是针对复杂客体的侵权行为，其对客体内容的覆盖面和对权益的损害程度，可能大相径庭。

针对导航电子地图数据，权利人至少要在两个维度（地域和数据类型）进行比较细致的前期调查。

首先，在地域维度，有必要在全部省级行政区，甚至各省级区内的大中小三类城市（区）进行选点比对测试。对于第一轮选点发现存在差异的，还要进一步在相同区域增加选点确认情况。如果经全国范围内均匀覆盖各省的随机选点，都确认比对点相同，当然可以初步推定侵权人全量使用数据。如果存在部分省区差异，则有必要针对性确认该省区的情况，否则主张侵权人全量使用数据就存在风险。

其次，在数据类型维度，需要在地域评估基础上对主要类型的数据进行选样比对。例如，在道路、水系、绿地、模式图等多个层面进行选样，以便确认侵权人只盗用了某一类数据，还是盗用了多类数据。以数据包中录制好的导航指示音频为例，如果权利人没有针对音频进行取证和比对，就主张（推定）对方侵权使用了己方数据包中的音频，显然不应该得到法庭的支持。

基于"谁主张、谁举证"的基本原则，复杂版权客体的权利人要想维权，细致的前期调查和取证是必然要求。只有通过细致的前期调查，才能明确和固定主张权利的客体。权利人主张复杂版权客体被整体使用，需要对复杂版权客体中各组成部分均被使用进行初步举证。通俗地讲，复杂版权客体有十项组成内容就要初步证明十项内容存在近似情况，不能仅证明一两项中有少量内容近似就推定其他八项也近似。被诉对象则应该针对权利人初步证明存在近似内容的项目进行反驳，而不能要求被诉对象在权利人证明的一两项外，自行证明复杂版权客体中还有多少个项目（被诉对象不一定知道还有八项）及这些项目存在不同。究其原因，一方面，证明"还有多少不同"这样的负向事实非常困难，被诉对象并不必然了解复杂版权客体的体量和全类构成。在权利人选点举证的数据类别，被诉对象枚举不同可以起到稀释作用。但对权利人没有选点举证的数据类别，被诉对象只能从自身数据组成角度证明还有哪些类型数据，不能针对性排除权利人没有选点举证的数据类别。另一方面，如果被诉对象没有在收到权利人起诉前就保全其他项目的内容样本，其在收到权利人起诉后提交的任何比对样本，权利人都可能否认其真实性，认为被诉对象可能进行了修改。这对被诉对象显然是不公平的。

（二）评估独创性和权利归属

数据包整体具有独创性不等同于组成数据包的不同格式、不同表现形式、不同用途的各类数据均具有独创性。如前所述，"数据包"整体以及道路的点、线、面图，显示路口和道路状态的模式图，指示建筑物信息的兴趣点信息等各类数据，其独创性体现各有差异，能否构成作品及构成何种类型作品需要逐一考量。基于不同的侵权行为可能指向不同的客体或客体组合，权利人需要选择具有独创性、能够构成作品的客体主张权利。

权利人就"数据包"整体享有著作权，并不等同于对"数据包"中各类数据分别享有著作权。除了具体的某一类客体可能不构成作品这一原因外，还有可能部分数据是采购自其他单位，"数据包"的权利人获取的不是专有许可而是普通许可。例如，"数据包"中的国界、省界等行政区划，高等级公路、铁路等基础交通信息，公交、地铁等站点和运营信息，以及海量的兴趣点信息，都可能不是权利人自行采集，而是采购自其他专门领域的数据供应单位。在此情况下，如果"侵权"行为仅指向这类采购自其他数据供应单位的内容，则权利人不能基于就"数据包"整体享有的著作权来主张权利。

五、结语

复杂版权客体通常要投入巨大的创作和研发成本，自身也具有极高的市场价值，其在给权利人带来可观的经济收益和竞争优势的同时，也对权利人的维权工作提出了更高的要求。面对复杂版权客体及其组成部分，只有识别侵权行为指向的客体，才能准确地主张权利。复杂版权客体的权利人更是有能力、有责任、有必要通过细致的前期调查，基于可靠的评估结果，慎重地提出自己的权利主张。面对高价值的复杂版权客体，被诉对象也同样应当积极配合调查，甚至可以在举证责任之外主动举证，贡献有效的调查比对方法，协助法庭查清事实，还原真相。

保护版权是全社会的共识，依法、公正、高效地保护版权则是我辈版权法律人共同的追求和努力奋斗的方向，而在关涉复杂版权客体的案件中准确识别和固定客体，正是准确保护复杂版权客体的第一步。

舞蹈作品法律保护疑难问题探究

李伟民

作者简介

李伟民，北京市伟博律师事务所律师，中国政法大学法学博士后、北京航空航天大学法学博士、北京大学法律硕士。担任武汉大学等多所知名院校导师，兼任北京市债法学研究会副会长、中国科学技术法学会常务理事、北京市物权法学研究会常务理事、中国法学会案例法学研究会理事、陕西省法学会人工智能与大数据法学研究会副会长、陕西省西安市法学会航空航天产业法研究会副会长、陕西省西安市法学会文化遗产与传统资源研究会副会长等。

随着文化产业的快速发展，舞蹈作品作为艺术领域的重要组成部分，价值和作用日益凸显，但是对舞蹈作品的法律保护，我国还重视不够，尚未受到社会各界的普遍关注。由北京市伟博律师事务所团队成员承办的涉著名舞蹈艺术家杨丽萍女士创作的《月光》舞蹈作品系列维权案件（以下简称《月光》舞蹈案）先后入选了最高人民法院发布的"2023年中国法院10大知识产权案件和50件典型知识产权案例"之"2023年中国法院50件典型知识产权案例"，[①] 以及北京市高级人民法院发布的"北京法院2023年度知识产权司法保护十大案例"。[②]

这是我国首例静态使用舞蹈作品动作构成侵犯舞蹈作品著作权的典型

---

① 最高人民法院. 2023 年中国法院 10 大知识产权案件和 50 件典型知识产权案例［EB/OL］.（2024-04-22）［2024-05-19］. https://mp. weixin. qq. com/s/UfEcx3x5HdYPZjeCZbtQcA.

② 京法网事. 北京高级人民法发布 2023 年度知识产权司法保护十大案例和商标授权确权司法保护十大案例［EB/OL］.（2024-04-26）［2024-05-19］. https://mp. weixin. qq. com/s/PRmVPe-aDJqbhOJZYdnPquA.

案例，经北京市高级人民法院再审裁定，确认了原一审认定正确，即被诉侵权行为侵害了杨丽萍《月光》舞蹈作品的著作权，不再适用《中华人民共和国反不正当竞争法》（以下简称《反不正当竞争法》）来进行评判。[①]至此，关于该系列案件纠纷终于画上了圆满的句号。

说到该案，自 2018 年底启动一审诉讼到 2023 年再审裁定，历时五年，可谓一波三折。该系列案件经历了北京六个区一审法院认定侵犯舞蹈作品的著作权且无须适用《反不正当竞争法》调整，二审北京知识产权法院改判认为仅构成不正当竞争，不构成舞蹈作品著作权侵权，后经北京市高级人民法院再审裁定确认了原一审判决认定正确。从中我们也能看出，我国现行的司法实践对舞蹈作品的法律保护问题仍存在巨大的争议，相关问题的厘清仍亟须社会各界的关注和深入探讨，如此才能达成基本的法律共识和统一的司法裁判尺度。

当然，有争议反而说明了该问题研究的价值和意义。在笔者看来，《月光》舞蹈案所折射出的舞蹈作品的法律保护问题之所以存在诸多争议，是因为法律人对舞蹈作品的法律内涵和保护范围的认识不足，尤其是不同领域对舞蹈作品保护范围、界限、标准的认知存在差距，与此同时，现行法律关于舞蹈作品的规定较为笼统，进而体现在舞蹈作品法律保护问题上存在局限性。当然，今天舞蹈作品法律保护所面临的新的机遇与挑战，考量的是法律人尤其是司法审判人员在遇到关于舞蹈作品的法律纠纷时，如何回应文化艺术领域对舞蹈作品保护范围、界限、标准的关切，从而达到法律保护文化艺术领域创作和鼓励创新的根本目的。

一、舞蹈作品的法律内涵

（一）文化艺术领域的舞蹈

舞蹈不仅是一个表演形式，更是一种深刻反映社会文化和人类情感的艺术形式。从传统的民间舞蹈到当今的现代舞，舞蹈的多样性和丰富性体

---

① 北京市高级人民法院（2023）京民申 215 号民事裁定书。

现了其跨时代的文化价值和艺术魅力。在文化艺术领域，对舞蹈的认识，已达成一定的共识。舞蹈被定义为一种通过人体动作表达情感、思想和美学价值的艺术形式。它不仅是一种审美的产物，也是文化传递和交流的重要手段。舞蹈艺术的内涵丰富，它既包含身体语言的直观表达，也蕴含着深层的文化意义和历史背景。"舞蹈艺术的研究实质在于揭示艺术作品中的身体形态、动作语言形态的形成和变迁与时代的风尚、文化的变迁之间的紧密联系，以及舞蹈艺术中的文化意义"。[①] "舞蹈是艺术和审美的产物，通过人的形体表现，抒发人的内心情感，是一种将人体力量与美感呈现融合为一体的表现形式，不仅能够展现美，更能够创造美。在物质条件逐渐富足的当今社会，我们可以看到，舞蹈越来越频繁地出现在人们的文化生活中，成为一种交流的手段以及促进人民团结的方式"。[②] 这些关于舞蹈的认识基本上都发生在文化艺术领域，从中也能看出舞蹈不单单是一种艺术形式，更是通过"人"这一枢纽去连接特定的时代和文化，进而实现人与社会的交流与沟通的文化活动。

在现代社会，随着科学技术的发展，舞蹈呈现出越来越丰富的视觉和听觉样态（甚至加上了创作者精心安排的技巧性表达），不再是单纯地以简单的肢体动作及配乐来体现当下的个体感受和情绪，虽然两者都可以被认定为舞蹈，但人们却可以从欣赏不同时期的舞蹈内容来解读时代和文化的变迁。这也说明现代社会的舞蹈是与当下的技术发展相辅相成的，科学技术无疑会赋予现代舞蹈更佳的观赏性和感官的愉悦感。笔者就曾观赏过杨丽萍女士创作的《孔雀》舞剧表演，现场所带来的震撼绝非单纯的舞蹈动作、姿势或者表情可以概括的，更多的是结合音乐、灯光、服饰、道具、情节等，并配以文字解说、个别特殊化的角色从一而终地设置来配合主场景去演绎主题的不同内涵，尤其是音效与灯光的明暗对比，来强化故事情节的跌宕起伏，这样的整体画面呈现出了一场震撼人心的舞台效果表演效果。这也让笔者深刻理解了舞蹈的意义和价值所在，舞蹈基于动作，

---

① 刘青弋.体现：舞蹈文化研究的根本［J］.北京舞蹈学院学报，2001（4）：37.

② 李珊珊.舞蹈表演实践及舞蹈文化传播：评《舞蹈表演与舞蹈艺术文化研究》［J］.中国教育学刊，2021（10）：113.

但绝非仅是动作可以涵盖的。正如隆荫培、徐尔充著作中所定义的，舞蹈是"在一定的空间和时间内，通过连续的舞蹈动作过程、凝练的姿态表情和不断流动的地位图形（不断变化的画面），结合音乐、舞台美术（服装、布景、灯光、道具）等艺术手段来塑造舞蹈的艺术形象"[①]。

（二）法律领域的舞蹈作品

舞蹈作品是《中华人民共和国著作权法》（以下简称《著作权法》）保护的一种法定作品形式，《中华人民共和国著作权法实施条例》（以下简称《著作权法实施条例》）第 4 条第 6 项规定："舞蹈作品，是指通过连续的动作、姿势、表情等表现思想情感的作品"。结合该条例第 2 条关于"作品"的定义，我们不难得出，著作权法意义上的舞蹈作品是体现人的感情，并能以某种有形形式复制的智力成果，是以连续动作、姿势、表情等来传达其思想和情感的因素，以此来表现其独创性。但这个定义看似明确，实则笼统。我国也没有制定"舞蹈作品"的具体认定标准；司法实践中，也没有形成具有代表性的经典判例。法学领域对"什么是舞蹈作品"有多种不同的观点并长期未达成一致意见。笔者曾就该情况进行过梳理和总结，从中可以看出法学理论界对舞蹈作品的认识仍是众说纷纭。[②]

有观点认为，舞蹈作品是人体动作的艺术，从广义上讲，是一种凭借人体有组织、有规律的运动来表达感情的艺术形式。舞蹈作为一门具有空间性、时间性的综合艺术形式，是由音乐、诗歌、戏剧、绘画等综合手段相互作用而产生的一种独立的艺术门类，舞蹈作品往往含有舞蹈表情、舞蹈节奏和舞蹈构图三个基本要素。近似观点认为，舞蹈作品与舞谱不是一回事，舞蹈作品是未经固定的现场表演的作品，舞蹈艺术家按照舞谱进行表演，是对舞谱作品的表演，所产生的是表演者权，受邻接权保护，而不是舞蹈作品。

另一种观点认为，和音乐作品、戏剧作品、曲艺作品一样，舞蹈作品

[①] 隆荫培，徐尔充 . 舞蹈艺术概论：修订版［M］. 2 版 . 上海：上海音乐出版社，2009：132.

[②] 李伟民 . 视听表演保护与舞蹈艺术的发展［EB/OL］.（2020-10-20）［2024-05-19］. https://mp. wei xin. qq. com/s/pCh6nTVlRtPHtedcweFJFQ.

并不是指舞蹈演员的现场舞蹈表演，而是指创作者以文字、图形、符号等元素有机组合而成的舞谱，并对舞蹈动作进行设计，或者利用其他形式固定下来。舞蹈作品的作者对舞蹈作品享有著作权，对舞蹈演员的表演则以邻接权予以保护。也有学者提出，只有创作作品的自然人才是作者，没有参加创作或者仅为创作活动提供辅助的，为他人创作进行组织工作，提供咨询意见、物质条件，或者进行其他辅助工作，不视为创作行为，均不能成为舞蹈作品的作者。同时，要区分对舞蹈有实质贡献的人的作用，伴舞的可能不是舞蹈作品的作者。基于此，他认为舞蹈作品是指通过连续的动作、姿势、表情、舞蹈美术等表现思想情感，并有伴音或者无伴音的作品。该种观点其实和第一种观点近似，结合了舞蹈表演行为本身的特征，强调的是舞蹈作品的"表演行为"特征，而不是舞谱和舞蹈的编排和指导行为。[1]

从上述相关讨论来看，争议的核心仍在于如何定义舞蹈作品的法律内涵，这一方面影响了现行法律规定的笼统性，另一方面强化了法律对舞蹈作品保护范围、界限、标准的认识与文化艺术领域对舞蹈认知上的差距。这种差距似乎无法说清楚到底是前者影响了后者，还是后者导致了前者，但或多或少都会影响现行的司法审判实践。不过，笔者仍认为，法律是社会各领域运行的基本准则规范，虽然法律无法做到在立法时涵盖所有的社会领域和现象，但法律解释的空间是一直敞开大门去迎接所有的社会现象和争议，最终要去解决纷繁复杂的社会争议，所考量的是法律适用最终导致的法律效果，那就是能否达到既符合法律的一般原则，即公平正义的实现，又能符合该争议所在领域的一般人的认知，即舞蹈作品的法律保护范围、界限、标准要与舞蹈领域的一般发展规律和呈现相匹配，同时要考虑终极的法律效果的实现，那就是促进文化艺术领域的创新和促进社会精神文明的发展。

---

[1]《视听表演保护与版权产业的发展》编委会. 视听表演保护与版权产业的发展 [M]. 北京：北京联合出版公司，2020.

（三）舞蹈作品的法律内涵

舞蹈作品需要法律的保护，但舞蹈是来自文化艺术领域的创作，更是社会大众的精神食粮。正如中国当代舞蹈开拓者吴晓邦先生说的："舞蹈，是一门综合性艺术。它综合了音乐、诗歌、戏剧、绘画、杂技等而逐渐成为独立的艺术……舞蹈，按其本质是人体动作的艺术。从广义上说，凡借着人体有组织有规律的运动来抒发感情的，都可称之为舞蹈。但作为一种舞台表演的舞蹈艺术，则是……以精练的典型的动作，构成鲜明的舞蹈艺术形象，反映生活中的人和事、思想和感情。"[①] 由此可见，法律人不能仅盯着法律有限的文字规定，更应该去发现法律背后的"真谛"。

本文认为，舞蹈作品的内涵在现代社会已经得到极大的扩充和丰富，不再是传统的依靠舞蹈动作及由此衍生的所谓的舞谱、舞蹈构图等的可复制的确定性的对象，而是结合了现代技术和媒体手段进行创新表达的多种方式的舞台效果的整体呈现，这将深刻影响法律对舞蹈作品的定义、独创性要求、权属认定、侵权比对、合理使用、保护范围、侵权责任等的认定。例如，在新媒体技术的支持下，舞蹈表演艺术出现了激光舞、全息剧场舞、荧光舞等多样化的创新形式。[②] 这些技术手段深刻影响了现代舞蹈的发展，与传统舞蹈相比，更加具有舞台表演的艺术性和可观赏性，甚至在技术的支持下获得了更广泛的传播和影响力，如通过互联网所发生的瞬时传播效应。因此，现代舞蹈具有"现代性"，是有迹可循的。

首先，多媒体技术的应用极大地拓宽了舞蹈创作的可能性，使艺术家能够实现更加丰富和细腻的想象力。这种技术不仅作为实现想象的工具，还扩展了真实空间的边界，甚至创造了新的空间维度。[③]

其次，新媒体语境下的舞蹈艺术表达方式逐渐形成，这些表达方式具

---

① 吴晓邦.舞蹈［M］//中国大百科全书总编辑委员会《音乐舞蹈》编辑委员会，中国大百科全书出版社编辑部.中国大百科全书：音乐、舞蹈.北京：中国大百科全书出版社，1989：13.

② 石明灯.后现代舞蹈表演艺术创新与实践：评《新媒体舞蹈概论》［J］.中国教育学刊，2022（7）：130.

③ LEI WEI, YU KEMENG. Application of multimedia technology in dance creation［J］. Journal of Physics: Conference Series, 2021（1992）.

有虚拟化的特征，实现了人类肢体动作与先进科技的完美融合。① 此外，互动性技术的应用，如 SKIN 项目②，通过将内在运动映射到舞台的声音上和视频上，为观众提供了一种全新的观看体验。③ 这种互动性不仅增强了观众的参与感，也为舞蹈与媒体之间的关系带来了新的探索方向。

再次，多媒体交互对舞蹈发展的影响显著，它不仅能够带来视觉上的盛宴，还极大地提高了舞者的发展空间。随着科技的快速发展，多媒体技术如计算机网络在各行各业中的广泛应用，也逐渐在舞蹈艺术领域得到普及，其中舞蹈教学和舞台表现方法随着多媒体的深入普及而发生了巨大变化。④

最后，新媒体艺术的发展为舞蹈创作带来了新纪元，无论是从舞蹈的元素、表现形式、传播方式，还是从创作理念、手法、方式等方面，都经历着翻天覆地的变化。⑤ 这表明，现代科技不仅为舞蹈多媒体项目制作提供了新的活力，还为艺术创作增添了多样化的载体，使许多原本只存在于想象中的艺术形式得以实现。⑥

故此，当代舞蹈艺术结合现代技术和媒体手段进行的创新性表达，主要是通过利用多媒体技术拓展创作边界、采用新媒体技术实现虚拟化表达、利用互动性技术增强观众参与感以及借助新媒体艺术的发展推动舞蹈创作理念和形式的革新等方式实现。即舞蹈作品的法律内涵所依据的舞蹈创作技术及环境已经发生翻天覆地的变化，需要我们去重新考虑著作权法下舞蹈作品的保护问题，尤其是舞蹈作品的保护范围这一重要问题，需要

---

① 王晓丹. 新媒体语境下舞蹈艺术的表达［J］. 艺术教育，2019（1）：246.

② SKIN 项目是一个使用皮肤机制的项目，通过使用新型传感器阵列，能够解析手指在手臂和手上的点击位置，这种技术提供了一种始终可用、自然便携且微创的上身手指输入系统。当这种技术与微型投影仪结合时，可以在人体上直接渲染出一个完整的交互式图形界面，这不仅增强了用户的互动体验，也为观众提供了一种全新的观看方式。

③ ALAOUI S F. Making an interactive dance piece: tensions in integrating technology in art［Z］. In Proceedings of the 2019 on designing interactive systems conference: 1195–1208.

④ WU Haining, LENG Yan. The influence and analysis of multimedia interaction on the development of dance［J］. Journal of Electrical and Computer Engineering, 2022, 6324992:1–6324992:10.

⑤ 高鸣. 试论新媒体艺术带给舞蹈创作的新纪元［J］. 艺术科技，2015，28（2）：145–146.

⑥ 张娟娟. 现代科技在舞蹈多媒体项目制作中的应用及对舞蹈编创的启发：评《舞蹈多媒体影像创作研究》［J］. 中国科技论文，2021，16（4）：473–474.

重新审视和加以探讨。

二、舞蹈作品的法律保护范围

在探讨舞蹈作品的法律保护范围时，我们必须认识到，随着现代技术的发展和传统舞蹈形式的革新，舞蹈艺术已经经历深刻的变化。从古至今，舞蹈都是用来表现人的精神或情感的，无论是提前编排还是即兴表演，无论是否有舞谱，舞蹈都是人类社会精神和文化的重要承载形式。因此，谈及舞蹈作品的法律保护范围这一问题时，离不开对舞蹈作品的法律理解和文化艺术领域对舞蹈的基本认知。但舞蹈作品的定义在我国目前的法律制度框架下，其内容是相对概括的，甚至是笼统的。笔者曾说过，"作品定义是逐步完善的过程，作品的分类是不断扩大的趋势，纳入著作权法保护范围的作品类型受社会经济条件影响非常大，可版权性的智力成果逐步扩大，这与人类开化程度紧密相关"。[1] 现行著作权法下关于舞蹈作品的定义仅在 2013 年颁布的《著作权法实施条例》中，而至今十余年，随着舞蹈作品形态的不断发展，显然不能完全依赖十余年前的法律规定。但值得庆幸的是，法律关于舞蹈作品的定义预留了一定的空间。正如北京市高级人民法院在《月光》舞蹈案的再审裁定书中论述的："从著作权法实施条例第四条中对不同类型作品定义可知，除建筑作品、摄影作品、类电作品之外的其他类型作品定义中列举作品构成要素时亦包含'等'，且多作'等'外'等'理解，故将舞蹈作品构成元素作适当扩展，并不违反著作权法的相关规定。"[2]

正是基于这样的认识，才有了关于舞蹈作品法律保护范围探讨的理论可能性，以及如何回应文化艺术领域对该问题的关切。基于现代技术和媒体手段，舞蹈作品有了诸多创新表达，极大地辅助和提升了思想情感的表达方式和实现效果。基于此，对舞蹈作品法律保护范围的探讨，需要从以

---

① 杨幸芳，李伟民.视听作品的定义与分类研究：兼评我国《著作权法》第三次修订中"视听作品"的修改［J］.中国政法大学学报，2020（3）：52.
② 北京市高级人民法院（2023）京民申 215 号民事裁定书。

下几个角度进行重新审视。

（一）重新定位舞蹈作品的法律保护范围

针对舞蹈作品的认识问题，笔者经过梳理发现，文化艺术领域对舞蹈的认识与舞蹈的发展阶段是基本一致的，而舞蹈的发展阶段又是与特定的时代和社会发展相联系的，"舞蹈作为一种艺术性的语言，是文化的载体，不同形式的舞蹈中蕴含着不同的文化内涵。它兼具传统、现代以及民族等三种文化于一体，其自身的内涵及外延随着历史的发展而逐渐丰富完善"。① 我们透过一定时期的舞蹈的整体呈现，基本上可以看出该时期的社会发展和历史发展脉络，尤其是舞蹈会显示特定文化的基因表达，如舞蹈艺术家杨丽萍女士所创作的大型歌舞集锦《云南映象》，就深刻地反映了云南地方特色，杨丽萍女士亦被称赞为"云南的名片"，对文化输出起到了重要的交流和传播作用。

可见，舞蹈作品的呈现，深深地打上了时代和社会的印记。站在这样的视角下，我们对舞蹈作品法律保护范围的定位，不应仅考虑现行的法律制度规定，更应该考虑舞蹈作品对所在社会文化的反映和当下精神领域的塑造。而这些仅靠单纯的舞蹈动作、姿势和表情是远远不够的，也不足以表达丰富的思想情感诉求的。因为在原始或者传统社会中，舞蹈就已经满足该等诉求；而在现代社会，"社会大众对于舞蹈的认识，也发生了很大的改变，这得益于声光电技术、录音录像技术、舞美以及服装、化妆、道具（以下简称服化道）等的飞速发展，使得舞蹈的呈现更加靓丽与丰富，并通过公开网络的形式不断传播，使普通大众都能感受到舞蹈艺术之美。"②

这也解释了现代舞蹈所常见的舞台表演的公共属性，而这恰恰是社会发展和技术进步带来的必然结果，现代舞蹈已经在传统舞蹈动作、姿势和表情的基础上进化到创作者会大胆且尝试不同的创新元素，来辅助和强化

---

① 杨雯. 舞蹈艺术内涵研究：基于舞蹈欣赏、教学、创作和保护四个方面的研究［J］. 艺术科技，2016，29（2）：186.

② 李伟民，鲍爽. 舞蹈作品法律保护疑难问题探析：兼论杨丽萍《月光》舞蹈再审案件的裁判思路［J］. 北京政法职业学院学报，2024（1）：104.

自我情感表达的需要上。如采用数字化表现手法、虚拟现实和增强现实技术，并利用网络平台等极大地拓展了舞蹈作品的表现形式和传播途径。故此，法律对舞蹈作品保护范围的定位，不应仅限于对舞蹈动作、姿势、表情等元素的保护，还应包括对舞蹈作品整体表达及其固化在舞蹈中的能体现创作者独创性的各种元素的保护，这符合现代舞蹈创作基本内涵的实事求是的态度。

（二）舞蹈作品的独创性标准问题

讨论舞蹈作品的法律保护范围问题，除站在技术发展所带来的创作表达所依赖的元素增加的现实角度以外，还离不开对舞蹈作品独创性的法律评价标准问题的探讨。舞蹈应具有独创性，且符合现行《著作权法》关于"作品"的构成要件，才能受到《著作权法》的保护。

对舞蹈作品独创性的评价，离不开创作者对舞蹈创作的构思、编排和舞台效果的整体呈现，这些当然又与创作者在动作、姿势、表情等基本元素之上，辅之以现代技术手段来对细节表达进行的强化和突出有关。虽然《著作权法》和《著作权法实施条例》并未对作品独创性作出过明确规定，司法实践中对作品独创性的判断也存在差异，但在实践中，独创性的判断通常涉及对作品是否独立创作以及是否具有最低限度创造性的考量，一般包括对作品的表达方式、作者的构思以及作品是否展现了作者的个性等方面的评估。值得注意的是，《著作权法》不保护思想、概念或事实本身，而是保护这些思想、概念或事实的具体表达形式。因此，评价舞蹈作品的独创性，按照相关法律对"独创性"的基本要求和隐含之义，亦需要考量舞蹈创作的表达方式、作者对舞蹈的理解和构思、是否可以将表达情感的相关元素作为其舞蹈创作的一部分，固化在舞蹈的最终呈现效果里。

分析具体的舞蹈作品的独创性，并不需要去争辩该舞蹈作品具有多高的独创性，毕竟这种感受和认识因人而异，甚至思维敏感和感情细腻的人会远超相对钝感的人，因而是无法量化和达成一致标准的。故只要满足法律最低限度的可以体现作者构思和情感表达需要的相关元素能够被具象化即可，这一点是至关重要的。例如，在杨丽萍女士创作的成名作《雀之灵》舞蹈中，其所呈现的画面中心位置为一名高盘发髻、手捏裙摆的舞蹈女子，该舞者所着长裙上身采用修身设计，下身为极具特色的透明长尾裙摆并装饰着形似孔雀羽毛大小不一的黑色斑点，舞者通过高盘发髻、手捏裙摆的造型，辅以手指、腕、臂、胸、腰等关节比例及曲线造型，再结合以舞台灯光的映射，为观众塑造了一个超然、灵动的孔雀艺术形象。也即在《雀之灵》舞蹈作品中，作者将服装、妆容、道具（以下简称服化道）等元素作为体现该舞蹈创作内容的一部分，在舞蹈中予以固定，并对其进行了个性化的选择和编排。该作品中静谧感的营造以及作品思想感情的表达，除通过连续的动作、姿势、表情予以表现以外，还与服化道元素密不可分。因此，《雀之灵》舞蹈中结合了服化道元素的舞者动作、姿势和表情的整体画面可以体现该舞蹈作品的独创性表达。

当然，即使对法律上这种最低限度的要求，在现实中仍存在争议。例如，在《月光》舞蹈案中，存在静态装饰画面来源于《月光》舞蹈作品中某一帧画面时，就产生了巨大的争议，这个争议来源于对静态画面一定是单个舞蹈动作定格的认知，这样极易导致某个单独的具体动作是否值得保护的争论，从而陷入某个单独动作是否应该被某个权利主体垄断的认知误区。诚然，作为单个动作的呈现这一客观事实，其保护范围难以厘定，且无法独立体现作者的创作意图，因此不宜脱离公有领域而另行获得版权保护。然而，当这些动作被编排成一部完整的舞蹈作品时，它们就能够体现出作者的创作意图和独创性，从而构成著作权法意义上的保护对象。我们需要警惕的是静态使用舞蹈作品并非只使用了其中某个单一动作。笔者认为，静态使用舞蹈作品的某一帧画面，评价的对象应该是该帧画面所呈现的舞蹈作品的整体画面的独创性评价问题，而绝非单一动作的"只见树木，不见森林"的狭隘观点。

（三）侵权行为方式不应影响侵权行为的成立

从国际条约规定与世界各国司法实践的现状来看，舞蹈作品离不开基础的舞蹈动作，这是不争的事实。这意味着，在判断两部舞蹈作品是否构成实质性相似时，应将整体动作比对置于首位，而不是仅关注单个动作或表演细节。这一点对保护舞蹈作品本身具有重要意义，也是区分不同舞蹈作品的关键所在。当然，在两个舞蹈作品的侵权比对上，显然可比对的要素和维度是更丰富和清晰的，因而也是更容易一些的。但当发生静态使用某个舞蹈作品中的某一帧或几帧画面时，比对的视角就很容易发生偏离，会极端到变成该帧画面对应的单一舞蹈动作是否应该受到保护的问题，尤其是在现行《著作权法》和《著作权法实施条例》对舞蹈作品定义相对笼统的法律限度内。这也是《月光》舞蹈案产生如此争议和曲折的症结之一。

权利本体形态和侵权表现形式经常出现不一致性，但并不影响侵权行为的定性。舞蹈的核心是特定人体动作的艺术表演，舞蹈作品主要由动作构成，其中也包括舞蹈演员在舞台上出于表演的需要而静止不动部分。静止是动作的特定表现形式。因此，静与动的舞蹈动作表现并不是截然对立的，在动态的舞蹈动作中，必然包含了静态的动作画面，且每一帧的动作表现也因此构成了一幅幅静态的画面。原作品载体和侵权表现形式之间本身就是目的和手段之间的关系，目的是唯一的，但手段可以千变万化。如在《月光》舞蹈案中，被告截取了其中最具代表性的动作画面，复制成装饰图案，放置在其餐厅中作为装饰使用。经比对，该装饰图案与《月光》舞蹈作品某一静止动作相对应，应认定被告属于未经许可使用《月光》舞蹈作品的侵权行为。

要确定舞蹈作品的法律保护范围，需考虑现代舞蹈对传统舞蹈在技术上的深刻革新所带来的巨大变化，因此，不应仅仅基于某个舞蹈动作、姿势、表情，而是应在此基础上综合舞蹈作品中的各元素进行整体考量。重新定位舞蹈作品的法律保护范围，并不是扩大解释，而是原有法律规定的应有之义。

综上所述，舞蹈作品的法律保护范围应当是基于对舞蹈动作、姿势、表情等元素的保护，同时也应当包括对舞蹈作品整体表达及其固化在舞蹈中的各种元素的保护。这要求我们在理解和适用《著作权法》时，不仅要关注作品的单一动作元素，更要关注作品作为一个整体所蕴含的独创性和创作构思及表达。此外，随着技术的发展和网络平台的普及，对舞蹈作品信息网络传播权的保护也成为法律保护范围内不可忽视的一部分。因此，我们需要不断完善相关法律法规，以适应舞蹈艺术发展的新趋势和新要求。

三、舞蹈作品的法律保护挑战和机遇

在探讨舞蹈作品的法律保护范围时，我们必须认识到，随着技术的深刻革新，特别是在现代舞蹈与传统舞蹈领域，这一问题变得尤为复杂。技术的进步不仅改变了舞蹈的创作和表演方式，也对舞蹈作品的法律保护提出了新的挑战。

（一）现有法律框架及其局限性

根据《著作权法》，舞蹈作品属于受保护的对象，但对舞蹈作品的具体定义和保护范围存在一定的模糊性。[①]正如《月光》舞蹈案中所呈现的，一审法院和二审法院对被诉侵权行为在法律定性上作出完全不同的认定，主要还是因为对舞蹈作品法律保护的客体和范围产生了根本的分歧，进而导致法律评价的对象发生偏离。诚然，单个舞蹈动作的独创性和受保护可能性确实存在较大的争议，亦有将特定动作被某个特定主体垄断的风险，且因其作为客观事实，保护范围确实难以厘定，更可能无法独立地体现作者的创作意图，因此不宜脱离公有领域而另行获得版权保护。但这种观点显然忽略了舞蹈作品中动作设计的核心地位，以及动作之间流动感的重要性，更是对舞蹈作品整体和部分、侵权行为表现和权利客体之间的关系的忽略和误解。

根据常识，舞蹈作品是连续的动作的连接，是一个动态的表现过程，如果对舞蹈作品进行分解，最小单元一定是单个、静态的动作画面。这种整体与部分的关系，决定了整个舞蹈作品是一个完整的动作连贯的作品，如果能够确认涉案侵权图案属于权利舞蹈作品中的系列单个静态画面的一

---

① 张云.舞蹈作品的版权保护［J］.知识产权，2007（3）：83-87.

部分，就能确认该等使用构成对舞蹈作品的使用，对此不应受到质疑。

站在这个角度，对舞蹈作品中某个单一部分的使用是否构成作品，不该是此类案件首要考虑的问题，而是这种直接分解舞蹈作品经典动作、形成单张侵权图案的行为，对权利主体的完整舞蹈作品中的部分动作形成的画面的使用，已经直接构成对涉案舞蹈作品的直接使用。

与此同时，虽然权利人主张的权利基础是动态的舞蹈所形成的作品，而涉及侵权的是静态的侵权图案，但是我们应该明确的是，侵权行为的表现和作品的实际使用形态应该是没有必然联系的。若侵权行为所使用的侵权图案来自权利人的舞蹈作品，则构成实质性相似，同时辅之以评判存在接触可能性，则应构成对权利人舞蹈作品的侵权。

此外，在《月光》舞蹈案中，也充分表明我国著作权法中有关舞蹈作品著作权保护机制已呈现出一定的局限性与滞后性，这在一定程度上限制了舞蹈作品创新和发展的内在动力和竞争力。因此，北京市高级人民法院在《月光》舞蹈案再审裁定中的相关说理和论证，一定程度上回应了现行《著作权法》对舞蹈作品法律保护的关切和肯定。

（二）舞蹈作品独创性的认定及其重要性

站在《著作权法》的角度，任何作品受到《著作权法》保护的必要条件之一就是独创性。舞蹈作品作为《著作权法》法定的作品类型之一，自然也不例外。独创性不仅涉及舞蹈动作、主题、音乐等舞蹈作品构成要素的原创性，还包括这些元素如何综合运用以表达特定的思想情感。[①] 因此，舞蹈作品的独创性标准应当综合考虑这些因素，而不能仅考虑单一动作或表演形式。这种综合性的独创性标准更能体现舞蹈作品的艺术价值和创作者的智力劳动成果，从而为舞蹈作品提供更全面的法律保护，也更符合现代舞蹈发展的基本规律和大众对舞蹈的理解和认知。

---

① 徐敬智. 现代舞动作与舞蹈情感表达的研究［J］.尚舞，2023（16）；78–80.

（三）对现有法律框架的改进建议

从上述分析来看，尤其是笔者从参与代理《月光》舞蹈案的整个过程来看，北京市高级人民法院在再审裁定中已经明确舞蹈作品的保护范围，但这仅是个案中的论述，虽亦能对后续的司法实践产生指引作用，但站在我国作为成文法国家的角度，明确舞蹈作品的定义和保护范围仍显得十分紧迫和有意义。

首先，《著作权法》作为舞蹈作品法律保护最为直接的法律依据，对于哪些元素（如动作设计、音效、情节、灯光等）构成舞蹈作品的核心要素或可评价元素，这些元素在何种情形下可以纳入舞蹈作品的法律评价体系，以及如何共同作用形成独创性的表达等问题，均应该有较为清晰的规定，以统一司法裁判尺度。这不但有助于解决现有法律框架中的模糊性问题，为舞蹈作品的保护提供更清晰的指导，还可以促进舞蹈作品的法律保护研究和司法审判，以此站在一个更加明确的法律框架下去审视针对舞蹈作品的侵权现象，提高舞蹈作品法律保护的专业化水平，进而促进文化艺术的繁荣和发展。

其次，司法审判及理论研究应加强对舞蹈作品独创性的认定标准和尺度的探讨，应当建立一个更加全面和细致的独创性认定标准，不仅考虑舞蹈动作本身，还要考虑动作与音乐、主题、灯光、服化道等其他元素的结合方式。这有助于更好地体现舞蹈作品的艺术价值，同时也为舞蹈作品的法律保护奠定更坚实的基础。

最后，为了更有效地保护舞蹈作品的版权，应当完善版权登记和管理机制，这包括建立专门的舞蹈作品版权登记系统，以及加强对舞蹈作品版权登记信息的管理和利用。[①] 现阶段，《著作权法》对版权登记一直执行的是自愿登记原则，且仅进行形式上的审查，大量的舞蹈作品未作登记，舞蹈作品之间的区别和差异很难获得统一的认定和评判，这为舞蹈作品之间的抄袭与模仿留下隐患，这也一直是舞蹈领域侵权行为多发的原因所在。其实，应加强版权登记工作，完善管理机制，建议记录和保存报审材料的

[①] 王军.论舞蹈作品知识产权的保护策略［J］.北京舞蹈学院学报，2016（6）：1-7.

相关原始素材、创作说明及对应的舞蹈呈现的效果等，以便在发生舞蹈作品侵权纠纷中进行比对，甚至在必要时引入专家辅助人角色来协助法庭审理复杂舞蹈案件。通过这些措施，可以提高舞蹈作品版权登记的效率和准确性，从而更有效地保护舞蹈创作者的合法权益。

四、结语

随着技术的发展，舞蹈作品的法律保护面临着新的挑战和机遇。通过明确舞蹈作品的定义和保护范围，加强对舞蹈作品独创性的认定，以及完善舞蹈作品的版权登记和管理机制，可以为舞蹈作品提供更全面和有效的法律保护，从而促进舞蹈艺术的健康发展。

试论电影作品改编中的保护作品完整权问题
——以《九层妖塔》案为例

王 韵

作者简介

王韵，北京市中永律师事务所律师，2012 年度北京市优秀知识产权律师、北京知识产权法研究会理事、北京市文化娱乐法学会常务理事、暨南大学和北京工商大学研究生实践指导教师、国家海外知识产权维权援助专家、民建海淀区文化委委员。在版权领域经验丰富，代理《九层妖塔》案、《摸金校尉》案、三毛家属与"见字如面"案、《五环之歌》案等多起业界有重要影响的案件。

2015 年 11 月，《鬼吹灯》系列小说作者张牧野（天下霸唱），以电影《九层妖塔》侵犯其署名权和保护作品完整权为由，将中影公司等电影制片方以及导演兼编剧陆川诉至法院，要求法院判令被告方立即停止侵权行为，公开赔礼道歉、消除影响，并赔偿精神损失 100 万元。

张牧野认为，电影开头仅标明"根据《鬼吹灯》小说系列之《精绝古城》改编"而不署其名是侵犯署名权的行为；电影《九层妖塔》在改编摄制过程中，将原著小说的人物关系设置、主要人物的性格设定、故事情节的编排等都做了颠覆性的改动，这些改动已经严重歪曲、篡改了原作品，侵犯了作者的保护作品完整权。一审法院于 2016 年 6 月作出一审判决，支持了张牧野关于署名权的诉求，但驳回了其关于保护作品完整权的诉求。一审法院认为，保护作品完整权的意义在于保护作者的名誉、声望以及维护作品的完整性，而在本案中，对电影的批评不是对原著的批评，更不是对作者的贬损，张牧野的声誉、声望并未因电影《九层妖塔》的改编摄制、上映而受到损害，因此电影制片方的行为并不构成对张牧野保护作品完整权的侵犯。

张牧野不服一审判决，向北京知识产权法院提起上诉。二审法院认为：作者的名誉、声誉是否受损并不是保护作品完整权侵权成立的要件，侵权作品是否获得了改编权并不影响保护作品完整权对作者人身权的保护。《中华人民共和国著作权法实施条例》（以下简称《著作权法实施条例》）第 10 条规定改编视听作品可以进行"必要的改动"，同时该条但书强调"这种改动不得歪曲篡改原作品"。法条如此行文并不是不必要的重复，而是对保护作品完整权的强调。本案综合各方证据，最终法院判断电影作品的改动从客观上歪曲、篡改了原作品，故二审法院于 2019 年 8 月 8 日撤销一审判决，认定被上诉方侵犯了作者张牧野的署名权和保护作品完整权，改判被上诉人停止涉案电影的发行、播放及传播，刊登致歉声明并赔偿张牧野精神损害赔偿金 5 万元。[1]

本案自 2015 年 11 月作者张牧野向法院起诉以来，无论是学界、司法界还是产业界，都对此关注度颇高，一审判决后更是引起了广泛的争论。特别是，保护作品完整权是否以作者名誉受损作为判定要件？电影作品的改编行为是否应受到限制？受到什么程度的规范？本案的最终裁判结果明确了我国保护作品完整权的侵权判定标准，对保护原创作者和电影改编都具有重大意义。本文试图结合该案例，论述保护作品完整权的侵权构成及在电影改编中的限制。

一、保护作品完整权的法律规定和司法裁判

（一）各国对保护作品完整权的规定

现行《中华人民共和国著作权法》（以下简称《著作权法》）第 10 条第 1 款第 4 项规定："保护作品完整权，即保护作品不受歪曲、篡改的权

---

[1] 北京市西城区人民法院（2016）京 0102 民初 83 号民事判决书，北京知识产权法院（2016）京 73 民终第 587 号民事判决书。

利。"这一定义在 1990 年《著作权法》即已存在，一直以来并未改变。通常认为，这一规定来源于《伯尔尼公约》第 6 条之二的下列规定："不依赖于作者的经济权利，乃至在经济权利转让之后，作者均有权声称自己系作品的原作者，并有权反对任何有损作者声誉的歪曲、篡改或者其他改动或者贬抑其作品的行为。"[①]

一直以来，作者权就被认为具有某种非财产性质。作品被视为作者人格的体现或反映，即作品是作者的"精神之子"。任何作者，无论是写作、绘画抑或谱曲，都在作品中体现了自身的"意见、思想、情绪、感情"的一部分内容，由此，就产生了与受到其他实体法保护的人格利益（如名誉、身体的完整性以及信任）同样值得保护的利益。[②]

《伯尔尼公约》中最初提出的是禁止侵害原作者的精神利益，但遭到普通法系国家（主要是英国和澳大利亚，美国当时尚未加入公约）的反对。反对的原因是"由于普通法系认为作者权的性质具有强烈的经济色彩，因此，难以将作者的精神利益这一概念与之相协调"。[③] 最终，为了协调普通法系国家的立场，《伯尔尼公约》中并未使用"作者的精神利益"这样宽泛的概念，而是使用了"荣誉或名声"这样更能被普通法系国家所接受的措辞。但是公约同样规定，各国立法可以制定高于公约保护标准的具体规定。

《德国关于著作权与有关的保护权的法律》第 14 条规定："著作权人有权禁止对著作的歪曲或其他伤害，以防止其与著作间的精神及人身合法利益遭到损害。"

《日本著作权法》第 20 条规定："作者享有保持其作品和作品标题完

---

① Independently of the author's economic rights, and even after the transfer of the said rights, the author shall have the right to claim authorship of the work and to object to any distortion, mutilation or other modification of, or other derogatory action in relation to, the said work, which would be prejudicial to his honor or reputation.

② 山姆·里基森，简·金斯伯格 . 国际版权与邻接权：伯尔尼公约及公约以外的新发展［M］. 郭寿康，刘波林，万勇，等译 . 北京：中国人民大学出版社，2016.

③ 山姆·里基森，简·金斯伯格 . 国际版权与邻接权：伯尔尼公约及公约以外的新发展［M］. 郭寿康，刘波林，万勇，等译 . 北京：中国人民大学出版社，2016：512.

整性的权利，有权禁止违反其意志对其作品或者作品标题进行的修改、删除或者其他改变……"

《韩国著作权法》第 13 条规定，作者有权保护作品内容、结构和题目的完整性，如果没有实质性修改则作者不得反对因为作品性质、使用目的和方式等，不可避免地对作品表现形式进行有限修改。

《巴西著作权法》第 24 条规定，作者享有"禁止进行任何可能对作品造成负面影响或损害其作为作者名誉或声誉的修改或其他行为，以保护作品完整性的权利"。

《俄罗斯联邦民法典》（著作权部分）第 1266 条规定，作品不可侵犯权和保护作品免受歪曲的权利是指：（1）未征得作者同意，不许对其作品修改、缩减和增补，使用其作品时不许附加插图、序言、跋语、注释或任何说明（作品不可侵犯权）；（2）败坏作者人格、尊严或者信誉的对作品的歪曲、颠倒或其他修改，以及对作者人格、尊严、信誉影响力的侵害，都赋予作者行使请求权，保护自己的人格、尊严和信誉。

《美国版权法》第 106 条之二规定了作者有权禁止歪曲、篡改其视觉艺术作品或对其作其他可能有损于作者声誉的修改。美国 1990 年的《视觉艺术家权利法》新设的第 106A 条规定，只有损害视觉艺术家名誉或声望对作品进行歪曲、切除或其他改变的行为，才构成对保护作品完整权的侵害。但应注意，其法律条文中明确提及了侵害行为构成要件包括有损作者声誉。

《英国版权、设计与专利法案》第 80 条规定，文学、戏剧、音乐或艺术作品的作者，以及电影作品的导演，有权制止对其作品的贬损处理。若该处理扭曲了作品或破坏作品之完整，或者有损于作者或导演的名誉和声望，则该处理为贬损处理。①

由此可见，各国国内法基于国情对保护作品完整权进行的规定大体可以分为两种类型：一种是"精神利益损害"标准，另一种是"荣誉或名声损害"标准。

---

① 《十二国著作权法》翻译组 . 十二国著作权法［M］. 北京：清华大学出版社，2011.

法国自 19 世纪初就开始以一种松散或分散的方式保护精神权利,是第一个采取切实可行的方法来保护精神权利的国家。法国主张"作品体现人格",偏重艺术家的利益,自然采用主观标准。[①] 而一些普通法国家,如美国,为了保护其电影产业的发展,采取了"荣誉或名声损害"标准。如前文所述的《美国版权法》等的相关规定。一些大陆法系的国家及地区也采取了"荣誉或名声损害"标准。

可见,无论是《伯尔尼公约》、普通法系国家或是大陆法系国家法律,其是否采取"荣誉或名声损害"标准,均由其国内具体法律条文进行明确规定。

我国沿袭了作者权利国家的立法传统,采取的是作者精神权利与财产权利相分割的"二元论"观点。这使我国的《著作权法》对保护作品完整权的表述并没有关于"荣誉或名声损害"的要求。但是正因为没有明文规定这一内容,所以学理上和司法实践中存在三种不同观点:一是"主观标准",认为只要违背作者意思对作品进行改变,不管是否损害作者声誉,均构成对保护作品完整权的侵害。二是"客观标准",认为只有对作品的"歪曲、篡改"客观上损害了作者声誉,才可能侵害保护作品完整权。三是"主客观相结合标准",认为对保护作品完整权的范围可根据情况而定。在作品发表之时,原则上必须尊重作品的全貌,如果此时改动作品,会损害作者的表达自由,因为作者有权以自己选择的方式表达思想,此时可采主观标准。在作品发表之后,公众已经知晓作品改动非作者本人所为且客观上没有影响作者的声誉,即使改动不符合作者的意愿,也不宜认定为侵权,应当采用客观标准。大多数版权体系国家采用客观标准,这些国家认为作者的权利并无特殊之处,保护程度等同于一般的名誉权。[②]

(二)我国司法实践中对保护作品完整权的裁判规则

在我国司法实践中,无论是主观标准还是客观标准,其实都没有被简

---

① 陈锦川.著作权审判:原理解读与实务指导[M].北京:法律出版社,2014.

② 李琛.知识产权法关键词[M].北京:法律出版社,2006:18.

单地予以适用。曾任北京市高级人民法院法官的苏志甫在《北京市高级人民法院侵害著作权案件审理指南》（2018年）的解读中认为："主观标准"过于强化对著作权人的保护，偏离了"歪曲、篡改"的要求，"客观标准"则降低了对著作权人的保护，该解释本身也与《伯尔尼公约》的规定相背离；"主客观标准"以作品发表前后作为适用主观标准与客观标准的分界线，缺乏充分的依据。因此，该审理指南对三种观点均未予以采纳。①

在羊城晚报社与胡某华著作权侵权纠纷一案中，法院认为侵犯保护作品完整权是对作品内在表达的破坏。因此，判明是否侵犯保护作品完整权，应当从作品的创作背景、作品的内容等方面进行审查，即应当查明被控侵权作品在整体和细节上究竟是否如作者的陈述，其作品是否受到歪曲或篡改。但作者的声誉是否受损并不是保护作品完整权侵权成立的条件，作者的声誉是否受损仅是判断侵权情节轻重的因素。根据查明的事实，羊城晚报社侵犯胡某华《女文》作品完整权和修改权的行为，客观上对胡某华的声誉造成一定的影响，但只能作为判定侵权情节轻重的因素，并不构成对其人格权的侵害。②

在沈某和与北京出版社一案中，法院认为由于《闺梦》一书存在严重的质量问题，该书在社会上公开发行后，必然降低该书作者沈某和的社会评价，使原告沈某和的声誉受到影响。北京出版社出版发行该书时出现的质量问题，不仅构成违约，同时对沈某和对该作品所享有的保护作品完整权造成侵害。③

在最高人民法院提审的王某秀等与中国人民公安大学出版社侵犯著作权纠纷案再审中，最高人民法院认为："本案不管是《人大学》还是《人大制度学》，都是以人民代表大会制度为研究客体，至于哪一个书名更加准确，属于学术研究方面的问题，在王某秀与公安大学出版社没有就更改书名达成一致意见的情况下，公安大学出版社应尊重王某秀依法享有的权

---

① 苏志甫.《侵害著作权案件审理指南》条文解读系列之四［EB/OL］.［2024–05–21］. https://www.sohu.com/a/246120454_726435.

② 安徽省高级人民法院（2003）皖民三终字第3号民事判决书。

③ 北京市高级人民法院（2001）高知终字第77号民事判决书。

利。就本案而言，即使认定公安大学出版社更改书名及相应的内容未经王某秀同意，但由于公安大学出版社没有歪曲、篡改王某秀的作品，故王某秀认为公安大学出版社侵犯其保护作品完整权不能成立。"①

在林某与北京东方英杰图文设计制作有限公司、网络传讯北京分公司侵犯著作权纠纷案中，法院审理认为：在创作时，为作者所考虑的书法字体位置的排列、字体大小、对应比例的选择及章法布局均是影响书法美观、效果的决定因素。作者对其作品施以的不同笔墨技巧和章法布局所最终体现出的艺术效果均是该作品的独创性之所在。现网络传讯北京分公司未征得作者许可，擅自改变涉案作品的字间比例和相对位置的行为，构成对林某的作品修改权的侵害。为该行为所带来的客观后果破坏了林某作品的整体完美与和谐，违背了作者在创作之初所要表达的作品美感与追求，亦违背了作者的意愿，最终破坏了林某对其作品享有的保护作品完整权。②

在郑某仪等诉刘某谦等侵犯著作权纠纷案中，郑某仪院士是有孔虫领域的专家，被告错误命名涉案有孔虫雕塑。对此，山东省高级人民法院审理认为：刘某谦对被控雕塑错误命名，割裂了有孔虫模型与其名称之间的对应关系，侵害了海洋研究所对有孔虫模型享有的保护作品完整权。刘某谦虽抗辩称有孔虫名称由前人命名，不受著作权法保护，但我国著作权法意义上的保护作品完整权是指作者保护其作品的内容、观点、形式等不受歪曲、篡改的权利，即作者有权保护其作品的完整性，保护其作品不被他人丑化，不被他人作违背其思想的删除、增添或其他损害性的变动，郑某仪对有孔虫名称本身虽不享有任何权利，但模型作品所对应的有孔虫名称已成为郑某仪作品的一个组成部分，应受著作权法关于作品完整权的保护。③

从上述几个案例可见，在审理侵犯保护作品完整权的案件中，法院首

---

① 最高人民法院（2010）民提字第 166 号民事判决书。

② 北京市第二中级人民法院（2002）二中民终字第 07122 号民事判决书。

③ 中国科学院海洋研究所、郑某仪诉刘某谦、莱州市万利达石业有限公司、烟台环境艺术管理办公室侵犯著作权纠纷案，山东省高级人民法院民事判决书，《最高人民法院公报》2014 年第 3 期。

先对内容上是否存在歪曲、篡改，进而对改动程度进行客观上的比对判断，如果实质上构成歪曲、篡改，则必然会使作者名誉受到影响，且构成侵权。如果实质上没有构成歪曲、篡改，则也不必再对作者名誉是否受到影响作出评判。可见，在著作权案件中，导致作者声誉受损的原因，是改变了作者原本表达的情感，客观上可能对作者作为这部作品的创作者的声誉造成影响，而不是作者因为遭受了侮辱诽谤而导致作为个人的名誉受损。在涉及保护作品完整权的著作权案件中，对作者声誉是否受损的判断是通过对作品的改变间接推论出来的，而不像普通名誉权纠纷那样，通过对作品本人直接实施名誉损害行为而造成的。

但是，也存在即便对作品本身不进行改变，也可能侵犯保护作品完整权的情形。在林某诉中国新闻社侵犯其保护作品完整权及名誉权案中，林某拍摄彩色照片《跳帮》，画面是海关缉私警察跳跃走私船船帮实施缉私行动的情景。后该幅作品在《走向二十一世纪的中国海关》大型画册中刊登时，此照片配有如下文字说明："用忠贞和正义锻造的利箭射向罪恶，使走私分子胆战心惊"。图为海关海上缉私队员在"跳帮"。被告中国新闻社复制照片《跳帮》用于《中国新闻周刊》封面，封面自上而下配写"私破海关、腐败重创中国海关大门、危机中年、娱乐圈是个什么圈"等文章标题，照片右上方印制有反转倒置的中国海关关徽图案。北京市高级人民法院审理认为：中国新闻社未经林某许可，在明知作品的主题反映的是海关人员的英勇无畏精神的情况下，为达到自己的使用目的，却在刊物封面上配印与作品主题相反的图案和文字，突出了海关腐败的内容，这种使用严重歪曲、篡改了林某的创作本意。中国新闻社的行为侵犯了林某对作品所享有的署名权、保护作品完整权、使用权以及获得报酬的权利。①

---

① 最高人民法院中国应用法学研究所 . 林奕诉中国新闻社侵犯其保护作品完整权及名誉权案 [M] . 人民法院案例选，2003（2）：304–310.

二、保护作品完整权与作者声誉之间的逻辑关系

参考上述关于保护作品完整权的司法案例，结合《著作权法》的规定以及学者通说的观点，保护作品完整权是指保护作品的完整性不受歪曲、篡改的权利，它所保护的是作者通过作品想要表达的思想观点与其作品所表达的思想观点的一致性，即作者有权禁止：他人歪曲、篡改作品以致"歪曲、篡改"后的作品所表达的思想、观点等与作者的原意不同。我们可以看到，这与作者的声誉并无直接的关联，因为对作品进行这样的"歪曲、篡改"不见得一定贬损作者的声誉，甚至有可能对作者有正面提高的影响。例如，作者对某事物的看法与社会公众普遍的观点截然相反，如果作者的观点因其作品的公开被完整无误地展现在公众面前，可能会导致该作者的社会评价降低；而如果他人将其作品进行"歪曲、篡改"，将与作者相反的观点展示出来，可能反倒会使公众对作者的评价有所提升。但无论是贬损还是提升，都会使公众对作者作出不正确的评价，都会导致作者声誉受到错误的影响。

再者，作者之所以享有保护作品完整权，是基于作者创作的作品，而非基于作者的人格，保护作品完整权的本质仍然是一种著作权，不能因为它所具有的人身依附性就将其视为人格权的一种。这一点我们根据《著作权法》第 1 条所规定的立法宗旨："为保护文学、艺术和科学作品作者的著作权，以及与著作权有关的权益……"以及《著作权法》第 10 条："著作权包括下列人身权和财产权……"就可以清楚地看到，就保护作品完整权这一项权利而言，"著作权"是它的质，"人身权"是它的形，它首要体现的是对作者创作劳动的保护，而这种保护则体现为对作者个性和作品本身的尊重。

最后，我们反过来分析，假使以损害作者的声誉为侵权的构成要件，就会陷入一个逻辑的谬误：例如，有两部文学作品 A 和作品 B，作品 A 及其作者 a 广为人知，作品 B 及其作者 b 无人知晓，作品 A 和作品 B 均有改编作品问世，并且两者的改编作品均歪曲、篡改了原作品；在一审判决逻辑下，因为作品 A 及其作者 a 已经广为人知，社会公众对作者 a 的评价基

于作品 A 早有定论，改编作品的恶评很难指向 a，a 的声誉自然不会因此受损。例如，《射雕英雄传》新版电视剧播出后，为公众诟病，但我们并没有看到有人因为这部改编的电视剧而去恶评金庸及其原著小说。与此同时，作品 B 不为人知，所以公众自然会将改编作品与原作品等同起来，对该改编作品的恶评就会波及作品 B 的作者 b，使 b 的声誉因此受损。此时 a 和 b 均以保护作品完整权受到侵犯向法院起诉，那么可以想见，在以损害作者声誉为侵权构成要件的前提下，a 则会因为声誉没有受到损害而得不到法院的支持，而 b 则会因声誉受到损害而得到法院的支持。a 和 b 同为文学作品创作者，同样付出了智力劳动，a 甚至可能付出了更多努力，其作品同样被歪曲、篡改了，a 和他的作品却在声誉受损要件的阻碍下得不到法律的尊重和保护，这显然是很奇怪的。

更为关键的是，现行《著作权法》并未明确规定以损害作者的声誉作为侵犯保护作品完整权的构成要件，依法裁判是法院断案的首要宗旨，在法律没有明文规定的情况下，不宜将损害作者的声誉作为侵犯保护作品完整权的构成要件，作者的声誉是否受到损害只能作为判断侵权情节轻重的因素来考量。保护作品完整权与作者名誉之间无直接关联。

三、保护作品完整权与电影作品的改编权

有观点认为：改编必然会改变作品，保护作品完整权是要求对作品"不变"，两个权利天然就矛盾。如果属于经过合法授权的改编行为，则作者因已经获得对价就不能用保护作品完整权来限制改编权的行使。本文认为，这种观点混淆了保护作品完整权所保护的"不变"和改编权所允许的"改变"。

（一）电影作品的改编权行使应当受到限制

《著作权法》规定，改编权即改变作品，创作出具有独创性的新作品的权利。基于改编权所产生的作品是改编作品。通常认为，改编作品是指基于原作品产生的作品，或者是在原作品的基础上经过创造性劳动而派

生的作品。因此，原作品应在改编作品中占有重要的地位，具有相当的分量，应当构成改编作品的基础或者实质内容。仅仅是利用原作品是不足以构成改编的，还需要与原作品构成实质性相似，或者说改变的部分与被改编的部分应当构成实质性相似。

保护作品完整权所保护的所谓"作品完整"是指，作者通过作品所传达的意思真实，通过作品所烙印的"精神权利"不受歪曲、篡改。歪曲、篡改作品必然是客观上违背作者在作品中表达之意的改动，这种改动使改动后的作品表达之意与作者在原作品中所表达之意大相径庭，不免造成作者名誉受到错误的影响。

可见，改编权所允许改变的是原作品的"形"，而保护作品完整权所禁止的是歪曲、篡改原作品的"神"。

为摄制电影作品所进行的改编，是从一种形式的作品（文字、漫画）演绎到另一种形式的作品（影视），改编前后两种作品所使用艺术创作手段不同，也受到电影时长、市场需求、资金多少、主创人员能力等诸多限制。文字能描述出来的内容，未必可以用摄像机拍摄出来，特别是在电脑特技尚不发达的电影产业发展初期。此时，法律就允许电影作者在改编电影的过程中对原作品进行必要的改动。早在1963年，就有专家提出，为了制作电影，经常需要对原作品进行相当多的修改和改动，特别是为了能公开上映，也需要根据政府的审查要求进行一些改动。这样必然会涉及作者的精神权利。例如，意大利规定，允许为了制作电影作品进行必要的修改，但同时要求必须明确承认作者对电影作品所做的贡献。[1] 电影专家委员会认为，上述问题涉及的内容过于琐碎，因此不宜在国际公约中规定，而建议由国内法处理。在1965年政府专家委员会上，有提案提出，作者仅仅在"公平地考虑其他作者和电影制作者利益的情况下"才有权行使保护作品完整权；另有提案建议，作者在主张保护作品完整权时，不得"反对就利用电影作品而言所绝对必要的修改"；还有提案建议，规定一个推定条款，即推定作者授权电影制作者可以为制作电影作品进行任何必要的

---

[1]《十二国著作权法》翻译组.十二国著作权法 [M].北京：清华大学出版社，2011：291.

修改。不过最终《伯尔尼公约》没有接受任何一个提案，也就是说，对于电影作品而言，公约并未给出任何特殊待遇。①

基于此，这个过程中，各国立法均需要平衡考量原作者与电影作者甚至公众的综合利益，既要防止原作者过分敏感，阻碍了电影作者合理创作范围内的改编拍摄行为，又要防止电影作者在新的演绎中歪曲、篡改原作者在原作品中受保护的精神利益，同时还要兼顾社会公共利益，包括涉及电影审查、公共政策和广大观众接受程度等因素。

我国著作权有关法规对电影改编情况下对作品进行改动的程度作了明确规定，即《著作权法实施条例》第10条的规定：著作权人许可他人将其作品摄制成电影作品和以类似摄制电影的方法创作的作品的，视为已同意对其作品进行必要的改动，但是这种改动不得歪曲篡改原作品。该条文本身对这种改动进行了两个层面的限制：一是改动须是必要的，二是改动不得歪曲、篡改原作品。

落实到电影改编中，就是：第一，如果对原作品所做的改动并非法律所规定的"必要的改动"，那么这种改动应当不被允许；第二，如果这些改动虽然属于必要，但是歪曲、篡改了原作品，仍然侵犯了作者的保护作品完整权，原告得依法予以制止。

（二）结合《九层妖塔》案进行分析

在广东省高级人民法院审理的陈某洲、王某诉珠江电影制片公司等案件中，法院认为：制片公司在摄制电影《寡妇村》的过程中，对原著《寡妇村的节日》所作的增删改动，没有对原著的主要故事情节、主要作品内涵和主要人物关系作重大改变，其删改部分属导演再创作许可范围内的活动，故维持原判，对保护作品完整权的诉求不予支持。② 可见，在电影改编中并不是要求不能改动原著，而是要判断在主要故事情节、主要作品内

① 山姆·里基森，简·金斯伯格.国际版权与邻接权：伯尔尼公约及公约以外的新发展[M].郭寿康，刘波林，万勇，等译.北京：中国人民大学出版社，2016：520–521.

② 陈立洲、王雁诉珠江电影制片公司和王进侵害著作权纠纷案，广东省高级人民法院民事判决书，《最高人民法院公报》1990年第1期。

涵和主要人物关系上是否进行了重大改变，且这种改变是否必要、是否歪曲和篡改了原作品。

结合《九层妖塔》案的具体情况，可以对上述两点再作如下分析。

1. 对是否属于"必要的改动"的判断

该案庭审中双方就涉案电影对作品的改动是否属于《著作权法实施条例》第 10 条所规定的"必要的改动"各抒己见。被告方认为其对原告作品的改动是因为原告作品中存在盗墓行为、封建迷信以及血腥的场面，这些是不能够搬上大银幕的，为了通过行政部门的审查而不得不作出改动，被告方认为这应当属于法律规定的必要的改动。

原告认为，被告方主张的改动理由是为了通过电影审查需要，这属于"改动的必要"。"必要的改动"并不同于"改动的必要"，这是两个概念。被告方所抗辩的仅仅是因为电影审查制度而具有"改动的必要"，例如，盗墓、血腥、封建迷信等元素可能基于电影审查制度应当予以改动，但是并没有证明电影中对应的改动属于"必要的改动"。首先，被告方无法证明电影审查制度的内容和具体要求，并且根据相关规定，电影中所禁止体现的是宣扬违法犯罪而非禁止体现违法犯罪，原著中的风水等元素也不能简单归结于封建迷信。其次，改动的途径和方式有很多种，被告方却故意选择了离原作最不搭界的方式来进行改动，严重破坏了原作的立意和人物设定。最后，进行"必要的改动"是法律规定的在获得合法改编权的前提下对原作者的一种权利限制，所以该条文的立法原意应当是考虑到改编摄制成电影作品这一种特殊创作的局限性，包括其篇幅的限制、摄制环境的限制、摄制方法、摄制成本的局限性等，以及在将文字语言转换成镜头语言时两种表达形式本身的差异所带来的限制，导致在客观上电影作品不能完全还原作品的情况下所做的必要的改动。在改编摄制的前提下，与原创的不同就在于要利用原作、在原作的基础上进行再创作，所以改编者应从尊重作者和作品本身的角度出发，遵循公序良俗以及诚实信用的基本原则，审慎地选择尽量小的改动方式，以避免造成对原作品的歪曲和篡改、破坏作品的完整性。法律并不允许行为人为了使自己的行为可能合乎一个笼统的规范而去违反另一个法律强制性规定，从而导致他人的法益遭受损害。就我国现行法律法规而言，没有规定获得改编权后即不必再受到保护作品完整权的规制，反而是规定了改编作品的作者在行使其改编作品的著作权时，不得侵犯原作者的著作权，包括尊重作者的署名权、不得歪曲和篡改原作品等，否则可能导致对原作者保护作品完整权的侵权而承担民事责任。

2. 具体的改动行为是否构成歪曲、篡改

《著作权法》中的歪曲和篡改一般是指对作品内容的改动或者曲解，这种改动或者曲解可能使公众误解作者真实的思想和观点。本案中，判断被告方的改动行为是否构成对原告作品的歪曲、篡改，需要将改动后的作品与原作品进行整体比对和局部比对。

昆仑山部分的内容，在原作品中占 10% 左右，在涉案电影中占 30% 左右，可见，无论是对于原作品还是涉案电影来说，昆仑山部分内容均不属于作品的基础内容。可以说，被告方只是使用原作品中的一部分次要内容作为涉案电影的一个引子，这部分内容是作为涉案电影悬念的设定、为其核心情节做铺垫的，也就是说，在整体上涉案电影是以改编的名义，对原告作品进行了"取头换尾不要中间"的改动。

庭审中，被告方认为"一千个人眼中有一千个哈姆雷特"，对于文学作品而言，从不同角度去解读必然会得出不同的结论，而且改编本身是一种独创性较高的创作，不可避免地要对原作品进行大幅度的改动。原告则认为，无论从何种角度去解读，主人公仍然是"哈姆雷特"，而不会也不应通过解读变成"哈利波特"。无论是改编还是摄制，都是在原作品的基础上进行创作的，是对原作品的一种演绎，而演绎作品与原作品最大的区别在于表现形式的差异，而不是作品承载的思想内涵不同，他们与原作品所表达的主题思想应当是一致的。被告方曾经以电视剧《西游记》对原著中孙悟空以及沙悟净等吃人情节的删除为例，来证明这种改动是符合电影改编规律的。但是我们应当看到，电视剧里孙悟空的基本设定仍然是猴子，仍然用金箍棒和七十二般变化的法术降妖伏魔保护唐僧西天取经，并没有被改成拿着激光剑去打外星人。因此，人设是否发生实质性的变化，系是否歪曲、篡改的一个重要衡量标准。

二审判决认为，即便把盗墓及风水等相关因素以审查为由予以改动，也应当尽可能地采取不远离原著的方式，而不是任意改动。将涉案小说主人公的身份从盗墓者改成外星人后裔并具有超能力，这一点与原著内容相差太远，因此不属于必要的改动。涉案小说关于外星文明及姑墨国王子反抗精绝女王的猜测，所占篇幅极少，不属于涉案小说的整体背景设定。因此，涉案电影中把外星文明直接作为整体背景设定，并将男女主人公都设定为拥有一定特异功能的外星人后裔，严重违背了作者在原作品中的基础设定，实质上改变了作者在原作中的思想观点，足以构成歪曲、篡改。

四、结语

二审法院对本案的判决有非常重要的意义，许超老师认为："判决首次厘清了保护作品完整权的来龙去脉，澄清了该权利的真实含义，不仅有利于统一我国司法审判的规则，而且对我国著作权法的下一步修改产生积极的影响。"[①] 如果电影改编者为了追逐商业利益而毫无顾忌地损害原作者的合法权益，会使原本就处于弱势地位的原创作者面临维权无力、维权无用的尴尬局面，这才真正会极大地打击原创作者对电影改编授权的积极性，进而破坏电影产业与原创创作的良性互动，也不符合《著作权法》鼓励创作、传播的立法宗旨。只有正确认识和理解我国法律框架下的著作人身权与著作财产权的边界，把握保护作品完整权这一切实的人身权利，才能更好地规范作品的利用行为，特别是影视改编正常的市场秩序。

[①] 许超.从《鬼吹灯》案浅议保护作品完整权［EB/OL］.（2019-08-18）［2024-05-21］. https://mp.weixin.qq.com/s/MhY17mkRG34Yq11rV8Ioaw.

浅谈 2020 年修改的著作权法
对音乐产业的影响 *

郭春飞

作者简介

郭春飞，北京天驰君泰律师事务所律师，兼任北京市文化娱乐法学会音乐法律专业委员会主任。擅长文化传媒领域知识产权法律服务，是中国最早从事音乐著作权法律服务的律师之一，熟悉国内外唱片、音乐版权的行业知识，客户涉及音乐创作、歌曲制作、版权运营、唱片出版发行、新媒体传播、艺人经纪、广告代言、商业演出等整个产业链条。多案入选最高人民法院和北京市、江苏省、云南省等省份年度典型知识产权案件。

《中华人民共和国著作权法》（以下简称《著作权法》）第三次修正已于 2020 年 11 月 11 日通过，自 2021 年 6 月 1 日起施行，中国十年磨一剑的《著作权法》修法终成正果。作为一名从事音乐产业著作权法律实践二十多年的知识产权律师，本人一直密切关注修法进展，在此梳理并展望新法对中国音乐产业产生的影响。为清晰地说明新法与旧法的不同之处，下文将《著作权法》第三次修正版称为 2020 年《著作权法》或新法，将第二次修正版称为 2010 年《著作权法》或旧法。2020 年《著作权法》完善了网络空间著作权的保护，扩容了广播权范围，将网络直播中主播现场演唱歌曲或播放背景音乐、网站定时播放、实时转播演唱会和电视综艺节目的行为纳入广播权保护范围。随着广播权范围的扩大，音乐作品广播权

---

* 该文主要内容于 2020 年 11 月 18 日发表于"知产力"微信公众号。

法定许可的范围亦扩大，电台、电视台通过网站定时播放、实时转播和网络直播使用已发表的音乐作品应适用法定许可。新法引入"视听作品"的概念，涵盖了短视频、综艺节目、音乐电视等形式；对没有约定著作权归属的视听作品，音乐作品权利人享有获酬权，该获酬权应包括对该视听作品后续传播的获酬。新法赋予了录音权利人对公开播放和表演其录音制品的获酬权，扩大了唱片公司等录音制作者的权利。著作权集体管理组织的活动范围将极大扩展，收费来源不断增加。

一、2020 年《著作权法》对广播权进行了扩容

2010 年《著作权法》的广播权只能控制三种行为：无线广播、以有线或无线方式对无线广播进行转播、公开播放接收到的广播[1]，而初始传播属于有线传播行为，如有线广播（播放）和网络广播（播放）则不能纳入广播权的范围。2020 年《著作权法》在现有的基础上增加了"有线"传播的技术手段，修改后的广播权涵盖了所有的"非交互式传播"行为，包括涉网的非交互式传播，与以"交互式传播"为主要特征的信息网络传播权实现了无缝衔接。网络直播、网站定时播放、实时转播落入广播权的保护范围。

对音乐产业来讲，2020 年《著作权法》施行后，网络直播中主播现场演唱或播放背景音乐、网站定时播放、实时转播演唱会和电视综艺节目的行为都将纳入广播权保护范围，改变了原来司法实践适用"应当由著作权人享有的其他权利"的兜底条款规范通过有线方式、非交互式传播音乐的局面。[2]

二、音乐作品广播权法定许可范围的扩大

根据新法，广播电台、电视台等广播组织通过网站定时传播、实时转

---

[1] 2010 年《著作权法》第 10 条第 1 款第 11 项。
[2] 王迁.论《著作权法》对"网播"的规制［J］.现代法学，2022，44（2）：152–169.

播和网络直播使用已发表的音乐作品适用法定许可，可以不经著作权人许可，但应当支付报酬。

《著作权法》规定了广播电台、电视台等广播组织者使用音乐作品适用法定许可的制度。法定许可是对权利人专有权利的限制，是为了在不影响作者发表权和权利人经济利益的情况下，促进作品通过广播在更大范围的传播，兼顾了权利人、广播组织和社会公共利益的平衡。

2010 年《著作权法》第 44 条规定："广播电台、电视台播放已经出版的录音制品，可以不经著作权人许可，但应当支付报酬。当事人另有约定的除外。具体办法由国务院规定。"新法删除了旧法第 44 条，将其内容吸收，统一规定在新法第 46 条，文字上不再对播放录音制品和播放作品进行区分，因为播放的音乐作品势必是音乐录制品，即录音制品，强调播放录音制品反倒是有些画蛇添足，实践中还容易造成概念上的混淆，但需要注意的是删除第 44 条使音乐作品著作权人不再享有"当事人另有约定的除外"的特殊例外，相当于对音乐作品权利人的权利做了进一步的限制。

从立法精神来看，广播组织享有的广播权法定许可既适用于传统的无线广电传媒时代，同样适用于网络技术环境的融媒体时代。笔者认为，伴随着 2020 年《著作权法》对广播权的扩容，对权利人广播权的限制范围亦将随之扩大，广播电台、电视台通过网站定时传播、实时转播和网络直播使用已发表的音乐作品，无须经权利人同意，但要按照规定支付报酬。需要注意的是，此处的网播主体仅限于广播组织，不包括第三方。广播权的扩张将单纯商业性质的网播组织也纳入其中，对这类组织是否同样适用广播权的法定许可，有待配套法规明确。①

对音乐作品法定许可使用费的收取和转付，由中国音乐著作权协会负责，新法施行后，中国音乐著作权协会的活动会增加此项内容，关于集体管理组织活动的范围将在文章最后讨论。

---

① 刘银良.我国广播权法定许可的国际法基础暨修法路径［J］.清华法学，2019，13（2）：163–180.

三、新法对"视听作品"及其权利归属的规定

2020 年《著作权法》第 17 条引入了"视听作品"的概念，将"电影和以类似摄制电影的方法创作的作品"改为"电影作品、电视剧作品"和"前款规定以外的视听作品"，同时增加了第 2 款，规定除电影、电视剧以外的其他视听作品的著作权归属由当事人约定；没有约定或者约定不明确的，由制作者享有，但作者享有署名权和获得报酬的权利。[①] 因此，如无约定或约定不明，音乐作品权利人对使用音乐作品的短视频、游戏画面、综艺节目、音乐电视等其他视听作品的后续传播享有获酬权。

这里所指的其他视听作品，涵盖短视频、体育赛事节目、游戏画面、综艺节目、音乐电视等非电影、电视剧作品，同时还包括产业发展带来的对音乐作品新的使用方式形成的视听内容形式。值得注意的是，该款明确了对权属没有约定或约定不明的视听作品，音乐作品权利人享有获得报酬的权利，此处获得报酬的权利应理解为包括视听作品在后续传播过程中的使用行为，为区别于制作视听作品时需要获得音乐作品复制权许可的专有权，本文将后续传播过程中音乐作品权利人的获酬权称作音乐作品权利人的"二次获酬权"。按照 2010 年《著作权法》第 15 条的规定，如果音乐权利人在初始授权制作视听作品合同中没有与制作者约定传播过程中应得的收益，则无法就后续传播使用其音乐作品主张任何权利，难以从视听作品后续传播中获得收益。新法规定的视听作品著作权吸收了原法音乐作品的著作权，明确了其他视听作品中音乐作品著作权人的二次获酬权，弥补了旧法第 15 条的不足，补足了音乐权利人对视听作品后续传播应得到的利益。

（一）新法与国外做法取得了一致

新法这种视角与英国、澳大利亚等许多西方国家，以及亚洲的新加

---

① 2020 年《著作权法》第 17 条。

坡、马来西亚和泰国就电影中使用音乐的做法是一致的。^①在那些国家，电影院、电视台或有线电视台放映电影时，词曲作者及其版权管理公司有权自行或通过表演权管理协会就电影中使用的音乐作品收取公开表演或公开播放的版税。以澳大利亚为例，电影制片者对片中使用的音乐作品通常只向权利人获取影音同步的授权，音乐权利人保留公开表演权和公开广播权，这些权利通过集体管理组织集中行使。当电影在影院放映时，影院经营者需要从当地的音乐著作权集体管理组织（OneMusic，相当于中国的音乐著作权协会）获取公开表演权的授权。而当电影在电视台播放时，电视台则需要从其他音乐版权管理组织，如澳大利亚表演权协会（APRA）、澳大利亚机械版权所有者协会（AMCOS）、澳大利亚音像表演有限公司（PPCA）等获得广播权的授权。^②

（二）传播视听作品与传播录像制品对音乐权利人的保护原则应是一致的

2020年《著作权法》在引入视听作品概念的同时，依然保留了录像制品的概念。本文试通过比照新旧《著作权法》对录像制品的两条法律规定，分析解读新法规定的音乐作品权利人就视听作品后续传播有权收取报酬。2010年《著作权法》第42条第2款规定，被许可人复制、发行、通过信息网络向公众传播录音录像制品，应当同时取得著作权人、表演者许可，并支付报酬。该条在2020年《著作权法》变为第44条，内容相同。同时，2010年《著作权法》第46条规定，电视台播放他人的电影作品和以类似摄制电影的方法创作的作品、录像制品，应当取得制片者或者录像制作者许可，并支付报酬；播放他人的录像制品，还应当取得著作权人许可，并支付报酬。该条在2020年《著作权法》变为第48条，内容相同。根据这两条规定，无论是短视频还是音乐电视，如果被认定为录像制品使

① PRS for Music. Cinema royalties［EB/OL］.［2024-05-08］. https://www.prsformusic.com/royalties/cinema-royalties.

② PRS for Music. Cinema royalties［EB/OL］.［2024-05-08］. https://www.prsformusic.com/royalties/cinema-royalties.

用者，如平台方/KTV 经营者/电视台，需要同时获得视频制作者和音乐作品权利人的授权并支付报酬；如果被认定为视听作品，在 2010 年《著作权法》未明确规定音乐作品权利人对传播视听作品有二次获酬权的语境里则被理解为应该适用第 15 条，使用者只需获得视频制作者授权即可，音乐作品权利人无法从视频作品后续传播中获得收益，这就形成了实践中对录像制品里音乐权利人的保护程度高于视听作品里音乐作品权利人的奇怪现象，这显然是不符合法律逻辑的，对音乐人也是不公平的。从理论上讲，无论是录像制品还是视听作品，对音乐使用的原则应是一样的，即在视频的制作和传播两个环节均应向音乐权利人支付报酬，除非合同另有约定。因此，2020 年《著作权法》第 17 条第 2 款的规定应理解为作者对视听作品的后续传播有二次获酬权。

（三）缓解了视听作品与录像制品界限不清带来的问题

2020 年《著作权法》明确作者二次获酬权，还在一定程度上缓解了视听作品与录像制品两个法律概念并存但界限不清带来的实践中的问题。录像制作者享有的是与著作权有关的权利，与出版者、表演者、广播组织者、录音制作者处于同等的法律地位，录像制作者对其录像制品只享有复制、发行、出租和信息网络传播四项专有权利，远远少于作者对视听作品享有的四项精神权利和十三项财产权利，而区别录像制品与视听作品的标准在于独创性的认定，但法律对独创性的认定标准没有规定，实践中难以统一，构成作品是看独创性的高低还是有无，在实践中一直争论不休。

以卡拉 OK 歌厅使用的音乐电视为例，对于风光片版、电影电视剧剪辑版、演唱会版的音乐电视是属于录像制品还是以类似摄制电影的方法创作的作品，不同的法院经常作出完全不同的判决。北京市高级人民法院曾指出：以机械方式录制他人的现场讲座、戏剧表演等形成录像制品。在录制过程中，对机位的设置、场景的选择、镜头的切换等只进行了简单的调整，或在录制后只对画面、声音进行了简单的剪接等，不影响对其为录像制品的认定。[①] 无独有偶，广东省高级人民法院曾指出：对戏剧、小品、歌舞等表演进行拍摄时，拍摄者采用镜头拉伸、片段剪辑、机位改变、片头片尾美工设计、将场景从室内改变到室外等摄制方式，均不能够产生电影作品，其拍摄成果应认定为录音录像制品。具备下列特征的音乐电视（MTV）一般应当认定为录音录像制品：没有导演和制片者的个性化创作，制片者信息不明确；没有或仅有简单的故事情节，主要是对歌星演唱以及群众演员配合表演的再现；拍摄目的主要用于卡拉 OK 演唱而非在影院和电视台放映，歌词歌曲在其中起主导作用，词曲作者的贡献占主要部分；投资额较小等。[②] 从上述司法机关的办案指引看，独创性低的影像录制品会被定性为录像制品，即便其已具有一定程度的独创性。

如前所述，在 2010 年《著作权法》语境下对视频内容的不同法律定性将导致适用不同的法律规定，直接影响音乐权利人的利益。2020 年《著作权法》明确了除电影、电视剧以外其他视听作品中音乐权利人的二次获酬权，这样即使视频内容被定性为作品，音乐作品权利人也不用担心其权利被视频制作者权吸收，对视听作品后续传播依然有权收取报酬，缓解了因独创性标准不一为音乐作品权利人带来的不利影响。虽然获酬权和录像制品中音乐著作权利人享有的专有权权利基础不同，但聊胜于无，音乐人的诉求无非是得到其应有的收益。

（四）传播者是付酬主体

此处需要考虑的问题是谁是付酬主体，是视听作品制作者还是使用者？从法律规定看不明确，目前也无配套法规或司法解释，但笔者认为谁传播了视听作品谁就有付酬义务，除非音乐权利人在授权制作合同中作出了先行安排。举例来讲，数字平台在提供大量第三方用户制作的音乐短视

---

① 北京市高级人民法院.北京市高级人民法院知识产权审判参考问答之十：当前审理与戏剧有关的著作权纠纷案件应注意哪些问题［EB/OL］.［2024-05-08］. https://wenku. baidu. com/view/4e-f12a220722192e4536f6e9. html.

②《广东省高级人民法院关于审理侵害影视和音乐作品著作权纠纷案件若干问题的办案指引》(粤高法发〔2012〕42 号)。

频、游戏动态画面、综艺节目时，除了需要获得制作人的许可，还需向视频中使用的音乐作品权利人支付报酬，除非制作者与音乐权利人在制作合同中对此已有约定。又如，卡拉 OK 歌厅使用的大量音乐电视，唱片公司制作时如果没有涵盖音乐电视的使用用途，则音乐作品权利人有权就 KTV 经营者的使用行为收取报酬。

四、赋予录音权利人对公开播放和表演录音制品的获酬权

2020 年《著作权法》赋予了录音权利人对公开播放和表演录音制品的获酬权，扩大了唱片公司的权利。数字技术的发展和网络时代的到来，使录音权利人依赖的传统唱片市场收入极度萎缩，录音制作者无法通过复制权、发行权获得收益，经过唱片业权利人十余年的呼吁，新法赋予了录音制作者对公开播放和表演使用录音行为的获酬权。2020 年《著作权法》规定，将录音制品用于有线或者无线公开传播，或者通过传送声音的技术设备向公众公开播送的，应当向录音制作者支付报酬。[①] 新法扩大了唱片制作者的收入来源，对唱片从业者无疑值得欢呼。笔者早年在国际唱片业协会工作，对录音从业者有所了解，一直认为录制音乐的过程是创作的过程，制作者的技术手段和水平、对艺术的品位和经验充分体现了独创性，录音制品应该按录音作品予以保护。但中国著作权法采用大陆法系的"作者权"体系，录音制作者属于传播者，录音制作者权属于邻接权，根据2010 年《著作权法》，录音制作者权只有复制、发行、出租和信息网络传播四项专有权利，保护水平远远低于作品权利人享有的十三项财产权利。2020 年《著作权法》为制作者增加的获酬权，实为缺位补失，被戏称为"奢侈品"。

2020 年《著作权法》对广播权扩容后包括了有线技术传播手段，故录音制作者就广播行为的获酬范围也就随之扩大到有线和无线方式的传播和广播，具体使用场景如：广播电台、电视台、网络电台播放录音制品、网

---

① 2020 年《著作权法》第 45 条。

络直播过程中播放背景音乐。

将通过传送声音的技术设备向公众公开播送的行为解读为机械表演／播放录音制品，包括使用录放设备公开播送录有表演的唱片、录音带、录像带，如宾馆、饭店、商店、歌舞厅为顾客播放音乐、歌舞表演、演唱会使用音乐伴奏等，对这种使用方式，2010年《著作权法》规定只有音乐作品权利人享有表演权，2020年《著作权法》实施后录音制作者同时有权收取报酬。

值得注意的是，著作权法对广播使用音乐作品的行为适用法定许可制度，但2020年《著作权法》规定的广播使用录音制品支付报酬不属于法定许可，权利人享有的是获酬权，没有许可权基础。由于权利基础不同，直接影响收费实践，包括收费的法律依据、收费主体和报酬标准的制定与执行，这离不开著作权集体管理组织。

五、著作权集体管理组织的活动范围扩展、收费来源增加

中国音乐著作权集体管理协会（简称音著协或MCSC）是管理音乐作品的著作权集体管理组织，在过去的十多年里，音著协一直在开展广播权的法定许可收费工作和对数字平台使用音乐的授权。2020年《著作权法》对广播权的扩容、对其他视听作品使用音乐赋予权利人的二次获酬权都将成为音著协新的收费领域。

中国音像著作权集体管理协会（简称音集协或CAVCA）是管理音像节目的著作权集体管理组织，过去受唱片公司权利种类的制约，主要活动仅限于收取卡拉OK使用音乐电视复制权和放映权的版权费，2020年《著作权法》赋予了录音权利人对广播和表演使用录音制品的获酬权，而该两项权利属于权利人难以行使的权利，通过集体管理统一行使最适合，音集协活动范围有望扩大，由此会员数量会增加。音集协收费是否可以适用强制集体管理或者延伸集体管理的方式，需要等待《著作权法实施条例》或《著作权集体管理条例》配套修正才能明朗，至于收费标准、收取方式，需要和使用者协商才能达成一致。截至目前，虽然新法已经实施三年，但直播环境下录音制

品获酬权付酬机制还停留在热烈讨论阶段，并没有落地。

需要提及的是，2020 年《著作权法》第 8 条增加了第 2 款，对著作权集体管理组织的收费标准进行了规定："著作权集体管理组织根据授权向使用者收取使用费。使用费的收取标准由著作权集体管理组织和使用者代表协商确定，协商不成的，可以向国家著作权主管部门申请裁决，对裁决不服的，可以向人民法院提起诉讼；当事人也可以直接向人民法院提起诉讼。"新法明确了使用者可以通过行政主管部门和法院两种途径解决关于使用费标准的争议，弥补了空白，为规范著作权集体管理组织的收费行为提供了法律依据。

此外，新法还将《著作权集体管理条例》里的一些内容提炼出来，作为第 8 条的第 3 款，规定了著作权集体管理组织有义务定期公布使用费收付情况、建立权利信息查询系统，供权利人和使用者查询；为了避免权利滥用，集体管理组织应加强监管，明确国家著作权主管部门应当依法对著作权集体管理组织进行监督、管理。这些规定为著作权集体管理组织在管理机关和社会公众的监督下公开透明运作提供了保障。

六、结语

《著作权法》第三次修正历时十年，历经坎坷。令人鼓舞的是，2020年《著作权法》提高了音乐产业权利人的法律地位，新法契合新技术的发展，受到音乐产业从业者的欢迎。近几年，中国音乐市场的发展越来越受到国际同行的关注，仅录制业市场，根据国际唱片业协会（IFPI）发布的全球音乐报告，2020 年中国音乐唱片市场规模继续迅速扩张，在全球音乐市场排名第七位。2023 年，中国已经排名第五位，实现连续九年增长。①

---

① 中国音像著作权集体管理协会 . IFPI 全球音乐报告：2023 年全球录制音乐收入增长 10.2%，中国大陆市场增幅最大［R/OL］.（2024-03-29）［2024-05-08］. https://mp. weixin. qq. com/s?__biz=MzI1MjQzMjA1Nw==&mid=2247488949&idx=2&sn=fa4338e09ebb18b43e772ba9fbd8f-8cc&chksm=e9e28e63de950775b87be5a8ceb3bafd02d6737a7ccac3f95d9024c397e22c969f94692c31d-b&scene=27.

相信随着 2021 年 6 月 1 日新《著作权法》的正式实施，音乐权利人将会获得更多的收入，也将吸引更多国际音乐权利人参与到这个市场中来。事实上，自从新法颁布后笔者不断接到一些海外版权公司的商业咨询，相信中国音乐产业在新《著作权法》的保护下将会迎来新一轮的繁荣。

商标法与专利法理论与实务

高质量发展阶段司法机关对商标实质合法性的动态审查权探析
——从 icourt 案出发[*]

宋鱼水　肖俊逸

作者简介

宋鱼水，法学博士，北京知识产权法院党组成员、副院长。曾荣获全国优秀共产党员、全国先进工作者、时代先锋、全国五一劳动奖章、全国模范法官、中国青年五四奖章、中国版权事业卓越成就者、全国知识产权领军人才、最美奋斗者等称号。曾在《知识产权》《法律适用》《中国应用法学》等期刊发表论文 50 余篇。

肖俊逸，法律硕士，北京知识产权法院二级法官助理。曾参与某教育公司诉赵某侵害商业秘密纠纷、某信息技术公司诉某科技发展公司商业诋毁纠纷、某水泥公司诉国家市场监督管理总局垄断行政纠纷等案件的审理，在《法律适用》《电子知识产权》《中华商标》等期刊发表论文。

司法机关在"依请求"无效案件中能否就涉案商标标识的实质合法性展开审查在实践中颇有争议。否定意见认为，国家公权力应当谨慎介入以保障私权稳定，在商标评审"不诉不理"的规则下，司法机关不应审查行政机关未予评审的内容。但是，私权保护必须以"不克减公共利益"为前提，公权对私权限制的最终目的亦在于保护私权及增进社会福祉。考虑到

---

[*] 原载于《法律适用》2022 年第 11 期，第 3–14 页。

商标权的"公共政策"属性以及商标含义的动态发展,"不诉不理"作为意思自治原则的体现,需要受到公共利益和公共秩序的限制,行政机关和司法机关分别基于行政职责和司法审查逻辑,须对涉案商标的实质合法性进行审查。但行政权与司法权的关系随社会发展动态变化,其中,根据《与贸易有关的知识产权协议》(以下简称《Trips 协议》)确立的司法保护决定性地位,以及我国对高质量发展的要求,司法机关有权在司法审查中就实质合法性作出独立判断,该动态审查权在商标民事案件中同样适用。

一、问题的提出

在现行《中华人民共和国商标法》(以下简称《商标法》)中,绝对条款①因涉及公共利益和公共秩序的损害被视为商标使用或注册的禁止性条款,申请注册的商标均由行政机关根据《商标法》第 2 条赋予的商标注册、管理及争议处理的行政权力进行审查。其中,涉及商标标识本身合法性判断的条款(《商标法》第 10 条、第 11 条、第 12 条)在诉讼中多体现于商标申请驳回复审行政纠纷及商标权无效宣告复审行政纠纷中。但在"icourt"商标权无效宣告请求行政纠纷案②中,无效宣告请求人与商标权人争议的内容主要围绕着《商标法》第 32 条等相对条款展开,而"icourt"标识本身的实质合法性③在法院审理中易产生疑问,由于该商标与"法院"

---

① 《商标审查审理指南(2021)》下编第一章 2.1.1 绝对理由:绝对理由涉及违反商标法上的显著性、非功能性以及公共利益,不考虑对特定权利人的影响,具有绝对性,一般属于商标注册部门依职权主动审理的范围。包括:《商标法》第 4 条规定的不以使用为目的的恶意商标注册申请,第 10 条规定的不得作为商标使用的标志、第 11 条规定的缺乏显著特征不得作为商标注册的标志、第 12 条规定的具有功能性不得注册的三维标志、第 19 条第 4 款规定的商标代理机构不得申请注册其代理服务以外的商标、第 44 条规定的以欺骗手段或者其他不正当手段取得注册的商标。

② 北京知识产权法院(2020)京 73 行初 17319 号行政判决书。

③ 本文将注册商标的"合法性"分为"形式合法"和"实质合法",前者是指涉案商标已被核准注册且仍然处于有效状态,具有合法的权利外观;后者是指涉案商标并未违反社会公共利益和公共秩序指向的绝对条款,本文主要围绕商标标识本身的合法性(《商标法》第 10 条、第 11 条、第 12 条)展开讨论。

的英文"court"① 仅一字之差，在智慧法院建设、法院信息化快速发展的背景下，其使用在"教育"等服务上是否容易让相关公众对服务的内容、质量等特点产生误认，甚至对社会公共利益、公共秩序产生消极、负面影响值得讨论。② 在随后展开的案件研讨中，针对司法机关能否就涉案商标的实质合法性进行审查产生了两种观点：否定意见认为司法机关不应审理行政机关未予审理的内容；肯定意见则认为对于涉及公共利益的绝对条款，司法机关应当全面审查，包括考量行政机关是否尽到审查义务。

二、否定意见的原因分析

否定意见认为司法机关不应审理行政机关未予审理的内容，源于我国商标确权后续采取行政诉讼审查模式，司法机关的审查对象是行政行为的合法性。而《中华人民共和国商标法实施条例》（以下简称《商标法实施条例》）将依请求无效案件的审理范围限于当事人申请和答辩的范围内，以划分商标授权程序与商标确权程序的不同功能，保障商标私权的稳定性。

（一）商标的私权属性对权利稳定的要求

1. 商标权的属性及获得方式

商标权属于私权，其产生源于商品（或服务）提供者的使用（劳动）。通过商品提供者在商品上使用商标标识的行为，使相关公众在标识、商品以及商品提供者之间建立起对应关系，衍生出"认牌购物"的现象。根据"洛克劳动财产学说"，商品提供者基于自己的劳动最终享有商标使用所带来的商誉以及经济利益。英美法系国家即围绕"使用行为"对商标权展开保护，并经历了仿冒法单行保护到仿冒法与注册商标法并行保护的历史阶

---

① "court" 在《牛津词典》中意为"法院，法庭，审判庭；球场；朝臣，侍臣；公司的董事会，理事会"。

② 例如，美国爱达荷州电子在线司法系统的网址为 icourt.idaho.gov；再如，丹麦国家研究基金会的国际法院英才中心的网址为 jura.ku.dk/icourts/about/。

段，其中商标注册的主要作用在于公示而非授权。在民事诉讼中司法机关仍然要对原告与被告的商标使用行为展开审理，对商标是否存在使用、是否具有影响力、是否造成相关公众的混淆作出独立判断。美国作为主要代表国家，其商标注册分为主注册簿和副注册簿，主注册簿的商标需满足将申请人的商品区别于他人商品并且已经使用或者具有真诚使用意图（在一定期限内进行使用）等条件；副注册簿上登记的商标，在经过使用获得显著性后再登记在主注册簿中。

　　与"使用取得"相对的另一种商标权获得方式为"注册取得"。"注册取得"模式主要体现于大陆法系国家，由于大陆法系国家的商标注册制度早于反不正当竞争法制度，商标注册被视为权利获得的途径。① 例如，《意大利商标法》第 1 条规定，商标权人对其注册商标享有专用权。"注册取得"拟制了申请主体已经使用或者即将使用商标标识的行为，并对其私权的获得和享有加设了申请要件。该种取得方式的优点在于便于国家对商标的管理、市场主体对信息的查询，进而降低交易成本，实现知识产权资源的有效配置。故该方式已经被国际公约及各国立法吸收借鉴，如《Trips 协议》规定，注册商标的所有权人享有专有权，以阻止所有第三方未经该所有权人同意在贸易过程中对与已注册商标的货物或服务的相同或类似货物或服务使用相同或类似标记，如此类使用会导致混淆的可能性。《商标法》以"注册取得"为主体，兼采"使用取得"制度。民事主体依据《中华人民共和国民法典》（以下简称《民法典》）第 123 条之规定享有知识产权，商标注册后依法享有"注册商标专用权"，未注册商标也可以依照《商标法》第 13 条第 2 款、第 32 条、第 59 条第 3 款等享有相应权利。

　　无论是"使用取得"还是"注册取得"，商标权的私权属性已受到国际公约及各国法律的确认。因此，权利人基于私法领域中的"意思自治""私权神圣""个人责任"原则，对应享有占有、使用、收益、处分及救济的权利。该权利受到法律充分保障，任何人或任何权威均不得侵犯，

---

① 李明德. 两大法系背景下的商标保护制度［J］. 知识产权，2021（8）：18.

并且非依公正的司法程序，不得限制或褫夺。①

2. 公权介入应受到严格限制

诚然，私法自治下的行为自由不是漫无边际的，而是以尊重他人享有的同等自由，以及不危及社会公共利益为其边界。②但"公共利益"概念的上位性及模糊性要求公权力的介入须受到严格限制，避免对私权过度侵害。在商标确权案件中行政机关及司法机关对相应绝对条款的审查应当控制在严格的程序与严格的标准之内，以保障商标权的稳定性。

首先，实质合法性审查应当限于商标授权程序。从商标授权确权程序分工上看，商标授权程序主要是对绝对条款以及明显的相对条款进行审查剔除，以维护公共利益、确保商标授权质量。商标撤三程序主要是对注册商标是否实际投入使用进行审查，避免商标权人利用注册商标制度不当占据商标资源。商标无效程序（包括异议程序）主要是对民事主体间就商标标识及经济利益的归属进行审查，避免相关公众混淆或其他主体恶意抢注。因此，我国商标授权确权制度实际上将绝对条款的审查前置于商标授权程序，商标申请人一旦获得授权则该标识应当被视为符合实质合法性要件、具有合法的权利外观，行政机关和司法机关应当尽量保持谦抑，不能随意剥夺商标权人享有的财产私权以及其基于行政机关授权而产生的信赖利益，以保障私权稳定、市场交易活跃，实现社会总体经济利益的增长。

其次，实质合法性审查应当限于审慎统一的标准之内。无论是理论界还是实务界，多年来对绝对条款适用情形、适用标准、适用限度的讨论从未停止，绝对条款在商标司法实践中的实际适用情况也引发过学界对私权稳定性担忧。例如，曾引发广泛讨论的"微信"商标案③。在该案中，原商标评审委员会和一审法院将"公共利益"解释为广大消费者在腾讯公司与

---

① 张俊浩. 民法学原理（修订第 3 版）（下册）[M]. 中国政法大学出版社，2000：36.

② 陈荣文.《民法典》"私法自治"的理念衍义与制度构建 [J]. 福建论坛·人文社会科学版，2020（9）：73.

③ 北京知识产权法院（2014）京知行初字第 67 号行政判决书，北京市高级人民法院（2015）高行（知）终字第 1538 号行政判决书，最高人民法院（2016）最高法行申 3313 号行政裁定书.

"微信"间已经形成的稳定认知，进而采用《商标法》第 10 条第 1 款第 8 项对涉案商标不予注册；北京高级人民法院从慎重适用"其他不良影响"条款角度出发认为"微信"标识本身和注册申请行为均不涉及社会公共利益和公共秩序，但引用全面审查原则，以原商标评审委员会评述的《商标法》第 11 条第 1 款第 2 项为依据，认为"微信"是对"信息传送"等服务功能、用途或其他特点的直接描述，缺乏显著性，最终调整适用条款对原商标评审委员会和一审法院的结论予以维持。有观点认为，司法实践中对商标禁止注册事由概括性条款的解释，存在严重的不一致。这种解释冲突现象破坏了法律的可预见性和利益状态的稳定性。[①] 尤其是《商标法》执法和司法实践中常常将"不良影响条款"扩张适用于对特定民事权益的保护，使一些本属于"相对禁止"的情形却被转变为没有任何时间限制的"绝对禁止"情形。[②] 绝对条款适用界限的模糊存在蚕食私权的风险。甚至更进一步，美国司法率先放开商标注册层面的表达自由，2017 年马塔尔诉塔姆案（Matal v. Tam）和 2019 年伊万库诉布鲁内蒂案（Iancu v. Brunetti）使《美国法典》第 15 篇第 1052 条 a 款关于禁止注册"不道德""诽谤性"及"贬损"商标的规定，被美国最高法院认定违反《美国宪法第一修正案》"言论自由条款"而归于无效，这也引发了国内关于言论自由与公序良俗界限的思考。[③]

（二）评审与诉讼制度对审查范围的要求

1. 依请求无效宣告"不诉不理"的制度设计

《商标法》为绝对条款的审查设置了"依职权"与"依请求"两种并行路径。前者是指行政机关可以根据在商标执法、商标管理、商标评审过程中发现的新情况，主动审理、主动无效注册商标；后者则是行政机关依

---

① 李琛．论商标禁止注册事由概括性条款的解释冲突［J］．知识产权，2015（8）：3.

② 张韬略，张伟君．《商标法》维护公共利益的路径选择：兼谈禁止"具有不良影响"标志注册条款的适用［J］．知识产权，2015（4）：69.

③ 许亮．美国冒犯性商标注册审查标准的变化及其启示：从涉新冠疫情商标申请谈起［J］．知识产权，2021（1）：87.

据社会公众对注册商标的监督被动审理的情形。《商标法实施条例》第54条进一步将行政机关对依请求无效宣告案件（包括绝对条款和相对条款）的审理范围限定为"当事人申请和答辩的事实、理由及请求"，因此在依请求提起的无效宣告案件中，国家知识产权局应当"不诉不理"，充分尊重当事人双方基于程序权利与实体权利所享有的处分权，不主动对当事人未主张的条款进行审查。"依职权"与"依请求"具有不同的制度侧重和程序设计，不应当混合使用，两者的直接贯通（在依请求案件中依职权审查绝对条款）在实践中亦无案例可以支持。此外，在2001年《商标法》"连续三年停止使用"的规定中也曾涉及"依职权撤销"和"依申请撤销"能否贯通适用的讨论。① 在"头条"② 案中，原商标评审委员会未接受撤三请求人的撤回申请，径行作出部分撤销的撤三决定。对此一审法院认为，根据2001年《商标法》第44条的规定，商标局有权主动撤销连续三年停止使用的商标。二审法院的结论虽然一致，但实际否认了前述观点，认为依申请行政行为和依职权行政行为是两种不同的行政行为，采取两种不同的路径，不能混为一谈，也不宜交叉进行。③

依请求无效宣告程序的重复审查还会降低行政效率。2019年，国家知识产权局共收到涉及双方当事人的复杂案件申请58900件，同比增长43.86%；④2020年，国家知识产权局共收到涉及双方当事人的复杂案件申

① 根据2001年《商标法》第44条第1款第4项和2002年《商标法实施条例》第39条第2款，商标连续三年停止使用的，可以依申请亦可以依职权予以撤销。

② 北京知识产权法院（2018）京73行初10827号行政判决书，北京市高级人民法院（2019）京行终9915号行政判决书。一审法院的法律依据为2001年《商标法》第44条第1款第4项；二审法院的法律依据为2014年《商标法实施条例》第61条，并认为撤三案件涉及公共利益维护，"可以撤回"的前提是"不损害社会公共利益、第三方权利"，该案中的撤回申请规避了社会公共利益的维护，故行政机关不接受并无不当。

③ 吴斌.撤回"商标权撤销申请"并不必然导致评审程序终止：评北京字节跳动科技有限公司诉原国家工商行政管理总局商标评审委员会、北京智宇慧中科技开发有限公司商标权撤销复审行政纠纷［J］.中华商标，2020（5）：36.

④ 商标评审.商标评审案件审理情况月报：2019年第12期［EB/OL］.（2019-12-26）［2022-10-10］.https://mp.weixin.qq.com/s/NVabL9BR6_QT9dVgZpBaXw.

请 68858 件，同比增长 16.89%；^① 2021 年 1 ~ 5 月共收到涉及双方当事人的复杂案件申请 33309 件，同比增长 34.21%。^② 可见，依请求类案件数量较大且逐年攀升，如要求行政机关在每个案件中均对涉案商标的实质合法性展开审查，将违背行政行为的效率原则，增加行政成本。

2. 司法审查不能突破行政行为合法性范畴

《Trips 协议》第 62 条规定了 "获得和维持知识产权程序" 中终局行政决定的司法审查制度，但该协议并不要求各成员方承担义务去建立与一般法律执行体系不同的知识产权执法体系，也不影响各成员方执行一般国内法的能力。^③ 因此，各成员方可以自行选择司法审查的具体模式，如行政诉讼模式、民事诉讼模式或者赋予当事人选择权的综合模式。2001 年以前，我国关于商标的授权确权审查均为行政终局。随着我国先后于 1985 年和 1989 年加入《保护工业产权巴黎公约》和《商标国际注册马德里协定》以及为了加入世界贸易组织的需要，全国人大常务委员会参照修改后的《专利法》关于司法审查的规定，删除了原《商标法》关于商标评审委员会的决定、裁定为终局的规定，增加当事人可以向人民法院提起诉讼的规定。^④

我国基于历史传统和时代背景选择了行政诉讼司法审查模式。从我国的历史传统来看，行政诉讼的选择源于行政权长期以来对社会各类事项所负有的管理职责。尤其是改革开放后第一部《商标法》制定之时，社会主义市场经济体系尚未建立，社会对行政机关统筹管理的依赖使该法将商标注册管理视为行政机关的职责并影响至今。从当时的时代背景来看，早在 1992 年《专利法》第 43 条第 2 款即对原专利复审委员会作出的涉及发

---

① 商标评审.商标评审案件审理情况月报：2020 年第 12 期［EB/OL］.（2021-01-19）［2022-10-10］. https://mp. weixin. qq. com/s/QrW4aHjD25aSQ41n414d5w.

② 商标评审.商标评审案件审理情况月报：2021 年第 5 期［EB/OL］.（2021-06-11）［2022-10-10］. https://mp. weixin. qq. com/s/ru7IlUSWTMmeNRvwub35kQ.

③ 李扬，袁伟.TRIPs 协议与我国司法审查制度的变革［J］.电子知识产权，2011（10）：140-143.

④ 王众孚.关于《中华人民共和国商标法修正案（草案）》的说明：2000 年 12 月 22 日在第九届全国人民代表大会常务委员会第十九次会议上［J］.中华人民共和国全国人民代表大会常务委员会公报，2001（7）：545.

明专利的复审决定设置了后续的行政诉讼司法审查。发明专利司法审查的"先行一步"对我国商标司法审查造成了影响。1991年《商标法》施行期间，就有人倡导设置商标授权确权案件后续的行政诉讼司法审查程序。①行政诉讼司法审查模式要求司法机关须在《行政诉讼法》框架下对行政行为的合法性展开审查。在传统行政诉讼领域，司法机关出于对行政机关执法专业性的尊重，对属于行政机关自由裁量权范围的内容大多数都采取审查强度较弱的"实质性证据标准"。例如，学位撤销类案件中，在证据认定方面综合被告提交的证据能够证明舞弊作伪事实的，法院就予以尊重和认可，不以自己的事实判断代替高校的事实判断，以避免对学术自由的过度干预。②由于行政诉讼的目的在于以司法权监督行政权的正确有效行使以保障公民权利，而非否定行政权威，因此，在《商标法》将商标注册管理的国家公权力赋予行政机关的情况下，司法审查应当限于行政机关的审理范围、审理内容，并尽量尊重其审理结论。

综上可见，基于对商标私权的尊重以及对公权审慎行使的要求，行政机关应当遵守评审规则关于"不诉不理"的规定，在后续行政诉讼中，司法机关亦不能超越行政行为的审查范围。在"icourt"案中，对于无效请求人并未提起、国家知识产权局并未审理的标识合法性问题，司法机关同样不能进行审查。

三、国家机关审查实质合法性的必要性分析

虽然否定意见的理由在现行《商标法》框架下有其自身的道理，但本文认为，《Trips协议》制定的基础包括"认识到各国知识产权保护制度的基本公共政策目标，包括发展目标和技术目标"，其目标在于"知识产权的保护和实施应有助于促进技术革新及技术转让和传播，有助于技术知识的创造者和使用者的相互利益，并有助于社会和经济福利及权利与义务的

---

① 王祺国. 对我国商标诉讼的思考［J］. 知识产权，1992（5）：29–31.
② 林华. 人民法院在学位撤销案件中如何进行审查：基于司法审查强度的裁判反思［J］. 政治与法律，2020（5）：94–104.

平衡"。即该协议为成员方所提供的知识产权行政保护和司法保护均需以"不克减公共利益"[①] 为前提，最终实现私权保护与社会福祉的平衡。

（一）私权保护与公共利益平衡的需要

1.公权介入的目标在于保护私权

私有财产的出现使所有权登上了历史舞台，以私有财产所有权为核心的私权文明在世界各地萌芽、诞生和成长。财产私有促成社会分层和分工得更加细化、更加合理，从而为人类的进步奠定了经济和文化基础。[②] 但对私有财产权如不加以限制，会导致社会处于无序状态，因此私权限制与私权保护同时产生。人格平等、诚实信用和公序良俗三条原则涵纳对意思自治原则的全部的合理限制。[③] 它们平衡了个体与相对方、公共利益之间的关系，属于私法自治的题中应有之义。[④] 作为私有权的代表性文献，罗马法中即通过他物权制度、时效取得制度、相邻制度、所有权的限制转让及强制转移制度、不动产所有权转让登记制度等对不同利益给予衡平性保护，将所有人不能滥用自己的物或者权利与社会公共利益紧密结合在一起，尤其重视社会公共利益，如在所有权的强制转移制度中为公共利益实施的征收。[⑤] 国家作为私权行使的保障者和私权限制的监督者，其公权力来自私权的让渡，本质上是国家机关对公民个体私权的代为行使，国家机关行使公权的目标最终在于增进公民个体的经济利益和社会福祉，即公权力运行的最终目标在于为私权的行使提供保护。[⑥]

商标权的"公共政策性"使其与公权的关系较其他类型私权更为密切。商标的保护起源于"公共政策"考量，知识产权被作为实现激励创新

① 杨武松.TRIPS协议知识产权保护的原旨解读及未尽事宜［J］.学习与实践，2016（3）：71.
② 魏琼.论私权文明的起源与形成［J］.法学，2018（12）：144.
③ 侯佳儒.民法基本原则解释：意思自治原理及其展开［J］.环球法律评论，2013（4）：87.
④ 李明德.两大法系背景下的商标保护制度［J］.知识产权，2021（8）.
⑤ 费安玲.罗马法对所有权限制之探微［J］.比较法研究，2010（3）：3-10.
⑥ 牟奕霖.民法典中的公权力规范及与私权利的关系［J］.西南民族大学学报（人文社会科学版），2022（2）：95-102.

等功利性目标的政策工具[①]，商标即为竞争政策工具。商标制度在西方是资本主义自由商品经济和市场经济发展的产物，天然地与市场经济要求的公平竞争、诚实信用原则具有密切联系。[②] 国家为保护市场竞争秩序，打击仿冒行为，确立了对商标权利的保护，以实现促使市场交易活跃、社会经济总量增加。因此，商标权从诞生之日起，就具有"私有财产"和"公共政策"双重属性。商标的保护受到"公共政策"影响，作为无形财产，商标权的边界具有模糊性，其保护的范围、方式、程度均与受国家经济形势、发展阶段调整的公共政策需要相关。党的十八大以来，我国围绕"创新驱动发展""加快建设创新型国家"开展了一系列知识产权战略部署。《知识产权强国建设纲要（2021—2035）》指出，现阶段知识产权保护的战略背景是"进入新发展阶段，推动高质量发展是保持经济持续健康发展的必然要求，创新是引领发展的第一动力，知识产权作为国家发展战略性资源和国际竞争力核心要素的作用更加凸显"。因此，商标保护应服务于公共政策，公权在商标权领域的介入是为了高效保护私权及良性竞争、增加国际市场竞争优势、提升国家核心竞争力。

2. 商标含义是动态发展的

商标作为一种文化符号，对其含义的理解需放入所处社会话语体系，因此，商标含义会随社会环境变化动态发展，国家机关对其实质合法性相应采取动态审查。动态审查具有双面性，既可能伴随各类因素对公众认知的影响变"不能"为"能"，如经过权利人向相关公众的正向输出使"嘀嘀嘀嘀嘀嘀"声音商标获得显著性；亦可能伴随公共事件的发生和相关公众对权利人的反向输出变"能"为"不能"，如东京奥运会赋予了"杨倩""陈梦""全红婵"等姓名与国家利益、民族情怀相挂钩的社会含义，当新含义已经形成并相对稳定，则其他主体再进行使用或注册将违反《商

---

① 知识产权的公共政策性大致可以描述为，为促进创新等公共政策目标，而在权利保护范围、期限等方面形成和呈现的特性，或者在保护范围、期限等制度设计上所刻意体现的公共政策考量和特性。孔祥俊.《民法典》与知识产权法的适用关系［J］.知识产权，2021（1）.

② 冯晓青.中国70年知识产权制度回顾及理论思考［J］.社会科学战线，2019（6）:31.

标法》第 10 条第 1 款第 8 项之规定。① 再如"摩卡"案中，法院认为"至迟在被告审查和本院审理本案之时……'摩卡'已成为咖啡类商品上约定俗成的通用名称"。②

对商标含义的理解还会随权利人对注册商标尤其是暗示性商标的不规范使用或倾向性使用发生变化，进而影响商标实质合法性的判断。例如，在"挺乃儿"案③中，"挺乃儿"商标于 2010 年申请注册使用在"医院；美容院；按摩"等服务上，实际使用过程中常与"乳聊吧"系列商标并列使用，原国家工商行政管理总局商标局认为"挺乃儿"作为商标使用，格调不高，易对中国的传统文化、公序良俗产生消极、负面的影响，有害于社会主义道德风尚，遂以该商标违反《商标法》第 10 条第 1 款第 8 项规定主动作出"商标监字"号决定予以无效，并在后续行政诉讼中得到司法机关的支持。

商标含义的动态化特征使"注册商标"在行政或民事案件中仅具有"形式合法性"，审理机关仍需就涉案商标的实质合法性展开审查。此时商标含义如较申请注册时发生不利于权利人的变化，对商标财产权利的保护必须服从和让位于社会公共利益的维护。即便权利人在使用商标的过程中付出了努力和劳动（如商标标识的通用化），但其私益不能与社会总体利益相抗衡，否则会带来更高的公众识别成本和社会运行成本。

3. 绝对条款适用标准的持续探索

绝对条款的争议不能否定绝对条款的适用。在商标法理论研究和制度建设中，商标权的私权属性与公共政策属性的协调发展是一个永恒的命题。④ 该命题在实质合法性审查中表现为，个体权利和公共利益谁能在国家机关的自由裁量中更进一步。绝对条款在司法实践中的争议往往源于立

① 国家知识产权局 . 关于依法驳回"杨倩""陈梦""全红婵"等 109 件商标注册申请的通告［EB/OL］.（2021-08-19）［2022-10-10］. http：//www.cnipa.gov.cn/art/2021/8/19/art_75_169554.html.

② 北京知识产权法院（2018）京 73 行初 3240 号行政判决书。

③ 北京知识产权法院（2017）京 73 行初 5188 号行政判决书。

④ 罗晓霞 . 商标权的双重属性及其对商标法律制度变迁的影响［J］. 知识产权，2012（5）：30.

法的"上位概念"给予的较大裁量空间。只是审查实践中的情况总是远远比规则制定者预想得要复杂、要千变万化，在缺乏其他可援引的法律条款，且案件本身具有相应的释法空间时，基于该条款表达上的特点，它就需要被选择适用了。[①] 法律适用的推演离不开审理机关的裁量，即便是崇尚言论自由的美国，《美国法典》第 15 篇第 1052 条 a 款的"不道德""诽谤性"及"贬损"条款也曾是商标实务中应用最广泛的标准。马塔尔诉塔姆案和伊万库诉布鲁内蒂案有其自身的社会经济背景和与之衔接的《美国宪法第一修正案》法律体系，两案判决后美国社会并未出现"贬损""不道德"标志的大规模注册，并且两案在美国国内仍然存在巨大争议。

绝对条款的"破坏性"要求适用标准统一审慎。为避免公权超出公共利益维护的必要限度，对私权造成不当损害，必须对绝对条款的适用情形、适用标准、适用限度予以统一。可以看到，国家机关在不断讨论和探索绝对条款的适用范围。国家知识产权局制定发布《商标审查审理指南》，详细列举了绝对条款的适用情形及典型案例；最高人民法院制定《最高人民法院关于审理商标授权确权行政案件若干问题的规定》等司法解释，对立法的"上位概念"进行目的解释和限缩解释，并且每年发布知识产权十大案例及 50 件典型案例作为指导；北京市高级人民法院发布《北京市高级人民法院商标授权确权行政案件审理指南》以统一商标授权确权案件裁判标准等。具体司法实践也在不断通过科学、合理、周延的界定方法，尽量弥合不同主体对商标标志自身含义认知的差异，寻求"自由创新"与"适度干预"之间的有机平衡。[②] 正如最高院在"蓋璞内衣"案[③]中所指出的，相对于损害特定民事主体利益的禁止商标注册的相对理由条款而言，绝对理由条款的个案衡量空间应当受到严格限制，对是否有害于社会公共利益和公共秩序进行判断的裁量尺度更不应变动不居。

---

① 周丽婷."微信"案承办法官自述审理心路［EB/OL］.（2015-03-25）［2022-10-17］.https://mp. weixin. qq. com/s/077T6Aqr7e-heC1wla1RbA.

② 陶钧. 关于标志具有"其他不良影响"的价值界定与判定方法：以"符号学"为视角进行认知［J］. 法律适用，2020（16）：104.

③ 最高人民法院（2016）最高法行再 7 号行政判决书。

（二）行政职责履行与司法审查逻辑的需要

1. 行政机关需兼顾行政职责与行政效率

维护公共利益需要具体国家机关执行。《商标法》第 2 条规定了国家知识产权局作为法律授权的行政机关，[①] 具有商标注册、管理和争议处理的行政职责，对于损害社会公共利益和公共秩序的商标，行政机关始终负有审查管理的职责。为此，《商标法》设置了"依职权无效"评审制度。而行政机关对注册商标的依职权监督来源于其行使行政权力、履行行政职责的任一阶段。因此，当行政机关在处理双方当事人依请求无效宣告案件中发现涉案商标不满足实质合法性要件时，其能够、也应当依职权进行审查。此时商标评审规则中的"不诉不理"作为意思自治原则的表现，需受到国家公权力对保护公共秩序和公共利益的限制。但为避免破坏"依请求"程序所侧重的双方"对抗关系"，在涉及实质合法性问题的具体审查方式和程序衔接上，依然可以沿用"依请求"与"依职权"的并行模式。

在现行模式中，国家知识产权局通常已就"依请求"案件中涉案商标的实质合法性展开审查。根据商标含义"非唯一性"所带来的裁量空间，可以将商标标识本身分为"明显合法""明显不合法"和"可能不合法"三种情形。对于"明显合法"的标识，行政机关无须单独就合法性进行审查；对于"明显不合法"的标识，如果请求人主张的其他条款不宜或不能[②]无效涉案商标，行政机关的职责要求其应当中止案件评审，转而发起依职权无效宣告程序，待处理完毕后终结依请求案件；对于"可能不合法"的标识，行政机关必然会结合案情作出或"合法"或"不合法"的最终判断，进而导向前述两种处理方式。注册商标经过商标授权程序的审查后，"明显不合法"和"可能不合法"的占比较小，行政机关在履行其行

---

① 国家知识产权局第 295 号公告载明，根据中央机构改革部署，原国家工商行政管理总局商标局、商标评审委员会、商标审查协作中心整合为国家知识产权局商标局。机构调整后审查工作将以国家知识产权局的名义开展，原国家工商行政管理总局商标局、商标评审委员会、商标审查协作中心名称不再使用。

② "不宜"是指请求人提出的条款实际为双方当事人针对私权归属的争议；"不能"是指请求人提出的绝对条款或相对条款均不能成立。

政职责的同时不会过度拉低行政效率。当行政机关最终作出"维持注册"的裁定时,意味着行政机关认为涉案商标具备实质合法性且请求人的请求理由不能成立;当行政机关未中止"依请求"程序并作出"宣告无效"的裁定时,可能存在两种情形:一是涉案商标仅违反请求人主张的绝对条款A或相对条款a;二是涉案商标还违反了绝对条款B但根据请求人主张的A或a适当并足以作出裁定。后者基于行政效率的考量不再单独发起依职权程序。

为更大限度地提升行政效率,减少不同程序切换带来的资源浪费,未来可进一步探索"依请求"和"依职权"程序的贯通。该模式在国内外均有先例,例如,《日本商标法》为注册异议设置了依职权复审程序,在该程序中,对于商标权人、注册异议申请人或参加人没有申请的理由,亦可以进行复审。[①] 再如,根据《专利审查指南(2023)》第四部分第三章4.1的规定,复审和无效审理部以依申请审查为原则,但在八种情形下可以依职权进行审查。其中就包括专利权存在请求人未提及的明显不属于专利保护客体的缺陷(《专利法》第2条、第5条[②]、第25条规定情形),专利局复审和无效审理部可以引入相关的无效宣告理由进行审查。或者专利权存在请求人未提及的缺陷而导致无法针对请求人提出的无效宣告理由进行审查的,专利局复审和无效审理部可以依职权针对专利权的上述缺陷引入相关无效宣告理由并进行审查。可见,在"依请求"案件中,行政机关直接依职权引入绝对条款审查具有相应的程序空间。

2. 司法审查的内容及逻辑起点

从司法审查的内容来看,司法审查制度起源于英美法系国家,具体表现为法院对政府的命令、决定、行政裁决等抽象行政行为和具体行政行为都有权审查,以防止行政权力的滥用。在我国行政诉讼框架下,无论一审还是二审,司法权对行政权的监督均包括"行政机关是否履责"和"行政行为是否正确"。当司法机关对涉案商标的实质合法性产生疑问时,首

---

① 《日本商标法》第43条之9。

② 《专利法》第5条规定,对违反法律、社会公德或者妨害公共利益的发明创造,不授予专利权。

先需要审理行政机关是否尽到了审查义务，其次再考虑行政行为是否正确。如果行政机关履行了义务但行为有误，司法机关直接进入"行政行为是否正确"的审查；但如果行政机关基于行政效率等各方面的考量未能全面履行义务，导致行政行为逻辑不通或结论错误，司法机关应当先就"行政机关未予履责"予以指出和纠正。例如，在"中国劲酒"商标申请驳回复审行政一案中，最高人民法院认为"中国劲酒"商标虽然并未违反《商标法》第10条第1款第1项之规定，但行政机关仍然应当根据《商标法》其他相关规定予以审查。例如，此类标志若具有不良影响，仍可以按照《商标法》相关规定认定为不得使用和注册的商标。① 再如在"魔芋爽"商标申请驳回复审行政一案中，北京知识产权法院认为被告对"魔芋爽"使用在魔芋粉商品上违反《商标法》第10条第1款第7项的认定错误，同时，该商标是否违反《商标法》其他禁止性规定，被告在重新审查时可以根据其他条款再行认定。② 在"依请求"无效案件中，对于"可能不合法"但依绝对条款A或相对条款a不能或不宜宣告无效的，考虑到商标评审的复杂性和评审裁决的效率性，需结合具体案情考量行政机关是否尽到绝对条款B的审查义务以及其审查结论，对此，行政机关负有举证说明责任。

从案件审理的逻辑来看，"依请求"案件多表现为请求人与被请求人之间的私权争议，具体而言可以将相对条款分为"禁用型"条款和"确权型"条款，前者如《商标法》第13条、第30条，以禁止涉案商标权利人使用、占有为目的；后者如《商标法》第15条、第32条，以确定涉案商标权利归属为请求人为目的。在"确权型"商标无效案件中，各方当事人为争夺私益不会对标识本身的合法性产生争议，但对司法机关而言，判断涉案商标是否具有实质合法性是私权争议处理无法绕过的起点，只有与公共利益和公共秩序不相抵触的私权才能进入权利归属的审理环节。因此，如果涉案商标不具备实质合法性，则无须也不能进入下一阶段的审理，忽

---

① 最高人民法院（2010）行提字第 4 号行政判决书，行政阶段争议条款为《商标法》第 10 条第 1 款第 1 项。

② 北京知识产权法院（2021）京 73 行初 8746 号行政判决书，行政阶段争议条款为《商标法》第 10 条第 1 款第 7 项。

略绝对条款直接审查相对条款，将导致案件审理走向谬误和两难。

综上可见，公权对私权限制的最终目的在于保护私权及社会的正常高效运转，知识产权特有的公共政策属性更使商标的保护需服从于增加国家竞争优势、提升国家核心竞争力的公共政策部署。考虑到商标含义的动态发展、行政机关的审查职责以及司法审查的内容和逻辑，绝对条款适用标准虽仍需探索，不能裹足不前，审理机关尤其是司法机关在对涉案商标的实质合法性产生怀疑时应当先对其实质合法性进行审查。在"icourt"案中，虽然行政机关辩称"不诉不理"，但其与司法机关的争议实质在于对涉案商标是否具有实质合法性的价值判断，行政机关经评审认为"icourt"标识本身并未违反绝对条款。可见在该案中，行政机关其实已经就涉案商标的合法性展开审查并作出了判断。此时，司法机关可以进入"行政行为是否正确"的司法审查环节。

四、司法机关有权就实质合法性作出独立判断

（一）《Trips 协议》与我国商标司法审查的扩张探索

《Trips 协议》为成员方的知识产权保护提供了行政保护和司法保护两条路径，虽然两者各有分工，但根据该协议第 41 条第 4 款及第 62 条第 4 ~ 5 款的规定，行政机关的行政裁决需接受司法审查，确立了司法保护在知识产权取得、维持和保护中的决定性、终局性地位。世界主要国家的知识产权取得维持制度亦由司法机关主导，我国虽然采取行政诉讼模式，但随着我国政治文明水平、对外开放水平的提升，司法审查强度不断扩张。

1. 司法审查在他国实践中占据主导地位

根据《Trips 协议》第 41 条第 5 款的规定，各成员方可以根据本国国情采取不同的司法审查模式及程序。美国采用民事诉讼优先的综合模式，商标注册申请人、抵触程序的当事人、异议程序的当事人、作为合法并存使用者申请注册的当事人、撤销程序的当事人、已按《美国法典》第 1058

条的规定提交了宣誓书的注册人，或者续展注册的申请人，如果对专利商标局（PTO）局长或商标审判及上诉委员会的决定不服，可以有两种救济途径：一是向美国联邦巡回上诉法院提出上诉，专利商标局局长需向法院提交档案文件清单和简短说明，法院根据专利商标局的档案记录重新审查决定后，向专利商标局局长发布命令和意见，这些命令和意见应记录于专利商标局的档案，并适用于该案件后续的程序。二是采取民事诉讼补救措施，在单方当事人参与的案件中，起诉书的副本应当送达专利商标局局长；在以有利害关系的另一方当事人为被告的双方程序中，专利商标局局长不得成为一方当事人，但受理法院应通知专利商标局局长有关申诉，且专利商标局局长有权介入该诉讼，法院可根据该案的事实情况判定申请人是否有资格获得有关申请的注册，或一项注册是否应被撤销，或程序中需解决的其他问题，并授权专利商标局局长采取必要行动。两种途径中，均由法院享有商标注册、异议、撤销等的最终决定权，且民事诉讼更为优先。① 在美国专利商标局诉 Booking.com 案 ② 中，专利商标局认为涉案商标"Booking.com"是一个在线酒店预订服务的通用名称，拒绝商标申请人的注册；商标申请人选择民事诉讼模式向地区法院寻求救济，地区法院和上诉法院驳回了专利商标局的论点，作出涉案商标可以注册的最终判决。

德国将商标科和商标处的裁决视为"准司法程序"，当事人可以选择向德国专利商标局（DPMA）提出"特别抗议"，或向联邦专利法院提出"上诉"。如果当事人同时提出"抗议"和"上诉"，则通常由专利法院进行审理，专利商标局局长原则上无须成为案件当事人，但是专利商标局局长可以基于公共利益的保护在上诉诉讼中作出书面声明，出庭并作出陈述；或者专利法院需要审理重要的法律问题时，可以通知专利商标局局长参与上诉诉讼，此时专利商标局局长就成为诉讼的一方利害关系人。③ 德国联邦专利法院通常直接作出有关商标注册的判决，极少回专利商标局重

---

① 《美国法典》第 1071 条和第 1072 条。

② United States Patent and Trademark Office v. Booking. com B. V., （2020）, 140 S. Ct. 2298.

③ 《德国商标和其他标志保护法》第 64 条、第 66 条和第 68 条。

审，大多数案件经历行政一审、司法一审即可结束。① 对于商标撤销和宣告无效的申请，当事人除了可以选择向专利商标局提出外，还可以向地方法院提起诉讼。法院应将提起诉讼的日期通知专利商标局，并向专利商标局发送终审判决的副本，在此过程中，专利商标局只能应公诉机关请求就与提交或注册的商标有关问题提供意见。最终，专利商标局将起诉日期、诉讼结果连同判决成为终局的日期一起载入登记册。②

日本的行政裁决同样被视为"准司法程序"，除单方当事人案件的被告是特许厅长官外，当事人如不服特许厅作出的商标撤销或无效裁定，应当以对方当事人为被告提起上诉。法院可以作出撤销、确认或变更判决，法院有权确定商标权的效力，商标主管机关无须再次作出行政裁定，直接执行该生效判决即可。③

在英国，当事人可以选择向注册局长或法院申请宣布商标无效，但法院具有优先性，并且注册局长可以将当事人的申请提交给法院。对于恶意注册的商标，商标局长可以自行向法院提出，要求宣告该注册无效。④

可见，无论各国对涉案商标的取得或维持采取何种司法审查模式，司法机关均享有根据事实情况独立作出终局判断的决定权，甚至可以不以行政裁决为前提，直接依当事人申请在民事诉讼中作出撤销或无效涉案商标的判决，而行政机关无须重新作出裁定，根据生效判决修改商标档案即可。

2. 我国商标行政案件司法审查强度的扩张探索

司法文明水平与政治文明水平高度相关，为了推动知识产权更大范围、更宽领域、更深层次对外开放，统筹推进知识产权国际合作，积极参与全球知识产权治理体系建设，加强知识产权领域多边合作，持续提升知

---

① 国家工商总局商标评审委员会. 德国、英国、欧盟商标司法审查制度考察与分析 [J]. 中国工商管理研究，2005（1）：32.

②《德国商标和其他标志保护法》第 53 条和第 55 条。

③ 卓丽. 商标授权确权诉讼模式研究 [J]. 司法改革论评，2019（1）：314.

④《英国商标法》第 47 条。

识产权国际影响力和竞争力，服务开放型经济发展，① 必须探索接轨知识产权国际保护规则，提升我国司法审查的质量与强度。近年来，随着我国政治文明水平及对外开放水平的不断提升，我国商标审判的专业化和能动性进一步提升，对司法审查的强度产生了积极影响。

2007 年 1 月公布的《最高人民法院关于全面加强知识产权审判工作为建设创新型国家提供司法保障的意见》（法发〔2007〕1 号）即指出，司法机关在事实认定和法律适用上对行政行为进行全面的合法性审查。但在商标行政案件中，司法机关对事实认定的审查强度应采取"实质性证据标准"还是"重新审理标准"？对此本文认为，司法审查强度与行政行为的类型密切相关。行政机关在国家运转中的角色并非一成不变，例如，行政许可行为本质上是行政机关行使其行政管理职责、以保证社会的高效稳定运行的行政行为，属于典型的"行政权"辐射范围，后续行政诉讼的作用在于监督行政权的正确有效行使而非否定行政权威，因此不宜采用法院的判断来取代行政机关的判断。但在行政裁决案件中，国家将原属于司法机关承担的审判职责分流至行政机关，行政机关居中裁判当事人之间的民事侵权纠纷，具有"准司法"特点，后续司法审查相当于民事二审程序，司法机关有权综合在案证据对事实认定重新作出审查，故在审查内容及审查强度上有别于传统行政行为。虽然最高人民法院《关于行政案件案由的暂行规定》（法发〔2020〕44 号）并未明确"商标授权确权行政行为"的类型，但从域外"准司法"实践以及"依请求"案件多为私权纠纷的特点来看，"依请求"无效裁定更类似于行政裁决行为。因此，行政机关在"依请求"案件中的裁量同样具有"准司法"特点，法院作为"高质量发展阶段"下居中裁判、处理纠纷的专业机关，有权亦能够作出独立的事实判断。

我国司法实践已经对此作出较多探索。在"陈麻花"商标权无效宣告请求行政纠纷一案 ② 中，针对二审判决认定"陈麻花"使用在"麻花"商

---

① 《国务院关于印发"十四五"国家知识产权保护和运用规划的通知》（国发〔2021〕20 号）。

② 最高人民法院（2021）最高法行再 255 号行政判决书，行政阶段及一二审在"麻花"商品上的争议条款为《商标法》第 11 条第 1 款第 1 项。

品上未违反《商标法》第 11 条第 1 款第 1 项的结论，互旺公司等在再审中主张诉争商标即便不构成"通用名称"，也违反了《商标法》第 11 条第 1 款第 3 项规定，最高人民法院认为虽然"陈麻花"尚不足以构成麻花类商品的通用名称，但诉争商标申请注册时已不能区别具体的麻花商品的生产者、经营者，违反了《商标法》第 11 条第 1 款第 3 项之规定。在"大姨妈及图"商标权无效宣告请求行政纠纷一案① 中，针对二审法院认定"大姨妈及图"使用在"提供在线论坛"等服务上未违反《商标法》第 11 条第 1 款第 2 项、第 3 项的结论，美柚公司在再审中主张诉争商标违反《商标法》第 10 条第 1 款第 8 项情形，最高人民法院认为《商标法》第 10 条第 1 款第 8 项系商标注册的绝对条款，如果商标的注册违反此条规定，应当被禁止，最终认定涉案商标违反了《商标法》第 10 条第 1 款第 8 项。上述案例虽然在程序上引发了广泛的争议和讨论，但也从侧面印证了司法机关对涉及公共利益和公共秩序事实认定的独立判断。

司法机关在对涉案商标的实质合法性作出独立判断后如何与行政程序衔接，属于我国商标司法审查的另一宏大课题。针对我国传统行政诉讼模式下商标案件呈现出的"循环诉讼""终审不终"等问题，诉讼模式的改良意见一直被提出，如在保有现行行政诉讼程序的基础上由司法机关作出关于商标效力的终局判决，直接通知行政机关维持有效或公告无效；又如将以私益为标的的商标案件改为民事诉讼模式② 等。2014 年《最高人民法院关于审理商标授权确权行政案件若干问题的规定（征求意见稿）》曾就"司法机关直接作出终局判决"作出过相应探索，如第 26 条规定了"驳回复审案件中直接变更法律依据"，人民法院在审理商标驳回复审行政案件时，如果认为商标评审委员会已对诉争的事实和理由进行实体审理且认定事实清楚，审查程序合法，被诉裁决结论正确，仅是适用法律不当的，人民法院可在直接变更法律依据的基础上判决驳回原告诉讼请求；第 28 条规定了"实质性解决纠纷"，人民法院经过审理认为商标评审委员会宣告

---

① 最高人民法院（2019）最高法行再 240 号行政判决书，行政阶段争议条款为《商标法》第 11 条第 1 款第 2 项和第 3 项。
② 李雷，梁平. 论我国商标授权确权程序的优化［J］. 知识产权，2017（7）：79.

诉争商标无效的理由均不能成立，且无效申请人所提理由均已经过审理，诉争商标应当予以维持的，可直接判决撤销被诉裁决，不再判决商标评审委员会重新作出裁决。虽然上述规定最终并未被纳入 2017 年的司法解释，但在现行商标行政诉讼规定下，针对个案的具体情况，司法机关在"依请求"案件最终的程序处理上仍有多种选择，例如"陈麻花""大姨妈及图"案在结论正确的基础上维持被诉裁定；再如类似"中国劲酒"案在指出问题的基础上撤销被诉决定，判令行政机关重新审查，行政机关可在启动依职权程序后对依请求程序予以终结等。但可以确认的是，无论诉讼模式是否改变、程序上如何衔接，司法机关如认为涉案商标可能存在违反绝对条款的情形，在听取各方当事人意见的前提下，能够对涉案商标的实质合法性展开审查并作出独立判断。

（二）司法机关在民事案件中对实质合法性的独立判断

进一步言，除司法审查以外，司法机关在商标民事案件中还有权且必须就涉案商标的实质合法性进行审查。《民法典》第 8 条、第 132 条、第 153 条要求民事主体的民事行为需尊重社会公共利益、公共秩序及善良风俗，否则将导致该法律行为无效。司法机关作为私权争议的居中裁判者，民事程序的启动虽然具有被动性，但其对民事权利基础的审查具有主动性，表现为司法机关可以拒绝保护损害社会公共利益和公共秩序的注册商标。

商标权作为经使用方可形成的私权，应当将注册视为一种关于商标有效性的推断性证据，在侵权案件中仍需将商标的有效性及权利范围问题留给法院判断。[①] 例如，《美国法典》规定，主注册簿上的注册应为注册人所有权主张的推定通知；《德国商标和其他标志保护法》规定，应推定登记册中记录为所有人的一方有权享有商标注册产生的权利。前述权利外观在民事诉讼程序中可能会被推翻。在杜邦公司诉吉田公司案

---

① TUSHNET R. Registering disagreement：registration in Pattern American Trademark Law［J］. Harvard Law Review，2017（130）：867-941. 转引自卓丽. 商标授权确权诉讼模式研究［J］. 司法改革论评，2019（1）：313.

（DuPont v.Yoshida）① 中，面对原告的商标侵权指控，被告提出了原告商标"TEFLON"已经成为通用名称，进而不应当受到保护的抗辩，法院对此展开了具体审查。面对权利基础的有效性审查，日本法院发现原告抢注了他人的商标或者其他商业标记，为了保护在先的商标或者商标所有人的合法利益，其通常会以商标注册所有人"滥用商标权利"为由，判定原告不能获得相应的法律救济。② 可见，在域外立法和司法中，注册商标在民事案件中能否受到保护需经司法机关独立审查。我国司法实践亦呈现该特征，在"一品石"案③ 中，法院认为原告是在侵害被告在先著作权的基础上取得的涉案商标，该行为违反了诚实信用原则，不具有正当性，即便其商标形式上获准注册，亦不具有实质上的合法性，不应受到法律保护，但其仍据此向被告提起商标侵权之诉，其诉讼行为构成权利滥用，其诉讼请求缺乏合法的权利基础，法院不予支持。在"青花椒"案④ 中，法院首先认为涉案商标在"餐饮"服务上显著性较低、保护范围不宜过宽，再认定被告的使用属于对"青花椒调味料"的客观描述，最终驳回原告基于注册商标所主张的诉讼请求。但需要看到的是，现行制度框架下我国司法机关在民事案件中对注册商标合法性的审查具有个案性，不会当然地对该商标的注册状态产生影响。而在域外立法及司法中，注册商标的取得、维持和保护经由不同程序最终汇总决定于司法机关，司法机关在各个程序中的意见均会对该商标后续状态产生影响，这也为未来我国健全系统完备的商标司法保护体系提供了参考空间。

综上可见，《Trips 协议》及世界主要国家均确立了司法保护在知识产权取得、维持和保护中的决定性地位。我国政治文明水平和对外开放水平的提升、依请求案件的"准司法"特点使司法机关在该类型案件中的司法审查强度不断扩张，进而能够对涉案商标的实质合法性作出独立判断。因此在"icourt"案中，法院有权对该商标是否具有实质合法性进行独立判

---

① E. I. DuPont de Nemours & Co. v. Yoshida Intern., Inc.（1975），393 F. Supp. 502.

② 卓丽. 商标授权确权诉讼模式研究［J］. 司法改革论评，2019（1）.

③ 最高人民法院（2021）最高法民再 30 号行政判决书。

④ 四川省高级人民法院（2021）川知民终 2152 号民事判决书。

断，只是经多方论证后最终认为该商标符合实质合法性要求，故在判决中仅体现了《商标法》第 32 条等条款的审理。此外，司法机关在商标民事案件中同样可就涉案商标的实质合法性进行审查及判断，并体现为对损害公共利益和公共秩序注册商标的拒绝保护。

五、结语

习近平总书记在党的二十大报告中指出，要"加快构建新发展格局，着力推动高质量发展"。"高质量发展"离不开"高质量知识产权"，更离不开"高质量司法"。本文中，笔者旨在从"icourt"案出发，提出在办案过程中对司法机关审查涉案商标实质合法性的思考，以期为司法实践提供一种可行思路。"没有哪一种模式必定是完美无缺、一劳永逸的"[①]，行政权与司法权之间的边界及配合关系亦随着社会发展动态变化，以期构建符合当前发展阶段需求的知识产权协同保护体系。因此，司法需要在法律规定的范围内根据社会情况的变化作出适应性调整，这在本文中具体表现为司法机关在行政诉讼和民事诉讼中对涉案商标实质合法性享有的独立审查判断权。但限于篇幅，对于司法保护与行政保护如何衔接合力、商标取得维持制度及诉讼模式是否需要调整、司法审查与行政程序如何衔接等问题，仍有待继续讨论。

---

① 孔祥俊.论解决知识产权权利冲突的民事司法与行政程序之界分 [J].河南社会科学，2005，13（6）.

我国驰名商标制度的反思与修正*

宋 健

作者简介

宋健，厦门大学特聘业界名家，江苏省高级人民法院原审判委员会委员、知识产权庭庭长、二级高级法官，全国审判业务专家。自2004年开始专业从事知识产权审判工作，2012年入选首批"全国知识产权领军人才"。主审的上诉人天隆公司与上诉人徐农公司侵害植物新品种权纠纷案，被最高人民法院公布为指导案例86号，入选2013年中国法院十大创新性知识产权案例，并于2019年入选《世界知识产权组织知识产权典型案例集（中华人民共和国卷2011—2018）》30件典型案例。

一、问题的提出

驰名商标是指为相关公众所熟知的商标，[①]体现出经长期经营的商标所累积的较高市场知名度与声誉。但2013年《中华人民共和国商标法》（以下简称《商标法》）第三次修正增加规定"不得宣传条款"，即第14条第5款："生产、经营者不得将'驰名商标'字样用于商品、商品包装或者容器上，或者用于广告宣传、展览以及其他商业活动中"，这显然是为了纠正之前相当时期内存在的驰名商标"异化"现象。

实践中，早在2009年最高人民法院在相关司法解释中就已经确立严

---

* 该文于2022年12月26日发表于知产财经网。

① well-known trademark，在英文中意为"众所周知的商标"，日本和我国台湾地区翻译为"著名商标"。

格"按需认定"的原则。在此之后，司法认定驰名商标的标准堪称严格甚至严苛。根据广州知识产权法院发表的报告，通过对 2016—2020 年广东省高级人民法院、广州知识产权法院等法院审理的 146 件驰名商标民事侵权案件的实证研究，其中针对"关于目前司法实践对驰名商标认定标准的高低"的问卷调查，律师群体和企业知识产权管理人员认为认定标准"过高"和"比较高"的比例分别为 60.27% 和 61.66%；而从法院裁决结果看，认为有必要进行驰名商标认定的占比为 36.99%，而认为没有必要进行驰名商标认定的占比为 63.01%。[①] 以上数据表明，法院最终支持权利人诉请认定驰名商标的比例尚不足四成，反映出司法实践中对驰名商标认定标准的严格把控，对此学界也有相关的反思与探讨。[②]

对是否应该认定驰名商标，有时在个案中也明显可见司法的某种"困惑"，即究竟是认还是不认？不过近期的变化是，认定商标驰名的案件有所增加。《商标法》第五次修正已经启动，其中涉及驰名商标条款的修改。本文旨在通过回顾我国驰名商标制度的历史沿革，梳理司法严格"按需认定"驰名商标的实践现状，反思我国驰名商标制度存在的问题，以期推动司法认定驰名商标回归事实认定的理性，并为构建更为合理的驰名商标制度，即统一驰名商标同类保护和跨类保护的标准，提出相应的修法建议。

二、我国驰名商标制度的历史沿革

追溯我国驰名商标制度的发展历史，有助于深刻理解驰名商标制度及其实践在我国的历史走向。

我国 1982 年颁布《商标法》时并未规定驰名商标制度。驰名商标保护的实践始于 1985 年我国加入《保护工业产权巴黎公约》（以下简称《巴

---

① 广州知识产权法院课题组，黎炽森，王太平，等 . 新发展格局下驰名商标的司法认定和保护［J］. 中国审判，2022（21）：76-79.

② 王莲峰，胡丹阳 . 驰名商标的司法认定原则：评北京市高级人民法院判决认定"bilibili"属于驰名商标案［EB/OL］.（2022-09-30）［2022-09-30］. https://mp. weixin. qq. com/s/3coaYhn-JN6jx0t6jcJ4rwA.

黎公约》）。因涉及"如何按照公约的要求保护驰名商标的问题"，原国家工商行政管理局（以下简称原国家工商局）采取了积极保护驰名商标的态度。1987 年 8 月，国家商标局在商标异议程序中认定美国必胜客国际有限公司"PIZZAHUT"商标及屋顶图形商标为驰名商标，这是我国加入《巴黎公约》后认定的第一件驰名商标。[①]1996 年 8 月，原国家工商局发布《驰名商标认定和管理暂行规定》（局令第 56 号），明确其下属的国家商标局负责驰名商标的认定与管理工作。2003 年 4 月，原国家工商行政管理总局发布《驰名商标认定和保护规定》（国家工商行政管理总局令第 5 号），进一步明确国家商标局和商标评审委员会可以在商标异议、注册商标撤销和商标管理过程中认定驰名商标。

　　同期，人民法院在个案中开始对驰名商标作出认定，尽管对此曾存在争议，但鉴于这是国际通行做法，"我国学术界也取得了人民法院有权在个案中认定驰名商标的一致性意见"。[②] 2001—2002 年，最高人民法院先后发布关于网络域名纠纷案件、商标民事纠纷案件的相关司法解释，[③]初步确立了驰名商标个案认定、被动认定和按需认定的司法认定原则。但此时，"按需认定"原则的具体内容并不明确，只是提出"原告未提出主张的，或者根据案情无需对商标是否驰名予以认定的，人民法院不予认定"。[④]

　　为了满足中国加入世界贸易组织的要求，2001 年《商标法》第二次修正，从立法上正式引入驰名商标制度。其中，第 13 条区分驰名商标是否在中国注册，分别给予不同范围的保护：（1）就相同或类似商品申请注册的商标是复制、模仿或者翻译他人未在中国注册的驰名商标，容易导致混

----

① 黄晖.商标法［M］.2 版.北京：法律出版社，2016：241.

② 最高人民法院民三庭庭长蒋志培就《关于审理计算机网络域名纠纷案件适用法律若干问题的司法解释》答记者问：依法正确审理计算机网络域名纠纷案件［Z/OL］.［2022-03-20］. http://ipr.cupl.edu.cn/info/1324/10644.htm.

③《最高人民法院关于审理涉及计算机网络域名民事纠纷案件适用法律若干问题的解释》（法释〔2001〕24 号），《最高人民法院关于审理商标民事纠纷案件适用法律若干问题的解释》（法释〔2002〕32 号，以下简称《商标民事案件司法解释》）.

④ 蒋志培.如何理解和适用《关于审理商标权民事纠纷案件适用法律若干问题的解释》［J］.人民司法，2003（2）：15-23.

淆的，不予注册并禁止使用；（2）就不相同或不相类似商品申请注册的商标是复制、模仿或者翻译他人已经在中国注册的驰名商标，误导公众，致使该驰名商标注册人的权利可能受到损害的，不予注册并禁止使用。上述规定，意味着未在中国注册的驰名商标可以获得同类保护，已注册驰名商标可以获得跨类保护。

但是，自 2001 年《商标法》正式确立驰名商标制度后，以行政认定为主导的驰名商标认定逐渐偏离了初衷。一是由政府主导的驰名商标认定演变成"政绩"工程，使驰名商标保护非正常地承载了其他意义；[①] 二是驰名商标认定开始超越个案保护的意义，而主要被应用于企业的广告宣传。此外，驰名商标司法认定中也出现为获得认定而虚假诉讼的情形。上述种种异化现象，使驰名商标认定制度遭到社会的普遍质疑和诟病。[②]

出于规范驰名商标司法认定工作的考虑，最高人民法院于 2009 年发布了《最高人民法院关于审理涉及驰名商标保护的民事纠纷案件应用法律若干问题的解释》（法释〔2009〕3 号，以下简称《驰名商标司法解释》）。[③]

在该司法解释中，首先是明确商标是否驰名属于事实认定；其次是明确驰名商标"按需认定"，即认定驰名商标的"必要性"的具体适用条件。概言之，一是驰名商标司法认定实行"双跨类"机制，即跨类别保护与跨字号保护，司法实践中亦简称为"跨类认驰"；二是商标是否驰名实行

---

① 孔祥俊，夏君丽.《关于审理涉及驰名商标保护的民事纠纷案件应用法律若干问题的解释》的理解与适用［J］.人民司法，2009（13）：46－52.

② 王俊，龙小宁.驰名商标认定机制对企业经营与创新绩效的影响［J］.经济科学，2020（2）：61－73.

③《驰名商标司法解释》已于 2020 年 12 月 23 日由最高人民法院审判委员会第 1823 次会议通过的《最高人民法院关于修改〈最高人民法院关于审理侵犯专利权纠纷案件应用法律若干问题的解释（二）〉等十八件知识产权类司法解释的决定》修正，具体条款内容未作实质性修订，仅略有调整。考虑到文章内容的协调，本文仍引用修正前的司法解释，特此说明。

"双不审查"限制，即同类保护不审查与商标不近似不审查等。^①至此，最高人民法院通过司法解释确立了驰名商标严格"按需认定"原则，且在个案中对认定商标驰名的需要专门阐述认定"必要性"的裁判理由，而之后2013年《商标法》修正则进一步增加"不得宣传条款"。^②

综上，我国驰名商标制度历经加入国际公约—驰名商标认定实践先行—2001年《商标法》修正立法规定驰名商标制度—驰名商标认定出现异化现象—2009年司法解释确立严格"按需认定"标准—2013年《商标法》修正增加"不得宣传条款"等发展过程，此为我国驰名商标制度及其实践现状的历史背景。

三、我国驰名商标司法实践现状梳理

客观而言，驰名商标适用严格"按需认定"原则，对于矫正特定时期驰名商标异化现象具有积极作用，但也难免"矫枉过正"。原因是，尽管同时期最高人民法院的司法政策强调："对于确实符合法律要求的驰名商标，要加大保护力度，坚决制止贬损或者淡化驰名商标的侵权行为，依法维护驰名商标的品牌价值"，但同时亦强调："严格把握驰名商标的认定范围和认定条件……凡商标是否驰名不是认定被诉侵权行为要件的情形，均不应认定商标是否驰名。凡能够在认定类似商品的范围内给予保护的注册商标，均无需认定驰名商标。"^③这导致在司法实践中驰名商标认定的范围

---

①《驰名商标司法解释》第2条规定："在下列民事纠纷案件中，当事人以商标驰名作为事实根据，人民法院根据案件具体情况，认为确有必要的，对所涉商标是否驰名作出认定：（一）以违反商标法第十三条的规定为由，提起的侵犯商标权或者不正当竞争诉讼；（二）以企业名称与其驰名商标相同或者近似为由，提起的侵犯商标权或者不正当竞争诉讼；（三）符合本解释第六条规定的抗辩或者反诉的诉讼。"该司法解释第3条规定："在下列民事纠纷案件中，人民法院对于所涉商标是否驰名不予审查：（一）被诉侵犯商标权或者不正当竞争行为的成立不以商标驰名为事实根据的；（二）被诉侵犯商标权或者不正当竞争行为因不具备法律规定的其他要件而不成立的。"

② 2019年《商标法》第四次修正时，对驰名商标条款未作修改。考虑到文章内容的协调，本文仍引用修正前的《商标法》，特此说明。

③《最高人民法院关于当前经济形势下知识产权审判服务大局若干问题的意见》（法发〔2009〕23号）第8条规定。

被大幅度压缩。

（一）关于跨类保护

根据司法解释严格限定跨类认定驰名商标的要求，长期以来，法院在个案中通过尽量扩张类似商品／服务的认定，以减少"跨类认驰"的需求。关于类似商品／服务的认定，《商标民事案件司法解释》规定了宽泛且弹性的标准。可简要概括为：判断类似商品／服务采取混淆标准，以相关公众的一般认识进行综合判断，《商标注册用商品和服务国际分类表》《类似商品和服务区分表》可以作为参考。[①]

以"安踏眼镜案"[②]为例，该案中，原告的"安踏"商标核定使用在第25类服装、游泳衣、运动鞋上，且国家商标局早在2002年3月22日就已认定原告运动鞋商品上的"安踏"商标为驰名商标，而被诉侵权商品是眼镜及眼镜框。在该案中，法院认为，两者的消费群体均为一般社会公众，消费对象具有重合性，均可用于穿戴、具有一定防护功能，功能、用途相近，故两者构成《商标法》第57条规定的类似商品，且两者商标构成近似，判定构成侵权，赔偿损失及合理支出15万元。实践中，此类案件及其相应的裁判说理，举不胜举。

如果说，以消费群体具有重合性以及功能和用途相近为由回避跨类认驰尚可接受，那么在另一些案件中刻意回避跨类保护，则反映出严格认定

[①]《商标民事案件司法解释》第11条规定："类似商品，是指功能、用途、生产部门、销售渠道、消费对象等方面相同，或者相关公众一般认为其存在特定联系、容易造成混淆的商品。类似服务，是指在服务的目的、内容、方式、对象等方面相同，或者相关公众一般认为存在特定联系、容易造成混淆的服务。商品与服务类似，是指商品和服务之间存在特定联系，容易使相关公众混淆。"第12条规定："认定商品或者服务是否类似，应当以相关公众对商品或者服务的一般认识综合判断；《商标注册用商品和服务国际分类表》《类似商品和服务区分表》可以作为判断类似商品或者服务的参考。"

[②] 广东省深圳市宝安区人民法院（2020）粤0306民初38969号民事判决书。

政策的深刻影响。以"和睦佳宠物医院案"①为例，该案中，原告的"和睦家"注册商标广泛用于医疗服务，且已有五份商标无效宣告请求裁定书中认定"和睦家"注册商标经过长期宣传，在"医院；保健；疗养院"服务上已为相关公众所熟知。被告在其开设的"宠物医院"使用"和睦佳宠物医院"等标识，其攀附的故意明显。法院认为，一方面，"和睦家"注册商标核定服务的类别中包含了"兽医辅助"，被告未经许可在相同类别之上使用近似标识，容易导致消费者对服务来源或者服务提供主体关联性产生混淆或者误认，依法构成侵权；另一方面，"和睦家"作为高端医疗以及个性化医疗的品牌影响力不断扩大，而被诉侵权标识使用领域为宠物医院，在医院与宠物医院均属医学领域。两者行业属性存在一定关联的情况下，被诉标识的使用容易使消费者对两者服务主体是否存在特定关系产生不当联想，也会一定程度破坏"和睦家"作为高端医疗品牌的市场定位，并且对其商标声誉亦会产生相应的影响。最终法院同时适用 2013 年《商标法》第 57 条第 2 项近似条款和第 7 项"其他损害"条款，认定构成商标侵权。从裁判理由看，人类医疗服务显著区别于兽医服务，本案具有跨类"认驰"的事实基础，但最终法院没有选择跨类保护，显然是碍于权利人同时在"兽医辅助"类别上也注册有"和睦家"商标，由此带来的思考是，当权利人在不同类别上均有注册商标时，究竟应当如何保护驰名商标？换言之，在多个类别的注册商标中，被告攀附的究竟是权利人的驰名商标还是同类别注册商标？这其实是驰名商标保护中长期未能完全达成共识的问题。

---

① 江苏省苏州市中级人民法院（2020）苏 05 民初 1459 号民事判决书。法院认定，自 1996 年 3 月北京和睦家医疗中心有限公司成立以来，2002 年 7 月至 2015 年 5 月，"和睦家"医疗品牌在北京、上海、天津、青岛、广州等地先后开设了 14 家诊疗机构，包括医院、诊所及综合门诊部等。涉案第 4182278 号"和睦家"注册商标核定服务项目为第 44 类：医院；保健；医药咨询；疗养院；美容院；理发店；兽医辅助；眼镜行；卫生设备出租；理疗等。被告在被诉侵权场所"宠物医院"大楼顶部及侧墙面、门头、玻璃装饰带、内部标识牌、人员名片以及所售物品等多处标注"和睦佳宠物医院"等相关标识。该案中原告提交《类似商品和服务区分表——基于尼斯分类第十一版》（2019 年文本），根据该区分表，"医院；保健；医药咨询；疗养院"等服务归入 4401"医疗服务"中；而"兽医辅助"归入 4403"为动物提供服务"。

（二）关于同类保护

与跨类保护相对应，同类保护是指在同类商品或服务中能否认定为驰名商标，司法实践中亦简称为"同类认驰"。在司法解释的严格限制下，驰名商标同类保护仅作为普通商标侵权案件进行审理。由于普通商标侵权判定适用混淆要件，然而混淆的判定本身具有一定的主观性，这既增加了驰名商标保护的某种不确定性，也使驰名商标同类保护的力度事实上弱于跨类保护。

在此，"河底捞案"无疑具有重要的样本意义。[①]该案中，法院查明，海底捞公司成立于 2001 年 4 月 16 日。2011 年 5 月 27 日，国家工商总局商标局认定海底捞公司使用在第 43 类餐馆服务上的"海底捞"注册商标为驰名商标。被告河底捞餐馆正门上方宣传招牌为"河底捞家常菜"，正门右侧宣传招牌为"河底捞，吃洞庭河鲜就到河底捞"，正门处的木制招牌以及被告店内的餐具、宣传标语、代金券、宣传单、名片均标注"河底捞好味道"字样。由于"海底捞"与"河底捞"同属餐饮类服务，属于对商标是否驰名不予审查的情形，故作为普通商标侵权案件，"是否容易导致混淆"是审理的重点，但两审的裁判结论迥异。一审认为："无论从字体的字形、读音、构图、颜色，还是从原告、被告经营的菜品等方面，均不会使一般的消费者对河底捞的餐饮服务的来源产生误认或者认为其来源与原告注册商标海底捞之间有特定的联系，故被告河底捞餐馆不构成对原告海底捞公司的注册商标'海底捞'的商标权的侵犯"，判决驳回原告的诉讼请求；二审法院则认为："考虑到两枚商标在市场知名度上的悬殊差别，如以相关公众的一般注意力为标准进行隔离比对，有可能导致公众对服务来源及其关联性产生混淆误认。"最终二审改判认定构成侵权并判决赔偿损失。

---

① 长沙市天心区人民法院（2019）湘 0103 民初 7568 号，长沙市中级人民法院（2021）湘 01 民终 7063 号。经一审法院查明，截至 2020 年 6 月 30 日，"海底捞"公司在全球开设了 935 家直营餐厅，其中 868 家位于中国大陆的 164 个城市，67 家位于中国香港、中国澳门、中国台湾及海外等地。

二审法院改判支持"海底捞"公司的诉讼请求，体现了司法保护驰名商标的价值导向。不过，分析该案一审、二审裁判理由，仍可见驰名商标同类保护适用混淆要件存在的现实困境，即《商标法》并未给予驰名商标同类认定充足的制度供给，对此笔者将在后文中作进一步探讨。此外，还值得关注的是，海底捞公司一审败诉后在短时间内连续申请包括"淮底捞""池底捞""渠底捞""清底捞""海底淘""海底捡""海底煎""海底挑"等在内的 263 件商标，① 这种"报复性"大量注册申请防御性商标的行为，也会反向助推我国注册商标申请量巨大泡沫的膨胀。②

不过，近年来也偶见个别突破"同类认驰"限制的案例。例如，在"佳联迪尔案"③ 中，法院认为，被诉侵权商标"佳联迪尔"核准使用在第 4 类工业用油等商品上，与原告"约翰·迪尔"等注册商标所核准使用的第 7 类农业机械等商品以及第 12 类拖拉机等商品构成类似商品。原告的上述商标在农业机械、拖拉机等商品上进行了大量的宣传推广且销售数量大，具有较高的市场声誉，在被告的"佳联迪尔"商标申请注册之前已经达到驰名程度，故认定被诉"佳联迪尔"商标的显著识别部分"迪尔"，构成对驰名商标显著识别部分"DEERE"及"迪尔"的翻译和复制。但仔细分析下来，本案并非典型的驰名商标同类认定，而是在扩大类似商品认定范围的基础上，再采取驰名商标同类认定的思路，这与前述"安踏眼镜案"在扩大类似商品认定的基础上依普通商标侵权判定规则审理的思路不同。因此，如果本案采取跨类驰名商标认定的裁判方法，其裁判结果和保护效果也并无差异。

总结来看，本节四个案例中，前三个案例从结果上看即便不认定商标驰名，最终也不会影响涉案商标权获得司法保护。但驰名商标认定不仅涉

---

① 钱小莉，吴佳灵.海底捞告输"河底捞"后，申请池底捞、渠底捞等 263 个商标［N］.南方都市报，2020—11—06.

② 宋健.严格知识产权保护最新进展综述［J］.科技知产财政，2021（2）.

③ 上诉人约翰迪尔（北京）农业机械有限公司等与被上诉人迪尔公司、约翰迪尔（中国）投资有限公司侵害商标权及不正当竞争纠纷案，北京市高级人民法院（2017）京民终 413 号民事判决书。

及商标侵权判定以及侵害驰名商标判赔额应当更高等个案问题，还涉及作为驰名商标受保护的记录，可以有效阻却对"复制、模仿或者翻译"他人驰名商标的恶意申请不予注册并禁止使用等，更涉及驰名商标司法保护的整体价值导向以及同类与跨类保护裁判尺度统一等更深层次的问题。

以笔者主审的"阿里斯顿商标侵权案"[①]为例。马奇公司于1997年8月19日在第11类热水器产品上获准注册"阿里斯顿"商标，自2004年起"阿里斯顿"牌燃气热水器在全国各地市场占有率稳居前十。在该案中，马奇公司坚持主张司法认定驰名商标的必要性，理由之一是即便其当时已在多个类别上累计申请注册了80多件"阿里斯顿"商标，但仍无法阻却竞争对手的恶意注册，且在多件行政案件中，相关行政和司法机关均认为商标权人在与被诉产品相同类别上注册有相同商标，不具备认定驰名商标的必要性。对此二审判决认为，权利人可能在不同类别上有多个注册商标，知名度不同，但被告攀附的显然是权利人最具知名度的商标，而认定马奇公司第11类热水器产品上的"阿里斯顿"商标为驰名商标，给予该驰名商标与其长期累积的品牌商誉程度相当的保护力度，既符合本案基本事实，也体现了当前严格保护知识产权的裁判导向。[②]

四、我国驰名商标制度问题分析

基于我国驰名商标司法实践的现状，有必要对我国驰名商标制度本身以及所依据的法理基础进行深入探讨。

（一）关于商标混淆

所谓商标混淆，是指相关公众对商品／服务的来源发生混淆和误认，

---

① 马奇和布雷维提有限公司（以下简称马奇公司）、阿里斯顿热能产品（中国）有限公司诉嘉兴市阿里斯顿电器有限公司等侵害商标权及不正当竞争纠纷案（以下简称阿里斯顿商标侵权案）。南京市中级人民法院（2014）宁知民初字第1号民事判决书，江苏省高级人民法院（2015）苏知民终字第00211号民事判决书。

② 宋健.商标权滥用的司法规制［J］.知识产权，2018（10）：33-39.

包括实际混淆与混淆可能性。普通商标侵权判定适用混淆标准。1982年《商标法》、2001年《商标法》修正均未规定混淆要件，而是简单规定未经商标注册人许可，"在同一种商品或者类似商品上使用与其注册商标相同或者近似的商标的"，属于侵犯注册商标专用权。

实践中，商标侵权的情形要复杂得多，为了明晰商标侵权的判断标准，2002年《商标民事案件司法解释》第9条开始区分相同商标侵权和近似商标侵权。[①] 所谓相同商标侵权，是指未经商标注册人的许可，在同一种商品上使用与其注册商标相同的商标。当发生相同商标侵权时，通常直接推定商标混淆；所谓近似商标侵权，则是指未经商标注册人的许可，在同一种商品上使用与其注册商标近似的商标，或者在类似商品上使用与其注册商标相同或者近似的商标，容易导致混淆的。而对混淆要件的认定，第9条采用"混淆性近似"的判断标准，简言之，只有发生商标混淆才构成商标近似，进而构成商标侵权；反之，不混淆则不近似，不近似则不侵权。此外，该司法解释还将传统的"来源混淆"扩展到"特定联系混淆"，即"易使相关公众对商品的来源产生误认或者认为其来源与原告注册商标的商品有特定的联系"。对此，2009年《驰名商标司法解释》第9条[②] 则进一步明确："特定联系混淆"是指"足以使相关公众认为使用驰名商标和被诉商标的经营者之间具有许可使用、关联企业关系等特定联系"。

---

① 《商标民事案件司法解释》第9条规定："商标法第五十二条第（一）项规定的商标相同，是指被控侵权的商标与原告的注册商标相比较，二者在视觉上基本无差别。商标法第五十二条第（一）项规定的商标近似，是指被控侵权的商标与原告的注册商标相比较，其文字的字形、读音、含义或者图形的构图及颜色，或者其各要素组合后的整体结构相似，或者其立体形状、颜色组合近似，易使相关公众对商品的来源产生误认或者认为其来源与原告注册商标的商品有特定的联系。"

② 《驰名商标司法解释》第9条规定："足以使相关公众对使用驰名商标和被诉商标的商品来源产生误认，或者足以使相关公众认为使用驰名商标和被诉商标的经营者之间具有许可使用、关联企业关系等特定联系的，属于商标法第十三条第一款规定的'容易导致混淆'；足以使相关公众认为被诉商标与驰名商标具有相当程度的联系，而减弱驰名商标的显著性、贬损驰名商标的市场声誉，或者不正当利用驰名商标的市场声誉的，属于商标法第十三条第二款规定的'误导公众，致使该驰名商标注册人的利益可能受到损害'。"

2013 年《商标法》第 57 条 ① 在吸收司法解释区分相同商标侵权和近似商标侵权已有成果的基础上，则将商标近似侵权的判定标准由"混淆性近似"修正为"物理性近似 + 容易导致混淆"，即不再采用原来只有混淆才构成近似的标准，而是回归商标近似的本意，只有在商标近似且容易导致混淆的情况下，才认定构成商标侵权；反之，虽然商标近似但并不容易导致混淆的，则认定不构成商标侵权。例如在前述"河底捞案"中，一审、二审均系遵循上述裁判逻辑进行审理。一审认定不构成商标侵权，其中提到的理由有："海底捞"经营"川菜系列火锅"，而"河底捞"是典型的湘菜系列，"均不会使一般的消费者对'河底捞'的餐饮服务的来源产生误认或者认为其来源与'海底捞'公司注册商标海底捞之间有特定联系"。而二审则认为："如以相关公众的一般注意力为标准进行隔离比对，有可能导致公众对服务来源及其关联性产生混淆误认。"二审得出以上结论，系基于以下两方面的考虑：一是在商标混淆判定时应当充分考量权利商标的显著性和知名度的影响；二是一审以"'海底捞'公司旗下所有店铺经营的菜谱全部是川菜系列的火锅，而河底捞餐馆经营的菜谱是典型的湘菜系列"作为侵权判定的事实基础，实质上将"海底捞"商标的保护范围不当缩限为"'海底捞'公司目前的主营菜品川菜系列的火锅"。这说明，即便存在现有法律框架的束缚，二审亦已经关注到驰名商标同类保护不能简单按照普通商标侵权处理。不过，依笔者的观察，基于"海底捞"在餐饮界的影响，加之其采取直营餐厅的经营模式，相信绝大多数消费者未必发生混淆，而更多可能是因联想到"海底捞"而发出会心一笑，即"河底捞"在蹭热度，换成法律术语是在不正当利用"海底捞"的声誉。由此可见，仅适用混淆标准并不足以解决驰名商标同类保护问题，还需要引入驰名商标保护的淡化理论，否则有可能导致驰名商标在同类保护上将弱于跨类保护。

---

① 2013 年《商标法》第 57 条规定："有下列行为之一的，均属侵犯注册商标专用权：（一）未经商标注册人的许可，在同一种商品上使用与其注册商标相同的商标的；（二）未经商标注册人的许可，在同一种商品上使用与其注册商标近似的商标，或者在类似商品上使用与其注册商标相同或者近似的商标，容易导致混淆的……"

（二）关于商标淡化

传统观点认为，所谓商标淡化，是指"在非同类或非类似的商品或服务上使用他人的驰名商标，尽管不会造成消费者在商品或服务来源上的混淆，但是却降低了该商标指示商品或服务的能力"。[①]《驰名商标司法解释》第9条第2款规定："足以使相关公众认为被诉商标与驰名商标具有相当程度的联系，而减弱驰名商标的显著性、贬损驰名商标的市场声誉，或者不正当利用驰名商标的市场声誉的，属于商标法第十三条第二款规定的'误导公众，致使该驰名商标注册人的利益可能受到损害。'"由此，我国驰名商标淡化包括弱化、贬损丑化和不正当利用三种情形，相关案例也是不胜枚举。

（三）关于理论适用的反思

传统观点认为，商标混淆只发生在同类商品/服务中，商标跨类使用并不会导致混淆，但可能导致驰名商标淡化，因此有必要为驰名商标提供跨类保护。然而可观察的是，在现代市场经济以及全球化背景下，市场主体尤其是大公司的跨国经营或跨产业经营，已使传统场域下区分混淆与淡化变得不再具有实际意义。首先，在实践中，《驰名商标司法解释》第9条第1款规定的"特定联系混淆"与第2款规定的"具有相当程度的联系"，两者之间有时很难界分。从跨类保护的角度看，当驰名商标被使用在不相同或者不相类似的商品或服务上时，相关公众有时并非不发生混淆，极可能会误认为商标权人系跨类经营；而从同类保护的角度看，正如前述"河底捞案"的分析，当驰名商标被使用在相同或类似商品上时，未必导致相关公众混淆，亦存在因为产生联想而导致驰名商标淡化的极大可能性。其次，即便法院在个案中回避认定驰名商标，但涉案商标的知名度与影响力都成为侵权判定的重要考量因素，例如，前述"和睦佳宠物医院案"和"河底捞案"中，法院都对此进行了重点阐述。可见，严格"按需认定"以及区分跨类保护与同类保护，已无实际意义，且个案中明显增加

---

① 李明德.知识产权法［M］.北京：社会科学文献出版社，2007：262-266.

法院裁判说理以及法律适用的难度，我国驰名商标制度亟待加以修正。

回顾《巴黎公约》最终设立驰名商标制度的初心，就是规制在相同或者类似商品上实施侵害驰名商标的行为，即对驰名商标构成复制、仿制和翻译或者在商标的主要部分构成对驰名商标的复制、仿制，并且可能产生混淆的，"拒绝或撤销注册，并禁止使用"。① 此后，为弥补《巴黎公约》仅在相同或类似商品上保护驰名商标的不足，《Trips 协议》第 16 条第 2 款进一步将驰名商标保护由商品商标延伸至服务商标；协议第 16 条第 3 款还首次将驰名商标保护扩大至不相同、不类似的商品或者服务上。② 可见，国际驰名商标制度的发展路径，充分体现出对驰名商标保护范围的扩大以及保护力度的增强，这与我国特定背景下排斥"同类认驰"并限制跨类认驰大相径庭。

事实上，在域外实践中，淡化理论并不仅适用于跨类保护，也适用于同类保护。例如，在 L'Oreal 欧莱雅案中，针对原被告均用于香水类产品的商标，欧盟法院认为："'不当利用他人商标声誉'并不要求一定要产生混淆，或一定要对他人商标构成损害。只要第三人可以从这种'搭便车'行为中获取利益，且并未因此给予商标权人任何经济补偿即可。"另，欧盟法院 2003 年 1 月 9 日在 C—292/00 大卫·杜夫（Davidoff）诉高富杰（Gofkid）一案的初步裁决认为，虽然一号指令第 5 条第 2 款所规定的对声誉商标的保护是授权性的而不是强制性的，但实际适用这一规定立法的国家在执法过程中，不能导致著名商标在相同或类似商品上所获得的保护反

---

① 《巴黎公约》第 6 条之二增补于 1925 年海牙外交大会，现行驰名商标条款形成于 1958 年里斯本外交大会形成的文本，之后 1967 年斯德哥尔摩外交大会对此未调整。具体内容："本联盟各国承诺，如本国法律允许，应依职权，或依利害关系人的请求，对商标注册国或使用国主管机关认为在该国已经驰名，属于有权享受本公约利益的人所有，并且用于相同或者类似商品的商标构成复制、仿制或者翻译，易于产生混淆的商标，拒绝或撤销注册，并禁止使用。这些规定，在商标的主要部分构成对上述驰名商标的复制或者仿制，易于产生混淆的，也应适用。"中国人民大学知识产权教学与研究中心，中国人民大学知识产权学院. 知识产权国际条约集成［M］. 北京：清华大学出版社，2011：6.

② 黄晖. 商标法［M］. 2 版. 北京：法律出版社，2016：238-239.

而少于非相同或类似商品上所获得的保护的结果，^①域外的司法实践经验值得借鉴。

五、总结与建议

2001年《商标法》第13条区分未注册驰名商标与注册驰名商标并分别给予同类保护和跨类保护，有其特定的历史背景。而《驰名商标司法解释》确立严格"按需认定"的原则，主要是为矫正驰名商标异化现象，且实际发挥了积极作用。但随着我国经济社会转向创新发展和高质量发展，现行《商标法》驰名商标条款及其相应的司法解释已呈现出明显不适宜之处，从而导致驰名商标司法认定的门槛过高，不利于强化对驰名商标的司法保护。

我国驰名商标制度应当适应形势发展需要进行相应的修正。一是应当坚定地选择加大驰名商标保护的基本裁判价值导向。正如有学者深刻指出的，"企业表现在具体商品或服务中的超额利润或商誉，在本质上仍然有赖于企业的长期经营，最终归功于企业在研发创新、生产设计、质量控制、售后服务、人员培训及社区贡献等方面的持续投入和经营成效""若无企业的核心商誉，商标的显著度再高，也只能是'皮之不存毛将焉附'"！^②因此，相较于普通商标而言，加大对驰名商标的保护，体现的是司法保护对企业通过长期诚信经营所积累商誉的重要激励。二是在现行《商标法》"不得宣传条款"的约束下，驰名商标认定应当理性回归事实状态的认定，即驰名商标并非荣誉，只是在商标达到驰名状态下给予其较宽的保护范围和较强的保护力度。因此，无论是商标授权确权行政案件还是商标民事侵权案件中，对商标驰名与否的事实应当正常作出认定，而无须专门阐述认定"必要性"的理由，徒增裁判说理的不必要负担。即凡具备驰名商标事实基础的都应当正常作出认定，并给予驰名商标与其长期累积

---

① 黄晖. 商标法 [M]. 2版. 北京：法律出版社，2016：257–259.
② 龙小宁. 反向混淆案件中应该如何确定损害赔偿金额 [J]. 科技知产财经，2022（4）.

的商誉程度相当的保护强度。三是应当统一驰名商标的保护标准。对普通商标侵权判定仍适用混淆标准，而对驰名商标的保护，则应当改变现行法的规定，即无论是同类保护还是跨类保护，均应当采用混淆标准＋淡化标准，统一裁判尺度。

据悉，《商标法》第五次修正有意参照国际惯例，不再对驰名商标依照注册与否进行保护，这是很大的进步，但仍未考虑将淡化理论扩张适用于同类保护。基于本文的分析论证，本文建议，《商标法》第五次修正应当结合以往立法及司法解释规定，对驰名商标条款作如下修正："就相同或类似商品或者不相同或不相类似商品申请注册的商标是复制、模仿或者翻译他人的驰名商标，容易导致混淆的，或者足以使相关公众认为被诉商标与驰名商标具有相当程度的联系，而减弱驰名商标的显著性、贬损驰名商标的市场声誉，或者不正当利用驰名商标的市场声誉，误导公众，致使该驰名商标注册人的利益可能受到损害的，不予注册并禁止使用。"与此相适应，建议最高人民法院对《驰名商标司法解释》亦适时作出相应的修改。

我国标准必要专利诉讼中
禁诉令制度的构建 *

宋建立

作者简介

宋建立，武汉大学法学博士，现任最高人民检察院知识产权检察办公室副主任。曾长期在最高人民法院工作，任最高人民法院审判监督庭、民四庭、国际商事法庭法官。曾留学英国并取得国际贸易法硕士学位，在英国剑桥大学、美国宾夕法尼亚大学、德国马普国际私法研究所（汉堡）从事访问研究工作。出版中英文专著4本，在核心期刊发表中英文论文40余篇。

禁诉令制度长期使用于涉外普通民商事诉讼中，是英美法系国家应对国际平行诉讼的一种措施。但近一时期禁诉令应用场景扩展至知识产权领域，特别是标准必要专利许可诉讼中，反映了技术进步带来的经济利益冲突与选择的必然结果。表面上看，涉及标准必要专利权人与专利实施者之间的利益平衡问题，实际影响的可能是国家产业发展乃至国家经济安全。多数学者认为，虽然我国司法实践中已有适用禁诉令的探索，但是我国目前现行法律中并未明确规定禁诉令法律制度，未来需进一步建立符合法律原理和商业逻辑的适用规则，并为此提出一些完善路径与观点。[1] 有的学者认为，我国禁诉令的颁发应当是防御性质的，主要针对当事人在域外法

---

* 原文发表于《中国法律评论》2023年第1期，第216—226页。

[1] 李杨.标准必要专利纠纷中禁诉令规则构建的冷思考[J].中国专利与商标，2021（3）：76—83.张卫平.我国禁诉令的建构与实施[J].中国法律评论，2022（2）：173—185.欧福永，袁江平.国际专利诉讼中的禁诉令制度[J].湖南大学学报（社会科学版），2022，36（2）：136—146.

院实施的行为，不宜扩大到在许多国家或地区尚未发生的诉讼行为。①

严格地讲，标准必要专利国际平行诉讼中的禁诉令问题既涉及国际私法中的禁诉令制度，又涉及知识产权领域的标准必要专利，属于跨学科领域的复合型问题，单一的学科研究都会有所偏颇。因此，有必要认真分析专利与标准融合的必然性、禁诉令起源以及国际社会对禁诉令适用的规则，结合我国通信产业领域现状，研究为我所用的司法政策势在必行。国际实践中禁诉令针对已开始的外国诉讼，其效果基本控制在一国领域内。作为制衡手段，国内一些地方法院开始适用禁诉令，这一维护国家司法主权的行为，引起欧美国家非议并诉至世界贸易组织。我国可借鉴禁诉令蕴含的制衡效果完善法律规范，在民事诉讼法司法解释中作原则性规定，坚定地维护国家司法主权，对损害国家或企业利益的行为进行有效反制。另外，我国产业主管部门应聚合产业主体利益诉求，聚焦产业政策指导，引领产业规则制定，提高我国企业竞争力。

一、技术革命和产业变革拓展了禁诉令的应用场景

随着技术变革和经济全球化的推进，标准和专利日益融合，越来越多的专利被纳入技术标准。这一现象在通信领域表现得尤为明显，因为通信产业具有高度互联互通、专利技术高度密集的特点。移动通信网络经历了第一代（1G）到第四代（4G）的快速发展，特别是随着第四次工业革命带来的融合技术变革及通信技术的加速发展，5G开启了万物泛在互联、人机深度交互、智能引领变革的新时代，其应用场景也从移动互联网逐渐拓展到工业互联网、车联网、物联网等诸多领域，形成了5G+产业集群，加速了整个数字经济的发展。②

在当前全球竞争加剧的背景下，贸易之争背后折射出以知识产权为核心的科技实力之争。企业乃至国家将专利融入技术标准作为参与全球竞争

---

① 祝建军. 标准必要专利禁诉令与反禁诉令颁发的冲突及应对［J］. 知识产权，2021（6）：23.
② 中国信息通信研究院，IMT-2020(5G)推进组. 5G+产业标准必要专利发展趋势［R/OL］.［2022-12-20］.http://ipforefront.com/article_show.asp?id=652&Bigclass=%E8%B5%84%E8%AE%AF.

的战略与手段，借助技术标准的推广实施获取市场支配地位，实现企业利益最大化和国家持久竞争力。因此，企业利益背后国家公共政策的考量是知识产权领域禁诉令制度适用的深层次原因。

（一）标准必要专利纠纷的缘起

产业竞争格局的变化以及标准必要专利许可问题的疑难复杂性，导致了移动通信领域历经数十年的标准必要专利纷争加剧，特别是许可费率高低、全球费率的地域管辖权始终是诉讼争议的焦点问题。其中包括部分专利权人发布的标准必要专利许可费率与其实际贡献不对等，移动终端企业许可费率负担过重；非专利实施主体（non-practicing entities，简称NPEs）① 主张过高许可费率，存在滥用市场优势地位寻求禁令救济的倾向；生产和销售企业面对法院裁定全球高费率和禁诉令的风险增大等问题，引起各国理论界与实务界的广泛关注。

1. 标准是推动产业发展的关键要素

标准是以科学、技术和实践经验的综合成果为基础，以促进最佳社会效益为目的，经协商一致制定，为各种活动或其结果提供规则、指南，供共同使用和重复使用的一种文件。② 实践证明，即便拥有卓越的技术，如果不遵循标准的相关规定，其产品也无法获得市场竞争力。如世界上第一个开发模拟高清电视的是日本，但由美国和欧洲主导的数字形式被制定为国际标准，排除了日本独自推进的标准，因此日本失去了高清电视市场。这是一起开发领先技术后未能抢占国际标准而导致市场化失败的典型案例。③ 标准施行的必要性主要体现在：（1）提供互操作性，实现相同或不同机型之间的信息交换及信息处理；（2）降低生产和交易费用，防止对技术的重复投资、促进技术转移等节约研发费用；（3）活跃贸易，国际贸易基于《世界贸易组织技术

---

① NPEs 是指那些拥有专利权但不具备实体业务的实体。

② 国家知识产权局国际合作司组织 . 韩国标准必要专利指南 2.0［R/OL］. 第 2 页，（2022-05-09）［2022-05-25］. http://m. iprdaily. cn/news_31217. html.

③ 国家知识产权局国际合作司组织 . 韩国标准必要专利指南 2.0［R/OL］. 第 7 页，（2022-05-09）［2022-05-25］. http://m. iprdaily. cn/news_31217. html.

性贸易壁垒协定》遵循国际标准，通过这种方式消除技术贸易壁垒，提高国际贸易活跃度；（4）加快市场化，制定标准的过程反映出消费者和市场的需求，实施标准的产品或服务占据市场的概率更高。[①]

考虑到标准对于促进经济贸易发展、增进消费者福祉、便捷政府间的交流与管理等方面有着重要而积极的作用，标准化已经成为产品、服务过程中不可避免的趋势。为此，全球标准制定组织日渐兴起，涉及众多行业和领域。既有如国际标准组织般的国际标准制定组织，也有意在服务各国国内的标准制定组织。标准按照使用范围划分可分为三种：一是国际通用的国际标准，通常由国际组织如国际标准化组织（ISO）、国际电工技术委员会（IEC）和国际电信联盟（ITU）等[②]制定；二是区域经济体通用的区域标准，如欧洲电信标准协会（ETSI）[③]等，作为区域性标准化组织，尽管不是国际标准化组织，但该组织制定的标准与国际标准享有同等影响力；三是一国范围内使用的国家标准，如中国数字音视频编码解码技术标准（AVS）、韩国信息通信技术协会（KICS）的产业标准（KS）、美国国家标准制定组织（ANSI）标准等。[④]

尽管每个组织标准的制定程序有所不同，但一般通过如下程序进行标准化：（1）提案，即组织成员向标准化组织提交包含本公司技术的新标准化项目提案，一般同时附上该项目的第一版草案；（2）起草，即技术委员会评估第一版草案，分析和评估以及修改提案技术，从技术层面上完善工作组草案；（3）审议，即技术委员会需协商一致完成委员会草案；（4）征求意见，即向全体组织成员公开征求意见；（5）投票表决，即全体成员

---

① 国家知识产权局国际合作司组织 . 韩国标准必要专利指南 2.0［R/OL］. 第 7 页，（2022–05–09）［2022–05–25］. http：//m. iprdaily. cn/news_31217. html.

② ISO（International Organization for Standardization，国际标准化组织）；IEC（International Electrotechnical Commission，国际电工技术委员会）；ITU（International Telecommunication Union，国际电信联盟）等。

③ ETSI（European Telecommunications Standards Institute，欧洲电信标准协会）。

④ AVS（audio video coding standard，中国数字音视频编码解码技术标准）；KICS（Korea Information and Communications Technology Association，韩国信息通信技术协会）；KS（Korean standard，产业标准）；ANSI（American National Standards Institute，美国国家标准制定组织）。

对标准最终草案进行投票，成员多数同意就可以批准该标准；（6）出版，即标准化组织出版标准，根据标准化组织的规定，发布标准的收费情况；（7）修正，即对标准的确认、修改和废止。①

标准的制定过程就是技术标准化的过程，标准化的目的就是改进产品、程序和服务的普适性，实现不同市场之间产品的互通性，排除贸易壁垒。以汽车为例，如果没有零部件的统一标准，各公司按照自己的规格生产零部件，当汽车发生故障时不能便捷地替换零部件，必然给使用者造成诸多不便。同时，汽车生产公司也因为零部件采购困难，影响生产效率。因此，在国际贸易日趋活跃的大背景下，标准化是产品与服务社会化与市场化的必然选择。

2.专利与标准融合是贸易全球化的必然

专利作为一种技术方案，强调技术的创造性与权利的独占性，专利制度的目的在于使专利权人向社会公开技术，作为补偿给予权利人一定期限的专有权，从而鼓励权利人的创新积极性，促进技术进步。而标准作为一种技术规范，则注重于技术普适性、实施开放性和目的公益性。专利与标准的融合则形成标准专利，而标准必要专利是为实施某一技术标准而必须使用的专利。因此，标准必要专利具有必然实施性、不可替代性和强制性特点。20世纪90年代以前，国际标准组织要求企业发表不收取许可费声明为基本原则，普遍实行无偿专利政策。② 相较于许可收费，标准持有企业更关注于通过实施标准快速占领市场。此后，参与标准开发的企业开始向标准化组织要求补偿专利权许可费，标准化组织也逐步意识到专利在提升产品质量、促进技术进步、推动贸易全球化方面的重要作用，开始逐渐引入对标准必要专利有偿使用的政策。技术标准与专利融合，出现了"技术标准化、专利标准化、标准垄断化"现象，市场主体围绕"技术标准制

---

① 国家知识产权局国际合作司组织.韩国标准必要专利指南2.0［R/OL］.第18–19页，（2022–05–09）［2022–05–25］.http://m.iprdaily.cn/news_31217.html.

② 国家知识产权局国际合作司组织.韩国标准必要专利指南2.0［R/OL］.第18–19页，（2022–05–09）［2022–05–25］.http://m.iprdaily.cn/news_31217.html.

定权、行业话语权、市场主导权"的竞争日趋激烈。①

3. 标准垄断化与实施者诚信善意度缺失是许可谈判的主要障碍

从制定标准的过程看，标准化组织制定知识产权政策的主要目的在于推动标准发展完善、平衡所涉各方利益，其中专利披露和专利许可政策是整个知识产权政策中最核心的部分。几乎所有的标准化组织制定的知识产权政策均明确规定以 FRAND（fair, reasonable, non-discrimination；即公平、合理、无歧视）原则许可标准必要专利，该原则不仅是众多国际标准制定组织发布知识产权政策的重要内容，而且也成为各国法院裁决合理许可费率等问题的重要依据。但是，标准化组织在标准制定过程中往往紧密围绕解决技术问题的主题而展开，一定程度存在"重技术、轻法律"的现象，制定标准人员基本不具备审视标准必要专利法律问题的能力，也没有设置解决法律问题的专门环节。为避免陷入纠纷，在知识产权政策中鲜有具体解释 FRAND 含义的条款，致使 FRAND 原则的解释问题尚处于模糊状态。

从标准必要专利许可环境看，就专利权人而言，随着传统制造类通信企业逐渐剥离终端生产业务，专利权人根据产业环境的变化开始调整自身知识产权战略，即专利权人与使用者角色分离，并加速自身专利价值的变现。如 2011 年，爱立信宣布将向索尼出售合资企业索尼爱立信中所占的 50% 的股份，彻底退出手机市场；2013 年，诺基亚将其设备与服务部门以 37.9 亿欧元出售给微软。在实践中，一些非专利实施主体出于索要不合理高额许可费的目的，恶意在全球范围内对生产企业广泛提起诉讼，并通过选择对自身有利的法律制度和诉讼地压制企业正常的司法应对，以便获得高额的许可费或谈判优势地位。对专利实施者而言，在与专利权人的谈判中，通常就标准必要专利的数量、质量以及许可费率高低等方面存在分歧，往往居于被动地位。一些专利实施者不履行善意诚信的谈判义务，怠于谈判、恶意拖延的情形时有发生，实践中围绕标准必要专利的许可与实施引发的专利劫持和反劫持问题并不鲜见。

---

① 易继明，胡小伟.标准必要专利实施中的竞争政策："专利劫持"与"反向劫持"的司法衡量［J］.陕西师范大学学报（哲学社会科学版），2021（2）：83.

（二）专利的地域性易引发国际平行诉讼

随着当前国际竞争形式的复杂化，各国就标准必要专利纠纷的管辖权争夺日益加剧。就各国立法而言，英美法系国家对管辖权的立法采取"有效控制"原则，如美国确立了"最低限度联系"原则，认为只要任何因素与美国存在联系，就与美国存在最低联系。而以法国为代表的大陆法系国家则主要以有关当事人具有本国国籍、诉讼标的物在本国境内等事实作为对国际民商事案件行使管辖权的依据。总之，各国诉讼立法中的管辖依据存在明显不同，各国都主张依自己的法律规定来行使管辖权，这是造成管辖权冲突的主要原因。① 管辖权冲突分为积极冲突和消极冲突，积极冲突是实践中常见类型，一般又可分为两种：一是重复诉讼，即指一方当事人就同一案件在不同国家或法域的法院对另一方当事人提起诉讼，以追求保护利益的最大化。重复诉讼的动因有多种，但主要是为自身权益得到最大化实现，或者迫使另一方当事人花费大量人力和物力应付多个诉讼，从而不得不作出让步。二是对抗诉讼，是指一方当事人作为原告在一国法院以另一方当事人为被告提起诉讼，而另一方当事人又在另一国法院以原告身份以该当事人为被告提起诉讼。对抗诉讼的动因主要受私利驱动，为扭转自己在他国诉讼中的不利地位，主动提起诉讼而期望获得有利判决等。② 无论是重复诉讼还是对抗诉讼，均属于当事人挑选法院的情形，而且各国实体法、冲突法乃至程序法的不同，均可能导致不同的判决结果，无疑会吸引当事人优先选择能为其提供最有利救济的法院和法律。

如前所述，技术专利化是众多发明创造者的理性选择，而专利标准化是企业尤其是科技密集型企业抢占市场而追求的目标。通常而言，标准化组织的企业成员在标准颁布之前，向尽可能多的国家申请专利，进行全球性专利布局。由于专利具有地域性，标准化组织的企业成员在专利申请国所拥有的标准必要专利体现出鲜明的地域性和同族性，而产品通常在许多国家生产和销售，体现出产品竞争的国际性。当标准必要专利权人与专利

① 宋建立 . 国际民商事诉讼管辖权冲突的协调与解决 ［M］.北京：法律出版社，2009：24.
② 刘力 . 国际民事诉讼管辖权研究 ［M］.北京：中国法制出版社，2004：187.

实施者因许可使用费率无法达成 FRAND 许可协议而发生纠纷时，为赢得谈判的优势地位，双方极有可能以各自在一些国家所拥有的专利权作为请求基础，选择一些对其有利的法院，以相同或相关联诉由展开司法诉讼，从而引发标准必要专利国际平行诉讼。[①]

（三）禁诉令措施的严厉性易引发司法僵局

禁诉令制度系伴随当事人挑选法院的行为应运而生。挑选法院俨然已发展为一种诉讼技巧。英国法官西蒙（Simon）勋爵曾言道："挑选法院不是一个不文明的代称。如果让原告对管辖享有选择权，他自然会选择一个他认为最有利的法院，这既不值得惊讶，也不值得愤慨。"[②] 当然，挑选法院是人类趋利避害的本性使然，但挑选法院在英美法系国家也常常会引起被告以不方便法院（forum non-conveniens）为由提出中止诉讼或者拒绝管辖的动议。实践中，应对挑选法院的行为通常有两种方式：一是运用不方便法院原则中止在他国的诉讼程序或请求他国拒绝管辖；二是运用禁诉令，禁止当事人就同一事实在他国法院提起诉讼。

例如，在小米公司与交互数字公司（Inter Digital Inc，以下简称 IDC）诉讼案件中，双方在中国法院和印度法院相互申请禁诉令和反禁诉令，引起了法律界和行业的广泛关注。基本案情如下：小米公司与 IDC 无法就标准必要专利许可达成协议，IDC 属于非专利实施主体。小米公司于 2020 年 6 月将 IDC 起诉至武汉中级人民法院，请求按照 FRAND 原则裁决标准必要专利组合的全球许可费率或许可费率范围。为制衡小米公司，IDC 于 2020 年 7 月在印度德里地方法院起诉小米公司侵害其标准必要专利，请求颁发禁令并赔偿相应损失。2020 年 8 月，小米公司向武汉中级人民法院申请禁诉令，请求责令 IDC 立即撤回或中止在印度法院或其他法院针对小米公司申请的禁令、许可费争议诉讼等。2020 年 9 月 23 日，武汉中级人民法院裁定向 IDC 颁发禁诉令，要求 IDC 及其关联公司立即撤回或中止就本

---

① 祝建军. 我国应建立处理标准必要专利争议的禁诉令制度［J］. 知识产权，2020（6）：31.

② GRANGER C. The conflict of laws and forum shopping: some recent decisions on jurisdiction and free enterprise in litigation［J］. OTTAWA L. REV, 1974（416）：416.

案涉及的 3G、4G 标准必要专利在印度德里地方法院针对小米公司及其关联公司申请的临时禁令。[①] 2020 年 9 月 29 日，IDC 针对小米公司向印度德里高等法院申请反禁诉令。2020 年 10 月 9 日，印度德里地方法院向小米公司颁发反禁诉令，责令小米公司在印度法院审理案件期间，不得申请执行武汉中级人民法院颁发的禁诉令。2021 年 5 月 3 日，印度德里高等法院维持了地方法院的裁决，确立了印度历史上首份反禁诉令，声称中国法院的裁决不能阻止在印度的诉讼。

禁诉令和反禁诉令在知识产权诉讼领域适用的逐渐增多，不禁让人思考其背后的原因。专利虽然具有地域性，但是标准必要专利许可费率的确定往往涉及多国同族专利，各国法院在审理专利侵权纠纷时只能针对本国授权的专利进行裁决，但是在确定许可费率时却声称可以涉及全球同族专利。就诉讼策略而言，专利权人尽快在一国法院取得禁令，禁止专利实施者的产品在该国销售，将对专利实施者形成压力，迫使其在标准必要专利谈判中妥协；对于专利实施者而言，一旦专利权人取得禁令，其产品将面临禁售，并将处于极为不利的谈判地位，此时专利实施者在他国获得反禁诉令无疑是对专利权人有力的制衡。从这个意义上讲，知识产权领域的国际平行诉讼基本属于对抗型诉讼。实践证明，禁诉令和反禁诉令的适用，已经成为一些国家法院获得裁定许可费率主动权的主要手段，也常常成为各国法院支持本国产业发展的司法策略。实践中，管辖权冲突在不可调和的情况下，禁诉令和反禁诉令等措施的实施，极有可能导致两国关系紧张，进而上升为国家之间的争端并不鲜见。2022 年 2 月 18 日，欧盟向世界贸易组织就通信专利对中国发起磋商，背景就是中国法院就通信标准必要专利适用了禁诉令和反禁诉令，阻止了欧盟一些公司行使专利权。可见禁诉令犹如一把双刃剑，在抑制滥诉的同时，造成司法僵局和影响国际关系显然不是其最终归宿。

---

① 湖北省武汉市中级人民法院（2020）鄂 01 知民初 169 号之一民事裁定书。

二、传统禁诉令规则与知识产权领域禁诉令的适用

（一）禁诉令的起源

禁诉令是英国早期解决国内平行诉讼的方式和手段，是禁止当事人在国内其他法院诉讼的命令。早期的英格兰法院由两类法院组成，即普通法院和衡平法院。衡平法院的设立可以追溯到 14 世纪爱德华二世时期，为解决当时普通法院僵化、法官保守、诉讼程序充满形式主义和司法不公而不能正常履行职责等问题，在普通法院之外又设立了衡平法院。于是，在诉讼竞合问题上，一个相同或关联诉讼在普通法院和衡平法院同时起诉时，如果原告利用普通法院固有的程序缺陷损害被告权益时，衡平法院可对原告发布禁诉令，阻止其对被告的不利诉讼。对普通法院已经作出的判决，衡平法院亦可以命令禁止执行。在普通法院和衡平法院并存、对立的时代，发布禁诉令是自由裁量的结果，也是衡平法院的特权。禁诉令颁发对象不是普通法院，而是针对普通法院诉讼的原告，一旦原告不履行禁诉令，将可能面临藐视法庭罪的处罚。

（二）禁诉令在英美法系主要国家的适用

在美国，颁发禁诉令是联邦法院的权力，禁诉令即禁止一方当事人在他国法院提起或继续进行民事诉讼。通过对司法实践的梳理与总结，美国联邦法院对颁发禁诉令的标准存在不同做法。第二、第三、第六联邦上诉法院以及华盛顿特区联邦上诉法院在考虑颁发禁诉令时强调平衡国际礼让原则，礼让原则成为一个重要考量因素，故被称为"保守主义"模式。[①]例如，在对待禁诉令问题上，美国华盛顿特区联邦上诉法院在拉克航空公司与比利时萨贝纳世界航空公司案（Laker Airways v. Sabena，Belgian World

---

[①] China Trade Dev. Corp. v. Coong Yong，837 F. 2d 33（2d Cir. 1987）；Campagine des Bauxites de Guinee v. Insurance Co. of N. Am.，651 F. 2d 877（3d Cir. 1981）；Republic of the Phil. v. Westinghouse Elec. Corp，43 F. 3d 65（3d Cir. 1994）；Gau Shan v. Bankers Trust，956 F. 2d 1349（6th Cir. 1992）；Laker Airways v. Sabena，Belgian World Airlines，731 F. 2d 909（D. C. Cir. 1984）；Sea Containers v. Stena AB，890 F. 2d 1205（D. C. Cir. 1989）.

Airlines）①后，在决定是否颁发禁诉令时，国际礼让成为一个基本标准。美国华盛顿特区联邦上诉法院认为，禁诉令存在限制外国法院的司法管辖权以及无视国际礼让原则的问题。如果美国法院和外国法院均颁发了禁诉令，将使当事人无所适从，禁诉令的博弈也将使司法程序陷于瘫痪。而且，禁诉令的颁发表明，美国法院对外国司法程序不信任，并且认为外国司法制度不利于纠纷的解决。为避免对国际礼让原则产生消极影响，法院也只在迫不得已的情形下颁发禁诉令。与"保守主义"模式不同的是第一、第五、第七联邦上诉法院的做法，被称为"自由主义"模式。这些法院主要考虑了不必要的延误、平行诉讼所带来的不方便、同一案件事实被不同法院审理而产生不一致裁决的危险。②因此，这些法院认为国际礼让原则应与其他因素一起考虑来决定是否颁发禁诉令。其他因素通常包括外国诉讼存在压迫和困扰、使国内重要的公共政策受挫、影响本国法院管辖、导致审理延误、不方便、额外花费以及诉讼竞合。

　　英国法院在一些特殊情形下亦考虑适用禁诉令。例如，只有当英国法院是纠纷解决的公正法院、外国诉讼将导致一方当事人困扰和压迫的情形时才考虑适用。英国法院在判断外国诉讼是否会造成压迫和困扰时，认为原被告之间的利益平衡很重要，必须将原告在外国诉讼的有利因素与被告在外国法院所遭受的不利因素加以平衡。若平衡的结果有利于外国诉讼原告时，英国法院将拒绝颁发禁诉令。

　　在空中客车公司诉帕特尔等人案（Airbus Industrie GIE v. Patel and others）③中，英国上诉法院首次遇到棘手的问题，即能否禁止一方当事人在外国法院的诉讼，以维护另一外国法院正在进行的未决诉讼。基本案情

---

① Laker Airways v. Sabena, Belgian World Airlines, 731 F. 2d 909（D. C. Cir. 1984）.

② Canadian Filers v. Lear-Siegler, Inc., 412 F. 2d 577（1st Cir. 1969）; In re Unterweser Reederei v. M/S Bremen, 428 F. 2d 888（5th Cir. 1970）; Kaepa , Inc. v. Achilles Corp. 76 F. 3d 624（5th Cir. 1996）; Allendale Mut. Ins. v. Bull Data Systems, 10 F. 3d 425（7th Cir. 1993）; Seattle Totem Hockey Club, Inc. v. National Hockey League, 652 F. 2d 852（9th Cir. 1981）; cert. Denied, Northwest Sports Enters. v. Seattle Totems Hockey Club, 457 U. S. 1105（1982）.

③ Airbus Industrie GIE v. Patel and others, 1998, UKHL12.（1999）1 AC 119;（1998）2 All ER 257;（1998）2 WLR 686（2nd April, 1998）.

如下：若干英国公民既在印度又在美国得克萨斯州对空中客车公司提起请求赔偿因在印度的飞机失事造成的损失。空中客车公司在英国申请颁发禁诉令，要求禁止英国公民在美国得克萨斯州进行的诉讼。英国法院对英国公民享有属人管辖，但英国公民并没有在英国提起损害赔偿诉讼。英国上诉法院判决认为，作为外国诉讼中原告的英国公民没有选择寻求英国法院的救济，基于衡平原则和避免造成不公正，英国法院应当颁发禁诉令。后来，英国上议院否决了上诉法院裁决。上议院认为，英国法院颁布禁诉令必须与争议问题存在重大利益或者充分联系，而该案与英国并无重大利益关系。因为在得克萨斯州起诉空中客车公司的原告大多数是印度乘客，而空中客车公司是一家法国飞机制造企业，并且飞机的失事发生在印度。

从上述总结可以看出，即便同为英美法系的英国和美国，在禁诉令的适用条件上也有所不同，甚至美国不同地区的联邦法院适用标准也存在差异。美国一些联邦法院在"自由主义"模式下认为，外国诉讼对美国国内诉讼存在困扰和压迫时，可以比较容易地颁发禁诉令，而不顾及他国法院与诉讼有更多连接因素的事实。由于该种做法与礼让原则相悖，故极易招致一些批评。在"保守主义"模式下，如果外国诉讼威胁了美国法院管辖权或者外国诉讼原告有意逃避美国法院重要公共政策，禁诉令则具有了适用的正当性，禁诉令的颁发与外国诉讼是否会造成困扰和压迫无关。实践证明，运用"保守主义"模式的法院几乎很少颁发禁诉令。为避免美国式做法的不足，英国法院适用禁诉令往往限定在只有当英国与诉争纠纷存在重大利益或密切联系时，才可以颁发禁诉令，这种做法似乎在极力迎合礼让原则的要求。

（三）禁诉令在标准必要专利许可诉讼中的适用

标准必要专利许可诉讼之所以备受关注，不仅是诉讼主体涉及科技领域跨国企业居多，更为关键的是，如何平衡标准必要权利人与专利实施者之间的利益，成为各国司法机关亟须解决的难题。实践中，无线通信领域标准必要专利纠纷经常以国际平行诉讼的方式展开。例如，摩托罗拉公司与微软公司因无法就无线局域网、视频编码标准必要专利达成许可协议引发纠纷。2010 年 11 月，微软公司首先在美国华盛顿西区联邦地区法院起诉摩托罗拉公司，请求法院认定摩托罗拉公司违反 FRAND 义务。摩托罗拉公司提出反诉，请求法院认定其报价符合 FRAND 义务而微软拒绝该报价，无权获得该许可，微软公司仍继续使用该标准必要专利构成侵权，并请求向微软公司颁发初步禁令。2011 年 7 月，摩托罗拉下属子公司通用仪器公司在德国法院起诉微软公司，请求德国法院认定微软公司侵犯其欧洲标准必要专利权并颁发禁令。2012 年 5 月，德国法院判决支持了摩托罗拉公司的诉请。2012 年 3 月，微软公司向美国法院申请颁发禁令，请求禁止摩托罗拉公司申请执行德国法院的禁令判决。2012 年 5 月，美国法院支持了微软公司请求，向摩托罗拉公司颁发了禁令。

又如，OPPO 公司、OPPO 深圳分公司无法就夏普株式会社拥有的 3G、4G、WiFi 标准必要专利许可条件及费率达成一致，2020 年 3 月 25 日，OPPO 公司、OPPO 深圳分公司向深圳中级人民法院提起诉讼，请求确认夏普株式会社违反 FRAND 义务，并请求裁决许可条件及许可费率。夏普株式会社在双方谈判过程中及案件审理过程中不断在日本、德国、中国台湾地区提起专利侵权之诉及禁令请求，其中禁令请求获得了德国法院的准许。2020 年 10 月 16 日，深圳中级人民法院作出裁定，要求夏普株式会社及其关联公司在本案终审判决作出之前，不得向其他国家、地区的司法机关以本案所涉全部、部分或者某一专利为权利依据，针对 OPPO 公司及其关联公司提出新的专利侵权诉讼，和 / 或要求新的司法禁令（包括永久禁令和临时禁令）或类似的救济措施。如违反本裁定，自违反之日起，处每日罚款人民币 100 万元，按日累计。①

再如，三星株式会社、三星中国公司、三星武汉公司无法就爱立信公司的 4G、5G 标准必要专利许可条件或许可费率达成一致，于 2020 年 12 月 7 日向武汉中级人民法院起诉，请求依照 FRAND 原则判决确定爱立信公司及其子公司所持有或控制的 4G、5G 标准必要专利对三星株式会社、三星中国公司、三星武汉公司通信产品的全球许可条件，包括许可费率。武汉中级人民法院受理案件后，爱立信公司及其美国全资子公司于 2020 年 12 月 11 日

---

① 广东省深圳市中级人民法院（2020）粤 03 民初 689 号之一民事裁定书。

在美国得克萨斯州东区地区法院起诉申请人三星株式会社及其美国子公司，请求法院确认爱立信公司的报价符合 FRAND 原则，并确认爱立信公司与申请人的谈判行为符合 FRAND 承诺及 ETSI 知识产权政策。武汉中级人民法院于 2020 年 12 月 25 日作出裁定，要求爱立信公司及其关联公司在本案审理期间至案件裁判生效时，不得就本案涉及的 4G、5G 标准必要专利向中国或其他国家和地区的法院、海关、行政执法机关或通过其他程序寻求禁令救济或行政措施，并立即撤回或中止已经提起的此类请求。①

上述案例反映出禁诉令在标准必要专利许可纠纷领域适用的新趋势：一是禁诉令制度已延伸至大陆法系国家。如前所述，作为限制一方当事人诉权滥用措施的禁诉令制度起源于英国，普遍适用于英美法系国家，体现了管辖权行使的自由裁量性。而以大陆法系国家为代表的欧盟成员国则担心自由裁量权被滥用，将司法管辖权的行使赋予立法者，基本排斥赋予司法机关过于宽泛的自由裁量权。这一点可从欧共体于 1968 年 9 月在布鲁塞尔通过的《关于民商事管辖及判决执行的公约》（以下简称《布鲁塞尔公约》）的制定过程印证，《布鲁塞尔公约》最初的签署国②均是大陆法系国家，《布鲁塞尔公约》深受大陆法系影响，一方面体现为具体规则的可预见性，另一方面因为禁诉令会干涉他国诉讼而被排斥。但随着科技高速发展，标准必要专利许可纠纷对本国产业发展的巨大影响，原本属于英美法系国家适用的禁诉令制度，逐渐被德国和法国等大陆法系国家移植并频频使用。像中国这样的成文法国家为应对他国司法管辖权的侵蚀，也有了适用空间。禁诉令已不再是英美法系国家法院适用的专利。二是限制一方当事人获得他国法律救济的范围更为宽泛。从英美国家的判例看，传统意义上禁诉令的适用范围仅限于一方当事人在他国的诉讼。相较于标准必要专利许可纠纷中禁诉令的适用范围，一些国家法院将限制诉讼的范围扩展至全球其他任何一个国家，甚至本国内其他法院也都受到限制。在阻止一方当事人寻求救济措施的范围上，从限制通常已发生的域外司法诉讼扩展到尚未发生的诉讼行为，以及限制通过海

---

① 湖北省武汉市中级人民法院（2020）鄂 01 知民初 743 号之一民事裁定书。

② 《布鲁塞尔公约》最初的签署国是比利时、法国、德国、意大利、卢森堡、荷兰。

关、行政执法机关或其他程序寻求禁令救济或行政措施。在违反禁诉令的惩罚措施上，亦从英美法系下的可能遭受的藐视法庭罪演变为严厉的日罚金制度。可以说，目前禁诉令适用范围之广、惩罚程度之严厉均无以复加。三是过度强调司法主权而忽视礼让原则。依据国家主权理论，每个国家无不各自独立地从自己主权出发规定本国与他国民商事争议的管辖规则，而各国法院由此享有的司法管辖权是不容侵犯和剥夺的。但是，一国法院在行使司法管辖权时，也往往与他国的司法管辖权相冲突，同一案件会受到两个并存的司法管辖权支配。于是，基于国家主权而生的不同司法管辖权之间的冲突不可避免。就管辖权冲突的解决而言，礼让恰恰具有救济性质，国际民事诉讼中禁诉令的运用，使国际礼让原则显得特别重要。但在标准必要专利纠纷领域展开的争抢管辖权竞赛中，过度强调司法主权，往往忽略了礼让原则所蕴含的谦抑性。

三、构建禁诉令制度应注意其国际性与本土化

基于历史原因，我国香港、澳门和台湾成为独立法域。随着香港与澳门的回归，意味着中国已由单一法域国家转变为多元法制国家、多法域国家或者复合法域国家。相对于西方国家而言，香港法治社会受英国影响较大，其法律文化逐步脱离中华法系的控制和影响，直至最后演变为普通法系的一员。由于区际间法律文化的差异性，导致了管辖权冲突协调的现实性和必要性。司法实践中，当事人在香港法院申请适用针对内地法院的禁诉令时有发生。在第一激光有限公司诉福建企业（控股）有限公司和建安投资有限公司案［First Laser Ltd.v.Fujian Enterprises（holdings）co.Ltd.& Jianan Investments Limited］① 中，澳门地区的当事人向香港地区的法院申请禁诉令，要求禁止另一方当事人在福建省高级人民法院进行的诉讼。从这

---

① 2003 WL 17400（CFI），（2003）HKEC 7. 12 December 2002，Court of First Instance Action No. 4414 of 2001，CFI，HCA 4414/2001［EB/OL］.［2022-10-02］. https://legalref.judiciary. hk/lrs/common/search/search_result_detail_frame. jsp?DIS=35350&QS=%2B%7C%28H-CA%2C4414%2F2001%29&TP=JU.

个意义上讲，禁诉令制度在我国内地并不陌生。但如何将这一制度移植到我国法律体系中，特别是应对通信领域标准必要专利许可诉讼中境外禁诉令的颁发，我们不仅需要研究禁诉令适用的国际规则，还要考虑此制度融入我国法律体系的合理性和现实性。

针对目前世界多数国家管辖权不断扩张的趋势，可以有限度地使用禁诉令制度，以维护我国重要公共利益并防止司法权不被过度侵蚀。从国际司法实践来看，禁诉令一旦涉及其他国家，则不得不考虑国际规则和国际关系，禁诉令制度作为一种解决国际民商事管辖权冲突的例外原则来使用，应当谨慎。通常禁诉令的签发需考量以下因素：第一，一方当事人违反有效的管辖协议而在他国法院提起诉讼的情形。如果当事人双方约定由我国法院排他性管辖，或者被告已经在我国法院应诉，默示同意我国法院管辖的，而一方当事人不顾管辖协议的约定在外国法院提起诉讼的，我国法院可以考虑签发禁诉令。存在管辖协议或者仲裁协议而签发禁诉令也是国外禁诉令使用的成功实践。第二，在外国法院进行诉讼违反我国重大社会公共利益或者专属管辖权的。专属管辖权只能由特定国家的内国法院行使专有管辖权，从而排除或不承认其他国家法院对此类案件享有的管辖权，目的是维护涉及一国利益的重大公共政策。因此，专属管辖权属于一国法律的强制性规定，不能任意选择，更不能放弃和被侵蚀。如果违反我国专属管辖权规定而在外国提起诉讼的，我国法院可以颁发禁诉令，以维护我国的国家利益。第三，外国法院的诉讼明显缺乏合理依据。美国法院在"自由主义"模式下，认为国际礼让原则应当与其他因素一起考虑从而决定是否颁发禁诉令，诸如外国诉讼存在压迫和困扰；造成国内重要公共政策受挫；影响本国法院管辖；导致本国法院审理的延误、不便、额外花费以及诉讼竞合等。显然，在构建我国禁诉令制度时，只有在外国法院进行诉讼是明显不合适的，或者是一方当事人有意阻碍本国法院诉讼程序的继续，故意造成另一方当事人诉讼困扰时，我国法院签发禁诉令才具有合理性。第四，签发禁诉令不应损害我国与他国之间的国际关系。禁诉令的适用是否会影响国家间的关系，应当成为考虑颁发禁诉令的因素。若一方当事人提出了引发外交争议的证据，我国法院应当慎重考虑禁诉令的颁发。第五，确保禁诉令实施的有效性。只有当禁诉令颁发国法院对被禁止的一方当事人享有绝对控制权的时候，禁诉令才会产生预期效果。也就是说，受禁诉令限制的一方当事人拥有中国国籍或者住所地在中国，或者以公司或者其他组织形式在中国市场拥有一定份额，或者在中国具有可供执行的财产等。

处理好标准必要专利国际平行诉讼中管辖权冲突问题涉及我国司法主权、安全和发展利益。对于一些域外法院颁发的禁诉令阻碍或限制我国司法管辖权或者损害我国当事人合法权益的，我国法院采取有效措施予以反制无可厚非，但也要注意处理好新制度移植的合理性问题。2022 年 2 月 18 日，欧盟将我国在专利诉讼案件中适用禁诉令的做法诉至世界贸易组织争端解决机制，之后美国、日本和加拿大也要求作为第三方参与该案。禁诉令制度适用的正当性和合理性再次引起社会关注。

（一）颁发禁诉令的法律基础需进一步完善

一般而言，禁诉令和禁令是两个不同的概念。禁诉令通常指禁止当事人在其他法院诉讼的命令，主要针对已在其他法院开始的诉讼。禁令则是指在诉讼过程中，当事人基于某种理由而向法院提出阻止个人或机构履行某种行为的命令。目前，我国法院适用禁令的法律依据是《中华人民共和国民事诉讼法》（以下简称《民事诉讼法》）第 103 条确立的行为保全制度，即法院可以根据当事人的申请，责令另一方当事人作出或者禁止其作出一定行为的措施。该条主要是为解决国内纠纷而制定的针对被申请人采取临时性保护措施的规则，从性质上属于禁令的范畴。若将此条作为禁诉令适用依据恐怕说服力不足。完善禁诉令法律基础，可以借鉴《最高人民法院关于适用〈中华人民共和国民事诉讼法〉解释》第 530 条[①]纳入不方

---

①《最高人民法院关于适用〈中华人民共和国民事诉讼法〉解释》第 530 条规定："涉外民事案件同时符合下列情形的，人民法院可以裁定驳回原告的起诉，告知其向更方便的外国法院提起诉讼：（一）被告提出案件应由更方便外国法院管辖的请求，或者提出管辖异议；（二）当事人之间不存在选择中华人民共和国法院管辖的协议；（三）案件不属于中华人民共和国法院专属管辖；（四）案件不涉及中华人民共和国国家、公民、法人或者其他组织的利益；（五）案件争议的主要事实不是发生在中华人民共和国境内，且案件不适用中华人民共和国法律，人民法院审理案件在认定事实和适用法律方面存在重大困难；（六）外国法院对案件享有管辖权，且审理该案件更加方便。"

便法院原则的模式，建议在民事诉讼法司法解释修改完善时对适用禁诉令制度作出相应规定。例如，可原则性地规定："涉外民事案件同时符合下列情形的，人民法院可以裁定禁止原告向外国法院提起诉讼：原告提出禁止被告向外国法院诉讼的请求；案件涉及中华人民共和国国家、公民、法人或者其他组织的利益；案件不属于第530条规定的情形；外国法院管辖严重影响我国法院对案件审理的。"条文规定宜原则不宜具体。

（二）注意与国际适用规则相协调

英美法系国家解决国际平行诉讼的两大阀门：一是适用不方便法院原则，拒绝本国法院的管辖或者中止本国法院的诉讼程序的自我抑制方式；二是发布禁诉令，迫使一方当事人撤回在外国法院的诉讼，否则将遭受败诉后果或受到相应处罚。在国际司法实践中，禁诉令的限制对象，往往针对已在外国法院开始的诉讼，鲜有针对当事人在域外尚未实施的诉讼行为。禁诉令的效果亦控制在一国领域内而少有扩展至全球。另外，禁诉令与不予受理和驳回起诉一样均限制了当事人诉权的行使，但由此带来的法律救济手段则有所不同。我国法律赋予当事人对不予受理和驳回起诉裁定不服享有上诉的权利，而对禁诉令裁定不服仅规定了申请复议的权利，反映出现行禁诉令制度对当事人诉权保护的不足。为此，有学者提出，对禁诉令裁定设置上诉和申请再审机制。[①]实践中，禁诉令颁发往往具有时间上的紧迫性，有必要设置与一般裁定不同的短期上诉期间及快速审理期限。

（三）"有理有节"地适用禁诉令制度

首先，要树立慎用理念。对已受理诉讼的法院而言，外国法院颁布的禁诉令会被认为是对已受诉法院法律程序的干涉。尽管禁诉令只对当事人有效，而不直接针对外国法院，但它仍然有效地干涉外国法院行使管辖权

---

① 李杨.标准必要专利纠纷中禁诉令规则构建的冷思考［J］.中国专利与商标，2021（3）：81.

的能力。[①] 美国和英国法院均认同该观点。[②] 由于禁诉令潜在地影响了国际礼让原则，英国和美国法院均指出，适用禁诉令作为救济手段时，应当谨慎。禁诉令作为我国司法诉讼的一项新举措，一些地方法院为维护我国司法主权多次适用禁诉令制度，也是我国法院进入标准必要专利国际平行诉讼司法大战的主要因素。

其次，须关注他国产业政策动向，确立符合我国产业发展的司法政策。目前，各国均希望通过标准必要专利许可规则重塑产业利益分配格局，从促进本国产业发展角度明确标准必要专利许可规则，以此影响各国司法机关审理此类案件的裁判思路和裁判规则。如美国专利商标局、国家技术标准研究院和司法部反垄断局共同发布《关于标准必要专利禁令的联合政策声明》，明确了专利权人在标准必要专利侵权诉讼中可以申请禁令救济以保障自身权益。近年，欧盟意识到建立有利于自身发展的全球治理规则的重要性，于 2017 年 11 月 29 日发布了指导性文件《标准必要专利的欧盟方法》，对标准必要专利披露透明度、FRAND 许可原则、许可环境、标准与开源等问题进行了澄清，并于 2018 年 10 月成立标准必要专利许可和评估专家组，促进标准必要专利许可和评估领域的经验交流，为欧盟提供与标准必要专利相关的经济、法律、技术专业知识。日本和韩国则凭借其在汽车领域的竞争优势，希望通过引导标准必要专利许可规则促进本国产业的发展。日本专利局继 2017 年出台《标准必要性判定意见指引》之后，又于 2018 年 6 月出台《标准必要专利许可谈判指南》，旨在规范许可谈判流程和许可费计算方法。日本产业主管部门经济贸易产业省也于 2020 年 4 月颁布《多组件产品标准必要专利的合理价值计算指南》，明确多组件产品中标准必要专利的许可对象、许可费的计算方法和许可费的

---

① Laker Airways, Ltd. v. Sabena, Belgain World Airlines, 731 F. 2d 909, 927（D. C. Cir. 1984）; see also Compagnie des Bauxites de Guinea v. Ins. Co. of N. Am., 651 F. 2d 877, 887（3d Cir. 1981）（上述两个判例均指出，禁诉令的效力对于当事人和外国法院是没有区别的）。

② Laker Airways, Ltd. v. Sabena, Belgain World Airlines, 731 F. 2d at 926—927（D. C. Cir. 1984）; see also Airbus Industrie GIE v. Patel and others, ［1998］, UKHL12.（这两个分别由美国和英国法院作出的判决均指出，禁诉令会对外国法院行使管辖权形成间接的干涉）。

计算基准。韩国知识产权局于 2020 年 2 月发布《标准必要专利纠纷应对指南》，明确了许可费谈判步骤和许可费计算方法，为实施者特别是中小企业提供详细的许可谈判指导。据统计，我国企业涉及的非专利实施主体诉讼案件从 2011 年的 9 起增长至 2020 年的 126 起，且仍有增长趋势。华为、中兴、联想、海尔、海信、大疆、OPPO 等我国实体企业遭遇的非专利实施主体诉讼约占全球诉讼的 80% 以上。[①] 目前看我国企业大多仍处于标准必要专利实施者的地位，争取合理许可费率仍是我国大多数企业的主要诉求。

总之，各国竞相颁发禁诉令是为争夺处理国际平行诉讼的主导权和话语权，背后却隐藏着各国经济利益的冲突。尤其是信息技术高速发展以及经济全球化趋势下，各国维护经济主权意识的增强更加剧了这一矛盾。在此背景下，我国法院既要遵循国际礼让原则，尽量减少与其他国家司法管辖之间产生不必要的冲突，也要坚定地维护国家的司法主权，对损害国家利益或我国企业利益的行为，利用禁诉令制度进行有效反制，以维护公平合理的国际司法秩序。

---

① 中国信息通信研究院，IMT-2020（5G）推进组 . 5G+ 产业标准必要专利发展趋势 [R/OL] . [2022-12-20] . http://ipforefront.com/article_show.asp?id=652&Bigclass=%E8%B5%84%E8%AE%AF.

补交实验数据与创造性判断 *

芮松艳

作者简介

　　芮松艳，北京知识产权法院法官、审判委员会委员，第二届"首都十大杰出青年法学家"，北京审判业务专家。从事知识产权审判 20 年，主审案件 2500 余件，前期专注于著作权、商标、不正当竞争领域研究，反垄断领域亦有涉及，发表相关论文五十余万字；近五年转向专利领域研究，审理三星华为标准必要专利案、全球十大抗癌药专利无效案、医药专利链接案等典型案件。

　　在涉及创造性判断的案件中，专利申请人或专利权人是否可以补交实验数据以证明发明创造的相关技术效果、补交的实验数据何种情况下会被采信，以及可被采信的实验数据如何影响创造性判断等问题，一直以来备受业界关注。

　　实践中，补交实验数据的审查涉及诉争专利技术效果的确认以及最接近的现有技术的技术效果的确认两个角度。通常情况下，对于诉争专利的技术效果，如果在说明书中并无明确或隐含记载，则除非本领域技术人员基于对申请日之前现有技术的了解可知晓，否则即使补交的实验数据可证明，在创造性判断中原则上对此亦不予考虑。对于说明书中已记载的相关技术效果，则除非有反证或有充分理由怀疑，否则可以认定可从说明书中"得到"，并允许专利权人或专利申请人补交证据以进一步证明其技术效果。如果补交的实验数据可证明该技术效果属于专利权人在诉争专利申请日之前的技术贡献，则其在创造性判断中可以考虑。当然，上述技术效果

---

　　* 原文发表于《中国专利与商标》2023 年第 3 期。

需要与区别技术特征相关，且可适用于诉争专利保护范围内的全部技术方案，否则无法用于确定实际解决的技术问题。对于最接近的现有技术的技术效果，除非专利权人给出合理解释，否则补交的实验数据中对比的实验数据应对应于最接近的现有技术。此外，在进行对比时，应确保最接近的现有技术与诉争专利使用了相同的实验条件。下文中，将引用相关案例对上述做法作进一步说明。

一、法律依据及合理性分析

《专利审查指南》第二部分第十章 3.5.1 "审查原则" 部分规定："对于申请日之后申请人为满足专利法第二十二条第三款、第二十六条第三款等要求补交的实验数据，审查员应当予以审查。补交实验数据所证明的技术效果应当是所属技术领域的技术人员能够从专利申请公开的内容中得到的。"

依据该规定，对于补交的实验数据，审查员不能仅因其未被记载在说明书中而当然不予考虑，而应基于案件的具体情况对于是否接受予以判断。毕竟，《专利法》中公开换保护这一原则所要求的公开程度并未具体到实验数据这一程度，且在创造性判断中，专利权人并不知晓具体案件中可能被使用的最接近的现有技术，因此，要求专利权人在说明书中有针对性地记载诉争专利与现有技术之间技术效果的差异并不合理。此种情况下，如不允许专利权人补交实验数据，不仅将会使专利权人无法证明诉争专利相较于最接近的现有技术具有的技术效果，从而不合理地损害专利权人的利益，亦会客观上提高对专利说明书公开程度的要求。因此，对于此类实验数据予以接受并进行审查有其必要性。

尽管如此，并非任何补交的实验数据均可被接受并采信。根据《专利审查指南》的上述规定，可被采信的实验数据所证明的技术效果应是本领域技术人员能够从专利申请公开的内容中"得到的"。这一要求既意味着基于专利申请公开的内容或者认知能力，本领域技术人员可以知晓该技术效果，同时亦要求本领域技术人员可知晓该技术效果适用于要求保护的权利要求范围内的全部技术方案，且与区别技术特征相关，以避免专利申请人基于未公开的内容获得专利授权，违反公开换保护原则。

二、补交实验数据的审查

在现有案件中，补交的实验数据存在多种不同的表现形式。较为常见的形式是实验记录、鉴定报告等。例如，在恩杂鲁胺案中，专利权人提交了诉争专利与化合物 145（最接近的现有技术）相关技术效果对比的鉴定报告。[①] 一些案件中，当事人提交的是诉争专利研发过程中的实验记录。例如，在"恩格列净案"中，专利权人提交了相关实验记录数据及实验图表。[②] 在"司美格鲁肽案"中，专利权人提交的是原始实验记录。[③] 除上述方式外，亦有案件中使用的是相关专利的公开文本。例如，在一起涉及晶型专利的案件中，专利权人补交的实验数据是该晶型的母体化合物的专利公开文本。[④] 此外，有案件中使用的则是专利说明书中的引证文献。例如，在"格雷斯案"中，补交的实验数据是诉争申请说明书中引证的美国申请中的表 4-9，其中的 IED1 对应于对比文件 22 化合物 10（最接近的现有技术），表中的 IED2-12 则分别对应于诉争申请的多个化合物。该表中记载有催化活性和立体选择性的数据，此亦为专利申请人主张的技术效果。[⑤]

补交的实验数据采用哪种方式并不重要，关键在于是否可以通过补交实验数据中的具体内容确认诉争专利与最接近的现有技术各自的技术效果。下文将从诉争专利技术效果的确认以及最接近的现有技术的技术效果的确认两个角度，逐一分析补交实验数据的审查角度。

---

① 北京知识产权法院（2019）京 73 行初 5353 号行政判决书。
② 北京知识产权法院（2018）京 73 行初 1097 号行政判决书。
③ 北京知识产权法院（2023）京 73 行初 1324 号行政判决书。
④ 北京知识产权法院（2018）京 73 行初 2626 号行政判决书。
⑤ 北京知识产权法院（2021）京 73 行初 3236 号行政判决书。

（一）诉争专利技术效果的确认

1.说明书中无记载的情形

对于未在说明书中明确或隐含记载的技术效果，除非本领域技术人员基于对申请日之前现有技术的了解可知晓，否则即使补交的实验数据可以证明在专利申请日之前专利权人已知晓，为避免专利权人基于其未公开的内容而获得专利权，从而违背公开换保护的基本原则，在创造性判断中原则上也不予考虑。

案例 1：恩格列净案 *

该案涉及的是专利号为 ZL201310414119.9，名称为"吡喃葡萄糖基取代的苯基衍生物、含该化合物的药物、其用途及其制造方法"的发明专利，其权利要求 1 内容如下：

"1.吡喃葡萄糖取代的苯衍生物，其选自（2）1- 氯 -4-（β-D- 吡喃葡萄糖 -1- 基）-2-［4-（（R）- 四氢呋喃 -3- 基氧基）- 苄基］- 苯，和（3）1- 氯 -4-（β-D- 吡喃葡萄糖 -1- 基）-2-［4-（（S）- 四氢呋喃 -3- 基氧基）- 苄基］- 苯，或其生理上可接受的盐。"

该案中使用的最接近的现有技术为证据 1，该化合物具有 SGLT-2 抑制活性，且可治疗或延缓糖尿病等。专利权人对证据 1 具有上述技术效果并无异议，但认为诉争专利除具有证据 1 的上述技术效果外，还具有 SGLT-1 的高选择性，并补交了实验数据用以证明这一技术效果。

针对 SGLT-1 的高选择性这一技术效果，专利权人认可在说明书中并无明确记载，但主张说明书发明目的部分的如下记载隐含了这一技术效果："本发明的目的是要找出新的吡喃糖基取代的苯衍生物，特别是对钠依赖葡萄糖协同转运蛋白 SGLT，特别是 SGLT2 具有活性。本发明的另外的目的是要说明吡喃糖基取代的苯衍生物，其在体内和 / 或在体外与已知的类似结构的化合物比较，对于钠依赖型葡萄糖协同转运蛋白 SGLT2 具有增强的抑制效果，和 / 或具有较佳的药理或药物动力学性质。"对于上述

---

* 北京知识产权法院（2018）京 73 行初 1097 号行政判决书。

记载，法院认为，虽然其中提及了 SGLT 以及 SGLT-2，但全部内容中均无法看出其隐含了 SGLT-1 高选择性这一技术效果。因此，专利权人有关说明书隐含记载了这一效果的主张不能成立。

当然，这一技术效果未被明确或隐含记载在说明书中，并不意味着其在创造性判断中必然无法考虑。如果本领域技术人员可认知该技术效果，其同样可用于确定实际解决的技术问题。但该案中，专利权人明确表示本领域技术人员并不知晓这一技术效果。基于专利权人这一主张，并结合对现有证据的考虑，法院认为，因本领域技术人员基于说明书的记载以及其对申请日之前现有技术的了解无法知晓该技术效果，故即使专利权人补交的实验数据可以证明诉争专利具有 SGLT-1 高选择性，且专利权人在申请日之前亦已验证该技术效果，该效果在创造性判断中仍不予考虑，否则将有违公开换保护这一专利法的基本原则。

2. 说明书中有记载的情形

说明书公开充分是专利权的授权条件之一，这一条件意味着说明书中需要记载权利要求所保护技术方案的相关技术效果。但说明书中对于技术效果的记载，既可能辅之以实验数据，亦可能并无相关记载。无论属于何种情形，只要本领域技术人员依据说明书的记载以及所具有的认知能力，可以初步知晓其为涉案权利要求的技术效果，则应认定该技术效果可以从说明书中"得到"。毕竟，对于说明书中记载的内容，不应该推定其不具有真实性。换言之，通常情况下，在说明书中记载了相关技术效果的情况下，除非有反证或有充分理由怀疑，否则可以认定该技术效果可从说明书中"得到"，并允许专利权人或专利申请人补交证据以进一步证明其技术效果。

需要指出的是，这一技术效果应对应于涉案权利要求保护范围内的"全部"技术方案且与区别技术特征相关，否则，补交的相关实验数据不应被采信。当然，对于是否对应于"全部"技术方案的判断，不应采用过于严格的标准。通常而言，在涉案权利要求因具有较大的保护范围，从而无法当然确定全部技术方案均具有相关技术效果的情况下，除非可以确定确有部分技术方案不具有相关技术效果，否则，应允许专利申请人或专利权人补交实验数据以作进一步证明。

至于被接受的补交实验数据是否可以"采信"，则取决于该技术效果是否属于申请人在诉争发明"申请日"之前的技术贡献，以及本领域技术人员是否可以确认该效果。如果符合上述要求，则此种情况下对于实验数据的采信将既不会使申请人获得超出其技术贡献的保护，亦不会影响公众利益，其所证明的技术效果在创造性判断中通常会予以考虑。否则，将会被认定为仅是断言。

案例2：恩杂鲁胺案 *

该案涉及的是专利号为ZL200680025545.1，名称为"二芳基乙内酰脲化合物"的发明专利，其权利要求1内容如下：

"1. 具有下式的化合物：

。"

该案涉及化合物专利，诉争专利说明书中记载的技术效果为高拮抗低激动的AR活性，但说明书相关具体内容中仅涉及拮抗效果，而并未涉及激动效果。而对于拮抗效果，亦只给出了对比柱状图以表示不同情况下拮抗效果的对比关系，而未给出具体效果数据。尽管如此，在说明书中已记载上述技术效果的情况下，法院仍接受了专利权人补交的实验数据，并对其进行了审查。

但法院在考虑该补交的实验数据的基础上，基于以下原因，并未认同专利权人有关诉争专利权利要求1相对于化合物41，比卡鲁胺具有更好的高拮抗低激动AR活性这一主张：其一，补交的实验数据中并非诉争专利"申请日之前"对于高拮抗低激动的AR活性的确认；其二，诉争专利说明书中所给出的是体外实验中的技术效果，而专利权人补交的实验数据所测

---

* 北京知识产权法院（2019）京73行初5353号行政判决书。

试的则是动物体内实验中对于肿瘤大小变化的效果，两种技术效果并非必然对应。

案例 3：晶型专利案 *

该案涉及的是申请号为 201410098658.0，名称为"制备 SGLT2 抑制剂的方法"的发明专利申请，其权利要求 6 内容如下：

"6. (2S, 3R, 4R, 5S, 6R) –2–（4–氯–3–（4–（2–环丙氧基乙氧基）苄基）苯基）–6–（羟基甲基）四氢 –2H– 吡喃 –3，4，5– 三醇·双（L– 脯氨酸）复合物的一种晶体形式，其特征在于 X– 射线粉末衍射图案具有基本根据图 2 的峰。"

该案中，专利申请人主张诉争申请权利要求 6 的技术效果为 SGLT2 选择性抑制作用，该技术效果在说明书中有记载，但并无相应实验数据。专利权人补交用于证明该技术效果的证据为附件 1，即诉争申请母体化合物的国际专利申请公开文本，其中的化合物 BQ 为诉争申请权利要求 6 所述复合物的母体化合物，其中表 2 中 BQ 的数据显示其对 SGLT2 具有选择性抑制作用，具体数据为 $IC_{50} < 1\mu m$。

该案中，法院采信了附件 1 中记载的实验数据。法院认为，诉争申请权利要求 6 的技术贡献在于晶体形式，而非单纯的化合物本身。专利申请人补充提交的实验数据所欲证明的 SGLT2 抑制作用并非晶体形式的技术效果，而是化合物的技术效果。该技术效果虽在说明书中无实验数据，但在其并非说明书中所声称的技术贡献的情况下，该技术效果在创造性判断中是否应予考虑，主要取决于附件 1 是否可以证明该技术效果为专利申请人在诉争申请申请日之前的技术贡献。

附件 1 为在先专利申请，申请人亦为诉争申请的申请人。在先专利申请的化合物 BQ 即为诉争申请的化合物，由附件 1 表 2 中 BQ 的数据可以看出，其对 SGLT2 具有选择性抑制作用，$IC_{50} < 1\mu m$。基于此，虽然附件 1 并非诉争申请的现有技术，但该证据可以证明专利申请人在诉争申请的申

---

* 北京知识产权法院（2018）京 73 行初 2626 号行政判决书。

请日之前已通过实验验证诉争申请化合物的 SGLT2 抑制效果，诉争申请中所记载的 SGLT 抑制效果并非断言。基于此，法院采信了附件 1 中的实验数据，并在创造性判断中对于 SGLT2 抑制效果予以考虑。

案例 4：卡利拉嗪案 *

该案涉及的是专利号为 ZL200880015627.7，名称为"作为 D_3/D_2 拮抗剂的哌嗪盐"的发明专利，其权利要求 1 内容如下：

"1. 结晶反式 4–{2–［4–（2，3–二氯苯基）–哌嗪 –1– 基］– 乙基 }–N, N– 二甲基氨甲酰基 – 环己胺盐酸盐无水物，其具有基本上如图 3 所示的粉末 X 射线衍射图形。"

该案涉及的亦是晶型专利，被诉决定接受了补交的实验数据，并认定诉争专利卡利拉嗪单盐酸盐 I 型晶型相比其他盐型表现出本领域技术人员难以预期的高纯度，因此，权利要求 1 具备创造性。但针对纯度这一技术效果，法院则持不同观点。法院虽接受了补交的实验数据，但认为专利权人无法证明数据形成时间"早于"申请日，故对其所证明的技术效果未予采信。

对于高纯度这一技术效果，诉争专利说明书第 0014 段中相关记载为："特别优选盐酸盐，因为其可以最高收率和最高纯度被制得。单盐酸盐的另一个优点是其可采用标准的溶剂和反应条件被容易地制得。"因诉争专利权利要求 1 相较于最接近的现有技术证据 1 的区别在于，证据 1 中的化合物 1 为卡利拉嗪游离碱，诉争专利权利要求 1 为卡利拉嗪单盐酸盐的 I 型晶型，且说明书中上述有关纯度效果的记载与该区别技术特征相对应，故在本领域技术人员基于上述记载已可初步知晓诉争专利权利要求 1 具有提高纯度这一技术效果的情况下，法院认为，虽然说明书中并未给出相应数据，但专利权人亦可以补交实验数据以进一步证明这一技术效果。只不过，用以证明上述技术效果的相关实验数据应包括产生于诉争专利申请日之前的实验数据，以避免破坏先申请原则。

---

* 北京知识产权法院（2021）京 73 行初 6015 号行政判决书。

该案中，专利权人补交的实验数据为反证 1、2。因专利权人认可反证
1、2 中并未显示任何具体实验时间，且亦无其他证据可以看出专利权人在
申请日前已对纯度效果予以确认，故对该技术效果法院未予认定。在此基
础上，对于被诉决定依据上述数据所得出的"诉争专利权利要求 1 的卡利
拉嗪单盐酸盐 I 型晶型相比其他盐型表现出本领域技术人员难以预期的高
纯度"的结论，以及其据此得出的诉争专利权利要求 1 具备创造性这一结
论，法院均认为缺乏事实依据。

案例 5：卢卡帕利案[*]

该案涉及的是专利号为 ZL201180009237.0，名称为 "8- 氟 -2-{4-
[（甲氨基）甲基］苯基}-1，3，4，5- 四氢 -6H- 氮杂䓬并［5，4，3-cd］
吲哚 -6- 酮的盐和多晶型物"的发明专利，其权利要求 1 内容如下：

"1. 8- 氟 -2-{4-［（甲氨基）甲基］苯基}-1，3，4，5- 四氢 -6H- 氮
杂䓬并［5，4，3-cd］吲哚 -6- 酮的樟脑磺酸盐。"

该案中，诉争专利权利要求 1 与最接近的现有技术的区别特征仅在于
盐型不同，权利要求 1 要求保护的是卢卡帕利的樟脑磺酸盐，最接近的现
有技术公开的则是卢卡帕利的磷酸盐。基于这一区别特征，被诉决定认
为，基于诉争专利说明书的记载和反证 3（补交的实验数据）均可看出诉
争专利权利要求 1 的卢卡帕利樟脑磺酸盐相对于最接近的现有技术的磷酸
盐具有更好的非吸湿性。此亦为专利权人主张的技术效果之一。

对于非吸湿性这一技术效果，被诉决定的认定依据为诉争专利说
明书中第 0095 段、第 0163 段、第 0336 ~ 0337 段、实施例15、第
0345 ~ 0346 段的内容及反证 3 中的相关记载。说明书的上述内容中虽然
有关于非吸湿性的记载，但均对应于 S- 樟脑磺酸盐多晶型物 A 型，并不
涉及其他晶型以及无定型。当然，针对樟脑磺酸盐及除 A 型以外的其他晶
型，说明书上述内容中亦记载了技术效果，但主要是概括性记载，如物理
上的稳定性以及与化合物 1 的其他盐形式相比不易水合，特别适于制备固

---

[*] 北京知识产权法院（2021）京 73 行初 13173 号行政判决书。

体剂型，等等，并未具体到非吸湿性。

在此基础上，法院认为，本领域技术人员基于 S- 樟脑磺酸盐多晶型物 A 型的非吸湿性，无法知晓其他晶型以及无定型亦具有基本相当的非吸湿性。而在已关注到诉争专利说明书中 S- 樟脑磺酸盐多晶型物 A 型的非吸湿性的情况下，本领域技术人员基于说明书中有关不易水合、适于制备固体剂型等记载，亦仅是有可能推测到其与非吸湿性相关，而无法当然确定其具有非吸湿性。因此，在仅以说明书为依据的情况下，无法将非吸湿性认定为诉争专利权利要求 1 保护范围内的"全部"技术方案均可实现的技术效果。

尽管如此，为更好地保护专利权人的利益，避免仅因说明书中对某一技术效果的撰写不够充分而使其技术贡献无法获得专利保护，在诉争专利说明书已作上述记载的情况下，法院仍对专利权人补交的实验数据予以接受。但同时指出，为避免造成对先申请原则的破坏，补交的实验数据应该反映的是诉争专利申请日前的客观研发状态，需要证明的是诉争专利申请日之前专利权人已验证这一技术效果。

专利权人在无效程序中补交的实验数据为反证 3，其为诉争专利药物许可公司的研发人员所出具的书面证言。因证言中并未表示相关内容是对研发过程中实验情形的回忆，且无论是该证据本身，还是其他证据，均无法看出该证人参与了诉争专利的研发过程，因此，该证言无法反映诉争专利"申请日前"的客观研发状态，相应地，无法证明专利权人在申请日之前已验证这一技术效果。

退一步讲，即便该证言是对当时实验情形的回忆，但对于若干年前的实验情形，人的记忆不可能做到完全准确，该证言也不能作为证据，且依据常理，在药物研发过程中对相关实验情形通常应当存在书面记录。在专利权人在本案中并未提交任何相关书面记录的情况下，仅依据证人证言同样无法证明诉争专利申请日之前的实验情形，进而不足以证明在申请日之前专利权人已验证非吸湿性这一技术效果。

再退一步讲，即使考虑反证 3 的内容，同样针对的是 S- 樟脑磺酸盐多晶型物 A 型，也并未提及樟脑磺酸盐的其他晶型以及无定型的非吸湿性数据。因此，无法确定专利权人在申请日之前已验证诉争专利权利要求 1 保护范围内的"全部"技术方案均具有非吸湿性这一技术效果。

基于上述分析，法院认为，无论是基于诉争专利说明书的记载，还是考虑反证 3 的内容，均无法确定诉争专利权利要求 1 保护范围内的"全部"技术方案均具有非吸湿性的技术效果。

案例 6：索拉非尼案*

该案涉及的是专利号为 ZL200680007187.1，名称为"用于治疗癌症的包含 ω-羧芳基取代的二苯基脲的药物组合物"的发明专利，其权利要求 1 内容如下：

"1. 一种片剂药物组合物，它包含 4{4-［3-（4-氯-3-三氟甲基苯基）-脲基］-苯氧基}-吡啶-2-羧酸甲酰胺的对甲苯磺酸盐作为唯一活性剂，以及至少一种药学上可接受的赋形剂，所述活性剂至少占组合物重量的 75%，其中所述活性剂是微粉化的，且微粉化形式的粒度为 0.5 微米 ~ 10 微米；其中以组合物的重量计，所述组合物包含 3% ~ 20% 的填充剂、5% ~ 12% 的崩解剂、0.5% ~ 8% 的粘合剂、0.2% ~ 0.8% 的润滑剂和 0.1% ~ 2% 的表面活性剂；其中微晶纤维素作为填充剂；交联羧甲基纤维素钠作为崩解剂；羟丙甲纤维素作为粘合剂；硬脂酸镁作为润滑剂以及月桂基硫酸钠作为表面活性剂，所述组合物为速释片剂。"

该案涉及的是组合物专利，专利权人补交的实验数据针对的技术效果为快速释放及高硬度。说明书中对上述技术效果均有记载，其中，对快速释放的主要记载为"根据 USP 释放度法用仪器 2 测定，根据本发明的速释剂型的 Q 值（30 分钟）为 75%"。对硬度的记载为，"根据本发明的片剂显示的硬度例如大于 80N"。

虽然说明书中对上述技术效果有所记载，但因权利要求 1 中无论是对活性剂的载药量，还是是否采用微粉化形式，以及全部辅料及用量，均存在多种选择，从而使权利要求 1 对应较大的范围，包含多个不同的技术方

---

* 北京知识产权法院（2021）京 73 行初 10072 号行政判决书。

案，故仅依据说明书的记载实际上无法当然确认诉争专利权利要求 1 具有快速释放及高硬度的技术效果。

尽管如此，法院仍认为，在说明书中已记载上述技术效果的情况下，专利权人可补交实验数据以证明上述技术效果。专利权人补交的实验数据为证据 32、33，但上述证据的证明目的在于证明不同辅料的选择对溶出速度和硬度的影响，而非诉争专利本身具有快速释放和高硬度的技术效果。鉴于此，法院在考虑补交的实验数据的基础上，并未认定权利要求 1 具有快速释放和高硬度的技术效果。

案例 7：司美格鲁肽案 *

该案涉及的是专利号为 ZL200680006674.6，名称为"酰化的 GLP-1 化合物"的发明专利，其权利要求 1 内容如下：

1. 化合物，所述的化合物为：

N−ε26−［2−（2−［2−（2−［2−（2−［4−（17−羧基十七烷酰基氨基）−4（S）−羧基丁酰基氨基］乙氧基）乙氧基］乙酰氨基）乙氧基］乙氧基）乙酰基］［Aib8，Arg34］GLP−1−（7−37）肽。

该案中，最接近的现有技术为利拉鲁肽。专利权人主张诉争专利权利要求 1（司美格鲁肽）的如下技术效果可从诉争专利说明书中得到：其一，在以 30 nmol/kg 剂量施用给 db/db 小鼠后具有至少 24 小时的作用持续时间；其二，在迷你猪中具有 60 ～ 70 小时以上的半衰期。在上述技术效果可从说明书中得到的情况下，专利权人认为其补交的实验数据可进一步证明诉争专利权利要求 1 的司美格鲁肽相对于利拉鲁肽具有预料不到的技术效果。

对专利权人补交的实验数据是否应予接受，取决于其所主张的上述技

---

* 北京知识产权法院（2023）京 73 行初 1324 号行政判决书。

术效果是否可以从说明书公开的内容中"得到"。对于在 db/db 小鼠中的相应效果，专利权人主张的依据为说明书第 0534 段的如下记载，"在本发明的一个方面，GLP-1 激动剂在以 30nmol/kg 剂量施用给 db/db 小鼠后具有至少 24 小时的作用持续时间"。法院认为，因诉争专利的权利要求有过修改，故上述记载中的"本发明"或"GLP-1 激动剂"对应的是修改前的通式化合物，而非诉争专利权利要求 1 所限定的司美格鲁肽，但司美格鲁肽被涵盖在该通式化合物的保护范围内。虽然通常情况下，通式化合物中包括众多的具体化合物，而在说明书中并未针对每个具体化合物记载相应数据的情况下，不能当然"确定"说明书中记载的通式化合物的技术效果必然适于保护范围内的每个具体化合物。但这亦并不意味着可以据此而认定该技术效果是断言，无法从说明书记载的内容中"得到"。在具体化合物所处通式化合物的技术效果已被明确记载的情况下，至少可合理"推定"该技术效果适用于保护范围内的全部技术方案，相应地，应允许专利权人通过补交实验数据的方式证明特定的具体化合物同样具有这一技术效果。如果不允许补交实验数据以证明该技术效果，将意味着对于通式化合物而言，说明书中必须针对保护范围内的每个具体化合物均记载相应技术效果。进一步地，这亦将意味着对于上位概括的技术方案而言，针对保护范围内的各个具体技术方案，将无法通过补交实验数据这一方式证明该技术方案的技术效果。这一要求显然并不合理且不具有可行性。

该案中，虽然针对司美格鲁肽是否具有上述技术效果，说明书中并未明确记载，此亦为被诉决定中认定说明书中"并未强调和突出司美格鲁肽在小鼠中持续时间"的原因，但在说明书中已记载包括司美格鲁肽在内的通式化合物均具有"至少 24 小时的作用持续时间"这一技术效果，且司美格鲁肽是说明书中制备并用作筛选的具体化合物之一的情况下，应推定司美格鲁肽具有前述技术效果，亦即该技术效果属于从说明书中可以"得到"的信息。

在上述技术效果可从说明书得到的情况下，虽然说明书中并未给出司美格鲁肽在以 30nmol/kg 剂量施用给 db/db 小鼠后的作用持续时间的具体实验数据，但专利权人可通过补交实验数据的方式予以证明。当然，这一实验数据原则上应是申请日前的原始数据，否则难以证明专利权人在申请日前已验证这一技术效果。专利权人在无效程序中提交的第一组补交实验数据包括反证 1、反证 4 ～ 7，其中记载了诉争专利权利要求 1 司美格鲁肽的原始实验数据，以及其与最接近的现有技术利拉鲁肽相关数据的对比。基于上述证据可以看出，在诉争专利优先权日之前，专利权人已经完成司美格鲁肽的相关活性测定实验并获知了相应数据。将该数据与利拉鲁肽的相关数据进行对比可以看出，在以 30nmol/kg 剂量施用给 db/db 小鼠后，司美格鲁肽具有约 48 小时的作用持续时间，利拉鲁肽则为约 24 小时的作用持续时间。这一对比数据说明诉争专利权利要求 1 的司美格鲁肽具有更长的作用持续时间。

对在迷你猪中的相应效果，专利权人主张的依据是说明书第 0550 段的如下记载："第二次筛选药物动力学筛选的第二部分在具有 60 ～ 70 小时或更长的初始终末半衰期的那些化合物上进行。"专利权人认为上述化合物中包括诉争专利权利要求 1 的司美格鲁肽，因此，司美格鲁肽具有 60 ～ 70 小时或更长的初始终末半衰期。结合说明书该部分内容的上下文记载可以看出，说明书中制备了包括司美格鲁肽在内的 22 个具体化合物，然后对其进行两次筛选，说明书中记载了初次及第二次筛选的标准。

法院认为，说明书前述第 0550 段中仅对符合哪些标准的化合物可进行第二次筛选作了记载，但对于哪些化合物符合这一标准并无记载。也就是说，说明书中并未对哪些化合物具有上述技术效果作任何记载。尽管确如专利权人所述，司美格鲁肽的制剂是说明书中记载的唯一制剂，但其亦仅是记载了简单的配比，即"药物配制：本发明化合物可以如下配制：实施例 4 的化合物 6.25mg/ml 丙二醇 14.0mg/ml 苯酚 5.5mg/ml 磷酸盐缓冲液 pH8.15"，除此之外并无关于该制剂的其他信息。因此，即使结合上述记载亦无法看出司美格鲁肽是否符合第二次筛选的标准。基于此，司美格鲁肽是否具有上述技术效果无法从说明书中得到，相应地，对于这一技术效果无法通过补交实验数据以证明。

需要强调的是，针对上述两个技术效果是否可以从说明书中得到，法院之所以给出不同的结论，主要原因在于说明书中针对上述技术效果所记载的内容及角度有所不同。针对在 db/db 小鼠中的相应效果，说明书中既作了明确的记载（至少 24 小时的作用持续时间），亦记载了其对应的技术方案（通式化合物）。虽然该技术效果未被具体记载为司美格鲁肽的技术效果，但在司美格鲁肽为通式化合物保护范围内的具体化合物的情况下，可以合理推知其亦应具有这一技术效果。但对在迷你猪中的相应效果，虽然有"具有 60 ~ 70 小时或更长的初始终末半衰期"这一内容，但该内容是从筛选条件角度，而非技术效果角度进行的记载。当然，符合这一筛选条件的具体化合物应具有这一技术效果，但对于哪些化合物符合该技术效果则并未记载，结合说明书中的其他内容亦无法将其与具体化合物相对应。因此，该技术效果属于无法对应到具体技术方案的技术效果，相应地，不属于可以从说明书中得到司美格鲁肽的技术效果。

3. 技术效果与区别技术特征

在涉及创造性判断的案件中，虽当事人补交实验数据的直接目的在于证明技术效果，但间接目的在于证明诉争专利相较于最接近的现有技术所实际解决的技术问题。因技术问题与区别技术特征相关，所以说明书中有关技术效果的记载应与区别技术特征相关。

当然，对于区别技术特征与技术效果之间的关系，说明书中并不需要记载到因果关系的程度，只需记载到相关性这一程度即可。毕竟专利申请文件的作用在于，通过记载反映了发明人创造性劳动的技术方案和技术效果，使社会公众可以实施相关技术方案并知晓其技术效果，而非用于防御将来可能出现的无效宣告请求。不过，这并不意味着在创造性判断中，专利权人无须证明两者之间的因果关系，只不过这一事实可通过补交实验数据的方式予以证明。这一做法既不会使专利权人基于并未付创造性劳动的内容而获得专利保护，亦可减少因对专利文件记载内容进行过分要求而给专利权人带来的无谓负担。

案例8：南京优科案 *

该案涉及的是专利号为 ZL200910180610.3，名称为"一种取代的甲撑苯并环癸烯酮肟的制备方法"的发明专利，其权利要求1内容如下：

"1. 一种5，6，7，8，9，10，11，12-八氢-3-甲氧基-5-甲基-5，11-甲撑苯并环癸烯-13-酮肟的制备方法，包括如下步骤：（1）以7-甲氧基-1-甲基-2-四氢萘酮为起始原料，在其甲苯或二甲苯溶液中，并且存在相转移催化剂以及在碱性环境中与1，5-二溴戊烷进行烷基化反应，从而得到1-（5-溴戊基）-7-甲氧基-1-甲基-四氢萘酮……其中，……步骤（1）中所述的相转移催化剂为四丁基溴化铵"。

该案中最接近的现有技术为证据3中使用催化剂 N-（对三氟甲基）苄基辛可尼丁溴化物（B）的技术方案，其与诉争专利的区别在于使用的催化剂不同，即诉争专利采用的是相转移催化剂四丁基溴化铵。专利权人主张上述区别技术特征使诉争专利相较于证据3具有提高收率的技术效果，并提交反证4作为补交实验数据以证明该技术效果由区别技术特征四丁基溴化铵带来。

针对该技术效果与四丁基溴化铵之间的关系，诉争专利说明书第0004段记载："本发明采取一种……的制备方法，提高了收率，降低了成本。"第0012段记载："在本发明的制备方法中，所述的相转移催化剂为季铵盐，优选地，选自……最优选地，四丁基溴化铵。"基于上述记载可以看出，诉争专利与背景技术相比具有提高收率的技术效果。因两者之间的主要区别技术特征之一在于诉争专利采用了相转移催化剂，且区别技术特征四丁基溴化铵为最优选的相转移催化剂，加之各方当事人亦认可采用相转移催化剂提高收率为公知常识，基于此，可以认定四丁基溴化铵与提高收率具有相关性。在说明书已对区别技术特征与技术效果之间相关性有所记载的情况下，反证4所证明的技术效果属于本技术领域技术人员能够从专利申请公开的内容中得到的技术效果。因此，法院接受了反证4这一补交的实验数据。

---

* 北京知识产权法院（2021）京73行初3169号行政判决书。

案例9：防泡颗粒案 *

该案涉及的是申请号为201010182156.8，名称为"防泡颗粒"的发明专利申请，其权利要求1内容如下：

"1.防泡颗粒（P），含有（A）脲或三聚氰胺、或它们的混合物与烷醛的多孔共聚物，以及（B）在0℃时为液体的硅酮防泡组合物，其中……"

诉争申请是一种用于洗涤剂中的颗粒，其作用在于减少洗涤过程中产生的泡沫。该技术方案可以简单理解为包括（A）（B）两个组分，其中组分（B）起消泡作用，组分（A）则是一种载体，组分（B）需要附着于该载体上。诉争申请相对于最接近的现有技术的区别技术特征仅在于组分（B）（消泡剂）的结构不同。专利申请人主张诉争申请具有如下技术效果：（1）与其他无机或有机载体材料相比，诉争申请的共聚物（A）表现出显著改善的对液体硅酮防泡组合物（B）的吸收能力；（2）与本领域中优选用作硅酮防泡组合物的载体材料的淀粉相比，包含诉争申请共聚物（A）作为载体材料的防泡颗粒在储存期间出乎意料地未损失其泡沫抑制效果。针对上述技术效果，专利申请人补交了实验数据。

就该案而言，专利申请人上述主张如果成立，则意味着上述技术效果与消泡剂的不同选择相关，具体地，需要将上述两种不同的消泡剂（区别技术特征）分别与同一载体材料多孔共聚物（A）（两者共同使用的载体材料）相混合，比对两种混合物各自具有的技术效果，由此方可看出不同的消泡剂所带来的技术效果。但无论是诉争申请说明书中所记载的具体效果，还是专利申请人在复审阶段所提交的实验数据所记载的效果，均针对的是同一消泡剂"硅酮防泡组合物（B）"（诉争申请使用的消泡剂）与不同载体材料相混合所形成的混合物具有的不同技术效果，而这些技术效果显然与区别技术特征无关。因此，即使考虑补交的实验数据，专利申请人所主张的上述技术效果无法被认定属于诉争申请实际解决的技术问题。

---

* 北京知识产权法院（2015）京知行初字第2527号行政判决书。

4.技术效果与权利要求的保护范围

因诉争专利相较于最接近的现有技术所实际解决的技术问题，指的是诉争专利保护范围内的"全部技术方案"相较于该现有技术所实际解决的技术问题，所以补交实验数据所证明的技术效果亦应适用于诉争专利保护范围内的全部技术方案。对于仅可适用于诉争专利保护范围内部分技术方案的实验数据，在创造性判断中无须考虑。

案例 10：FMC 案 *

该案涉及的是申请号为 201080019806.5，名称为"杀真菌的吡唑化合物"的发明专利申请，其权利要求 1 内容如下：

"1.选自式 1 的化合物、其 N- 氧化物和其盐，

其中 Q^1 为苯环，其任选被至多 5 个独立地选自以下的取代基取代：R^3；Q^2 为苯环，其任选被至多 5 个取代基取代，所述取代基独立地选自 R^3；X 为 O、S（O）$_m$、NR^4、$CR^{15}R^{16}$、C（=O）或 C（=S）；R^1 为 H、卤素、C_1 - C_6 烷基、C_1 - C_6 卤代烷基、C_2 - C_4 烯基、C_2 - C_4 炔基、C_3 - C_7 环烷基、CO_2R^5、C（O）NR^6R^7、氰基、C_1 - C_6 烷氧基、C_1 - C_6 卤代烷氧基或 C_2 - C_5 烷氧基烷基；……"

该案中，作为最接近的现有技术，使用的是对比文件 4 中的具体化合物 145，专利申请人主张诉争申请相对于对比文件 4 化合物 145 具有更好的杀真菌活性，且提交了补充实验数据。需要注意的是，诉争专利为马库什权利要求，其保护范围内包括众多具体化合物，但专利申请人补交的实验数据中仅涉及其中两个具体化合物，对于除此之外的诉争专利保护范围内的其他具体化合物，专利申请人并未提交相关实验数据。

在此情况下，如果专利申请人认为其补交实验数据中所验证的技术效

---

* 北京知识产权法院（2020）京 73 行初 10016 号行政判决书。

果为诉争专利实际解决的技术问题，则有必要证明或合理说明该技术效果适用于诉争申请权利要求 1 保护范围内的全部具体化合物。但该案中，不仅现有证据无法得出这一结论，而且结合诉争专利说明书的相关记载甚至可得出相反的结论。由说明书中相关数据可以看出，表 A 中化合物 53、63、260、307 虽均为诉争专利权利要求保护范围内的具体化合物，但其全部杀真菌活性测试数据均为 0，这也就意味着上述具体化合物相对于对比文件化合物 145 必然不可能具有更好的技术效果。据此，即便考虑补交的实验数据，亦不能证明具有更好的杀真菌活性是诉争申请权利要求 1 的全部化合物实际解决的技术问题。

案例 11：格雷斯案 [*]

该案涉及的是申请号为 201510155006.0，名称为"取代的亚苯基芳族二酯的生产"的发明专利申请，其权利要求 1 内容如下：

"1. 用于基于烯烃的聚合物的聚合的齐格勒－纳塔前催化剂或催化剂组合物，其包含至少一种选自以下化合物的取代的 1，2- 亚苯基芳族二酯化合物：取代的 1，2- 亚苯基芳族二酯，其选自：……1，2- 亚萘基二苯甲酸酯；2，3- 亚萘基二苯甲酸酯……"

该案中，专利申请人主张诉争申请具有更好的催化活性和立体选择性，该技术效果记载在说明书中引证的美国申请的表 4-9 中，而非诉争申请说明书中。因该引证文献公开日晚于诉争申请的优先权日，不符合《专利审查指南》的相关规定，从而无法将其视为诉争专利申请说明书的组成部分，故专利申请人主张该引证文献为补交实验数据。

针对表 4-9，双方当事人均认可其中 IED2-12 的各化合物对应于诉争申请的化合物，而 IED1 则对应于对比文件 22 化合物 10（最接近的现有技术）。比较图 4-9 中的活性数据可以看出，虽然诉争申请有一部分化合物的活性数据好于最接近的现有技术化合物 10，但亦有部分仅具有与化合物 10 基本相当的活性。例如，当前体为 MagTi-1、H_2 量为 1500 时，IED1

---

[*] 北京知识产权法院（2021）京 73 行初 3236 号行政判决书。

的活性数据为 20.9，而 IED4 的活性数据则为 19.3。对于立体选择性（XS）数据亦是如此。例如，当前体为 SHAC™310、EED 为 DCPCMS 时，IED1 的 XS 数据为 8.1，而 IED7 的数据则为 8.63，因 XS 数据越小表示立体选择性越高，故 IED1 比 IED7 的立体选择性更好。由此可见，上述引证文献不能证明诉争申请范围内的"全部化合物"相较于化合物 10 具有更好的活性及立体选择性。

（二）最接近的现有技术的技术效果确认

在涉及补交实验数据的案件中，如果该实验数据为对比实验数据，亦即通过对比实验证明诉争专利或专利申请相较于最接近的现有技术具有更好的技术效果，则对比的实验数据原则上应对应于最接近的现有技术。但实践中亦有例外情况，少数案件中，当事人用于对比的技术方案是最接近的现有技术以外的其他技术方案。此种情况下，除非当事人给出合理解释，否则该对比数据难以作为判断创造性的依据。此外，需要注意的是，在进行对比时，应确保被用于对比的技术方案应与诉争专利使用了基本相同的实验条件，否则两者的实验结果亦难以直接对比。

案例 12：FMC 案[*]

在前文提到的 FMC 案中，最接近的现有技术是对比文件 4 化合物 145，但专利申请人补交的实验数据中，与诉争申请进行对比的并非对比文件 4 化合物 145，而是另外两个具体化合物。在专利申请人认可对比文件 4 化合物 145 可被制备，且对为何未选择化合物 145 并未给出合理解释，亦未提交相反证据的情况下，法院认为这一选择不符合常理。因此，对专利申请人有关诉争申请相较于化合物 145 具备预料不到的技术效果的主张，未予支持。

---

[*] 北京知识产权法院（2020）京 73 行初 10016 号行政判决书。

案例 13：南京优科案[*]

前文提到的"南京优科案"的情况则与 FMC 案有所不同。虽然专利权人补交的实验数据中同样未使用最接近的现有技术中的催化剂，但在专利权人给出合理解释的情况下，法院采信了该实验数据。

该案中最接近的现有技术为证据 3 中使用催化剂 N-（对三氟甲基）苄基辛可尼丁溴化物（B）的技术方案，但专利权人补交的实验数据反证 4 中对比的技术方案则为证据 3 中使用苄基三乙基溴化铵（H）的技术方案。专利权人对此的解释为催化剂 B 的成本高且不易获得，无效宣告请求人对此并未否认。在此基础上，专利权人主张，因基于证据 3 表 1 中的数据可以看出，反应 7（适用催化剂 B）与反应 8（适用催化剂 H）在只有催化剂不同、其他反应条件相同的情况下，收率基本相当，故由此可推知，使用催化剂 B 所得到的收率与诉争专利收率之间的差距，与反证 4 中所记载的使用催化剂 H 与诉争专利收率之间的差距相当。针对专利权人这一主张，无效宣告请求人并未提出合理疑问。基于此，法院在认同该主张合理性的情况下，依据反证 4 认定诉争专利相较于最接近的现有技术具有显著提高收率的技术效果。

此外，无效宣告请求人针对反证 4 的另一异议在于，相较于说明书记载的实验条件，反证 4 中存在投料量等比减少以及实验步骤增加的情形，故其所证明的技术效果不应被采信。针对这一主张，法院认为，通常情况下，投料量的等比例变化并不会对实验结果产生影响。至于实验步骤，虽然说明书中并未对每一实验步骤逐一记载，但反证 4 已完全重复说明书中记载的全部步骤。在此情况下，无效宣告请求人如果认为反证 4 采用的说明书记载内容以外的步骤会影响实验效果，应承担相应的举证责任。在无效宣告请求人并未举证的情况下，法院对这一主张未予支持。

案例 14：格雷斯案[**]

在前文提到的"格雷斯案"中，同样涉及对比实验数据的认定问题。

---

[*] 北京知识产权法院（2021）京 73 行初 3169 号行政判决书。
[**] 北京知识产权法院（2021）京 73 行初 3236 号行政判决书。

该案中，法院认为，即使考虑美国申请中的表 4-9 中有关催化活性和立体选择性的实验数据，但因双方当事人均认可 IED2-12（诉争申请保护范围内的若干具体化合物）与 IED1（最接近的现有技术）两者的实验条件并不完全相同，而在实验条件不完全相同的情况下，实验结果之间通常并不具有可比性，故上述数据的异同亦不能说明两者技术效果的优劣。相应地，亦无法用于证明诉争专利相较于最接近的现有技术实际解决的技术问题。

案例 15：富士案 *

该案涉及的是专利号为 ZL201380035675.3，名称为 "4-［5-（吡啶 -4- 基）-1H-1，2，4- 三唑 -3- 基］吡啶 -2- 腈的多晶型及其制造方法" 的发明专利，其权利要求 1 内容如下：

"1.4-［5-（吡啶 -4- 基）-1H-1，2，4- 三 唑 -3- 基］吡啶 -2- 腈的 I 型结晶，其在粉末 X 射线衍射中，在衍射角 2θ 的值为 10.1、16.0、20.4、25.7 以及 26.7 度附近具有特征性峰。"

虽然该案涉及的是新颖性问题，但其涉及相关规则在创造性中亦可适用。该案中，诉争专利是一种晶型，最接近的现有技术附件 2 实施例 3 虽未公开晶型的结构，但公开了晶型的制备步骤。无效宣告请求人提交了一份司法鉴定报告即附件 3，该报告中晶型的获得重复了附件 2 实施例 3 的工艺步骤，与诉争专利晶型获得的步骤相同，区别仅在于实验原料的投料量均是按照附件 2 实施例 3 的投料量的等比例 1/10 使用。

专利权人对此有两点异议：其一，现有证据无法证明附件 3 使用的是基于附件 2 实施例 2 获得的化合物；其二，附件 3 制备过程中所使用的原料投料量仅为附件 2 投料量的 1/10。对此，法院认为，虽然附件 3 中鉴定机构使用的原料由无效宣告请求人提供，但其通过 ^{1}H-NMR（质子核磁共振光谱）数据确认了原料为化合物 5-（2- 氰基 -4- 吡啶基）-3-（4- 吡啶基）-1，2，4 三唑对甲苯磺酸盐，因附件 2 实施例 2 制备的即是该化合物，且亦是使用 ^{1}H-NMR（质子核磁共振光谱）对该化合物进行的确认，

---

* 北京知识产权法院（2019）京 73 行初 11429 号行政判决书。

因此，在并无反证的情况下，可以认定鉴定机构使用的原料为使用附件 2 实施例 2 的方法制备的化合物，符合附件 2 实施例 3 的要求。虽然司法鉴定过程中并未使用附件 2 实施例 3 给出的投料量，但因鉴定机构是将所有原料的用量均等比例缩小至 1/10，此种情况下基本不会影响晶型的结构，所以在专利权人既无反证亦无合理理由的情况下，法院基于附件 3 对于最接近的现有技术的晶型结构予以确认。

工业品外观设计国际注册海牙体系与保护外观设计创新[*]

吕国良

作者简介

　　吕国良，世界知识产权组织（WIPO）中国办事处高级顾问，海牙体系专家。1998—2010 年，先后任国家知识产权局国际合作司副司长、司长；2010—2014 年，作为世界知识产权组织品牌与工业品外观设计注册部门的高级顾问和海牙体系专家在世界知识产权组织总部工作；2014—2017 年，任世界知识产权组织中国办事处副主任。

　　今天的全球经济为中国企业创造了大量机遇。企业无论规模大小，都有机会跨越国境出售产品。在竞争激烈的国际市场中，一个有分量的外观设计能够成为企业最优质的商业资产，它不仅有助于企业将其产品与竞争对手的产品区分开来，同时能很好地强化自己产品的品牌形象，增加产品的附加值。随着中国企业走出去步伐加快，外观设计国际注册与保护的重要性日益凸显。企业在海外寻求外观设计申请和保护，不仅可以使其产品得到保护，也是保护海外商业利益的第一步，是所有成功的全球商业战略中不可或缺的一部分。本文聚焦海牙体系，这一世界知识产权组织管理的工业品外观设计国际注册机制，以其高效、经济和灵活的特点，为中国企业提供了快速实现工业品外观设计海外布局的新途径。通过深入解析海牙体系的运作机制，本文旨在帮助中国企业更好地理解和运用这一工具，从而在国际竞争中占据更有利的位置。掌握海牙体系，中国企业将能够更好

---

　　* 该文相关内容曾于 2017 年 6 月 30 日发表于"WIPO 中国"微信公众号。为反映近年来海牙体系的最新进展，本文为 2024 年最新修订版。

地保护自身设计创新，赢得国际市场的先机。

一、企业如何在国外申请工业品外观设计保护

工业品外观设计（以下简称外观设计）的保护具有地域性。也就是说，外观设计保护一般仅限于已注册该外观设计的国家或地区。因此，如果企业想让自己的外观设计在出口市场中受到保护，就必须确保已向这些具体国家提出保护申请。必须牢记的是，在向第一个国家提出保护申请之日起的6个月之内，当该企业又向其他国家提出同一外观设计保护申请时，可以要求优先权。该期限一旦届满，便不能在外国申请外观设计保护，因为届时该外观设计已不再被认为具有新颖性。在国外保护外观设计主要有以下两种途径：

第一是传统的《保护工业产权巴黎公约》（以下简称《巴黎公约》）途径。这种途径（也称直接途径）是指企业可向希望获得保护的每个国家或地区知识产权局分别提出保护申请。根据传统的《巴黎公约》方式，若向多个国家或地区申请外观设计保护，则需要向每个国家或地区知识产权局递交外观设计申请，其中涉及多种语言和缴纳多种货币，最后在多个国家获得注册。如果要续展外观设计的保护年限，或者对已注册的外观设计进行变更时，还需要向多个国家或地区的知识产权局分别提交相应申请。在办理上述事务时，申请人需要在提交外观注册申请前，就聘用所在国家的专利律师或代理人。这一程序可能相当烦琐且费用昂贵，因为除需缴纳官方费用外，一般还需支付律师费或代理费和翻译费。

第二是海牙体系途径。依据世界知识产权组织管理的《工业品外观设计国际注册海牙协定》（以下简称《海牙协定》）建立的国际注册体系称为海牙体系。《海牙协定》作为一部条约，为缔约方的设计人和持有人提供了一套简单、经济的国际注册程序，设计人和持有人只需注册一次，便可在所有缔约方获得外观设计的保护。换句话说，申请人通过向世界知识产权组织国际局提交一份单一的国际申请就有可能在多个司法管辖区（国家和/或政府间组织，统称为缔约方）获得外观设计保护。因此，在海牙体

系之下，一个国际申请就取代了全部原本必须向不同国家主管局递交的一系列申请。

二、中国加入海牙体系

2022 年 2 月 5 日，中国政府向世界知识产权组织交存了《海牙协定》（1999 年文本）的加入书。中国成为 1999 年文本的第 68 个缔约方和海牙联盟的第 77 个成员。中国加入海牙体系，使海牙体系覆盖的国家总数达到 94 个。

按照 1999 年文本规定，缔约方必须提供的外观设计最短保护期为 15 年。因此，2021 年修改的《中华人民共和国专利法》（以下简称《专利法》）延长外观设计专利保护期限至 15 年，就为我国加入《海牙协定》克服了唯一存在的法律障碍。

2022 年 5 月 5 日《海牙协定》在中国正式生效。由此，中国的公司和设计师能够根据需要，在海牙体系覆盖的 90 多个国家中快速便捷地寻求对其外观设计进行保护。同时，非中国居民也可以在中国寻求对其外观设计进行保护，便利地将业务拓展至全球最大且最具活力的中国市场。

三、海牙体系的法律框架

《海牙协定》于 1925 年通过，1928 年生效。此后有过三次修订，每次均通过一个新的文本。这三次修订的地点分别是伦敦（1934 年文本）、海牙（1960 年文本）和日内瓦（1999 年文本）。《海牙协定》的各个文本相互独立，自成一体。每个文本都是完整的国际条约。鉴于 1934 年文本已于 2016 年 10 月 18 日正式终止，故以下介绍仅涉及 1999 年文本和 1960 年文本。《海牙协定》1960 年文本和 1999 年文本的缔约方共同组成海牙联盟。

作为海牙体系法律框架的一部分，与 1960 年文本和 1999 年文本的适用相配套的《〈海牙协定〉1999 年文本和 1960 年文本共同实施细则》（以下简称《共同实施细则》）最新一次修订于 2024 年 1 月 1 日生效。《适用〈海牙协定〉的行政规程》作为对《共同实施细则》的补充，最新一次修订于 2022 年 4 月 1 日生效。

四、海牙体系概述

（一）海牙体系的基本特征

《海牙协定》旨在为缔约方的设计人和持有人提供一套简单、快捷、经济的程序，使他们只需完成一次国际注册，即可在所有缔约方取得和维持工业品外观设计保护。

通过海牙体系，申请人用一种语言（英语、法语或西班牙语），提交一份国际申请，用一种货币（瑞士法郎）支付一套费用，即可在所有缔约方取得同等的保护。在这一过程中，申请人只需与世界知识产权组织国际局打交道，不需要聘请外国代理人。此外，海牙体系允许一件申请最多包含 100 项不同的外观设计，只要这些外观设计属于国际分类（洛迦诺分类 ①）的同一大类。

（二）海牙体系的运作

国际申请通常直接向世界知识产权组织国际局提交，可以在线（eHague 在线工具 ②）提交，也可提交纸质申请。申请必须包含每个设计的至少一个复制件，以及对寻求保护的缔约方的指定。

国际局收到国际申请后审查该申请是否符合规定的形式要求。例如，对外观设计复制件的质量要求以及缴纳规定费用的要求。若有任何缺陷，国际局将会通知申请人。这些缺陷必须在规定的三个月期限内更正，否则

---

① WIPO. 洛迦诺分类［EB/OL］.［2017–05–30］.https://www. wipo. int/classifications/locarno/zh/.

② WIPO. 海牙体系：提交申请［EB/OL］.［2017–05–30］.https://www. wipo. int/hague/zh/hague_file_renew. html.

该国际申请将被视为放弃。国际局不进行实质审查（如审查外观设计的新颖性），因而不能以实质理由驳回申请。是否予以保护的决定，仍然是国家或地区主管局的特权，该权利限于作出保护决定的主管局管辖地区。

如果国际申请满足国际局规定的形式审查的所有要求，则国际申请将被记录在国际注册簿中。同时，国际局将向申请人颁发注册证书。一般规则是，国际注册在注册之日起 12 个月后在《国际外观设计公报》（IDB）上公布，除非申请人要求立即公布或推迟公布。根据 1999 年文本，申请人请求延迟公布的最长期限为 30 个月。

一旦国际注册在《国际外观设计公报》上公布，每个主管局必须找出指定的国际注册，以便根据其国内法的规定，进行实质审查。事实上，海牙体系的一个主要特点就是，对不符合其国内法规定的保护实质要件的外观设计，每个被指定缔约方的主管局都可以驳回在其领土内的保护请求。

如果主管局认为该外观设计申请不满足其国内法的相关规定，它必须在该国际注册在《国际外观设计公报》公布之日起 6 个月 /12 个月内将其驳回声明通知国际局。[①] 在被驳回的情况下，申请人与直接向国家或地区主管局提出申请的申请人享有相同的申诉权。但是，如果某一被指定缔约方在规定的时限内未发出驳回通知，国际注册即拥有根据该缔约方的法律被该缔约方授予保护的效力（没有消息就是好消息）。

因此，在海牙体系之下，一个国际申请就取代了全部原本必须向不同国家主管局递交的一系列申请。在这一过程中，申请人只需与世界知识产权组织国际局打交道，只有在其国际申请被指定缔约方驳回时才需要聘请外国代理人。

国际申请一旦在国际注册簿中登记，即在国际注册中指定的每个缔约方享有该缔约方法律给予外观设计的保护，除非国家 / 地区主管局明确驳回保护。国际注册在这种意义上等同于国家 / 地区注册。

---

① 在某些情况下，仅根据《1999 年文本》，通知国际局驳回的期限为 12 个月，而不是 6 个月。

（三）谁可以使用海牙体系

申请人只要满足下列提交国际申请的资格之一，即可通过海牙体系提交国际申请：（1）为缔约方的国民，（2）在缔约方领土内有住所，（3）在缔约方有真实和有效的工商营业所，（4）在缔约方有经常居所。

由此可见，在我国加入《海牙协定》之前，如果我国企业在《海牙协定》缔约方拥有真实有效的工商营业所（通俗地讲就是企业在《海牙协定》缔约方拥有海外机构），就可以利用海牙体系在国外寻求工业品外观设计的保护。2013 年，中国联想集团就是根据上述规定中的条件提交国际申请，利用海牙体系成功实现了外观设计海外申请和保护，成为海牙体系的受益者。在 2014 年世界知识产权组织国际局公布的海牙申请全球排名中，中国联想集团取得位列第七的好成绩，为企业赢得了良好的国际声誉。除中国联想集团外，越来越多的中国企业，例如小米、纳恩博、中兴、华为、美的、格力等公司已在通过海牙体系积极尝试在海外寻求外观设计申请和保护。根据世界知识产权组织最新发布的 2023 年专利、商标和工业品外观设计国际注册数据①，在海牙国际申请方面，来自中国的数量增长 46.9%，小米以 315 项外观设计注册申请，位居全球第五，再次成为中国跻身前五的企业。此外，格力电器（107 项）和广东美的（97 项）分别位居海牙申请全球第 23 位和第 28 位。中国的表现以及小米等企业的成功经验表明，外观设计和海牙体系在助力中国企业转型升级和参与国际竞争方面发挥着独特和重要的作用。

（四）使用海牙体系的好处

对于外观设计的设计人和持有人而言，海牙体系的主要好处是扩大了他们的选择范围，使其能够在缔约方简捷、经济、一次性地获得其外观设计在多个缔约方国家的保护。特别是，他们无须以几种语言提交文件，也

---

① WIPO. 华为、三星和高通是产权组织国际专利体系的领先用户；印度、土耳其和韩国在全球需求减弱的背景下脱颖而出［EB/OL］.（2024-03-07）［2024-05-19］. https://www.wipo.int/pressroom/zh/articles/2024/article_0002.html.

不用为了续展而密切关注多个国家注册的截止日期。另外，还可避免用不同货币支付国家费用。通过海牙体系，用一种语言（英语、法语或西班牙语），提交一份国际申请，用一种货币（瑞士法郎）支付一套费用，即可在所有缔约方取得同等的保护，并且只需与世界知识产权组织国际局打交道。只有国际申请在指定缔约方被驳回时，才需要聘请外国代理人。此外，海牙体系允许一件申请最多包含 100 项不同的外观设计，只要这些外观设计属于国际分类（洛迦诺分类）的同一大类。

（五）保护的有效期

国际注册的首期为 5 年，从国际注册日起计算。根据 1999 年文本，国际注册可续展两个 5 年期。如被续展，在每个被指定缔约方，国际注册的保护期至少为自国际注册日起 15 年。

另外，如果按照被指定缔约方的法律，对依国内法律给予外观设计的保护期超过 15 年的，就该缔约方而言，国际注册可额外续展一个 5 年期，直至该国法律规定的总保护期届满为止。

（六）国际注册的集中化管理

海牙体系除了使申请人更易于获取这些权利外，还给国际注册人带来了额外的好处，即注册人可以对这些国际注册实施集中化管理。例如，注册人名称或地址的变更，或者仅就部分或全部被指定缔约方进行的所有权变更，均可通过国际局执行的一个简单程序即可发生效力。特别是在首个 5 年保护期结束后，注册人向国际局提出单一续展申请，即可在全部或部分缔约国完成国际注册续展。注册人可请求变更国际注册的所有权、注册人名称、地址或代理人。变更适用于该注册的全部或部分被指定缔约方。

（七）费用方面的优势

相比《巴黎公约》途径而言，海牙体系在费用上有明显优势。世界知识产权组织国际局 2024 年提供的一个关于申请费用的测算可作为参考：一申请人有一件外观设计，包含 7 个复制件（视图），想在欧盟、英国、瑞士和美国寻求保护。通过《巴黎公约》途径，分别向每个国家 / 地区的知识产权局提出申请，申请费用为 2481 瑞士法郎。而采用海牙体系途径，以电子申请方式向世界知识产权组织国际局提出国际申请，申请费用为 2181 瑞士法郎。不算通过《巴黎公约》途径可能需要的代理费和其他相关服务费，仅申请费用一项，采用海牙体系途径就可节省近 12%。可见，海牙体系可使外观设计申请人通过履行最少的手续、花最少的费用在相关申请目的地缔约方获得外观设计保护。

通过海牙体系注册外观设计的具体费用取决于申请保护的外观设计的件数以及要求给予保护的国家数量。一件国际申请须缴纳三项费用：基本费、公布费，以及针对寻求保护的每个缔约方的标准指定费或者单独定费。具体费用标准，请参阅世界知识产权组织网站。①

关于海牙体系的详细统计数据及最新动向，也请参阅世界知识产权组织网站。②

（八）新信息技术工具的开发

信息技术对海牙体系的管理发挥着重要作用。国际注册簿中登记的国际注册信息，每周以电子形式在世界知识产权组织网站中的《国际外观设计公报》上在线公布。③国际注册信息也可通过海牙快速查询数据库（Hague Express Database）免费查询。④申请人可以在线提交国际申请。2018 年 11 月以来，世界知识产权组织网站上推出了新的电子申请

---

① WIPO. Hague system: Schedule of fees（as in force on January 1，2024）［EB/OL］.（2015–03–25）［2022–10–17］. https://www. wipo. int/hague/en/fees/sched. html.

② WIPO. 海牙年鉴 2020：工业品外观设计国际注册［EB/OL］.（2015–03–25）［2022–10–17］. https://www. wi po. int/publications/en/details. jsp?id=4494&plang=ZH. 月度统计也可检索，网址：http://www. wipo. int/ipstats/en/statistics/designs/。海牙体系的最新动向通过世界知识产权组织网站上的"信息通知"发布，网址：http://www. wipo. int/en/web/hague–system/notices/。

③ WIPO. International Designs Bulletin［R/OL］.［2024–05–19］.http://www. wipo. int/haguebul-letin/?locale=en.

④ WIPO.Hague Express Database［EB/OL］.［2024–05–19］. http://designdb. wipo. int/designdb/hague/en/.

（eHague）界面，[①] 使用 eHague 提交外观设计国际申请并对国际注册进行管理非常便捷、高效。

五、使用海牙体系可以在哪里获得外观设计保护

1999 年文本于 2008 年 1 月 1 日对欧盟生效（当时包括 28 个欧盟成员国），于 2008 年 9 月 16 日对非洲知识产权组织（OAPI）生效（包括 17 个非洲法语区国家）。近年来，海牙体系的成员进一步扩展。韩国、美国和日本的加入，以及之后土库曼斯坦、朝鲜、柬埔寨、俄罗斯、英国、加拿大、比利时、荷兰、卢森堡、圣马力诺、伯利兹、越南、以色列、墨西哥、苏里南、白俄罗斯、牙买加、中国、摩洛哥、毛里求斯、巴西、希腊和意大利陆续成为 1999 年文本成员，使 1999 年文本的缔约方达到 73 个（包括欧盟 27 个国家和非洲知识产权组织 17 个成员国）。截至 2024 年 4 月 30 日，海牙联盟共有 79 个缔约方（包括海牙 1960 年文本 6 个成员[②]），覆盖 96 个国家。

海牙体系简化了外观设计注册流程，申请人只需一份国际申请，便可在 96 个国家注册多达 100 项外观设计。中国加入海牙体系，意味着中国的国民（无论是自然人还是法人）仅需通过一个申请，就能便捷、高效地在这些国家获得对其外观设计的保护。

六、结语

规划外观设计申请与保护的海外布局，很重要的一个方面是国际资源的有效利用。世界知识产权组织管理的海牙体系是就外观设计跨境保护建

---

① WIPO. eHAGUE［EB/OL］.［2024-05-19］. https://hague. wipo. int/#/landing/home.

② 海牙 1960 年文本 6 个成员包括：贝宁、科特迪瓦、加蓬、马里、尼日尔、塞内加尔。这些国家都是非洲知识产权组织的成员。由于非洲知识产权组织是 1999 年文本成员，因此，上述 1960 年文本 6 个成员事实上已经被 1999 年文本全部覆盖。《海牙协定》的缔约方名单请参见网址：https://www. wipo. int/export/sites/www/treaties/en/docs/pdf/hague. pdf.

立的国际注册体系，即从程序上为申请人在世界范围内获得外观设计保护提供便利。海牙体系对希望在全球范围内保护自己工业品外观设计的中国企业来说意味着更高的申请效率、低廉的申请和维护成本。海牙体系本身具有的可靠性、灵活性和便捷性，无疑为企业迅速实现外观设计的海外申请与布局提供了理想的选择，为企业海外市场的拓展与权益保护提供了强有力的支持。

专利权的本质、价值与数字技术创新保护 *

师彦斌

作者简介

师彦斌，国家知识产权局专利局电学发明审查部原二级巡视员、处长、高级专利审查员，长期从事专利实质审查、复审、无效审查和专利审查员培训等工作，在专利审查、文件撰写、质量价值、挖掘布局、分析研究等方面经验丰富；现为深圳大学知识产权学院特聘教授，国家科技部、中国科学技术协会、北京知识产权局专家库专家，中国知识产权网特聘专家，中国品牌建设促进会品牌保护专业委员会专家顾问、北京国威知识产权鉴定评估中心专家。

专利犹如旧时王谢堂前燕，如今飞入寻常百姓家。[①] 但是，毕竟在我国发展历史短暂，我们是否真正了解专利呢，如专利到底是什么，其价值到底决定于什么？当前，数字技术创新正如火如荼，数字技术创新是否能够获得专利保护，如何有效地获得专利保护？本文将从专利的本质、专利的价值及数字技术创新的专利保护三个方面，谈谈自己的认识与思考。

一、专利的本质

（一）专利是一种技术／设计方案

根据《中华人民共和国专利法》（以下简称《专利法》）第 2 条的规

---

* 部分内容于 2022 年 1 月 3 日至 2022 年 5 月 28 日发表于 "IP 知秋" 微信公众号。

① 专利起源于国外皇室特许授权，如今在我国普及，但发展历史并不长。

定，发明与实用新型专利是一种技术方案（外观设计专利是一种工业品外观设计），本文所述专利仅限于发明与实用新型专利。所述技术方案包括一系列符合自然规律的技术手段，相对于现有技术，能够解决技术问题和取得技术效果，对现有技术有贡献，促进技术进步。可见，专利源于发明创造，有了发明创造才能申请专利；专利激励技术创新，专利保护就是保护技术创新。因此，专利实质上是一种技术方案，体现在专利文件上，表达了一种技术范围，通俗地讲是一种技术地盘，这种技术地盘有技术范围（保护范围）、时间范围（保护期限）与地域范围（保护国家）的限制。

（二）专利是一种商品

不论是专利的申请权还是专利权，都是可以转让/买卖的，从这个意义上讲，专利也是一种商品，只不过是一种技术商品。我国目前正在进一步推进专利的转移转化及质押、融资等工作，使专利得以实施而促进经济发展，就是在发挥专利作为商品的作用。专利作为商品自然具有商品的属性，遵循商品交换的一般规律。既然专利是技术商品，那么专利的价值从根本上决定于技术方案本身的价值；专利的使用价值，是在使用中产生，就是专利的实施。专利可以自己使用，也可以许可别人使用，使用即实施。当然，你也可以不实施，犹如你盖了房子现在还没住，那是权利人自己的事。但是，不经权利人允许，别人是不能随便住的，这就是专利权与专利保护的概念。大家对普通商品一般具有足够的认识，知道不能随意侵占；但是，对于专利等知识产权，往往认识不足，做得就没那么好，究其原因，一是可能有"偷书不是窃"的"传统"，二是专利权因其技术与法律的复杂性往往不易判别，容易"误占"，这也是专利区别于其他商品的一大特点。

（三）专利是一种财产

专利并不像其他商品一样容易被看得见摸得着，而是体现在专利文件上，常被称为无形资产，因此专利的财产属性不容易被认识。但是，专利是国家依法授予的一种知识产权，属于私权，也是一种财产权利！认识专利的财产属性非常重要，原因在于：一是，重视管理好自己的财产，人一般没有不重视自己财产的；二是，尊重别人的财产，受托办理财产事务要恪尽职守、格外谨慎，财产再小也是别人的，不能随意侵占甚至剥夺，这在专利代理、审查、案件审判方面尤为重要。

归根结底，专利是一种技术方案、技术商品、技术财产，具有技术、法律、财产属性。深入认识专利，才能抓住本质，尊重专利的技术、商品和财产的本质。

二、专利的价值

当前，专利质量与价值愈来愈受重视，高价值专利培育与比赛扑面而来，这是行业的幸事，是知识产权强国建设的体现与需要。那么，专利价值的决定要素是什么，如何判断专利价值的高低？

（一）专利价值的决定要素

1. 专利的技术价值

发明或实用新型专利是国家依法授予的对技术方案的独占权利，本质上是一种技术方案、一种技术商品。从根本上讲，专利的一切价值都应该源于其技术方案的价值，即决定于其技术方案本身的价值。根据多年来的工作与思考，笔者认为以下五个主要要素（指标）是专利技术方案价值的决定要素：（1）技术方案的构成。专利的独立权利要求、从属权利要求是包括一系列技术特征的技术方案，决定了技术财产的地盘与边界，应当是最主要的决定要素，它相当于房产结构。（2）技术方案的位置。专利技术方案所属行业、技术路线、技术节点，体现专利技术方案处于什么样的技术位置，能够比较准确地反映该位置的如国际专利分类号。此相当于房产地址。（3）技术方案的贡献。专利因对现有技术作出贡献而获得授权，所以专利技术方案的贡献也是专利价值的决定要素。获得授权的专利技术方案写在权利要求书中，但其所解决的技术问题、取得的效果、技术贡献、可实施程度等，记载在说明书中。技术贡献需要与最接近的现有技术进行对比。（4）技术方案的地位。除了专利本身外，还应该把其放在所属技术领域的专利群环境中加以评价，考察其在所属领域专利群的地位与影响力，这里可以包括其专利池、同族专利。（5）技术方案的状态。专利技术方案的实施、许可、交易、无效、诉讼及保护年限等状况，也是专利价值的重要影响要素。这犹如房产的使用状况与年限。

2.专利的法律价值

通常，在专利评估上，我国将专利价值分为技术价值、法律价值和市场价值三个维度（一级指标），在每个维度下再细分二级指标、三级指标，这是中国技术交易所与国家知识产权局专利局原专利管理部发布的专利评估标准，其中将法律价值确定为专利价值的一个维度。之所以专利会有法律价值，而其他商品没有，如房产，一般就不提法律价值，是因为专利在技术、法律方面具有专业性、复杂性，《专利法》及其实施细则与《专利审查指南》专门规定了专利权的申请、审查等具体细节，专利权受到了法律的严格规制，体现为所述的法律价值。

（1）专利权的表达。根据《专利法》的规定，要获得国家授予的专利权需要提出专利申请，通过国家的专利审查。提出专利申请是通过撰写专利申请文件实现的，其中权利要求书用于表达申请或授予的专利权，说明书用于公开发明创造的具体内容并支持权利要求。专利权在形式上被表达为一个个的权利要求，包括独立权利要求和从属权利要求，从保护主题上分为产品权利要求和方法权利要求两大类型。如前所述，实质上每个权利要求都是一个技术方案，需表示出清晰的技术范围，通过一系列技术特征（有些情况下可能还包括非技术特征）的集合来限定专利的技术范围，即保护范围。概括地讲，专利权是通过权利要求书，按照《专利法》等法律法规的规定撰写的若干权利要求限定的技术范围来表达的。

（2）专利法律价值的决定要素。首先，权利最重要的是大小，专利权最重要的是技术范围（保护范围）的大小。权利要求中包含的技术特征越多，对权利的限制就越多，专利的保护范围就越小，权利也就越小。因此，决定专利法律价值的首要要素是专利的保护范围，体现为其限定的技术范围，这是一个非常重要的要素与概念！如果一项专利的独立权利要求长达好几页，那么其保护范围就极小极小，权利就很小很小，其价值几何呢？从权利的角度讲，恐怕一文不值！其好处在于，公开发明创造的内容对技术进步作出贡献。其次，权利的稳定性。再好的权利也需要保证一定的存续时间。影响专利权稳定性的因素有很多，实质性条件有权利要求的新颖性、创造性和实用性（专利三性），权利要求是否得到说明书的支持、是否属于专利的保护客体、表达是否清楚，说明书是否公开充分①等，这些都是影响专利权稳定性的实质性要素。除了实质性要素外，专利法律手续也是影响专利权稳定性的要素，如是否按时足额缴纳相关费用，每年因缴费问题而痛失专利权的也屡见不鲜。最后，专利权的法律状态与保护期限也是其法律价值的体现，如专利权是否存在纠纷、是否经过诉讼、剩余保护期限等。

不难发现，专利的技术价值、法律价值与市场价值三个维度，你中有我，我中有你，相互影响。法律价值并不是孤立存在的，而是依存于技术价值，市场价值是专利应用实施、取得经济效益的体现，从根本上又取决于技术价值和法律价值，当然也与市场需求、营销策划等密切相关。对专利价值评估确定的进一步研究分析，可参见笔者等的《建立科学的专利价值评估指标体系》②一文。

（二）高价值专利

1. 高价值专利的含义

简单地讲，高价值专利就是技术价值、法律价值和市场价值高的专利。至今还未见准确的定义，恐怕也很难有一个准确的定义。以下五种专利被普遍认为属于高价值专利：第一，战略性新兴产业的专利；第二，在海外有同族专利权的专利；第三，维持年限超过 10 年的专利；第四，实现较高质押融资金额的专利；第五，获得国家科学技术奖、中国专利奖的专利。

---

① 《专利法》第 2、5、22、25、26 条等规定。

② 师彦斌，申翔，秦晨，等.建立科学的专利价值评估指标体系 ［J］.中国科技投资，2016（16）.

需要说明的是，以上不是对高价值专利的定义，而是《"十四五"国家知识产权保护和运用规划》中对"每万人口高价值发明专利拥有量"预期性指标作出的解释，从以上五个方面进行统计。[①] 不难理解，上述解释是从所属行业、授权国家、保护年限、融资及奖项方面的反推，不应理解为对高价值专利的定义和限制。

2. 高价值专利的培育

专利源于发明创造，表达于专利申请文件，体现为技术价值、法律价值与市场价值，那么，自然而然，高价值专利的培育应该从上述三个方面做起。没有高质量的发明创造，就没有高质量专利申请文件的基础，专利的技术价值和法律价值就不可能高；再好的发明创造，申请专利也需要体现在专利申请文件上，没有高质量的专利申请文件，就不会有高质量的专利权表达，就谈不上高价值专利的产生。在专利申请文件的撰写与专利权的表达上，专利代理师与专利审查员对专利文件质量起着非常重要的作用，专利代理质量与专利审查质量直接决定着专利权的大小、稳定性，决定着专利价值的高低。因此，培育高价值专利，进行专利价值评价、专利奖比赛评选，应该非常重视专利授权文本的质量，而不能把专利授权文本抛在一边或拿专利公开文本来评价评审。有了高质量的专利申请文件与授权文件，才可能有高质量的专利，专利的技术价值和法律价值才可能高，进而才可能产生高的经济价值与社会价值。

中国专利奖是专利界的最高国家级奖项，由国家层面从专利质量、技术、保护、经济与社会效益多个维度，组成多个层级的专家评审组，依据客观的评价标准进行评审，是相对科学、客观、全面的。中国专利奖的评审标准，不妨是高价值专利培育的一个有效借鉴。

发明专利、实用新型中国专利奖的主要评价指标是：（1）专利质量评价。新颖性、创造性、实用性；文本质量。（2）技术先进性评价。原创性及重要性；相比当前同类技术的优缺点；专利技术的通用性。（3）运用及保护措施和成效。专利运用及保护措施；经济效益及市场份额。（4）社会

---

① 《"十四五"国家知识产权保护和运用规划》（国发〔2021〕20号），2021年10月9日公布。

效益及发展前景。社会效益；行业影响力；政策适应性。[①]

三、数字技术创新的专利保护

数字技术是数字经济的强力引擎，正在深刻和深远地影响着人类的技术、经济与社会的各个方面，其巨大影响将远远超出工业革命、计算机与互联网等历次技术变革。在数字技术的创新保护方面，除了软件登记、著作权和技术秘密保护外，还可寻求专利保护。专利保护从技术上对创新进行保护，应该说保护强度是最大的，但也是最难的，专业性很强。

（一）专利保护的难点

数字技术的核心是计算机程序，计算机程序的实质是程序代码、计算公式，核心在于计算。根据《专利审查指南》，信息表述方法，计算机语言、代码、程序本身，算法或数学计算规则，商业方法、规则等，都属于智力活动规则。根据《专利法》第 25 条第 1 款，智力活动规则不属于专利保护的客体，是不能被授予专利权的。此外，如果要求保护的方案不属于技术方案，根据《专利法》第 2 条第 2 款，也是不能被授予专利权的。因此，该类发明创造寻求专利保护是存在难度的，但可以肯定的是，是可以寻求专利保护的。

（二）《专利审查指南》的相关规定

了解和掌握《专利审查指南》的相关规定，才能较好地确定专利保护的范围，撰写好专利申请文件，通过专利审查。

1.《专利审查指南》的一般规定 [②]

（1）关于智力活动规则的规定。如果一项权利要求仅涉及智力活动的规则和方法，或除主题名称外，其限定的全部内容均为智力活动的规则和

---

① 《中国专利奖评奖办法》（2023 年修订），国家知识产权局 2024 年 2 月 1 日公布。

② 国家知识产权局.专利审查指南（2023）［M］.北京：知识产权出版社，2024：273–275. 其中，第二部分第九章第 2 节涉及计算机程序的发明专利申请的审查基准。

方法，不授予专利权；如果一项权利要求在对其进行限定的全部内容中既包含智力活动的规则和方法的内容，又包含技术特征，则该权利要求就整体而言并不是一种智力活动的规则和方法，不应当依据《专利法》第25条排除其获得专利权的可能性。例如，在对游戏装置等限定的内容中既包括游戏规则，又包括技术特征。

（2）关于技术方案的规定。如果涉及计算机程序的发明专利申请的解决方案执行计算机程序的目的不是解决技术问题，或者在计算机上运行计算机程序从而对外部或内部对象进行控制或处理所反映的不是利用自然规律的技术手段，或者获得的不是受自然规律约束的效果，则这种解决方案不属于《专利法》第2条第2款所说的技术方案，不属于专利保护的客体。

如果涉及计算机程序的发明专利申请的解决方案执行计算机程序的目的是解决技术问题，在计算机上运行计算机程序从而对外部或内部对象进行控制或处理所反映的是遵循自然规律的技术手段，并且由此获得符合自然规律的技术效果，则这种解决方案属于《专利法》第2条第2款所说的技术方案，属于专利保护的客体。

根据上述规定，单纯的商业方法/规则、算法及其改进，属于智力规则或不构成技术方案，仍不能受到专利保护。因此，不是所有涉及算法、商业方法的发明都一定不能获得专利保护，也不能误认为所有计算机程序或商业方法都能够获得专利保护。

2.《专利审查指南》的特别规定[①]

《专利审查指南（2023）》第二部分第九章于2023年作出最新修改，对包含算法特征或商业规则和方法特征的发明专利申请作出了特别的规定，尤其是关于数字技术的人工智能、大数据、算法类的专利申请，总的来看，是对数字技术创新加宽加强专利保护。

（1）关于技术方案。如果权利要求中涉及算法的各个步骤体现出与所

---

① 国家知识产权局.专利审查指南（2023）[M].北京：知识产权出版社，2024：289-290.其中，第二部分第九章第6节包含算法特征或商业规则和方法特征的发明专利申请审查相关规定。

要解决的技术问题密切相关，如算法处理的数据是技术领域中具有确切技术含义的数据，算法的执行能直接体现出利用自然规律解决某一技术问题的过程，并且获得了技术效果，则通常该权利要求限定的解决方案属于《专利法》第2条第2款所述的技术方案。

如果权利要求的解决方案涉及深度学习、分类聚类等人工智能、大数据算法的改进，该算法与计算机系统的内部结构存在特定技术关联，能够解决如何提升硬件运算效率或执行效果的技术问题，包括减少数据存储量、减少数据传输量、提高硬件处理速度等，从而获得符合自然规律的计算机系统内部性能改进的技术效果，则该权利要求限定的解决方案属于《专利法》第2条第2款所述的技术方案。

如果权利要求的解决方案处理的是具体应用领域的大数据，利用分类、聚类、回归分析、神经网络等挖掘数据中符合自然规律的内在关联关系，据此解决如何提升具体应用领域大数据分析可靠性或精确性的技术问题，并获得相应的技术效果，则该权利要求限定的解决方案属于《专利法》第2条第2款所述的技术方案。

（2）关于新颖性和创造性。如果权利要求中的算法应用于具体的技术领域，可以解决具体技术问题，那么可以认为该算法特征与技术特征功能上彼此相互支持、存在相互作用关系，该算法特征成为所采取的技术手段的组成部分，在进行创造性审查时，应当考虑所述的算法特征对技术方案作出的贡献。

如果权利要求中的商业规则和方法特征的实施需要技术手段的调整或改进，那么可以认为该商业规则和方法特征与技术特征功能上彼此相互支持、存在相互作用关系，在进行创造性审查时，应当考虑所述的商业规则和方法特征对技术方案作出的贡献。

如果权利要求中的算法与计算机系统的内部结构存在特定技术关联，实现了对计算机系统内部性能的改进，提升了硬件的运算效率或执行效果，包括减少数据存储量、减少数据传输量、提高硬件处理速度等，那么可以认为该算法特征与技术特征功能上彼此相互支持、存在相互作用关系，在进行创造性审查时，应当考虑所述的算法特征对技术方案作出的贡献。

如果发明专利申请的解决方案能够带来用户体验的提升，并且该用户体验的提升是由技术特征带来或者产生的，或者是由技术特征以及与其功能上彼此相互支持、存在相互作用关系的算法特征或商业规则和方法特征共同带来或者产生的，在创造性审查时应当予以考虑。

（3）关于审查示例。[①]《专利审查指南（2023）》第二部分第九章除了审查基准的调整外，对审查示例也作出了大幅度的修改，增加属于保护客体的【例5】—【例7】，增加不属于保护客体的【例10】，增加了具备创造性的【例15】，删除了部分示例，目前共有15个审查示例。《专利审查指南》的审查示例，对专利申请与审查，特别是专利申请文件的撰写，具有很好的示范与指引作用，值得关注与学习。限于篇幅关系，本文就不一一列出了。

（三）专利保护的重点问题与趋势

根据《专利审查指南（2023）》的上述相关规定，数字技术创新有可能获得专利授权与保护，但需要特别注意以下几个方面。

1. 筛选技术主题与内容

由于发明和实用新型专利保护的是技术创新，因而申请专利必须筛选梳理出发明创造中的技术内容部分，使专利申请的主题与内容构成技术方案，相对于现有技术作出贡献，才可能通过专利申请的客体、创造性审查。例如，计算机程序包含的程序代码、算法公式本身都属于智力活动规则，其本身不属于专利保护客体。但是，计算机程序体现出的信息、数据处理方法、步骤、流程等及其与算法、公式的结合，与其他技术手段一起构成技术方案，能够解决技术上的问题，取得技术上的效果，体现出符合自然规律的技术属性，就可以构成专利保护客体。在对技术方案的理解上，不仅要看构成技术方案的技术手段，而且要看技术方案所解决的技术问题和所取得的技术效果，技术手段、技术问题和技术效果是技术方案

---

① 国家知识产权局. 专利审查指南（2023）[M]. 北京：知识产权出版社，2024：285-305.

密不可分的三要素，必须同时考察、同时满足，并从解决方案整体上进行把握。因此，牢牢把握住专利是技术方案的本质及其三要素，是非常重要的。

2. 挖掘技术与贡献

可以看出，涉及计算机程序的发明创造要申请专利关键在于技术，需要挖掘出表层下所使用的技术与创新，例如，用户体验、商业模式必须是由技术上的改进带来的，或是由算法、规则等非技术手段与技术手段密切配合所带来的，所解决的问题和取得的效果是符合自然规律的，所构成的解决方案属于技术方案，符合相关专利保护客体的规定；如果所构成的技术方案相对于现有技术作出技术贡献，则也能满足专利法关于创造性的要求。如何挖掘技术方案与技术贡献呢？总的来讲，可以从以下两大途径考虑：

一是外部途径，如计算机程序所控制或作用的外部对象的技术性能，例如手机屏幕的触感更好了，这是人的感觉而不是技术性能；但是，若这种用户体验是由技术上的改进带来的，如通过算法上的改进使接触的感知更加灵敏，那么相关算法必定要与其他技术手段一起发挥作用，在接触力的感应及相关信息处理方面准确快速地解决技术问题并取得技术效果，因而解决方案整体上构成技术方案。

二是内部途径，即计算机系统内部的技术性能得以改进，如《专利审查指南》规定的减少数据存储量、减少数据传输量、提高硬件处理速度等。

不论哪种途径，都要聚焦到技术上来，丰富完善技术内容。仅把计算机程序流程框图对应的流程步骤写为权利要求，是远远不够的，不一定能满足专利技术性能的要求；重要的是，要把计算机程序所包含的技术上的方法步骤融入技术场景，与其他技术手段相结合，体现出利用自然规律解决技术上的问题，反映出符合自然规律的技术效果。

3. 专利保护的主题形式

根据《专利审查指南（2023）》的规定，权利要求可以写成如下四种保护主题，例如 [①]：

"1.一种去除图像噪声的方法，其特征在于，包括以下步骤……

2.一种计算机装置/设备/系统，包括存储器、处理器及存储在存储器上的计算机程序，其特征在于，所述处理器执行所述计算机程序以实现权利要求1所述方法的步骤。

3.一种计算机可读存储介质，其上存储有计算机程序/指令，其特征在于，该计算机程序/指令被处理器执行时实现权利要求1所述方法的步骤。

4.一种计算机程序产品，包括计算机程序/指令，其特征在于，该计算机程序/指令被处理器执行时实现权利要求1所述方法的步骤。"

以上事例说明允许了计算机程序产品权利要求，拓宽了涉及计算机程序发明创造的保护主题，有利于专利保护与国际接轨和护航"出海"。需要注意的是，计算机程序产品权利要求，从形式上看是产品权利要求，但其实质上还是计算机程序体现出的方法，并不是实体产品权利要求。

也应该明白，示例中的权利要求2属于通常所说的软硬结合的权利要求，这种权利要求写法的好处是一般能够通过专利保护客体的审查，也适应大多数情况下涉及计算机程序发明的实施状况，即使发明创造的核心是软件，但是大多情况下也需要硬件环境来运行。

4.专利保护的发展趋势

《专利审查指南（2023）》的出台是专利审查规则积极顺应社会关切的体现。其中，对人工智能、大数据等热点领域的算法发明或涉及商业方法的发明给予专利保护客体的出口，如算法特征与计算机系统内部结构的紧密关联，数据处理体现出符合自然规律的关系结果，则有可能符合专利保护客体的要求；在创造性审查方面，考虑算法特征对计算机系统内部性能的改进，考虑商业方法或规则等非技术特征与技术特征的紧密联系带来的用户体验提升技术效果，体现出对数字技术创新保护的加强与呵护。可以

[①] 国家知识产权局.专利审查指南（2023）[M].北京：知识产权出版社，2024：287.其中，第二部分第九章第5.2节涉及权利要求书的撰写。

相信,《专利法》及其实施细则与《专利审查指南》等法律法规的修改完善，必将拓宽、加强数字技术创新的专利保护，进一步促进数字技术创新高质量发展，进一步促进数字经济高质量发展。

竞争法、数据保护与知识产权其他问题

确认不侵害知识产权纠纷受理标准的若干思考

——以诉的利益为视角

崔树磊

作者简介

崔树磊，中国政法大学诉讼法学硕士，现任北京市高级人民法院民三庭审判员。2015—2022 年在北京市朝阳区人民法院从事知识产权审判工作，办理了包括"非诚勿扰"美术作品著作权侵权纠纷、电影《西虹市首富》著作权侵权纠纷、"为你读诗"擅自使用知名商品特有名称纠纷、"孟非小酿"不正当竞争纠纷、电视猫"盗链"著作权侵权及不正当竞争纠纷等多件具有行业影响力的案件。

确认不侵害知识产权纠纷，作为一种特殊类型的确认之诉，在我国的知识产权司法实践当中，经历了一个从个案批复到司法政策，再到司法解释的演变过程。[①] 可见，确认不侵害知识产权纠纷受理条件是一个逐步明确的过程。但针对这一特殊的诉讼类型，在对裁判文书进行实证分析的基础上，可以发现，关于其受理条件的理解在实践中出现了一定的偏差，这对确认不侵害知识产权纠纷是否应予实体审理的判断具有重大影响。本文基于对 138 篇确认不侵害知识产权纠纷裁判文书的分析，主要以诉的利益

[①]《最高人民法院关于苏州龙宝生物工程实业公司与苏州朗力福保健品有限公司请求确认不侵犯专利权纠纷案的批复》（〔2001〕民三他字第 4 号）指出：只有在权利人向利害关系人发出侵权警告，利害关系人受到侵害后，提起确认不侵权之诉的原告才与本案有直接的利害关系。

最高人民法院在 2004 年 11 月召开的全国法院知识产权审判工作座谈会上进一步指出："对当事人提出的确认不侵权诉讼请求，要以利害关系人受到侵权警告而权利人又未在合理期限内依法启动纠纷解决程序为基本的立案受理条件。"（转下页）

为视角进行研究，以期进一步明确裁判尺度，并对确认不侵害知识产权纠纷受理条件的进一步明确提出完善建议。

一、现有规范及问题的提出

2009 年 12 月 28 日公布，2010 年 1 月 1 日开始施行的《最高人民法院关于审理侵犯专利权纠纷案件应用法律若干问题的解释》（法释〔2009〕21 号）（以下简称《专利法解释》）第 18 条对确认不侵害专利权案件的受理条件作了相对明确的规定[①]，自此之后，确认不侵害知识产权纠纷的起诉条件、审理标准有了基本成型的规定。虽然上述司法解释系专利法领域专门的司法解释，但自其出台后，基本上涉及所有领域的确认不侵害知识产权诉讼均以此标准执行。

2020 年 11 月 16 日公布，2020 年 11 月 18 日开始施行的《最高人民法院关于知识产权民事诉讼证据的若干规定》（法释〔2020〕12 号）（以下简称《知识产权证据规定》），以列举原告应当举证证明事实的方式，明确了该类案件基本的受理条件。至此，所有知识产权类型的确认不侵权纠纷

（接上页）2009 年 4 月 21 日最高人民法院印发的《关于当前经济形势下知识产权审判服务大局若干问题的意见》（法发〔2009〕23 号）第 13 条规定："完善确认不侵权诉讼制度，遏制知识产权滥用行为，为贸易和投资提供安全宽松的司法环境。继续探索和完善知识产权领域的确认不侵权诉讼制度，充分发挥其维护投资和经营活动安全的作用。除知识产权权利人针对特定主体发出侵权警告且未在合理期限内依法提起诉讼，被警告人可以提起确认不侵权诉讼以外，正在实施或者准备实施投资建厂等经营活动的当事人，受到知识产权权利人以其他方式实施的有关侵犯专利权等的警告或威胁，主动请求该权利人确认其行为不构成侵权，且以合理的方式提供了确认所需的资料和信息，该权利人在合理期限内未作答复或者拒绝确认的，也可以提起确认不侵权诉讼。探索确认不侵犯商业秘密诉讼的审理问题，既保护原告的合法权益和投资安全，又防止原告滥用诉权获取他人商业秘密。"

根据 2011 年 2 月 18 日最高人民法院发布的《最高人民法院关于印发修改后的〈民事案件案由规定〉的通知》（法〔2011〕42 号），"确认不侵害知识产权纠纷"及相关子案由得以正式确立。

①《专利法解释》第 18 条规定："权利人向他人发出侵犯专利权的警告，被警告人或者利害关系人经书面催告权利人行使诉权，自权利人收到该书面催告之日起一个月内或者自书面催告发出之日起二个月内，权利人不撤回警告也不提起诉讼，被警告人或者利害关系人向人民法院提起请求确认其行为不侵犯专利权的诉讼的，人民法院应当受理。"

应遵循何种审查标准，在司法实践有了相对明确的依据。①

应当说，无论是《专利法解释》，还是《知识产权证据规定》，所涉及的均为该类案件的受理条件，即案件进入实体审理前的门槛，也就是说达到何种条件，法院方能进一步对是否侵犯知识产权的实体问题进行审理。虽然在法院改革案件受理制度下，立案审查变更为立案登记，但是根据《中华人民共和国民事诉讼法》（以下简称《民事诉讼法》）的规定，民事案件进入司法程序，应当具备基本的受理条件，不符合受理条件的案件，不应当进入案件实体审理阶段。理想的状态下，不符合案件受理条件的确认不侵权诉讼，在立案阶段即应当以裁定驳回起诉的方式作出处理，当然根据《民事诉讼法》的规定，原告可就此提出上诉，获得上级法院复核的进一步程序救济。

虽然从规定本身来看，上述程序相对明晰，但具体操作阶段，不同法院的理解可能存在差异。笔者审理的一起确认不侵害著作权纠纷的案件，经历了一审裁定驳回、二审发回指令审理、一审判决驳回、二审维持的审理过程。在案件的审理中，笔者的直观印象是：该类案件因数量相对较少、可借鉴的前案少，法院在判断时存在标准理解不一的现象，这种理解不一，不仅体现在不同地区的法院对类似情形的认定标准不一，而且在很多情况下体现为上级、下级法院之间的观点不统一。在亲历该类案件的审理、得出直接印象的基础上，笔者进一步考查了全国各地法院对该案由的案件审理后所作的裁判文书，发现直观印象与大量的现实操作之间具有一定的对应性。由于知识产权案件本身具有一定的专业性，而确认不侵害知识产权诉讼受理标准相较于普通知识产权案件，需审查的事实与条件相对更为复杂，故实践中大量的案件，并未在立案阶段严格按照上述司法解释进行审查，导致不应当立案或立案后经初步审查应予驳回的案件通过了立案程序，进入审判庭室。而案件进入审判庭室后，受理标准、审理标准如何把握？对规范理解不同，导致具体操作不同，相同类型事实的案件裁

---

① 《知识产权证据规定》第 5 条规定："提起确认不侵害知识产权之诉的原告应当举证证明下列事实：（一）被告向原告发出侵权警告或者对原告进行侵权投诉；（二）原告向被告发出诉权行使催告及催告时间、送达时间；（三）被告未在合理期限内提起诉讼。"

判结果却大相径庭。

二、确认不侵害知识产权纠纷裁判文书实证分析

（一）分析对象

在知产宝网站上（域名 iphouse.cn）使用"确认不侵"作为关键词，在其裁判文书库中使用"全文检索"选项，得出文书结果 302 篇[①]。上述文书当中，扣除处理管辖权的裁定、准许撤诉裁定、实际案由并非确认不侵害知识产权纠纷的文书 136 篇后，剩余文书 166 篇。考虑到《专利法解释》是在 2010 年 1 月 1 日开始施行，在有相对确定的审查标准后，司法实践的适用标准是否统一更加具有可比性，固本文将文书的范围进一步缩小至 2010 年 1 月 1 日之后作出的，排除在此之前的文书 28 篇，剩余文书 138 篇。

在对数据进行统计时，有以下几点需要提前予以说明：（1）考虑到查询平台收录文书的有限性问题，上述检索到的文书必然无法全面涵盖 2010 年 1 月 1 日之后全国各级法院作出裁判的确认不侵害知识产权纠纷的全部文书，但考虑到文书来自第三方查询平台，可以作为一个相对客观的全部文书的缩影；（2）上述 138 篇文书中，可能部分案件存在一审、二审两个文书，甚至极个别案件存在再审文书，故 138 篇文书对应的并非 138 个案件，但考虑到与本文题目相关的认定标准问题，即使同一个案件，一审、二审甚至包括再审，在认定标准上也可能出现标准不同、结论不同的现象，而这种不同，恰恰是本研究的价值所在，故在对文书进行初步分析时，不再剔除同一案件不同审级的文书。

（二）基本数据情况

1. 争议涉及知识产权的权利客体

从初始争议涉及的知识产权权利客体来看，涉及专利 58 篇、商标 56

---

① 域名 iphouse.cn，访问日期 2023 年 6 月 1 日。

篇、著作权 20 篇、商业秘密 4 篇。确认不侵害知识产权诉讼中，专利、商标案件多发，说明确认不侵害知识产权诉讼，作为一个维护经营者市场声誉、稳定其市场预期、维护商业竞争秩序的手段，对于高度活跃的市场经营者而言，意义重大。著作权案由的案件虽然在法院受理的知识产权案件中占绝大多数，但在确认不侵害知识产权纠纷当中反而成了相对少数，与上述原因不无关联。

2. 总体裁判结果

上述 138 篇文书，从裁判结论上看：（1）一审阶段即裁定驳回起诉，或者一审作出实体判决，但二审审查认为不符合实体审理标准，最终撤销原判决，裁定驳回起诉的文书数量为 51 件；（2）进入实体审理阶段，判决支持原告要求确认不侵害知识产权诉讼的文书 64 件，判决驳回原告全部诉讼请求的文书 16 件，以上共计 80 件；（3）一审或二审裁定驳回起诉，但经过二审、再审后裁定撤销、应予实体审理的 7 件。

3. 裁定驳回起诉文书的基本情况

在 138 篇文书中，结果为裁定驳回的文书为 51 篇，其中包括：（1）因侵权警告不成立而裁定驳回起诉的文书 12 篇，具体包括权利人从未发出侵权警告、侵权警告指向性存在问题（不直接指向原告、指向原告加盟商而非原告本人、指向原告传播作品的平台）、侵权警告不成立（起诉后撤诉不构成、直接域名争议解决程序不构成、投诉不构成侵权警告）等情形；（2）因诉权行使催告要件不成立而驳回起诉文书 20 篇，包括无催告、催告不到期、催告主体不适格等情况；（3）因不起诉要件不成立的文书 10 篇，包括已经提起诉讼、已经提起其他解决争议程序（主要为要求行政机关查处的侵权投诉）；（4）权利基础不存在 5 件，包括商标、专利被宣告无效；（5）因被告主体不适格驳回起诉文书 2 篇，包括被告主体注销、被告并非知识产权人因而与原告不存在明确的法律关系；（6）其他原因驳回起诉文书 2 篇，《专利法解释》不适用于确认不侵害商标权纠纷、域名与商标归于一人、案件无裁判必要。

案件适用裁定驳回起诉的处理方式所占比率达 37%。这一比率放在一般的知识产权案件，甚至是民事案件整体当中，都是不可想象的。出现大量裁定驳回起诉的文书，直接说明对于确认不侵害知识产权诉讼，当事人理解的案件受理标准，与法院掌握的受理标准出现了严重的错位。

此外，通过裁定驳回起诉文书可以看到，审查是否应予实体审理，对于确认不侵害知识产权纠纷来说，固然涉及传统的民事纠纷立案标准的问题［包括主体适格等，如上述情形（5）］，但其核心争议点仍在于侵权警告是否成立、诉权行使催告要件是否满足、不起诉要件是否成立这三个核心要件。而涉及这三个要件不成立的案件，其合理的处理方式，应当是要么在当事人进行实际催告，或者等待满足合理期限、案件受理条件成熟后再提起诉讼；要么应该等待其他程序的处理结果、不应该进入民事诉讼程序当中；要么应该是当事人对照相关司法解释规定，对其作出不符合确认不侵害知识产权诉讼的受理条件的判断，进而不提起诉讼。无论哪种情形，该部分案件均不应大量进入法院，浪费有限的司法资源。

4. 判决文书的基本情况

在进行实体审理阶段后，判决是否应当支持原告的诉讼请求，需要结合案件事实、知识产权特定部门法规定的侵权行为构成要件及认定标准去考查，该类案件的实体判断问题并非本文所讨论的重点。但就实体问题作出判决的 80 篇文书中，对是否应予实体审理，法院是否均坚持了同样的标准？通过实际进行实体审理的文书，是否可以发现不符合实体审理标准、应予排除的文书？答案是肯定的，判决文书可分以下三类情形：

（1）充分考查三个要件的文书。上述 80 篇判决的本院认为部分，对侵权警告要件、诉权行使催告要件、不起诉要件均作了充分论述及考查且考查结论为符合的文书数量为 50 件，即不论实体判决结果对原告要求确认不侵害知识产权的诉讼请求是支持还是驳回，这 50 篇文书对受理条件是作了充分考查的。不过需要注意的是，经过考查认定符合有效侵权警告、有效诉权行使催告的情形，恰恰与下文所述的 51 件裁定驳回文书的情形有所重复，即同样的事由，有的法院认定构成了有效的侵权警告、诉权行使催告，进而进入案件实体审理程序，而有些法院认定不构成，进而排除出实体审理的范围。

从侵权警告方面，主要争议涉及两类问题：第一，特定的行为方式是否构成侵权警告,其中包括向工商行政管理部门提出举报是否构成侵权警告、向法院提起侵权诉讼(后撤诉)是否构成侵权警告、在药品审评等特定审批程序中提出异议是否构成侵权警告等;第二,向特定对象提出侵权声明是否构成对原告有效的侵权警告,这些特定对象包括被警告人的业务合作方、经销商、交易相对方、加盟商、网络平台等。

从诉权行使催告方面,存在的问题包括:第一,先提确认不侵权诉讼后又撤诉的是否算有效的催告;第二,回函催告协商是否算有效的诉权行使催告等。

除了侵权警告、诉权行使催告外,司法解释还限定了权利人在合理期限内不起诉、被警告人方能提起确认不侵害知识产权诉讼的条件。一般而言,是否实际提起侵权诉讼是一个相对清晰的事实,但实践中该条件在具体适用当中也出现了问题,即警告人在收到催告函后,并不提起民事诉讼,而是采取工商投诉的方式来寻求救济。在此情况下,被警告人是否有权起诉? 实践当中,一些文书给出了否定的答案[①],对于这种情况,本文稍后会作分析。

(2)未考查受理条件的文书。80 个判决当中,对案件受理条件是否具备未作考查的为 12 篇。上述案件中,如严格按照司法解释规定的标准审查,其最终结果可能因不具备受理条件而裁定驳回起诉,亦可能是案件具备受理条件而进入实体审理阶段。

(3)明显缺失要件仍作出判决的文书。80 个判决当中,判决查明事实里明确显示无催告程序的文书 18 篇,上述文书,从判决的"本院认为"部分来看,笼统地以"是否侵权处于不确定状态""造成巨大的不确定性""引起的利益不确定状态"等理由,认为应当对是否侵犯知识产权进行实体认定,而对司法解释要求的催告程序具备与否问题不再涉及。

5. 指令实体审理的文书的基本情况

不同审级对是否应裁定驳回起诉意见不同,集中体现了确认不侵害知识产权纠纷是否应予实体审理标准不统一的问题。138 篇文书当中,涉及

---

① 泉州市中级人民法院(2020)闽 05 民初 442 号民事裁定书。

该情形的共 7 篇，从原因来看：（1）4 篇涉及知识产权侵权纠纷与确认不侵害知识产权纠纷同一天立案，可否认定知识产权权利人及时提起诉讼，进而可以阻却被警告人提起诉讼；（2）1 篇为确认不侵害商业秘密纠纷，生效裁定认为商业秘密不明、诉讼权利义务指向难以确定，认为纠纷不属于法院审理范围，而最高人民法院再审认为在商业秘密不明的情况下，应当适用举证分配来解决问题，而认定不属于法院受理范围，生效裁定属于适用法律错误，进而指令再审 ①；（3）1 篇文书涉及对是否构成有效诉权行使催告的认定标准不同，生效裁定认定不构成，而再审裁定认定构成，进而认定案件符合实体审理条件 ②；（4）1 篇文书涉及行政投诉是否构成有效侵权警告，进而认定案件是否符合实体审理条件认定标准不统一 ③。

（三）基于实证分析的初步结论

通过对上述 138 篇文书的分析，可以看到，在直接适用、参照适用现行司法解释的框架下，确认不侵害知识产权纠纷诉讼当中，对侵权警告要件、诉权行使催告要件、不起诉要件等受理要件，实践中的认定标准存在较大程度不统一的现象。这种不统一无疑会造成两个极端的结果：一个极端是，不应该进入实体审理阶段的案件进入了该阶段，既违背了司法解释规定的硬性条件，又浪费了大量司法资源，同时给作为被告的知识产权权利人造成了不合理的负担，最终并不利于知识产权的司法保护；另一个极端是，应当进入实体审理阶段的案件，因为法院对起诉要件的过分苛求，导致未进入实体审理阶段，对知识产权权利人的相对方造成实质上的不公平，助长了知识产权权利的滥用，最终不利于培育自由、宽松的竞争环境、经营环境，损害社会经济的发展。

---

① 最高人民法院（2015）民申字第 628 号民事裁定书。
② 辽宁省高级人民法院（2021）辽民终 109 号民事裁定书。
③ 广州知识产权法院（2021）粤 73 民终 3269 号民事裁定书。

三、理论溯源：诉的利益在确认不侵害知识产权诉讼中的应用

《民事诉讼法》在"起诉与受理"部分规定了民事案件的起诉应当符合的条件，而从理论上来看，诉的利益的概念是判断诉讼程序启动是否具有必要性的一个极为重要的概念，在对确认不侵害知识产权纠纷进行研究的过程中，有的研究者亦利用该理论工具进行了有效的分析。[①] 从诉讼制度的历史沿革来看，确认之诉的出现要晚于给付之诉，而自确认之诉获得一般化认可起，就确立了以下重要原则，即只有在原告对法律关系具有即时确定之法律上的利益（也被称为确认的利益或即时确定的利益）时，才允许提起确认之诉。[②] 在民事诉讼制度理论研究与比较法研究的过程中，诉的利益的概念日益引起理论界与实务界的重视。对于确认不侵害知识产权诉讼来说，在分析现有规范的基础上，引入诉的利益的概念，对于辅助法官判断纠纷是否符合司法审查标准、统一裁判尺度具有重要意义。

（一）诉的利益的一般概念

诉的利益，是一个出于如下之趣旨而创设的要件，即根据每个具体请求的内容，来考量作出本案判决的必要性以及其实际上的效果（实效性）。当认为存在着这种必要性及实效性时，该请求就存在着要求获得本案判决之利益（诉的利益）。诉的利益与当事人适格一起构成了诉权要件。[③] 通俗地说，一个案件只有存在通过民事审判程序审理进而作出判决的必要性，以及这一判决确实具有解决案件争议的实际效果时，案件才有诉的利益，才值得法院对案件进行审理；如果没有这种必要性、有效性，则诉讼程序即使启动，也是一种资源的浪费，同时还无助于争议从根本上获得解决。

就大陆法系国家民事诉讼制度的基本实践而言，行使诉权必须满足诉

---

① 占善刚，张一诺.知识产权确认不侵权之诉受理条件实证研究［J］.知识产权，2020（3）：27–46.

② 新堂幸司.新民事诉讼法［M］.林剑锋，译.北京：法律出版社，2008：195.

③ 新堂幸司.新民事诉讼法［M］.林剑锋，译.北京：法律出版社，2008：187.

讼程序的开始要件和诉讼要件。^①诉的利益无疑是属于后一要件范围内的。而《民事诉讼法》第122条规定的起诉条件，将上述两个要件混淆，使在诉讼未开始时即对诉讼要件进行审查，导致起诉条件的高阶化和诉讼程序开始的高阶化。^②应该说，对诉的利益的概念理解不够充分，以及对《民事诉讼法》规定的案件起诉条件与《专利法解释》《知识产权证据规定》对确认不侵害知识产权诉讼审查对象之间关系的认识不清，是确认不侵害知识产权诉讼裁判标准不统一的一个重要原因。

（二）确认之诉利益是否存在判定的一般标准

对于确认之诉这一特殊形式的诉讼来说，其诉讼利益是什么？根据学者的观点，确认之诉的请求是确认现存的权利关系是否存在。对此，原告必须具有确认的利益，即为了消除原告的权利或法律地位上的现存危险和不安，有必要对原告与被告之间权利关系是否存在作出有既判力效果的判决。^③

正如日本著名法学家新堂幸司所指出的，"与给付之诉不同，在确认之诉中，可以成为确认之诉的对象，在形式上是无限的，因而有必要从'是否现实存在着通过诉讼来解决纠纷之必要'以及'作为解决纠纷手段之确认诉讼及确认判决的效率'等视角出发，个别地对每一个确认之诉中确认利益存在与否之问题展开考查（这一点不同于给付之诉，在给付之诉中，原则上都存在着诉的利益，因而只有在例外情况下才有必要探讨诉的利益存在与否之问题）"。根据该学者的观点，判断确认之诉当中确认利益是否存在，需要从以下几个视角来进行：第一，对于解决原被告之间的具体纠纷而言，确认诉讼及确认判决是否是有效且适当的手段（也即方法选择之妥当性的视角，这也是确认判决与其他判决之解决手段之间作用分担的问题）。第二，作为确认对象选择的诉讼标的，对于解决原被告之间的纠纷而言，是否有效且妥当（也即对象选择的妥当性视角）。第三，原被

<hr>

① 刘敏.论诉的利益之判断［J］.国家检察官学院学报，2012，20（4）：122.
② 张卫平.起诉条件与实体判决要件［J］.法学研究，2004（6）：59.
③ 兼子一，竹下守夫.民事诉讼法［M］.白绿铉，译.北京：法律出版社，1995：52.

告之间的纠纷是否到了如下这种程度，即必须通过确认判决来予以即时解决且已经适合于解决（也被称为纠纷的现实性，或者立即解决之必要性）。第四，对于通过确认判决来解决的有关诉讼标的之权利或者法律关系的纠纷而言，原告是否选择了有效且妥当的被告（也即被告选择的妥当性）。①

（三）确认不侵害知识产权诉讼中确认利益是否存在的考量

将上述学者在实践基础上的理论归纳作为分析工具，我们可以用于确认之诉中确认利益是否存在的分析。上述视角一，在确认不侵害知识产权纠纷当中，因不存在由被告警告人提起其他包括给付之诉形式的可能，故在本文的分析对象下无须考虑；视角二的功能在于排除不可确认的法律关系，在本文的分析对象下，亦无须考虑；视角三，即纠纷的现实性视角，是本文的分析对象所需要重点考查的；视角四，被告是否妥当的问题，考虑到确认不侵害知识产权诉讼中，发出警告函的主体一般而言比较清晰，故亦无须作为重点视角。在上述考虑的基础之上，对确认不侵害知识产权诉讼中确认利益是否存在作如下分析：在确认不侵害知识产权诉讼中对立的两方，一方是知识产权的权利人，另一方为知识产权权利的相对人。从权利人的角度来看，知识产权是绝对权、对世权，理论上，其权利可影响到所有其他人，虽然知识产权属于无形财产权，但该权利覆盖的范围内，权利人享有对知识产权绝对自用权的控制权，而且在大于自用权的范围内，知识产权权利人还有禁用权，即禁止任何其他人从事一定可能损害其权利的行为。而站在权利相对人的角度来看，其在不违背法律的限度内享有自由利益，这种自由包括自由生活、自由经营。这种自由对应着知识产权相对人的安全、稳定的利益，这也是一种对世的利益。在两个绝对权利、利益平静相处之际，权利人通过侵权警告，将被警告人拉入一个可能的侵权法律关系中。侵权警告之下，好比一只靴子已落地，另一只靴子还未落地，被警告人到底侵权还是不侵权？其头上的"达摩克利斯之剑"时刻可能会坠落。权利人的警告，从一定意义上讲，虽然没有侵犯被警告人

---

① 新堂幸司.新民事诉讼法［M］.林剑锋，译.北京：法律出版社，2008：194.

的直接权利，也没有直接妨碍被警告人的自由，但是这种警告，给被警告人造成了一种不安。而且权利人的警告，造成了一种法律关系（是否构成侵权）不确定的后果，直接影响到被警告人的利益。

根据现有的司法解释，从确认不侵害知识产权纠纷的演进过程来看，侵权警告直接使争议出现、催告函有助于纠纷的确认与定型、权利人怠于起诉导致纠纷僵持定型，经过上述三个阶段的演进，被警告人别无他法，只有通过特定形式获得救济，消除不稳定的法律状态，而且这种需求通过持续的演进，具有了紧迫性，这一演进过程，即被警告人诉的利益的出现、成熟的过程。

通过利用确认利益是否存在的分析方法，可以得出，确认不侵害知识产权诉讼中，原告的确认利益为：因为被告警告知识产权侵权，但又迟迟未提起侵权之诉，导致原告存在被诉侵权的风险，但又无法通过其他手段消除这种不确定的状态，只能通过提起诉讼结束这种不确定的状态，恢复安定的状态。

利用上述诉的利益的概念及其在确认不侵害知识产权纠纷领域的运用，我们可以对实践中出现的各种情形下诉的利益是否存在、纠纷是否符合起诉要件作进一步具体衡量。

四、诉的利益视角下纠纷受理标准统一的几点思考

（一）侵权警告的认定

如之前的实证分析，在侵权警告的认定上，司法实践中的标准存在着较大的分歧，在诉的利益视角下，适格的侵权警告的认定标准，可以从以下四个方面重构。

其一，适格警告对象的认定可适度从宽。如果权利人的警告实质上指向原告自身、原告直接受到警告影响，原告即应被认定为适格的被警告对象。以商标侵权为例，从常理上来分析，权利人的警告函，不论是给生产商，还是给销售商，最终都是指向生产商的产品。警告直接针对

生产商的情况下，只有生产商知道警告的存在；而如前面的案例中所见到的，警告指向生产商的销售商、客户，则就侵权警告的涉及范围来看，不仅最终指向生产者（生产商），而且可能会威胁到生产商的客户、损害生产商的商誉。这种情况下，生产商的利益所受影响更大，举轻以明重，当然应当认为生产商受到了警告，允许生产商后续有起诉的机会。而实践当中，有的权利人出于维权策略的正当目的，或基于打压竞争对手的不正当目的，只去找销售方、加盟商等末端经营主体的麻烦，如果只就事论事，上游方无法参与纠纷解决，将导致纠纷无法实质性化解，且其是否侵权的不确定状态将长期悬而未决。以诉的利益为视角，在认定原告受到侵权警告影响或辐射，因而其具备确认利益、构成适格的原告时，不妨从宽认定。虽然原告不是直接被警告对象，但警告实质上已经指向原告时，可以视为对其的警告。这样无疑便于真正的利益关系方启动后续程序，尽快解决争议。

其二，适格警告方式的认定可适度从宽。这一点比较容易理解，与司法实践中的操作亦是相对吻合的，即不论警告的形式是"一对一"的律师发函，还是权利人通过公开渠道的各种声明、广告，还是面向第三方、平台方的下架通知，只要指向明确，均可认定为适格的警告方式，这一点在此不再赘述。

其三，采用行政程序维权要从警告中排除。对知识产权的保护，我国法律采用双轨制，采取行政程序维权是一种法定的权利救济渠道，而且在行政救济程序下也还有行政行为的司法审查，这种情况下法院的介入条件、时间有明确限定。如果将所有的行政投诉、行政机关的查处均视为一种知识产权的侵权警告，则会使司法提前介入、行政争议处理程序被架空，导致行政机关无所适从，不符合现行法律的立法本意。从诉的利益角度分析，这种情况下，所谓的被警告人也已经处于一个法定争议处理程序当中，纠纷并不存在通过确认之诉解决的必要性。当然，行政程序维权不认定为警告是一种原则，应当允许例外的存在，如果现有的行政争议程序在法定的处理框架下没有定论，被查处人是否构成侵权的状态迟迟无法得到明确，则这种情况下，可以将行政投诉视为一种警告，赋予被查处人催告以启动后续确认不侵害知识产权诉讼程序的权利。

其四，权利人在先提起侵权诉讼可认定为警告。之前已经提到，实践中一些确认不侵权诉讼，有些判决将权利人的起诉行为也认定为一种侵权警告。尤其是在起诉后撤诉又没有下文的情况下，一些案件当中赋予了原案被告方催告及启动确认不侵权诉讼的可能，这样的做法是否合理？提起侵权诉讼后又撤诉的，撤诉原因可能是多方面的，原告可能是出于事实和证据的原因，或出于其他原因撤诉，因而撤诉不代表侵权之诉必然不成立。但侵权之诉的提起，已经使被起诉方是否侵权，陷入极大的危险当中。在撤诉的情况下，是否侵权并无定论，如果这种情况下仍不认定为侵权警告，并且不给予被起诉方任何救济渠道，则对相对方而言，是极为不公的。同时，在起诉的情况下，诉状中必然包含明确的侵权指控。诉讼程序正常推进的情况下，被告直接答辩、举证，之后等待法院裁决即可。但在权利人起诉后又撤诉的情况下，被告无法就侵权构成与否获得一个确定的判决结论，这种情况下，被告的利益确实处于无法确定的状态。故应当认定起诉构成一种广义上的警告。在侵权起诉撤诉后，可以依据确认不侵权诉讼的制度设计，赋予被控侵权行为人催告权，明确其要求权利人起诉的意思表示，并在权利人不再另行起诉的情况下，提起确认不侵权诉讼。这种情况下，如果权利人不再提起侵权诉讼，通过确认不侵权诉讼，可以对已经发生的纠纷有一个终局的裁决；当然权利人也可在确认不侵权诉讼提起后，另行提起侵权诉讼，两案同时进行，也是一种保障各方当事人程序及实体权益，从根本上解决争议的一种方式。

（二）诉权行使催告的认定

在诉权行使催告手续是否履行上，法院亦应严格审查认定。从客观上讲，被警告人或者被警告人的利害关系人在知悉警告后，并不缺乏主动寻求和解、寻求第三方调解的手段。在不认为自身存在侵权行为的情况下，被警告人直接回函反驳亦是对其行为的合理预期。不论采取何种手段，被警告人直接提起任何形式的诉讼，均应是最后的救济手段，尤其是在确认不侵权诉讼的情况下，更应当要求严格符合起诉条件。

在这个逻辑之下，司法解释虽然赋予了被警告人起诉权，但同时也施加了诉权行使的前置条件，即被警告人必须先催告。对于法定的诉权行使条件，被警告人必须通过履行催告程序使其得以满足，而且其诉权行使催告必须传达出其不构成侵权、要求权利人尽快起诉的明确意思表示。

被警告人提出上述要求，首先并未给其增加任何负担，同时回函反馈意见亦符合特定主体被指控侵权后的基本反应预期，且这种回函传达了一种明确的意思表示，对于警告人而言，可接受到一个确切的信号，更便于其决定是否起诉。这种情况下，警告人不起诉，其存在主观上过错导致侵权与否不确定，过错程度更多，而被警告人寻求法院救济的迫切程度更高，其诉的利益将更加成熟与明确。

（三）怠于行使诉权的认定

在怠于行使诉权的认定当中，司法实践中经常出现的一个问题是：当被警告人催告后，警告并未按照催告要求及司法解释的规定通过提起诉讼的方式维权，而是选择了以法律规定的行政举报等其他方式维权，这一未遵循催告要求的做法，是否属于怠于行使诉权？

应当说，从权利人的侵权警告，到被警告人的诉权行使催告，再到权利人合理期限内不起诉，触发确认不侵害知识产权案件起诉的条件，这是司法解释设计的一条很顺畅、很自然的道路。但实践当中，被催告行使诉权后，有的权利人偏偏不按催告函要求去起诉，而是去行政机关就侵权行为进行投诉，要求行政查处。这种情况下，对权利人的选择权是否应予尊重？权利人的其他选择是否构成对催告的有效回应，从而阻断被警告方提起确认不侵权之诉的道路？

在这个问题的处理上，可以有两种方式：一种方式为允许权利人选择，另一种方式为不允许权利人选择。就前者而言，可以提出的理由包括：在行政行为阶段，被警告人也有了参与过程、提出申辩的途径，可以基本保障被警告人的权利；并且行政程序也是一种法定的公权力处理程序，权利人先警告再走合法的公权力处理程序，是权利人的自由，应当尊重，不能硬把权利人拉到诉讼程序中，毕竟诉讼程序对权利人来讲成本更高，权利人在有初步证据的情况下，完全可以让行政机关查处，节省自己举证、收集证据的各项成本。这种情况下如果允许确认不侵害知识产权诉讼的受理与继续，可能会导致行政机关无所适从，也是一种对行政机关权力的不当侵蚀。就后一方式而言，可提出的理由包括：提起诉讼是法定制度设计，同时司法对纠纷解决具有终局裁判权，有利于纠纷的真正化解。

对这一问题，基于诉的利益视角，本文同意前一观点，即原则上允许权利人选择，权利人选择行政投诉的，具有阻却确认不侵害知识产权诉讼提起的效果。对于知识产权权利人（警告人）而言，在双轨制权利保障的制度安排下，权利人有权选择走哪条救济路径。在路径选择前先发侵权警告，是一种主动保护权利的行为，不能让为权利而斗争的人反而丧失法定利益、丧失选择法定保护权利方式的自由。对于被警告人而言，警告人选择行政途径时，纠纷已经在法定框架下开始处理，从诉的利益角度看，其并不具有切实、紧急的利益，这种情况下即不应赋予诉权。当然这是原则，原则之下亦可以赋予例外，这种情形下的例外即当警告人出于商业策略考虑，刻意回避对被警告人的维权时，因被警告人的不确定状态并未解除，被警告人仍具有迫切的利益，其应被赋予单独提起确认不侵权之诉的权利。

五、结语

从多年的司法实践来看，确认不侵害知识产权诉讼，在平衡知识产权权利人与社会公众利益、防止知识产权权利人的权利滥用、保护正常的市场竞争秩序方面，发挥了重大的作用。确认不侵害知识产权诉讼既涉及民事程序法及诉讼法基础理论的重大问题，又涉及知识产权部门法的问题，审理好一个确认不侵害知识产权纠纷案件，对法官的综合要求更高。本文通过对138篇裁判文书的实证分析，采用诉的利益这一基础理论视角，分析与重构现有规范，同时针对司法实践中掌握标准不统一的情况，对这一诉讼形式的诉讼要件审查标准的统一提出若干建设性的思考，在思考的基础上，形成以下附件诉讼要件审查的立法建议，以供实践参考，并期待对确认不侵害知识产权诉讼制度的立法完善有所助益。相信在实践基础之上，通过法官的裁判智慧与学者的理论研讨，确认不侵害知识产权诉讼将能够在知识产权司法保护领域发挥越来越重要的作用。

附件：涉及确认不侵害知识产权诉讼诉讼要件审查的立法／司法解释完善建议（条款）

第××条（综合规定）：原告提起确认不侵害知识产权诉讼的，应当综合考虑其通过诉讼程序维护自身合法权益的必要性，以及通过判决形式能够实际解决案涉争议的实效性，围绕侵权警告、诉权行使催告、合理期限内采取合理维权措施等要件，对诉讼要件是否具备进行审查。

第××条（侵权警告的审查）：知识产权权利人或其关联方，通过声明、律师函、投诉等方式，向生产商、销售商、作品发行者提出警告，声称被警告人生产、销售的商品，或者传播、发行的作品构成侵权的，应认定侵权警告成立；知识产权权利人或者关联方通过提起行政查处、提起民事诉讼等法定程序维护自身知识产权的且上述程序在依法进行中的，不应认定侵权警告的存在。但在行政查处未正常完结，或者权利人提起民事诉讼后主动撤诉、法院未作出实体认定的情况下，可以认定侵权警告的存在。

第××条（诉权行使催告）：被警告人通过回函、公开声明等警告人可以有效接收的方式对警告人指控侵权的事实直接否认并作出要求警告人通过起诉或其他合理渠道维权的意思表示的，可以认定被警告人履行了有效的催告程序。

第××条（合理期限内不采取维权措施）：被警告人行使催告权利后，权利人通过提起诉讼、仲裁或者投诉等法定手段维护自身知识产权的，应当认定权利人及时采取了维权措施，被警告人另行提出确认不侵害知识产权诉讼的，法院不应予以受理；但权利人故意不对被警告人本人采取上述举措，导致被警告人是否构成侵权无法被认定，或者被警告人无法参与上述处理程序，被警告人在催告后的合理期限内提起确认不侵害知识产权诉讼的，法院应当受理。

第××条（顺序审查原则）：侵权警告、诉权行使催告、合理期限内不行使权利要件，由法院按顺序依次审查，前一条件不符合的，无须对后续条件再行审查，法院可直接裁定驳回原告起诉。

商业道德司法认定的困境与破局

刘佳欣

作者简介

刘佳欣，北京市海淀区人民法院知识产权庭法官，曾被评为北京法院百名标兵、办案标兵，北京市法院先进审判团队，获北京市海淀区青年岗位能手、三八红旗手。从事知识产权审判工作10年，承办和参与审理各类知识产权案件5000余件，审理的"战狼"案获评2021中国新文娱十大影响力案件，审理全国首例涉人工干扰搜索引擎算法排名案；撰写的判决书在北京市高级人民法院裁判文书评比中多次获奖。发表20余篇专业文章，参与编著5部专业书籍，执笔的多篇调研报告和论文获得多个奖项。

商业道德的判断在不正当竞争法案件中体现了法官一定的自由裁量权，其承认了司法活动具有演进法律之功能价值，商业道德的不确定性使裁判者得以随市场经济发展变化之态势解释并完善法律适用，从而协调瞬息万变的市场秩序中的竞争关系，解决市场竞争中的利益冲突问题。当前的司法实践对商业道德的认定尚存在较多的争议，其缘起是对商业道德在司法适用中的功能性价值认识存在差异和误区，因此，拨开商业道德司法适用迷雾的前提是要认识清楚商业道德的定位与其价值。

一、困境产生的缘起：商业道德的功能价值缺位

（一）《反不正当竞争法》中的商业道德与民法中的道德

商业道德在司法认定中产生困境的原因之一是商业道德的定位不清，

即其究竟是事实问题还是价值判断，回本溯源，是对商业道德与其他法律上的"道德"未予区分所致。

"商业道德"散见于我国与商业活动相关的法律规范中，① 商业道德内涵的不确定性可见一斑。因调整的法律关系不同，"商业道德"在各个法律规范中的含义也不尽相同，《中华人民共和国反不正当竞争法》（以下简称《反不正当竞争法》）作为调整竞争关系各方利益的法律，将商业道德进一步规定为其原则条款，并以此作为规范判断行为正当性，可见，商业道德是一般伦理在特定商业领域的变异结果，是商人在市场活动中处理各种利益关系而逐步形成的善恶价值的加总。②《中华人民共和国反不正当竞争法释义》一书解释商业道德，为形成于长期的市场交易活动，是以诚实信用原则为基调建构的商事规则的总称。③ 可以说，上升为法律的道德是道德法律化的过程，民法中的"道德"以一般的理性人作为判断标准，这是因为在许多情况下，法律与道德之间较少出现明显分歧，特别是当法律被说成是"伦理最低值"时更是如此。④ 裁判者的内心确信是判断某一权利或者行为是否符合良知的依据，这在价值上和判断标准上符合裁判者的公正之判断基准。

商业道德是诚实信用原则和公序良俗原则在商业社会中的具体体现，其判定的场景相较于一般民事法律关系更加具化地落于经济活动中，因此

---

① 如《中华人民共和国民法典》第86条规定：营利法人从事经营活动，应当遵守商业道德，维护交易安全，接受政府和社会的监督，承担社会责任。《中华人民共和国公司法》第19条规定：公司从事经营活动，应当遵守法律法规，遵守社会公德、商业道德，诚实守信，接受政府和社会公众的监督。《中华人民共和国电子商务法》第5条规定：电子商务经营者从事经营活动，应当遵循自愿、平等、公平、诚信的原则，遵守法律和商业道德，公平参与市场竞争，履行消费者权益保护、环境保护、知识产权保护、网络安全与个人信息保护等方面的义务，承担产品和服务质量责任，接受政府和社会的监督。《中华人民共和国网络安全法》第9条规定：网络运营者开展经营和服务活动，必须遵守法律、行政法规，尊重社会公德，遵守商业道德，诚实信用，履行网络安全保护义务，接受政府和社会的监督，承担社会责任。《反不正当竞争法》第2条规定：经营者在生产经营活动中，应当遵循自愿、平等、公平、诚信的原则，遵守法律和商业道德。

② 黄武双. 经济理性、商业道德与商业秘密保护［J］. 电子知识产权，2009（5）：37-42.

③ 王瑞贺. 中华人民共和国反不正当竞争法释义［M］. 北京：法律出版社，2018.

④ 拉德布鲁赫. 法学导论［M］. 米健，朱林，译. 北京：中国大百科全书出版社，1997：8.

要求裁判者以"经济人伦理"为标准，来判断特定的商业领域内的商事主体能普遍认可或者接受的伦理规范。① 可见，商业道德在适用场景、判断标准与裁判作用上与民法上的"道德"具有显著区别，因此在司法认定和适用上也应有《反不正当竞争法》中特有的规则。正如在"智能短信模板"案② 中，法院认为，"商业道德"指特定商业领域被普遍认知和接受的行为规范，竞争行为是否具有不正当性应以是否违反公认的商业道德为标准，而不应以传统的社会公德、生活道德为标准进行评价。可见，司法实践中已经对商业道德与传统的社会道德进行了区分。因此，商业道德的探讨环境必然是商业市场经营活动，而非社会公德。在该案中，被告的抄袭行为虽然有违社会公德，但法院考虑了智能短信识别编写采用的有限表达、主体信息来源于公有领域、交易相对人的自由选择，以及涉案行为对市场竞争秩序和消费者选择权的影响较小等因素，最终认定被诉行为不构成违反公认的商业道德的行为。

（二）商业道德在《反不正当竞争法》中的功能价值

在《反不正当竞争法》的适用过程中，商业道德的作用主要体现在两方面：一是作为所有竞争行为的指导原则。商业道德被写入《反不正当竞争法》，是商业伦理法律化的过程，是商业活动中道德规范法律化选择的必然结果。在这个过程中，诚实信用原则为市场行为主体树立了"诚实商人"的道德标准。③ 而公序良俗原则对私法自治进行了限制、弘扬社会公共道德，建立了稳定的社会秩序，协调了个人利益与社会公共利益和弥补了强行法的不足。④ 因此，在《反不正当竞争法》中规制的所有类型化行为中，其存在的前提和基础就是违反了"诚实商人"的道德标准，即类型化的不正当竞争行为均是违反商业道德的行为。商业道德的强制性价值已经蕴含在类型化的不正当竞争行为的构成要件中，裁判者得以直接依据类

---

① 最高人民法院（2009）民申字第 1065 号民事裁定书。
② 北京市高级人民法院（2019）京民终 567 号民事判决书。
③ 梁慧星. 诚实信用原则与漏洞补充［J］. 法学研究，1994（2）：22-29.
④ 王利明. 民法总则研究［M］.2 版. 北京：中国人民大学出版社，2012：132-133.

型化行为的要件进行裁判，主张者则无须另行举证在该类型中何为具体的商业道德。

二是作为个案中具体行为的判断标准。随着市场环境的不断变化，竞争行为的演进繁杂无序，即使在避免《反不正当竞争法》原则条款的泛化适用呼声渐高的情况下，依然无法回避原则条款仍具有一定的适用空间和意义。司法实践中，适用原则条款的情况仍然较多。而原则条款中，商业道德则是具体的行为正当性的判断要件之一，其司法判定逻辑是商业道德是什么，被诉竞争行为的实质是否符合商业道德对竞争行为的容忍，从而判定竞争行为是否正当。因此，在该种情况下，商业道德是个案中具体行为的判断标准。该种情况下，商业道德的作用体现了对《反不正当竞争法》类型化行为判断的补充，是对当事人之间利益的平衡，即在法律对具体行为类型无明确规定的情况下，法官依据商业道德的判断进行行为正当性的价值解释，继而作出裁判。

对以原则条款主张不正当竞争的案件，商业道德的价值缺位体现明显，当事人往往以利益受损替代对"商业道德"的举证，以"陈述"替代"举证"的情况亦不在少数。但商业道德与道德之间的区分决定了在商业道德发挥其个案标准之作用时，需要结合具体的证据来使裁判者形成内心确信，以实现对特定领域内商业道德的司法认定。

二、商业道德司法认定中的困境

（一）司法裁判中的缺陷

商业道德内涵的不确定性是商业道德司法认定中的公认难题，司法实践中经常存在以下认定上的缺陷：

第一，对商业道德缺乏论理。绝大多数判决书中对在个案中何谓商业道德并无过多论述，论理集中在被诉行为的正当性上，体现出以行为正当性替代商业道德的认定误区，也反映出司法对商业道德内涵举棋不定的态度。对商业道德的内涵，应当明确的是：首先，个案总结出的"商业道德"不应直接类推适用。典型案例中对商业道德的判定是在限定的商业环境中，不应以此直接类推否定某一行为，否则不符合市场的发展规律。例如，去视频水印的行为是否一定违反商业道德，应当局限于个案特定的竞争环境下，综合考量视频网站、工具类产品及消费者福祉等因素，不能仅以此类推，将所有"去水印"均认定为不符合商业道德的行为。其次，"惯例"不一定当然为"商业道德"。《巴黎公约》中规定，凡在商业活动中违反诚实的习惯做法的竞争行为构成不正当竞争的行为，这是国际公约中将商业惯例标准作为判断诉争行为正当与否的依据。公约中将对"习惯做法"限定为"诚实的"。可见，并非所有的惯例都能直接认定为符合商业道德的做法。由于商业道德的法律化，更应避免的是跨过商业道德的认定，直接以"惯例"为行为正当性的法律依据。在"极科极客"案① 中，法院认为，互联网行业确实普遍存在屏蔽他人视频广告的软件，然而行为正当与否不能以该行业同类软件的存在与数量来自证，不能以此为由认为行为正当合法。在论证惯例可以成为商业道德的参考，而可以此来评价行为正当性时，还是应当结合商业道德本身的内涵，将该"惯例"以证据的形式呈现，如行业自律公约等，应当举证证明其程序正义和内容正当，且为特定领域内商事主体所普遍接受，特别是涉案当事人如也有接受这一公约内容的意思表示，则可以作为商业道德的内涵一节予以司法考量。

第二，审查要素尚未统一。商业道德相对于一般的事实问题更显主观，因此，司法审查中大多从客观要素中对此进行界定。在"大众点评"案② 中，法院认为，对被诉行为是否违反公认商业道德的判断，一方面，需要考虑产业发展和互联网环境的特点；另一方面，需要在利益平衡的基础上划定行为的边界。考虑的因素包括被诉行为是否具有积极的效果、被诉行为是否超出必要限度以及对市场秩序所产生的影响和被诉行为使用的技术对竞争行为正当性的影响。法院对用户体验、社会公共利益及对其他经营者的损害各个因素进行了审查论证，最后依然陷入需要从行为正当性

---

① 北京知识产权法院（2014）京知民终字第 79 号民事判决书。

② 上海知识产权法院（2016）沪 73 民终 242 号民事判决书。

反推其是否违反商业道德的逻辑障碍中。在"智能短信模板"案①中，法院进一步认为具体案件需要考虑行业规则或者商业惯例、经营者的主观状态、交易相对人的选择意愿、对市场竞争秩序和消费者选择权的影响等因素，综合判断经营者是否违反商业道德。商业道德的考量因素目前趋于一致，总的来说，商业道德的考量因素包括对竞争者利益、消费者利益以及社会公共利益的影响。

第三，行为正当性与商业道德不作区分。虽然对竞争的天然损益性已经形成一定共识，但是在论及某一行为是否违反商业道德时，仍然有大量判决未就商业道德本身的内涵进行界定，而直接探讨行为的正当性，并以此来对商业道德进行反推。该种认定方式未界定商业道德的内涵，而是直接将"不当"等同于"不道德"，扩大了不道德的范畴。由于对行为不当性的论述离不开探讨行为人获益和对竞争对手的损害，因此极易陷入"获益"或"受损"即等于"不道德"的误区。须知商业道德自诞生之时起就不排斥商人对最大化利益的追求，因而不能把一般社会伦理所奉行的利他主义当作评价商业行为的准则。②该种认定方式虽然看似是对行为的论述，但实际还是以侵权法的逻辑进行判定，在此基础上并未遵从《反不正当竞争法》为行为法而非权利法的本质。同时，该种反推的论证方式在逻辑上更加混乱不清，容易造成行为与商业道德互为因果的尴尬境地。

（二）举证不力致使认定模糊不清

当事人对商业道德不举证，或者举证不力，使司法认定上的障碍难以逾越。如前所述，司法裁判中以行为不正当反向推论不符合商业道德的现象，其原因在于当事人对商业道德的正向举证并不充分。商业道德并非完全的价值判断，而是一个市场竞争的行为规范，该行为规范须在举证充分的情况下才能为司法予以确认。这是由于，一方面，司法对商业道德的审查要求裁判者以"经济人"的视角去审视竞争行为和市场秩序，对裁判者

---

① 北京市高级人民法院（2019）京民终 567 号民事判决书。
② 纪良纲.商业伦理学［M］.2 版.北京：中国人民大学出版社，2011：135.

的"经济理性"要求较高，当事人应当充分举证，通过证据的呈现将裁判者置于市场环境中，才能使裁判者对商业道德得出较为确定的结论，进而实现内心确信的闭环。这一点尤其在被诉行为并非显而易见的无益之时更为重要。另一方面，法官对商业道德的自由心证要进行一定程度的限制，否则可能形成司法过度干预市场竞争的不良后果。因此，这一心证的形成必须有充分的证据予以佐证，否则在当前的司法实践中，大多数当事人将举证集中于经营利益以及被诉行为和损害后果上，对商业道德的举证较少，当事人需举证证明被告的涉案行为对市场竞争秩序、消费者合法权益造成了损害，进而违反"商业道德"。

三、破局的建议

（一）坚持利益平衡，以商业道德判断行为正当性

相比于探讨泛化与存留问题，接受和运用好"商业道德"对司法实践来说更具有现实意义。首先，商业道德在《反不正当竞争法》上的调解机能与公序良俗在民法上的调解机能基本一致，即由确保社会正义和伦理秩序向调节当事人之间的利益关系、确保市场交易的公正性转变，从而使法院不仅从行为本身而且结合行为的有关情势综合判断是否具有反公序良俗性。[①]商业道德保证了《反不正当竞争法》在调整竞争行为时的实质正义，在客观上平衡了竞争者之间的利益，最终谋求的是消费者、商事主体与社会公众三者之间的利益关系达到整体平衡，维护竞争秩序的稳定，促进市场健康有序发展。因此，在适用时应当首先坚持利益平衡原则，尽可能多地将与被诉行为相关的经济利益关系进行整体性考量，而不仅以被诉行为使原告权利受损为依据。其次，严格区分商业道德判定与行为正当性判定，理顺审查逻辑，明确个案中特定领域内的商业道德内涵，再以此为前提探讨行为的正当性。最后，分层次进行利益平衡，先在当事人之间找寻平衡点，再在社会公共利益与技术进步等利益上进行平衡。

---

① 李双元，温世扬.比较民法学［M］.武汉：武汉大学出版社，1998：70.

（二）保持适用弹性，控制自由心证

商业道德作为《反不正当竞争法》中原则性规定的条款，是所有不正当竞争行为判断的原则，但是在适用时，应当秉承先类型后原则的适用准则，在司法适用中不宜扩大解释。《最高人民法院关于适用〈中华人民共和国反不正当竞争法〉若干问题的解释》（法释〔2022〕9号）对商业道德的内涵进行了界定，司法适用中保持适用原则条款的弹性十分重要，在已经有明确规定内涵的情况下，保持适用边界确定、适用规则清晰至关重要。该司法解释强调商业道德为特定商业领域普遍遵循和认可的行为规范。在司法裁判时要公开心证的形成过程，对商业道德的内涵和审查要素进行充分的说理。裁判者在认定是否违背公认的商业道德时，要谨慎防止将其简单化为社会公德或个人道德，不合适地扩大不正当竞争行为的认定范围。同时，应当从《反不正当竞争法》的立法宗旨出发，结合个案案情和举证，充分保障当事人的程序权利，妥善运用自由裁量权。

（三）强化证明责任，形成个案具化的商业道德

除法律另有规定外，法官应当根据法庭调查、辩论主旨，依自由心证判定案件事实，将该判定的事实作为小前提，将实体法律规定作为大前提，采用三段论法，对民事诉讼标的之法律关系进行终局裁判。[①] 要形成个案中具化的商业道德，而非抽象化的商业道德，经济人伦理则需要当事人进行充分的举证。以避免将裁判者置于左右两难的境地。民事诉讼法律制度的价值追求是妥当、公正、迅速、经济、便捷地解决实体纠纷。竞争行为之所以需要由《反不正当竞争法》来调整，也是基于商事主体对实体正义、程序公正以及对竞争秩序迅速回位的基本需求。如果裁判者难以就基本的商业道德达成内心确信，则无法对行为的正当性予以准确判定，市场具有的时效性与法律规制的实效性之间必然脱节。只有准确地划定商业道德的边界，才能达到公平与效率的平衡，实现《反不正当竞争法》维护

---

① 陈界融.事实证明之一般原理在知识产权司法审判中的适用：以《红色娘子军》著作权案为例［J］.知识产权，2018（11）：36.

自由和公平的市场秩序的立法目的。在商业道德的举证上，主张被诉行为违反商业道德的一方就何为商业道德具有证明责任，被诉行为实施人则可以对此提出反驳证据。根据《最高人民法院关于适用〈中华人民共和国反不正当竞争法〉若干问题的解释》的规定，审查因素包括：行业规则或者商业惯例，经营者的主观状态，交易相对人的选择意愿，对消费者权益、市场竞争秩序、社会公共利益的影响等因素。该司法解释中还肯定了行业主管部门、行业协会或者自律组织制定的从业规范、技术规范、自律公约等的参考意义。在证据的形式上，当事人可以积极采用市场调查报告、经济学分析报告等，更加直观地反映市场情况，加强裁判者的内心确信，快速有效地界定商业道德的内涵。

市场竞争天然会给竞争对手造成损害，良好的竞争环境需要通过遏制不正当竞争行为来维持，但市场主体也应当意识到商业道德并非权利，而是社会整体对商事主体的道德需求。在认定具体行为正当性之前，应界定特定商业领域的商业道德内涵，使司法对竞争行为进行妥善调整，通过充分举证来防止不当扩大法官自由裁量权。

四、结语

商业道德不是一种权利，并无权利边界可言，不归属于某一特定主体。商业道德是商事主体在市场经营过程中达成的，能够形成良好竞争秩序的统一的行为准则。司法实践中，一方面，要运用商业道德规制不正当竞争行为，这是《反不正当竞争法》在规制不正当竞争行为之时必须解决的首要问题；另一方面，要防止商业道德泛化为法律，使《反不正当竞争法》过度干预市场竞争。商业道德是行为正当性判定的前提和先决条件，竞争行为符合商业道德是《反不正当竞争法》的原则，是各类竞争行为的准则。

网络平台公开数据的司法保护路径探析 *

——以北京链家房地产经纪有限公司、天津小屋信息科技有限公司与北京神鹰城讯科技股份有限公司、成都神鹰城讯科技有限公司不正当竞争纠纷案为例

王栖鸾

作者简介

王栖鸾，北京市海淀区人民法院知识产权审判庭副庭长、四级高级法官，从事知识产权审判工作近11年，承办、参审案件近4000件，被评为2022年度全国知识产权保护工作成绩突出个人、人民法院知识产权审判工作先进个人、北京法院知识产权审判业务标兵、北京法院模范审判团队。承办的案件获评"中国法院十大知识产权案件"等；主持的庭审获评"全国法院百场优秀庭审"；撰写的多篇裁判文书及调研报告获得北京法院优秀裁判文书、调研成果一等奖等奖项。

本文以北京链家房地产经纪有限公司、天津小屋信息科技有限公司与北京神鹰城讯科技股份有限公司、成都神鹰城讯科技有限公司不正当竞争纠纷案①为例，探析网络平台公开数据的司法保护路径。该案是利用工具软件，抓取和使用网络平台公开数据的典型案件，亦是涉数据竞争行为直接损害社会公共利益的典型案件。该案判决厘清了《中华人民共和国反不正当竞争法》（以下简称《反不正当竞争法》）与《中华人民共和国著作权法》（以下简称《著作权法》）的适用边界，认定两位原告投入大量资源进

---

* 原载于《人民法院案例选》2023年第8辑。

① 北京市海淀区人民法院（2021）京 0108 民初 9148 号民事判决书，北京知识产权法院（2022）京 73 民终 4201 号民事裁定书。

行收集、管理、传播等经营活动而形成的房源数据集合，应当受到《反不正当竞争法》的保护；并明确，认定获取和使用公开数据的行为是否构成不正当竞争，需结合获取、使用数据的具体方式，综合考虑该行为是否违反相关行业的商业道德，分析判断该行为对其他经营者的合法权益、消费者利益以及市场竞争秩序所产生的影响等方面，为同类案件的处理提供裁判规则参考。

一、涉网络平台数据不正当竞争纠纷的案件特点

近年来，针对网络平台数据产生的不正当竞争纠纷不断增多，此类案件中，被诉行为通常表现为大规模抓取、使用他人网络平台中具有商业价值的各类数据，随后用于行为人自身网络平台的运营、其用户的使用，或者对抓取到的数据进行一定整理加工后形成数据产品向其用户提供。案件整体呈现两个特点。

（一）原告通常为数据集合平台的经营者

此类案件的原告一般为较大规模数据集合网络平台的运营者，经过长期持续经营，基于用户所发布的内容和用户行为，平台积累了大量原始数据，形成平台数据集合，该数据集合为平台获取竞争优势的经营基础和核心资源。

（二）原告主张保护的客体为平台数据集合

此类案件中，被平台集合的原始数据，通常系用户生成的内容，在构成作品的情况下，一般由用户享有著作权，网络平台往往根据其与用户的约定享有有限的使用权。而平台经过收集、整理、维护等经营活动，使一个个用户生成的零散的原始数据，通过平台整体地向社会公众进行传播，这一过程中所形成的数据集合，其控制和运营主体为平台。因此，平台往往不会就用户生产的原始数据主张权利，而是就平台数据集合整体寻求保护，即主张竞争性权益。

二、数据与信息二分立场下平台数据权益保护规则之厘清

数据与信息是既联系又区别的一对概念，在网络平台数据不正当竞争纠纷这一场景下，区分数据与信息，对厘清数据权益的保护客体具有重要意义。

（一）数据与信息内涵之初探

数据与信息的概念在目前的法律表述上一直是混用的，主要体现为在诸多法律文件和资料中两者经常相互指代。有学者总结了数据与信息概念混用的三种表现形式，分别为数据与信息并用型、信息包含数据型、数据包含信息型。[①] 数据与信息并用型是指使用了"数据信息"或"信息数据"的概念；信息包含数据型是以数据解释信息；数据包含信息型是以信息解释数据。[②] 虽然存在这样复杂的情形，但是多数情况下，数据与信息概念的混用在法律上并不会引起理解上的偏差。

实际上，无论是从技术抑或规范的角度均应看到，数据与信息并非同一概念，两者存在于不同的层面。[③] 根据国家标准《信息技术词汇》（GB/T 5271.1—2000），信息被定义为"关于客体（如事实、事件、事物、过程或思想，包括概念）的知识，在一定的场合中具有特定的意义"；数据则被界定在一个特定的层面上，指"信息的可再解释的形式化表示，以适用于

---

① 韩旭至. 信息权利范畴的模糊性使用及其后果：基于对信息、数据混用的分析 [J]. 华东政法大学学报，2020（1）：86.

② 数据与信息并用型，如《中华人民共和国电子商务法》第 25 条规定，有关主管部门依照法律、行政法规的规定要求电子商务经营者提供有关电子商务数据信息的，电子商务经营者应当提供。

信息包含数据型，如《中华人民共和国环境保护税法》第 15 条第 2 款规定，生态环境主管部门应当将排污单位的排污许可、污染物排放数据、环境违法和受行政处罚情况等环境保护相关信息，定期交送税务机关。

数据包含信息型，如《中华人民共和国电子签名法》第 2 条第 2 款规定，本法所称数据电文，是指以电子、光学、磁或者类似手段生成、发送、接收或者储存的信息。

③ 刘瑛，高正. 数据与信息概念二分之下商业数据的立法保护 [J]. 科技与法律（中英文），2022（4）：2.

通信、解释或处理"。① 在计算机科学术语上，数据是所有能输入计算机并被计算机程序处理的符号的介质的总称，如计算机二进制的 0、1 数值。② 《中华人民共和国民法典》第 111 条规定，自然人的个人信息受法律保护；该法第 127 条规定，法律对数据、网络虚拟财产的保护有规定的，依照其规定。以此为基础，《中华人民共和国个人信息保护法》第 4 条第 1 款规定，个人信息应"以电子或者其他方式记录"为形式要件；《中华人民共和国数据安全法》第 3 条规定，本法所称数据，是指任何以电子或者其他方式对信息的记录。数据处理，包括数据的收集、存储、使用、加工、传输、提供、公开等。通过上述对信息和数据的界定和规定来看，如果将数据仅限于计算机和网络领域以二进制代码形式存在的电子数据，那么数据与信息的区别在于：在性质上信息是本体，数据是媒介或载体。③ 数据与信息之间既有区别又有联系，是记录与被记录的关系，或者更确切地说，是形式与内容的表里关系。数字经济时代，数据应是对已知和 / 或者未知信息（连同元数据）的数字描述，且在技术上能够成为数字运算（处理、存储与传输）的对象，是以可机读方式存在的电子化信息记录。④

上述相关法律规定为区分数据与信息的概念提供了坚实的规范基础，之所以作此区分，其意义在于在网络平台数据竞争这一具体场景下，澄清权利人所处置或者被他人侵害之对象究竟为何，这对厘清平台数据之保护对象和权益主体具有重要意义。

（二）平台数据作为《反不正当竞争法》保护客体的分析

司法实践中，《反不正当竞争法》成为法院对网络平台数据给予司法保护的主要路径。如果网络平台投入大量资源与成本，进行收集、存储、制作、管理、传播等经营活动，使单一的、零散的原始数据整体地向其用户和社会公众进行传播，形成了具有极高商业价值的数据集合，由此产生

---

① 国家标准《信息技术词汇》第 1 部分：基本术语。

② 祝建军 . 数据的知识产权司法保护［J］. 人民司法，2022（13）.

③ 梅夏英 . 信息和数据概念区分的法律意义［J］. 比较法研究，2020（6）：152.

④ 申卫星 . 论数据用益权［J］. 中国社会科学，2020（11）：111–112.

的合法权益应当受到《反不正当竞争法》的保护。站在数据与信息二分的立场下，在《反不正当竞争法》的保护客体层面需要厘清以下三方面的问题。

1. 保护相对性：对数据本身的合法控制

在平台数据不正当竞争案件中，提出保护平台数据主张的为平台经营者。在如本案贝壳网等内容平台中，平台服务器中存储的数据承载着不同类型的信息，由此涉及的利益主体亦呈现出多元化特征。例如，部分数据对应的可能是反映个体房屋情况的事实类信息，部分数据可能对应用户受著作权保护的作品（如房源图片），部分数据可能对应可识别的用户个人信息等。按照传统规范，这些信息上的权利归属于其原本的主体并无争议。此时，信息权利人与数据控制者或持有者即发生了分离，在司法实践中表现为平台经营者并不对其平台中的相关作品主张著作权保护（无论其是否享有著作权），而是基于其所控制和管理的数据集合整体主张适用《反不正当竞争法》保护。平台经营者的权益体现在其对数据控制或持有所带来的巨大商业价值，而并非对数据所承载的信息的独占，换句话说，信息权利人享有的是对其信息的专有权控制，而数据控制者请求保护的是对数据本身的合法控制或不被干扰、破坏。

站在数据与信息二分的立场上，作为数据处理者的网络平台通过一定的数据处理活动实现了对对应数据的收集、存储、加工等，并基于此产生了巨大的商业价值，《反不正当竞争法》赋予网络平台在数据上的对外部第三人不正当行为的防御性权利，但亦仅限于此。[1] 数据处理者（平台经营者）受保护利益的效力并不及于数据所承载的信息，因此，平台经营者基于其对平台数据集合享有的合法权益提起不正当竞争之诉，并不影响平台数据上的信息权利主体（如著作权人）基于同一行为对其著作权造成的损害寻求救济。

---

① 刘瑛，高正.数据与信息概念二分之下商业数据的立法保护［J］.科技与法律（中英文），2022（4）：8.

2. 价值独立性：独立于其他知识产权专有权利

本案中，两位被告的抗辩理由之一是涉案房源数据当中有海量的房源图片，该类房源图片应受到《著作权法》的保护，应当排除在《反不正当竞争法》的保护范围之外。上文已述，在平台数据所对应的信息中包括可能受《著作权法》保护的作品，该部分信息可以基于《著作权法》进行保护。但是，除此之外，还应关注到的是，涉案房源数据无论是以文字形式体现的房源基础信息、交易信息、特色信息，还是以图片形式体现的房源实勘图、户型图、VR 图，本质上是含有客观反映房屋情况（如房屋户型、房屋陈设、房屋位置等）的事实类信息，而该信息所对应的数据并非《著作权法》所保护的对象。而涉案房源数据真正的价值即体现在其所承载的大量房源信息整体本身，具有区别于作品价值的独立经济价值，能够给网络平台带来商业利益，应当独立受到保护。

因此，需要指出的是，在抓取、使用平台数据不正当竞争案件中，不能仅因为被抓取的对象数量巨大，就将本应受《著作权法》保护的客体转而适用《反不正当竞争法》保护。同理，也不能仅因被抓取的对象具有作品属性，就一概否定网络平台对相应数据集合所可能享有的合法权益，完全排除《反不正当竞争法》适用的可能。还应就网络平台对其平台经营所付出的管理、经营成本及其由此产生的附加成果、经济价值等情况进行审查。

3. 对象整体性：行为对象为数据集合整体

在对网络平台数据适用《反不正当竞争法》保护时，还需从数据抓取和使用行为层面，对被诉行为是否针对平台数据这一整体成果实施进行判断。本案中，被诉抓取行为是在针对某一房源包括基础信息、交易信息、特色信息、实勘图、户型图、VR 图在内的整体进行抓取，并非仅针对房源图片进行抓取，其抓取行为的目的也并非为获取房源图片所具有的审美意义上的作品价值，而是基于上文所述的房源数据所承载的事实类信息而具有的独立价值而实施抓取。因此，从行为侵害对象和行为损害后果层面，均是针对数据控制者，即平台经营者所控制和管理的数据集合，具有保护的必要性。

三、抓取和使用平台公开数据行为的正当性判断

（一）公开数据的内涵界定

根据网络平台是否对其平台数据设定访问权限，可以将平台数据分为公开数据和非公开数据。平台向公众无差别地提供和展示的数据，可以被视为公开数据，即用户在平台中无须注册和登录，仅以普通访客方式即可以无条件、直接地获取到的数据。与其相对的平台数据类型是非公开数据，对设定了如注册、登录、购买会员等访问权限的数据，即并非全体社会公众均可无条件、直接获取的数据，不宜简单地将其一概视为公开数据，还要根据公开程度进一步细化。

从保护力度方面来说，能够受到《反不正当竞争法》保护的平台数据，无论是公开数据还是非公开数据，对于网络平台来说，均是平台通过长期经营及投入后形成的成果，其商业价值和保护力度不应因公开或非公开而具有差别。

在对公开数据的内涵进行理解时，应当注意辨析与其相关的几个概念：

第一，公开数据与公开信息。平台公开数据公开的是什么？在数据与信息二分的立场上，本文认为，公开数据公开的是信息，而信息的载体才是数据本身，数据仍然处于平台的控制和管理之中。平台运营者允许其用户在其平台中无条件获取全部信息，并不代表平台运营者让渡了其对平台数据享有的数据资源持有权、数据加工使用权、数据产品经营权等权益，数据仍然未脱离平台运营者的控制。这一基本立场对于判断抓取和使用公开数据行为的正当性具有重要意义。

第二，公开数据与公共数据。公共数据，是指公共管理和服务机构在依法履行公共管理职责或者提供公共服务过程中产生、处理的数据。[①]《中共中央、国务院关于构建数据基础制度更好发挥数据要素作用的意见》要

---

① 深圳市政务服务数据管理局.公共数据是什么 [EB/OL].（2023-07-25）[2023-08-02]. https://www.sz.gov.cn/hdjl/ywzsk/zwfwsjglj/sjgl/content/mpost_10735643.html.

求"建立公共数据、企业数据、个人数据的分类分级确权授权制度"。显然，本案讨论的平台公开数据，以及司法实践中出现的平台数据竞争案件所针对的数据，均为企业数据范畴，与公共数据具有本质区别。

第三，公开数据与免费、无条件提供数据。网络平台基于其经营策略及盈利模式，将其平台中的数据或信息公开提供，但该种提供并不意味着是免费、无条件地向互联网上的所有主体提供，更不意味着其他经营者可以不受任何限制地获取和使用该类公开数据。否则，企业基于公开数据所享有的竞争优势将无法保持，企业积累数据以及创新研发数据产品的积极性亦将受到打击。

（二）行为正当性判断的审查要点

1.分别审查、整体判断

在平台数据竞争案件中，被诉行为通常表现为三个层面，即数据抓取、数据存储及数据使用。如本案中，两位被告通过技术手段抓取了房源数据后，将房源数据存储到自有服务器中，进而在数据使用过程中，在推推99产品中向其用户展示、发送至第三方房产信息平台或社交软件中传播。从上述行为体现可以看出，三种行为既相互独立又紧密联系，因此在判断行为是否具有不正当性时，应当进行分别审查、整体判断。

第一，针对抓取、存储和使用行为分别审查和评价。本案中，法院认为被诉抓取、存储和使用涉案房源数据的行为均具有不正当性：首先，两位被告使用计算机程序伪装成真实用户，即以规避或绕开贝壳网技术保护措施的方式大规模抓取涉案数据（数月之内访问百万次）的行为本身难谓正当，亦不可能被房产经纪行业所接受；其次，存储涉案数据的行为不当减损了两位原告管理和控制涉案数据的权利，妨碍了贝壳网对其平台中房产经纪公司相关义务的履行，亦使涉案数据随时处于被不当使用的风险当中；最后，两位被告自动去除了所抓取、存储房源图片中的贝壳网相关水印，同时在对外传播涉案数据时又自动加入了推推99产品或第三方房产信息平台的相关水印及其用户的姓名、联系方式，掩盖了涉案数据的真实来源，此外，使涉案数据的传播范围大大超出了房屋业主知悉或授权的范围以及贝壳网及其房产经纪公司的控制范围，明显违背了房屋业主、房产经纪公司以及平台经营者各方主体的主观意愿。综上，被诉抓取、存储和传播涉案数据的行为本身具有可责性和不正当性。

第二，将抓取和后续使用行为进行关联、整体评价。如抓取、存储和使用数据的行为并非均具有不正当性，则需按照下列情形，分情况讨论。一是"抓取不正当，则使用亦不正当"。抓取数据行为本身是一个独立的行为，如果该行为是违背平台经营者的意愿，以不正当的方式获取到数据，则后续的使用行为无论具体形式如何，都无异于"毒树之果"，往往亦缺乏正当性。二是"抓取正当，则使用不一定正当"。即使抓取数据的手段是正当的，也不意味着随后对数据的各种使用行为均具有正当性。在个案中，使用数据的行为是否正当，仍需结合使用数据的具体方式，以及对相关经营者、社会公众以及市场竞争秩序等所产生的影响进行综合分析判断。

2. 利益平衡之公共利益的考量

认定获取和使用公开数据的行为是否构成不正当竞争，需结合获取、使用数据的具体方式，综合考虑该行为是否违反了相关行业的商业道德，分析判断该行为对其他经营者的合法权益、消费者利益以及市场竞争秩序所产生的影响等。从损害层面来讲，数据权益主体因被诉行为受到损害，并不是《反不正当竞争法》介入对其加以保护的充分条件，因为处于市场竞争中的主体必然会受到竞争的影响，《反不正当竞争法》更加关注被诉行为对消费者利益和市场竞争秩序的损害。对于平台公开数据而言，尽管其具有一定"私有性"，但由于其承载着包括国家安全、消费者权益等在内的社会公共利益，故对平台数据实施的不正当竞争行为更易对社会公共利益产生损害。

本案是数据竞争行为直接损害社会公共利益的典型案例。一方面，被诉行为助长了"虚假房源"的大量滋生和传播，具有房产交易需求的消费者，在"虚假房源"的欺骗、误导下，对房源情况完全陷入了错误认知，损害了消费者在房产交易中极为关键的知情权、选择权和交易安全。同时，亦使消费者无法享受如贝壳网这类房产信息平台提供的在线看房服务所带来的便利，造成消费者交易成本不降反升，损害了消费者的合法权益。另一方面，被诉行为使进行房源数据积累和研发的经营者，因交易机会和生存空间被抢占而无法从市场竞争中获得相应的回报和有效的激励，极大地打击其继续投入资源积累数据的动力，从而使其降低对相应产品和服务的研发与投入，甚至退出市场，造成"劣币驱逐良币"的后果。长此以往，将严重扰乱竞争秩序，引发市场激励机制失灵，破坏房产经纪行业的竞争生态，导致符合社会需求的产品和服务供应不足，最终阻碍社会总体福利的提升。因此，在对平台数据进行司法保护的同时，亦是对社会公共利益诉求的及时回应，从而保障数据经营者社会公共职能的发挥以及社会公共利益的广泛实现。

3. 工具类软件对行为正当性判断的影响

本案中的被诉产品"推推99软件"，既是帮助两被告发布"虚假房源"信息的工具，又为帮助两被告在多平台传播房源信息的工具。双方对于被诉软件的工具性质并无争议，但两位被告据此认为其与两位原告不存在竞争关系，且符合其用户的需求值得讨论。

第一，关于竞争关系的考量。关于竞争关系的理解，在《反不正当竞争法》及其司法解释中，并无直接规定，理论研究和司法实践中，亦存在"广义"竞争关系与"狭义"竞争关系之说。但随着2022年3月《最高人民法院关于适用〈中华人民共和国反不正当竞争法〉若干问题的解释》（法释〔2022〕9号）（以下简称《反不正当竞争法司法解释》）的出台，对于这一问题作出了回应。《反不正当竞争法司法解释》第2条规定，与经营者在生产经营活动中存在可能的争夺交易机会、损害竞争优势等关系的市场主体，人民法院可以认定为《反不正当竞争法》第2条规定的"其他经营者"。上述司法解释对于可以作为适格被告的"其他经营者"进行了界定，同时也暗含了只要存在争夺交易机会、损害竞争优势等行为的主体，均可以与权利人存在竞争关系之义。回到本案涉及工具类软件的不正当竞争案件中，虽然两位被告通过推推99产品所提供的服务与两位原告经营房产信息平台所提供的服务有所不同，即非同业竞争者，但由于两位被告实施的被诉行为使两位原告的交易机会和竞争优势被不当剥夺，损害了两位原告基于涉案数据所享有的合法权益，故两位被告属于《反不正当竞争法》所规制的经营者，与两位原告存在竞争关系。

第二，关于用户需求的考量。与工具类软件相对应的，必然有使用工具类软件的主体，该类主体通常为被诉软件的用户，而被告较常主张的抗辩理由为被诉行为是按照用户的指令、为满足用户的需求而服务。对此，需要明确的是，首先，在涉工具类软件应用场景下，被诉行为，如本案中的抓取、存储和使用房源数据的行为，均由被告直接实施，而非用户。其次，具有不正当性的行为并不会因为其符合用户需求而具备正当性，且用户需求通常是现阶段的、眼前的需求，如果被诉行为会影响到用户的长期利益，对于理性的用户来说，相信其需求会有所变化。

四、结语

数据是数字经济时代关键的生产要素，也逐步成为国家重要的战略性资源。2022 年 12 月，中共中央、国务院公布《中共中央 国务院关于构建数据基础制度更好发挥数据要素作用的意见》，提出 20 条政策举措，其中，在第 7 条"建立健全数据要素各参与方合法权益保护制度"中要求，"合理保护数据处理者对依法依规持有的数据进行自主管控的权益。在保护公共利益、数据安全、数据来源者合法权益的前提下，承认和保护依照法律规定或合同约定获取的数据加工使用权，尊重数据采集、加工等数据处理者的劳动和其他要素贡献，充分保障数据处理者使用数据和获得收益的权利"。本案体现了人民法院对完善平台数据权益保护制度的积极探索，亦是对要求以数据要素为核心推动数字经济深化发展、为数字经济法治保障贡献司法力量的坚决落实和积极回应。

数据权益知识产权的司法保护

张连勇

作者简介

　　张连勇，法学硕士，现任北京互联网法院审判委员会委员、综合审判二庭庭长。先后在北京市海淀区人民法院、北京互联网法院任职，办理各类知识产权、民商事案件 6000 件，审理的多起案件受到社会关注并获评最高人民法院典型案例，具备丰富的互联网纠纷案件的审判经验。曾参与最高人民法院重大课题"网上审判方式与审理机制研究"、最高人民检察院课题"短视频著作权案件法律问题研究"等多个前沿法律课题的调研工作。

　　习近平总书记强调，数据基础制度建设事关国家发展和安全大局。2022 年 12 月，中共中央、国务院印发《中共中央 国务院关于构建数据基础制度更好发挥数据要素作用的意见》（以下简称《数据二十条》），系统性布局了数据基础制度体系。[①] 国家发展和改革委员会、国家知识产权局积极推进数据产权、数据知识产权登记试点工作。2023 年 10 月 25 日，国家数据局挂牌成立，从国家层面上统筹数字中国、数字经济、数字社会建设。在数据的司法保护上，我国司法机关适用知识产权法律体系审理了大量案件，通过诸多典型案件形成的裁判规则成为推进数据产业健康规范发展的重要指引。

---

　　① 陆娅楠.构建数据基础制度 更好发挥数据要素作用：国家发展改革委负责同志答记者问［N］.人民日报，2022–12–20（6）.

一、数据的概念、特点、分类

（一）数据的概念

《中华人民共和国民法典》（以下简称《民法典》）第 127 条规定，法律对数据、网络虚拟财产的保护有规定的，依照其规定。《中华人民共和国网络安全法》（以下简称《网络安全法》）第 76 条规定，网络数据是指通过网络收集、存储、传输、处理和产生的各种电子数据。《中华人民共和国数据安全法》（以下简称《数据安全法》）第 3 条规定，本法所称数据，是指任何以电子或者其他方式对信息的记录。《数据安全法》的前述内容是我国法律层面首次对"数据"概念的明确规定。根据该规定，数据的核心内涵是以任何方式对信息的"记录"，信息则是数据的内容。对信息的"记录"自人类文明产生即已经开始，但无论从《数据二十条》等政策文件还是《民法典》《数据安全法》等法律规定，我们现今讨论的"数据"是指在数字经济背景下，以数字设备为基础，融合算法等数字技术的"大数据"。正如国务院在 2015 年发布的《促进大数据发展行动纲要》（国发〔2015〕50 号）指出，大数据是以容量大、类型多、存取速度快、应用价值高为主要特征的数据集合，正快速发展为对数量巨大、来源分散、格式多样的数据进行采集、存储和关联分析，从中发现新知识、创造新价值、提升新能力的新一代信息技术和服务业态。

数据的内涵具有抽象性，导致在司法实践中能够归类为数据的审理对象繁多，但由于我国并未出台专门的数据保护法，裁判者在处理涉及数据的案件时，仍需要从现行法律法规中寻找保护的法律依据，数据概念外延的界定则可以弥补内涵的抽象性。本文认为，数据概念的外延可以从以下三个方面理解：一是数据与作品、商业秘密等有名知识产权客体的关系。数据的范畴极具广泛性，从表现形式而言，符合《中华人民共和国著作权法》（以下简称《著作权法》）关于作品定义的数据，可以构成数据作品，而不具有独创性的数据则无法构成著作权客体。商业秘密亦是如此，只有符合商业秘密保护要件的部分数据才能成为商业秘密保护的客体。反观之，在作品和商业秘密的领域里，不是以数据形态存在的，则不能归入数据的范畴。数据与有名知识产权客体之间既有交叉又有明显区别。二是法律保护的数据，同时也存在公有领域的数据。法律上虽然认可一切方式对信息的记录都是法律意义上的数据，但是某个数据是否应获得法律保护是另一个层面的问题。例如，构成作品的数据或者数据库，在超过著作权保护期后，则应进入公有领域。单一不具有人身识别性的数据，亦很难获得单独的法律保护。三是数据与个人信息的关系。个人信息被记录亦构成数据，匿名化的个人信息则被排除个人信息的保护，应归入数据的范畴。个人信息因极强的人身依附性成为人格权的组成部分，我国《民法典》专门对个人信息进行了规定，并制定了《中华人民共和国个人信息保护法》（以下简称《个人信息保护法》)，个人信息作为数据中的特殊部分应适用特殊规则予以保护。

（二）数据的特点

基于对数据概念理解和研究角度的不同，关于数据的特点，目前存在多种观点。对数据特点的归纳可以更好地理解数据的概念，本文认为，从法律规定和司法审判角度剖析，数据具有以下几个特点：第一，数据具有无形性。"数据是以二进制数字代码 0 和 1 组合而成的比特流。区别于传统的以物质实体存在与传播的财产，数据在计算机终端的呈现需要借助磁盘、光盘、磁带、半导体等载体"①。数字经济背景下的数据不同于传统的数据，主要指以电子方式对信息加以记录，信息在本质上就具有无形性，明显区分于物权的"有体性"，而信息需要载体存储和呈现，进而产生法律意义上的数据，故数据具有与知识产权客体相似的无形性属性。第二，数据具有非竞争性。"数据具有非竞争性的特点，即同一数据可在同一时间由不同的主体在不同的空间加以使用。与有体物所不同的是，数据的价值不会随着它的使用而减少，而是可以不断地被处理，这就是所谓的'非

---

① 高源. 多元场景下数据利用的价值、挑战与法律应对［J］.武陵学刊，2023（6）：58.

竞争性'"①。数据作为生产要素,不同于物理形态的其他生产要素,其可以由不同主体利用并通常会因为不断利用而增加价值,故而在保护数据权益时,知识产权法律体系具有天然的优势。第三,数据具有形态和主体的复杂性。数据保护的专门法律法规尚未建立,司法的保护路径多元,学术界关于数据保护的争鸣,主要原因是数据存在的形态十分复杂,它既与知识产权客体交叉,又超出知识产权客体的范围,它既有单一数据形态,又有数据集合、数据产品复合形态,它既有需要法律保护的形态,又有公有领域的内容。同时,数据从产生到搜集、整理、加工、处理等一系列环节,都有相应的主体参与。大数据背景下,一个数据产品可能包括海量他人的个人信息、数据、作品等,权利链条和结构的复杂性往往超过作品、商业秘密等传统知识产权客体。

(三)数据的分类

《数据二十条》规定,探索数据产权结构性分置制度,要建立公共数据、企业数据、个人数据的分类分级确权授权制度。与之相对应,数据的司法保护亦应坚持分类保护原则,针对不同类型的数据采取不同的保护路径和力度,这也是对数据进行分类的主要意义所在。学者们从数据来源、持有主体、使用方式、公开状态等多角度提出数据的分类标准,基于司法审判的角度,笔者认为以下几种不同角度的数据类型需要分类考量。

1. 原始数据

所谓原始数据,"即个人、企业、国家机关、公共服务部门等在生产生活中产生或收集的各类数据"②。原始数据是数据的原始形态,该种形态的数据达到一定的规模即形成数据集合,经过合法授权或者许可搜集的原始数据及其集合,其权利状态相对清晰,更容易在司法实践中采取赋权的方式进行保护。而与原始数据相对的衍生数据,是在原始数据的基础上经过加工处理的数据,加工处理者如何行使衍生数据的持有权、使用权、经

---

① 程啸. 论数据权益 [J]. 国家检察官学院学报,2023(5):78–79.

② 程啸. 论数据权益 [J]. 国家检察官学院学报,2023(5):81.

营权，其后续交易是否受制于原始数据权利人，都需要司法部门通过具体案例予以判断。

2. 保密数据

有些数据的权利人采取了严格的保密措施，一般情况下符合商业秘密的审查标准的，可以获得商业秘密的司法保护。但有些数据是处于半公开状态的数据，即权利人采取了诸如设置密码、付费可见等限制性权限的数据，如何认定限制性措施能否构成商业秘密的保密措施，也是具有争议性的问题。与保密数据相对应的是公开数据，无论是研究学习还是大模型训练，抓取网络中的公开数据是常见的情况，何种情形认定为构成实质性替代的不正当竞争，何种情形可以认定为合理使用，也是司法实践需要面对的问题。

3. 个人数据

《个人信息保护法》第4条规定，个人信息是以电子或者其他方式记录的与已识别或者可识别的自然人有关的各种信息，不包括匿名化处理后的信息。个人数据是否等同于个人信息，学者之间有不同观点，但司法实践中面对的自然人产生的数据，显然既包括具有识别性的个人信息，亦包括不具有识别性的信息，只要被记录下来，都是法律上数据的范畴，都有探讨法律保护的可能和必要。本文认为，司法审判中需要审理的个人数据如仅是个人信息，则应纳入《个人信息保护法》调整的范畴，而个人信息之外的个人数据，例如在社交平台、电商平台留存的数据，数据生产者亦应享有法律规定的权利。

4. 公共数据

公共数据一般认为是政府或者有关机构搜集的数据，具有较强的公益属性，在依法予以保护的同时，还需考虑公开和共享的必要性。在处理涉及公共数据的民事纠纷时，司法机关需要对被告使用公共数据的正当性进行重点考虑，合理确定侵权与合理使用的界限。

5. 企业数据

在数字经济背景下，平台数据是企业数据主要组成部分，在"新浪微博诉脉脉不正当竞争案"①中，法院首次采用三重授权规则作为裁判标准。在涉及平台企业利用个人数据时，三重授权规则与个人信息保护规则都可以为裁判者提供可行的裁判思路。需要强调的是，三重授权规则有其特定的适用场景，并非所有的企业数据纠纷案件都适用。

二、数据司法保护的基本情况

从现有司法判例来看，涉及数据的纠纷案件类型，主要分为：著作权纠纷、不正当竞争纠纷（商业秘密）、一般网络侵权责任纠纷、网络服务合同纠纷等，部分案件存在多种案由共同主张的情形。当事人对法律关系及诉讼策略的理解不同，使其选择保护的法律路径不同。当事人选择《反不正当竞争法》保护路径仍是主流。

笔者经过调研所在的北京互联网法院总结发现，数据纠纷案件审理中存在以下三个问题：第一，法律供给不足，数据的内涵界定和外延的界分不够明确。目前，《民法典》第127条仅对数据保护进行了原则性规定，《数据安全法》对数据的定义较为抽象，《数据二十条》探索构建了"数据资源持有权、数据加工使用权、数据产品经营权"三权分置制度框架，内容较为原则。在现有法律、法规未对不同数据的类型划分、具体保护范围等问题进行具体规定的情况下，数据司法保护标准难以相对统一。第二，权利来源复杂，不同类型数据权益归属及权利边界不清。如前所述，数据的形态和主体具有复杂性，发生争议的数据集合或者数据产品的组成内容往往涉及多方主体，这些主体都具有主张权利或者权益的可能性，无论是从诉讼程序还是证明标准、裁判思路方面都存在较大挑战。第三，保护路径集中，数据知识产权保护路径需要完善。经调研，八成以上涉及数据的案件中原告主张依据《反不正当竞争法》一般条款或专门条款对涉案数据进行保护。这一方面有维权主体的认知和选择原因，另一方面反映出数据知识

① 北京市海淀区人民法院（2015）海民（知）初字第12602号民事判决书，北京知识产权法院（2016）京73民终588号民事判决书。

产权保护路径的不完善。

三、数据知识产权司法保护路径

数据的保护路径在理论界和司法实务界都存在争议。理论上的争议主要体现在是建立数据财产权进而制定单独数据保护法，还是在现有法律框架内实现对数据的保护上。有学者认为"在数据权益保护中，应当设置专门针对数据权益的民法保护规范，专门调整平等主体间的数据权益保护问题"①。不可否认，制定数据专门保护法有利于解决数据法律地位、权利归属等问题，但现阶段在数据产业方兴未艾，数据的属性、类型、归属等基本问题还未完全厘清之前，适用现行的法律规定解决数据权利人提起的诉讼，是司法机关的最优选择。司法实践中，基于数据与知识产权在理论基础、基本特性等方面的相近性，形成了著作权、商业秘密、反不正当竞争三种主要保护路径，前两种路径一般被认为是权利保护模式，第三种路径系行为保护模式。

（一）著作权保护路径

《著作权法》第 3 条规定，本法所称的作品，是指文学、艺术和科学领域内具有独创性并能以一定形式表现的智力成果。该法第 15 条规定，汇编若干作品、作品的片段或者不构成作品的数据或者其他材料，对其内容的选择或者编排体现独创性的作品，为汇编作品，其著作权由汇编人享有，但行使著作权时，不得侵犯原作品的著作权。我国加入的《与贸易有关的知识产权协议》（简称《Trips 协议》）第 10 条第 2 款规定，数据或者其他材料的汇编，无论采用机器可读形式还是其他形式，只要其内容的选择或安排构成智力创作，即应予以保护。该保护不得延伸至数据或资料本身，并不得损害存在于数据或资料本身的任何版权。

根据《著作权法》的规定，数据获得《著作权法》保护必须满足作品

---

① 王利明.数据的民法保护[J].数据法治，2023（1）：53.

的定义。从以往的司法判例来看，利用汇编作品的规定已经有效保护了部分具有独创性的数据库作品。单一或者少量的数据很难构成作品或者汇编作品。而大数据背景下，数据集合或者数据产品的价值主要体现在数据与算法的结合产生的技术能力和实用性上，很少能体现出整体编排和结构上的独创性，故数据集合或者数据产品在实践中能获得作品保护的空间较小。而且，依据汇编作品的规定，对数据的保护无法延伸到数据集合或者数据产品所包含的内容本身，无法对其组成部分产生赋权的效果。

著作权是绝对权，一旦赋权则容易产生垄断性的效果，数据的生命在于流通和利用，大量的数据集合或者数据产品若构成作品，则很难平衡数据生产者和利用者的利益，最终导致数据产业走向衰落。同时，著作权具有的保护期较长，但数字时代的数据或者数据产品的生命周期一般较短，如果依据《著作权法》受到超长期限的保护，缺少必要性和合理性。有学者从著作权邻接权的理论和规定的角度提出，"部分邻接权客体原本就不需要满足独创性要求，如广播组织制作的节目信号。保护大数据集合也主要是为了保护投资而非独创性劳动。这与广播组织权等邻接权的立法目的并无本质差别"①。邻接权保护可以解决数据构成作品的独创性要求的门槛，但其赋权范围、保护期限则须严格限制，在此基础上通过修改《著作权法》的方式，则在立法上较为经济。

数据的保护有赖于建立权利限制制度。虽然只有一部分数据集合或者数据产品可能受到《著作权法》的保护，但是淡化所有权强调使用权的政策导向，要求对特定类型或者特定使用方式的数据权利人适用权利限制，可以鼓励数据的利用和价值实现。权利限制制度可以在《著作权法》框架内亦可在民法或者专门法框架内设立。权利限制既可以是对相关权利人所有财产权利的限制，亦可以是对其部分权利进行限制，目的还是促进数据的流通和利用。可以借鉴《著作权法》作品合理使用制度和《民法典》关于肖像权合理实施制度，探索建立数据的合理使用制度，例如在人工智能（AI）训练环节使用的他人非采取限制或者保密措施的数据，在不影响

---

① 崔国斌. 大数据有限排他权的基础理论［J］. 法学研究，2019（5）: 23.

数据的正常使用且没有不合理损害权利人合法权利的情况下，可以进入合理使用的范畴，在此情况下，使用者不需要获得数据权利人的授权且不需要支付报酬，但应以适当方式标注训练数据的来源和获得方式。可以借鉴《著作权法》法定许可制度，对他人公开的数据，在为义务教育等特定目的使用时，可以不经权利人许可，但应支付报酬。

应参照《著作权法》作品保护期制度，设立数据知识产权保护的合理期限。加强行业调研，在充分考虑数据及数据产品生命周期的基础上，合理设定数据的保护期限，即使纳入《著作权法》保护的数据类作品，亦应大幅缩短保护期限，以防止数据垄断。在此基础上，超过保护期限的数据将进入公有领域，成为社会的公共资源而被自由利用。

2023 年以来，国家知识产权局在全国多地开展知识产权登记试点工作，各试点知识产权局先后颁发多份数据知识产权登记证书。有观点认为，该种登记缺少法律和法规的依据，进而其法律效力存在问题。对此，本文认为，国家知识产权局为落实《数据二十条》的要求而开展的制度性探索是必要的，在实践中，数据产权登记已经获得行业和市场的认可。从登记的过程来看，大部分试点地区主要还是针对数据集合这种具有商业价值的数据形态进行登记，登记审查多为形式审查，但这种形式审查在程序上已经比肩甚至超过著作权登记或者软件著作权登记的审查程度，作为证据还是具备一定的证明能力。如果权利人持数据知识产权登记证书提起诉讼，由于缺少法律明确规定，该证据还不具备直接证明权属的证据效力，但可以作为权属证据的组成部分。在"数据堂诉隐木著作权侵权及不正当竞争纠纷案"①中，一审判决认定，数据堂公司提交的"数据知识产权登记证"，能够证明涉案数据集系由数据堂公司收集且持有，且登记主体为数据堂公司。这是我国司法判例首次对数据知识产权登记证书的证明效力进行回应。数据知识产权登记是国家知识产权局落实《数据二十条》的重要举措，在试点工作成熟的情况下，应当在国家层面制定登记的法律法规并建立全国统一的数据登记平台。届时，数据知识产权登记工作将对司法审

---

① 北京互联网法院（2021）京 0491 民初 45708 号民事判决书。

判中数据权属的认定产生重要的影响。

（二）商业秘密保护路径

《民法典》第 123 条将商业秘密纳入知识产权保护客体范畴。而将数据纳入商业秘密保护范畴具有一定的合理性：经过加工和处理的数据集合或者产品，通常具有商业价值，在未对外公开或者销售之前，具备秘密性的特点，这都与秘密性、价值性、采取保密措施这三个商业秘密的构成要件一致，权利人当然可援引商业秘密条款加以保护。该路径可以规避权利人的数据或者数据集合不具备独创性的缺陷，但是其证明标准和难度亦比反不正当竞争的路径要高。对于已经公开的数据，则无法满足商业秘密的要件，无法获得该路径的保护。

同构成作品的数据一样，构成商业秘密的数据，其权利人具有垄断的权利和动机，且其法律保护的时间在理论上没有期限，这些数据在一定程度上他人没有正常利用的机会，长久而言易造成数据孤岛或者数据垄断。但在现阶段，持有秘密型数据或者数据集合的权利人，有权按照商业秘密的思路保护其合法权利。在前述"数据堂诉隐木著作权侵权及不正当竞争纠纷案"[①] 中，一审判决认定，数据堂公司主张的案涉数据集是不为相关人员普遍知悉和容易获得的，并已采取合理保密措施的商业秘密，可适用商业秘密相关法律规定予以保护。

（三）反不正当竞争保护路径

司法实践中，司法机关多适用《反不正当竞争法》的一般条款或互联网专条作出裁判。在"某搬家软件不正当竞争纠纷案"[②] 中，法院认定原告在经营电子商务平台过程中积累的商户和商品发布信息及交易记录等数据，获得的用户相应评论、评价、分享等数据，具有竞争利益；被告运营涉案搬家软件的行为，扰乱了正常市场竞争秩序，损害了消费者和商家合

---

① 北京互联网法院（2021）京 0491 民初 45708 号民事判决书。
② 北京互联网法院（2020）京 0491 民初 35583 号民事判决书。

法利益，违反了诚实信用原则和商业道德，进而依据《反不正当竞争法》第2条认定被告侵权。该案中，原告主张其网站内容及结构布局构成汇编作品，并未获得支持。

《反不正当竞争法》系行为法，原告提起侵权的主张并不需要其证明对案涉数据享有民事权利，仅需证明其持有的这些数据具备商业竞争利益即可，采取此路径保护数据权益相比著作权和商业秘密而言，原告的举证责任明显减轻，这也成为大多数原告的首选或者备选路径。与此同时，理论界也多提及该法的一般条款不应被滥用。因此，采用该途径保护数据权益时应当保持克制，防范在数据权益保护领域《反不正当竞争法》对知识产权保护部门法的架空。

四、数据知识产权司法保护的裁判理念

数据在人工智能、算法等新技术的支撑下，已经成为发展新质生产力的重要驱动力和生产要素，裁判者必须坚持能动司法理念，以发展理念和系统思维满足现实的司法保护需求。

第一，坚持依法保护。通过知识产权法律体系对数据加以保护，是目前阶段的最优选择，但并非唯一和最终路径。应坚持发展理念和系统思维，能够依照知识产权法进行保护的数据客体，依法予以保护，无法保护的，交由其他法律评判，不能"牵强"保护、过度保护。

第二，坚持分类保护。应全面贯彻《数据二十条》的规定和精神，对不同类型的数据，按照其性质和特点，探索不同的裁判标准并形成裁判规则。

第三，坚持利益平衡。一方面，在司法裁判中，应充分考虑数据生产者、处理者、使用者等各方主体合法利益，在法律框架内予以保护，同时还应兼顾公共利益的平衡；另一方面，应平衡保护与治理的关系，在依法保护各主体合法利益的同时，对于侵害个人信息、国家安全、商业秘密等违法行为，坚决予以治理。

五、数据知识产权司法保护展望

数据的司法保护之路有分歧亦有共识，司法是数据保护的重要环节，但不是唯一力量。数据要素实现合理配置，数据产业参与者的合法利益得以实现，需要各方面力量共同参与。

第一，进一步落实顶层设计文件。《数据二十条》作为推进数据要素发挥更大作用的全国性指导文件，为各层级各行业参与数据生产、加工、交易提供了指引，但其具体的规定和要求还在落实推进中。国家知识产权局、国家数据局以及政府其他相关部门应根据各自职责，制定落实该文件的具体措施和政策，推进各项工作落地。

第二，加强司法机关和行政机关的协同共治。应借鉴在著作权、商标等领域形成的府院联动治理经验，探索建立数据领域防范侵权行为的有效机制，发挥司法裁判的引领作用，促进产业依法良性发展。

第三，积极推进各层级的立法工作。数据领域立法阙如是影响司法保护水平的因素之一，也是导致司法机关在数据保护中的路径选择和裁判标准难以统一的因素之一。国家市场监督管理总局于 2024 年 5 月 6 日发布的《网络反不正当竞争暂行规定》（国家市场监督管理总局令第 91 号）对非法数据获取、滥用数据算法获取竞争优势等行为的规制进行了明确规定，为现阶段数据领域行政执法提供了更为明确的法律依据。但该规定立法位阶不高，主要适用于行政执法，很难对司法保护产生较大的影响。行政机关应加强数据相关细分领域和具体问题的行政立法及政策制定，最高司法机关亦可在司法裁判达成共识的基础上出台相关司法解释，为立法机关制定和修改相关法律提供立法准备。

第四，应充分发挥行业组织和研究机构的作用。推动制定相对统一的团体标准、行业标准甚至国家标准，规范数据行业依法合规发展。推动建立有效的数据交易市场和授权体系。

最高人民法院院长张军指出，要把能动司法贯穿新时代新发展阶段审判工作始终，以司法审判工作现代化服务保障中国式现代化。[①] 在数据的法律保护上，司法机关经过长期的司法实践，已经积累丰富的案例样本和审理经验，在数据产业高速发展、数据要素成为重要的生产要素的情况下，司法机关应主动作为，通过依法、分类保护，调动数据市场参与者的积极性，推进数据的流通和利用，服务数字经济高质量发展的大局。

---

① 王雨田.把能动司法贯穿于工作全过程各方面［EB/OL］.［2024-05-08］.https://www.chinacourt.org/article/detail/2023/07/id/7388478.shtml.

信用视角下的数据安全法律规制 *

刘 瑛

作者简介

刘瑛，法学博士，教授。中国政法大学品牌与社会信用研究中心主任、知识产权研究中心执行主任，中国科学技术法学会执行秘书长、北京信用学会副会长、北京知识产权研究会副会长、北京知识产权法研究会副会长等，广州、天津、西安、南京、合肥等仲裁委员会仲裁员。近年，创新地界定"知识产权信用"概念，并从信用角度研究数据安全与保护等问题。出版的专著《企业信用法律规制研究》《知识产权信用体系与科研诚信》在学界产生较大影响。

一、引言

根据互联网数据中心监测的结果，人类产生的数据量正在呈指数级增长，大约每两年翻一番。这些海量数据在为人们提供更多知识与信息的同时，也容易招致数据安全风险，给个人、企业和公共安全甚至国家安全造成威胁。数据安全不仅仅是技术问题，更是法律问题。《中华人民共和国数据安全法》（以下简称《数据安全法》）已于 2021 年起施行，作为我国数据安全领域的基础性法律，具有标志性意义，但在诸多方面仍需进一步完善。

数据安全问题具有特殊性，传统私法理论难以针对数据安全进行有效法律规制。将数据安全问题置于信用视角之下，可以明确信用规范在数据

---

* 原载于《暨南学报（哲学社会科学版）》2022 年第 1 期，第 79-93 页。

安全法律规制体系中的承上启下作用，在法律规则融合中的指引作用，以及在法律具体实施中的基础工具性作用。对国内外数据安全立法模式的对比分析表明，数据安全立法价值离不开数据安全的长效机制，为此，应当以信用为切入点，依托信用体系，为数据安全问题提供新的解决路径。

二、信用与数据安全

（一）信用的概念及本质

信用可分为经济信用和社会信用，前者指以信任为基础，以按期偿还为条件的交易关系和价值转移方式，后者指各主体在社会活动中遵守法规和道德规范、履行合约、兑现承诺的行为能力及信任度。[①] 在政策支持下，我国的信用实践进一步创新了社会信用的内涵，形成了公共信用的概念，是否遵守法定义务是公共信用的重要内涵，信用监管依托的也是公共信用。

数据安全中的信用，本质上是一种数据流转过程中相关主体之间形成的相互信任关系，以及对这种信任关系的评价。它既涉及个人也涉及企业，但不体现为直接的资金往来，并非经济信用，而是一种公共信用。同时，它更多的是指代一种规制模式。信用视角下的数据安全法律规制，就是针对数据安全问题，以征信为起始点，以信用评级制度为基本工具，以信用监管和失信惩戒制度为运行保障，以信用担保制度为支撑，针对数据安全设立相应的法律规制路径，平衡各方利益。

概括来讲，信用视角下的数据安全法律规制是一个法律系统，涉及征信等相关制度，涉及信用运行的事前、事中、事后三个阶段，涉及个人、企业、银行、政府等多个主体。

（二）数据安全的内涵与外延

1.数据、数据产品与数据产业

关于数据的定义较为多样：按照国际标准化组织的定义，数据是"信

---

① 刘瑛.企业信用法律规制研究［M］.北京：中国政法大学出版社，2011：42.

息的一种形式化方式的体现，该种体现背后的含义可被再展示出来，且该种体现适于沟通、展示含义或处理"。① 《数据安全法》规定，"数据，是指任何以电子或者其他方式对信息的记录"。提取语义要素可知，数据的基本定义要素有二，即记录于一定数字载体之上，且能够携带的信息。

对数据进行加工整合后就形成了数据产品。数据产品是一个固化的软件系统，包含数据分析算法和底层决策逻辑。② 数据产品是数据可用性的直接体现，在其生成前，数据并没有直接价值，且收集数据需要耗费成本；但生成数据产品之后，其运行便能够对未来趋势提供合理预测，进而对交易起到指导作用，使数据产生直接价值。数据产品的运用催生数据产业，其最新形式就是大数据和人工智能的应用。

2. 数据安全

《数据安全法》规定，"数据安全，是指通过采取必要措施，确保数据处于有效保护和合法利用的状态，以及具备保障持续安全状态的能力"。它既包含"数据防护的安全"，保障数据持续不被侵犯；又包含"数据利用的安全"，确保数据的利用价值，两方面均带有强烈的技术色彩。因此，作为法律概念的"数据安全"应当回归技术中立原则，着眼于最终的法律效果：数据处于没有危险和不受威胁的应然状态，保有完整性、机密性和可用性。

数据安全有三层外延：第一，数据内容安全，即数据的收集、存储、使用都不受到威胁，也不存在数据泄露或者数据丢失风险；第二，数据产品安全，即处理数据的软件系统的安全，即处理数据的软件不遭受恶意破坏、更改或泄露；第三，数据产业安全，即保证以数据作为主要对象的产业整体的安全，即数据相对集中的产业不受数据泄露、数据软件被非法破坏等问题的威胁。综合来看，数据是数据安全的概念基础，数据产品是数据安全的主要对象，数据产业的安全以数据本身的安全和数据产品安全为基石。

---

① 纪海龙.数据的私法定位与保护［J］.法学研究，2018，40（6）：73.
② 艾达.数据产品设计［M］.北京：电子工业出版社，2017：11.

（三）信用与数据安全的相互关系

当以二进制方式表达时，信用就可以理解为一种特殊的数据。当包含信用信息的数据经由一定的底层逻辑设计为软件，并以运行结果对信用状况进行描述时，信用就成了一种特殊的数据产品。这种特殊性在内容上表现为，信用数据涵盖各类主体的信用信息，具有显著的直接价值；在用途上表现为，信用数据的收集以建立完善的信用运行系统为首要目的，社会价值大于经济价值。

在明确了信用可以在形式上表现为特殊数据之后，信用系统的运行也就可以从数据流动的角度进行理解：征信本质上就是一个收集原始数据的过程，对收集到的信用数据进行逻辑分析、加工和系统化固定后，信用数据就成了信用数据产品，具有了可使用性和直接价值。其价值体现为，信用能够成为规制数据安全的工具，信用评价能对数据安全治理产生指导意义。这也延伸了数据安全规制的范围和途径。

三、信用在治理数据安全问题中的作用

（一）目前数据安全法律规制面临的困境

现实生活中数据滥用、数据泄露问题屡屡发生，产业利益的存在让数据隐私形同虚设。数据安全是网络空间安全的基石，数据安全问题将导致整个网络空间的失序，在经济虚拟化的今天还可能引发社会动荡。当前，数据安全规制依旧面临制度困境。既有研究大多局限于传统民商法，无法涵盖数据安全问题的广泛性和特殊性。数据安全问题作为一种全新、复杂且权利性质更为模糊的法律问题，应该探寻新的解决思路。

（二）从信用视角治理数据安全问题的必要性

党中央、国务院高度重视社会信用体系建设，《社会信用体系建设规划纲要（2014—2020年）》将信用体系提升到关乎国家治理体系和治理能力现代化的高度。"在看似道德工程的表面背后，实际上是执政者在宣告

道德规范重要性的同时，更希望借此加强法律的实施。"[1] 数据安全与信用体系相辅相成，前者是后者安全运行的技术保障，后者则是前者法治完备的制度基石。明确信用在数据安全治理中的独特作用，并以初步建成的信用法律体系引导数据安全立法进程，具有现实必要性。

首先，信用是一种以激励而非惩戒为主的制度。信用评价是一个动态、非固化的过程，信用修复机制为被评价主体提供了正反馈机制，内发地推进数据安全秩序的构建。与赋权模式下的个案性、事后性惩戒有着根本不同；其次，信用作用于数据安全的全过程，数据的收集、利用以及数据产业的运转都受到信用的约束；最后，信用机制能更好地实现利益平衡，过于严苛的数据安全管控政策将影响产业发展，管控的松懈则将致使私权利受到侵犯、公共秩序遭到破坏，而信用则能够进行具有前瞻性和预测性的数据安全法律规制。

综上，虽然在数据安全领域引入信用制度，需要转变理念并进行大量的制度设计，也提高了企业经营门槛，但同时，信用作为一种长效机制，能够实现利益的平衡，以激励而非单纯惩戒的方式引导数据安全秩序的构建。

（三）以信用为切入点治理数据安全问题的优势

数据安全问题的特殊性，在于数据安全问题既涉及私权利，又与公共利益息息相关。

1. 从私权利保护的视角观察

大数据时代，私权性也即个人性是数据的显著特征之一，大量数据涉及个人的敏感信息和核心隐私。[2] 数据安全要求保证个人数据不受侵犯、不被滥用，但如果从物权或隐私权的角度进行个人信息保护，既存在法理论证的争议，也存在实务操作的困难。

信用法律体系中的信用评级和失信惩戒制度可以较好地解决个人信息

---

① 沈岿.社会信用体系建设的法治之道［J］.中国法学，2019（5）：27-28.

② ALLEN A L. Protecting one's own privacy in a big data economy［J］.Harvard Law Review Forum，2016，130（2）：71-78.

权这一私权利的保护问题。在事先，通过信用评级明确数据使用者的信用资质以保证数据的安全使用；在事中，为进一步延续使失信的数据使用者丧失数据的使用权以避免不当的数据使用行为；在事后，信用体系使被侵权者易于发现具体侵权者，以便在个案救济时提出赔偿，避免损失扩大。

2. 从公共秩序构建的角度观察

数据具有更为显著的公共性，符合经济学上"公共品"的核心特征，即非竞争性和非排他性。构建数据安全体系，实质上就是构建数据使用的公共安全秩序。

这一秩序的构建离不开信用法律体系。首先，信用法律制度能规制数据的收集、使用阶段以及数据的"被遗忘"①阶段，以相应的规则应对较长的时间跨度；其次，信用与数据的制度目标一致，并非严格限制数据的使用和分享，而是建立适当的秩序，更好地实现数据的价值；最后，信用法律体系的建设已经逐步完善，将数据安全问题纳入信用法律体系，制度构建效率快、成本低。

私法自治原则对公共性问题的处理具有一定的局限性，而以公共秩序为唯一考量因素又可能会导致对个人权利的侵犯。在数据问题演变成社会经济问题的今天，其规制要兼用私法和公法的立法技术。因此，以信用为切入点具有较为明显的可行性。

（四）信用制度在数据安全问题规制中的具体作用

依托信用体系，数据安全的规制模式从单纯的事后规制变为了全流程规制，且事前规制的作用愈发重要和突出。

首先，信用评级可以限制数据收集主体的资格。信用评级系统在对主体的信用信息进行收集后，根据一定逻辑或算法进行主体信用等级评价，由此影响数据收集者的资质，限制有信用风险者的行为。其次，信用可以用来规范数据的使用。数据的使用必须满足诚实信用原则的要求，其目的

---

① 数据的"被遗忘"，是指数据主体有权要求数据控制者永久删除有关数据主体的个人数据，有权被互联网遗忘，除非数据的保留有合法的理由。

必须为被收集者所明知，不能违背公序良俗或者对第三人利益造成不当影响。最后，信用可以用来评价履约情况和继续履约的能力，作为参考，数据拥有者可以决定是否继续提供数据，数据使用者也可以提出变更数据使用目的等要求。

这种全流程性表明，信用评价虽然是依据具体的数据行为而进行的，但有其独特意义：第一，评价的规制意义不局限于具体行为，也非事后惩戒，而是一种事前、事中、事后的激励机制；第二，这一激励机制促进相关主体反思自身行为，作出自我约束，从根源上解决数据安全问题。

四、信用视角下数据安全规制理念的革新

（一）国外数据安全规制的实践及启示

大数据时代的数据安全呈现出更加复杂和多元的态势，能够对国家多领域产生影响，因此，数据安全治理已成为各个国家的社会热点话题和立法重点领域。

1. 美国的数据安全立法模式

进入大数据时代后，美国数据公共政策的重点从国家安全向个人隐私与国家安全并重转变。2000年《国家安全战略报告》使信息安全正式成为国家安全战略框架的一部分，[①] 此外还启动了"国际网络战略"等计划，确保在数据主权方面的领先地位。[②] 但自"棱镜门"事件后，美国在继续维持国家数据安全和数据主权的基础上，也逐渐侧重于个人隐私保护。例如，加利福尼亚州2018年《消费者隐私法案》即以消费者隐私为保护重点，以传统的权利义务模式规制企业对个人数据的使用，着重强调消费者的隐私性权利，是数据安全观上国家与个人并重政策模式的代表。

① 马海群，王茜茹. 美国数据安全政策的演化路径、特征及启示［J］. 现代情报，2016，36（1）：11–14.

② 刘艺，邓青，彭雨苏. 大数据时代数据主权与隐私保护面临的安全挑战［J］. 管理现代化，2019，39（1）：105.

2. 日本的数据安全立法模式

日本以对数据权的法律确认为逻辑起点，"以自由流通为原则，以特殊保护为例外"。将数据安全的商业利益转嫁到合同法领域，充分认可民事主体之间关于数据使用的契约，[①] 同时考虑到数据的公共性，强调诚信原则。为了避免数据垄断，日本先后发布《数据使用权限签约指南》与《人工智能、数据利用相关签约指南》，并提供《数据交易合同范本》供交易当事人参考。[②] 这几个文件采用了"指南""合同范本"等命名方式，体现了公权力对数据安全领域的审慎态度，也证明日本正逐渐意识到数据安全问题与公共利益密切相关。

3. 欧盟的数据安全立法模式

欧盟通过制定《通用数据保护条例》(以下简称 GDPR) 对个人数据及其跨境流动进行了统一规制。[③] GDPR 对"个人数据"采取了以权利为主导的立法模式，设置了完整的个人数据收集、整理规则，明确了收集数据的行为和用户同意的构成要件，构建了数据主体的权利体系，并为数据控制者、处理者设定了相应的义务。以 GDPR 为核心的欧盟数据立法以信息自决权为权利基础，实质上将个人数据权定性为一种参与原则下的知情权，旨在构建公平的竞争秩序，避免不当的数据使用，防止本区域的数据跨境流动造成数据安全隐患。[④] 这实际上内含与数据收集者之间的契约关系以及相互秉承的诚实信用原则。

4. 国外立法模式对我国数据安全规制的启示

国外立法存在较为明确的一致性，基本思路就是创设新权利以控制数据流动，同时要求政府介入数据安全的规制。在立法价值取向上倾向于保护数据的自由流通，立法逻辑都是遵从国内现有法律制度，立法倾向也侧

---

① 李慧敏，王忠.日本对个人数据权属的处理方式及其启示 [J].科技与法律，2019（4）：66–72，88.

② 王淳，马海群.我国数据安全治理体系及路径研究 [J].图书馆理论与实践，2018（1）：5–9，112.

③ 王淳，马海群.我国数据安全治理体系及路径研究 [J].图书馆理论与实践，2018（1）：5–9，112.

④ 张金平.欧盟个人数据权的演进及其启示 [J].法商研究，2019，36（5）：182–192.

重于个人信息安全。这对我国的启示如下：

第一，谨慎适用"设权型"立法。作为社会主义国家，我国立法遵从社会本位。设定数据的私权虽然有助于厘清产权关系，但私权的排他性与数据本身的发展趋势相悖，"容易导致数据资源浪费或其他制度性成本的增加"[1]。对于数据安全风险、侵犯个人隐私等担忧，也不是赋予数据所有权所能解决的，而应采取隐私保护等方式，从保护个体融于社会发展、获得基本自由的角度设定被动权利。[2] 因此，我国数据安全立法不能寄托于新设权利。

第二，公权力介入注重审慎与平衡。我国传统上公权力的管控模式与促进数据的流通和利用目的相违背，而国外公权力在执法中的介入多与鼓励数据流通有关。我国要探索公权力运作的具体方式，考虑公权力能否通过私主体之间的契约进行管理，或能否作为契约一方参与到权利义务分配中来。同时，应当考虑基于合法原则和比例原则设置相关的救济制度，[3] 实现公益与私益的平衡。

据此，信用制度与数据安全之间的契合点在于：第一，信用法律体系的价值是社会本位，以长效机制对数据运行的各个阶段进行把控；第二，以信用为手段进行的数据管理中，公权力色彩并不强烈。第三方信用评价机构并非政府部门，其与被评价者之间是契约关系，为管理者的数据安全规制提供了借鉴空间。

（二）信用视角下数据安全立法价值的反思

法律固有的利益平衡功能能够在利益多元化及冲突化的背景下实现对利益关系的调节。数据关涉每个行业的基层运行，但若单纯以技术来规范

---

[1] 王淳，马海群.我国数据安全治理体系及路径研究［J］.图书馆理论与实践，2018（1）：5-9，112.

[2] 高富平.消除个人信息保护的五大误区［C/OL］.（2017-04-06）［2024-07-29］.https://mp.weixin.qq.com/s/IYNlgAmMQepQ8F_L9OVJAw.

[3] 罗培新.遏制公权与保护私益：社会信用立法论略［J］.政法论坛，2018，36（6）：170-180.

技术，那么数据安全治理始终具有滞后性。当下数据安全问题的起始点往往是过分追求商业利益而罔顾公共利益，立法必须遏止这种错误价值取向，树立正确的数据安全法律观，划定数据收集和数据使用的底线。

从信用的视角审慎数据安全法律规制，应当回归信用的社会性，注重立法价值对社会秩序的影响，即对公共利益的保护。信用法律制度本身就有通过法律强化道德实施之义，而数据安全与信用相结合就意味着在数据安全领域要求各方主体恪守诚信，规范行为，形成良好的产业秩序。

（三）信用视角下数据安全规制的原则

1. 诚实信用原则

以信用为切入点的数据安全法律规制当然以诚实信用原则为首要原则。诚实信用原则要求人们在民事活动中应当讲诚实、守信用，正当行使权利和履行义务，是一种具有道德内涵的法律规范。诚信原则调整数据流动的每个阶段，规制数据活动中的每个主体。

2. 公平正义原则

当事人在民事活动中应以社会正义、公平的观念指导自身行为。数据安全立法应平衡各方面的利益，实现法价值上对公平正义的追求；执法应避免受掌握大量数据的商业巨头影响，保证执法公平；司法应严格正确适用数据治理法律，成为社会正义的坚固防线。

3. 安全可控原则

数据安全本质上是一种合理控制下的安全，不是通过极其严格的规则限制分享而实现的，而是通过建立用于控制风险、规范交易的体系来实现的，其价值取向不是拒绝而是规范数据分享。[①] 安全可控原则的终极目标是维护国家经济安全，其实现有赖于信用系统的运行。

4. 目的明确原则

国家机关对数据信息的收集、运用和处理要符合公法规定的特定需

---

① 缪文升.人工智能时代个人信息数据安全问题的法律规制［J］.广西社会科学，2018（9）:101-106.

要，商业机构收集信息前应确定特定目的并报有关部门同意。针对个人信息，相关主体在收集、使用时必须明示目的，且要求明确的授权，保护信息主体的合理期待，确保其权利不受侵犯。[①] 可见，目的明确原则与数据主体的"知情权"[②] 紧密相连。此外，数据活动的目的也不能违背公共秩序。

5. 权责清晰原则

权责清晰有两方面的含义：一是保障数据使用者权利与义务的一致性，二是侵权救济中妥当地划分相关主体的责任。在数据的使用中，数据使用者处于强势地位，应该对数据拥有者因数据安全问题所遭受的损失负有主要责任。同时，为了构建公平竞争秩序、保护参与原则下的相关主体的数据权，信用机制可以明确权责一致的评价标准，从而引导相关主体规范自身行为。

五、信用视角下数据安全体系的建立

（一）数据安全规制模式的确定

传统立法更多倾向于保护人们内心确认的社会秩序，即"确认模式"；而在技术手段不断革新的背景下，立法必须具有一定的前瞻性和预测性，进行"路径选择模式"的立法。"路径选择模式"实际上是通过制度规定来引领技术发展的方向，跳出了"以技术规制技术"的固有思路，但难度较高，必须在厘清抽象价值取向的基础上审慎进行制度设计，通过法价值的确认防止立法被技术所规避。

此外，立法模式也应该从"控制模式"逐步向"控制谦抑模式"演进，这是数据的性质所决定的。为保护现实生活中的个人信息、知识产权和企业数据财产，应当建立更适当的使用与分享秩序，而非严格控制数据

---

① 宁立志，傅显扬. 论数据的法律规制模式选择［J］. 知识产权，2019（12）：27-35.

② 田野. 大数据时代知情同意原则的困境与出路：以生物资料库的个人信息保护为例［J］. 法制与社会发展，2018（6）：111-136.

的收集和使用。但是对控制模式的反思不意味着直接走向"自由模式"，完全将数据安全规制问题置于商业市场运作之下显然失当，立法者需要对政府行为进行指引，使之在数据治理中保持谦抑，尊重数据流通的基本内涵，培育规范的数据使用、数据流转市场秩序。同时，应发挥市场主体作用，建立全生命周期管理体制，实现全社会数据的开放共享。

（二）以信用为核心建立数据安全规制体系

因数据安全问题所涉法律规范必然范围广泛、内容丰富，基于此，宜采用基本法与特殊法相互结合、相互补益的立法模式。① 具体而言，个人信息数据安全的保护以民法为基础，同时制定专门法律，即规定特定领域的个人信息数据安全保护法律；而商业数据安全的保护则以行政法为基础，运用行政机构职能进行管理。关于理想的数据安全法律规范体系，如图 1 所示。

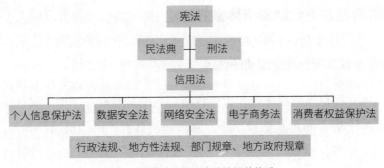

图 1 理想的数据安全法律规范体系

在这一体系中，各个层级的规范在数据安全治理中发挥着不同的作用：

第一是宪法。宪法的理念贯穿于我国各级法律规范之中，合宪性是数据安全法律规范体系有效的首要前提。

第二是民法典和刑法。民法典确立了个人信息的受保护地位，体现了

---

① 缪文升.人工智能时代个人信息数据安全问题的法律规制［J］.广西社会科学，2018（9）：105.

数据安全的私权利属性；刑法中的"侵犯公民个人信息罪"能够有效防止恶性的数据安全事件，体现了数据安全的社会属性。

第三是信用法律规范。我国正在加快社会信用法的立法进程，该法将对信用的内涵作出准确界定，并从工具的视角对信用使用进行规范，在数据安全法律规范体系中将发挥承上启下的作用，一方面承接民法之根本理念——诚实信用，并进行具体规则化；另一方面可服务于《中华人民共和国个人信息保护法》（以下简称《个人信息保护法》）等具体法律法规，体现其工具价值性。

第四是专门法与相关法。《个人信息保护法》《数据安全法》是用于保护个人信息、规范数据安全的专门法，但在此基础上仍需全面配套的包含数据安全条款的相关法律，诸如《网络安全法》《中华人民共和国电子商务法》《中华人民共和国消费者权益保护法》等，[①] 其中既涉及私法领域，也涉及公法领域。

第五是法规和规章。在狭义的法律之外，相关行政法规、地方性法规和部门规章、地方政府规章也在数据安全问题上发挥着重要作用。如国家互联网信息办公室公布并自 2020 年起施行的《网络信息内容生态治理规定》。

在这一体系中，信用法是数据安全法律规范体系的核心。我国数据安全的立法不够成熟，规范性文件少且效力层级低，相关条文散见于不同法律文件之中，且各自规制的对象、范围皆有差异。因此，必须实现相关规则的融合，理顺不同执法部门之间的分工合作关系，信用法律制度有助于实现指引和统一。举例而言，《网络安全法》规定了网络运营者的数据安全保障义务，并对数据盗窃等行为进行了初步评价，针对敏感数据的跨境转移作了限制性规定。该法虽然体现了规则的融合，但仍旧是事后惩戒，其法律评价皆是负面的，可操作性也有待商榷。若能与信用体系相联系，依托信用体系的运行对事前、事中、事后的行为都产生约束力，其运行效

---

① 尤一炜，冯群星，李玲.《个人信息保护法》还未出台，目前哪些法律在保护你的个人信息［N/OL］.南方都市报，2019-03-05［2020-09-17］. https://m.sohu.com/a/299086801_161795/?_trans_=010005_pcwzywxewmsm.

果可能更佳。

数据安全问题是很多问题的抽象，因此数据安全法律体系相应地具有层级性和综合性。从层级化的角度来看，信用法在数据法律规制中起到承上启下的作用，在专门法律和民事基本法律之间搭建了桥梁；从综合角度来说，信用法律制度和信用体系为规则融合奠定了基础，也为融合规则的实施提供了基本工具。

（三）以数据主体的信用为重点进行制度建设

数据主体指的是与数据相关的权利和义务的承担者，是数据安全的核心，数据权利的确认与归属直接指向数据主体。

1. 完善对数据主体权益的保护

数据主体的行为应当成为信用评价的基础之一。在构建隐私权保护制度方面，我国可建立以信用为依托的监管机制，通过信用监管对数据主体的权益进行充分保护，在此基础上畅通救济机制，合理规制征信机构的相关业务，全面保护数据主体的信息隐私权。

2. 增加数据主体失信的法律责任

应要求数据主体保证信用信息真实、准确，不得制造、提供虚假信用信息。《数据安全法》明确规定公权力机关收集数据以及委托他人收集数据时应恪尽安全义务。为落实《国务院关于建立完善守信联合激励和失信联合惩戒制度加快推进社会诚信建设的指导意见》（国发〔2016〕33号）中"健全约束和惩戒失信行为机制"部分的要求，第一，应明确规定对失信数据主体的惩罚措施。将数据的真实性纳入信用评价的范围，数据收集机构应当及时通知失信数据主体，督促其限期改正，未能在规定期限内改正的，根据失信行为的程度采取降低信用评价水平、限制其获得相应服务的惩罚措施。第二，应强化失信信息的联通共享机制。数据主体一旦评价降低，应当通过失信信息共享渠道进行传递，形成全面有效的约束。

（四）以信用为基础引入"契约式监管"

在数据安全问题上，公权力机关的地位和职能较为模糊。首先，我国不存在专门的管理数据信息的行政部门，几乎每个行政部门都有相关领域数据管理的权限；其次，数据安全问题在不同的领域具体化为不同的问题，很难抽象化统一解决。这两方面的矛盾相结合，导致传统的行政管理在对数据安全问题的规制上表现不力，管理效果不尽如人意。

对此，可以引入一种新的"契约式管理"理念。契约式管理是指管理者与被管理者平等地签订契约，约定管理事项的基本内容，按照约定的时间和范围进行管理。"契约精神具有信用本质要求，信用是缔约者的义务和责任。"① 这并不意味着行政机关的公权力不复存在，而是其作为管理者进行自我限制，实质上是管理方式的优化和公权力行使方式的创新。契约式管理有以下优点：一是通过肯定被管理者的地位，激发其积极性和自主权；二是实现管理内容的适当化，有利于更好地实现管理目标；三是在追责程序上更完善和多元化。同时，契约也对被管理者形成约束，其一旦无法完成约定，既可能受到传统的行政制裁，也可能受到违约惩罚。

契约式管理的运行是依托信用体系进行的，监管者和被监管者依据信用情况彼此选择，签订"契约"。契约式管理的本质，是行政主体选用的信用工具的一种演变。"政府规制中的信用工具，是行政主体对行政相对人的公共信用信息进行记录归集、评价分类、共享公开，并据此实施分类监管和联合奖惩的新型规制工具。信用工具能够有效整合多元治理主体和多元监管工具，为公民创造更多可利用的信息选择，是确保行政义务履行制度的新发展。"② 具体到数据安全领域的契约式监管，建立数据使用主体的信用评级系统，将丧失签订契约地位作为失信惩戒机制的一部分，从而建立起一种高效的监管体制，使数据的流动中各方主体都能恪守诚信，从而保证数据的安全性，是数据安全秩序的新范式。

---

① 罗云.论契约精神与中国现代信用社会［J］.经济与社会发展，2015，13（3）：86.
② 王瑞雪.政府规制中的信用工具研究［J］.中国法学，2017（4）：158.

六、结语

数据安全保护并不等于数据控制。当前数据安全制度建设以个人数据保护为起始点，以隐私权保障为核心。但随着大数据时代的到来，在国家网络安全战略之下，数据安全问题已经不仅关涉私权利，还与公共利益紧密联系。为切实解决我国数据安全问题，应当从我国现有法律框架中寻找新的规制路径和模式。

信用信息与数据具有本质上的一致性，信用与数据安全相互联系又相互作用。

信用作为一种特殊的数据，能够为数据安全法律规制提供新的思维路径。信用法律体系全方位覆盖"政府、市场、社会、司法"领域，名义上是为了提高诚信，实际兼具加强法律实施之意。[①] 我国初步建立起的信用法律体系在价值取向、立法目的、实施方式和预期效果等方面与数据安全存在契合点，对于数据安全的作用力是全流程的，通过事前、事中、事后的信用信息收集，借由信用评价形成一种激励机制，促使相关主体审慎行为，促进整体安全。

信用视角下数据安全的立法，以有序的信用运行体系为基础，以明确的数据安全规制体系为目标。一切法律对策的出发点都是以信用的视角对现实情况进行分析，制度设计的落脚点在于妥善平衡各方利益，注重数据开放效率与安全的平衡。[②] 应参照基本原则进行具体制度设计，探索设计以数据主体为重点的制度，同时引入"契约式管理"理念，构建我国数据安全的信用法律规制体系。

---

① 沈岿. 社会信用体系建设的法治之道 [J]. 中国法学, 2019 (5): 25.

② 刘权. 政府数据开放的立法路径 [J]. 暨南学报 (哲学社会科学版), 2021 (1): 92–102.

企业数据权益保护视角下的数据合规挑战与应对

谷海燕

作者简介

谷海燕，新浪集团法务部总经理，负责集团整体法律事务，为上市、私有化、投资并购等非诉项目提供法律支持的同时，累计处理境内外争议逾万件，多案构成新型数据权益保护首案，具有境外司法机构取得数亿胜诉裁决之经验。在数据合规、数据出境及个人信息保护等领域均有深入研究，多次发表相关主题演讲及论著。现任联合国国际贸易法委员会国际专家顾问委员会委员、中国法学会等多家专业团体的常务理事；任中国国际经济贸易仲裁委员会及北京仲裁委员会等机构仲裁员。

大数据时代背景下，数字经济新产业、新业态和新模式催生了众多类型的海量数据，并且随着数据产业的不断变革以及数字经济的蓬勃发展，数据的价值越发凸显。如何处理在数字经济发展过程中产生的数据权益分配问题，已成为促进新质生产力发展和发挥数据要素乘数效应题中应有之义。

《中共中央 国务院关于构建数据基础制度更好发挥数据要素作用的意见》中将数据分为公共数据、企业数据与个人数据，进一步肯定了数据按贡献参与分配的原则，要求"扩大数据要素市场化配置范围"；在初次分配阶段，按照"谁投入、谁贡献、谁受益"原则，推动数据要素收益向数据价值和使用价值创造者合理倾斜。[①] 可见，企业数据在数字经济发展大

---

① 中共中央 国务院关于构建数据基础制度更好发挥数据要素作用的意见 [N].人民日报，2022-12-20（1）.

潮中起到了中流砥柱的作用，企业数据权益保护问题是数字经济时代不可避免的问题。当前，我国立法未明确将企业数据权益产权化，其法律保护路径多是由司法实践就个案进行保护。因此，探索如何在合规框架下有效保护企业数据权益，已成为一个亟待解决的重要实务问题。

本文从企业数据权益保护的角度出发，探讨了大数据时代下企业数据合规的挑战与应对策略。随着数字经济高质量发展需求深化，企业数据的独立价值和特殊利益形态日益凸显，但企业数据权益保护面临权利化困境，缺乏精细化的立法管理。为此，实践中，各界纷纷探索企业数据权益保护的有效路径，逐渐形成商业秘密保护、竞争法保护和刑法保护三种模式。以上共识判断在承认和维护企业数据权益中发挥了积极作用，但企业在数据质量、数据安全、数据竞争和数据交易四个方面仍面临着挑战。为应对这些挑战，企业应当建立与完善内部数据合规治理模式，包括提高数据质量治理水平、完善数据安全保障措施、重视数据管理和密切关注司法动态、开展数据交易全流程合规管理等。

一、企业数据权益保护现状

大数据时代下，企业数据样态发生了根本性的转变，即从自行收集创建的数据库里的"小数据"转变为包含用户提交的网页数据、平台生成的个人数据等海量数据的"大数据"。企业在生产经营过程中收集的数据产生于私人投资行为，同时与个人信息又有着千丝万缕的联系，企业数据的权属和利用规则呈现出一定的复杂性。针对企业数据保护，《中华人民共和国民法典》（以下简称《民法典》）虽然将数据纳入了保护范畴，但并没有作出更进一步的精细化规定，《中华人民共和国数据安全法》（以下简称

《数据安全法》）也仅规定了国家保护与数据有关的权益。[①]而数字经济发展对数据共享的要求以及大数据本身的特点导致了企业数据的权利化保护路径遇到了现实困境。

这主要是因为：一是大量的企业数据系企业日常生产经营活动的副产品。如对于获取大量数据的互联网企业而言，与数据相关的经营活动并非其主要营业活动，就微博来说，其主要定位是"分享简短实时信息的广播式社交媒体"，数据是日常生产经营活动额外获得的副产品。也就是说，虽然企业为收集数据以及分析利用原始数据付出了一定投入，但是这种投入不足以使数据成为排他性极强的财产性权利。二是难以确定企业数据的权利主体。对企业数据设置权利保护，最重要的是要明确权利主体。但是因为大数据的生成牵涉多方主体贡献，所以通过立法的手段去进行权利分配实属不易。同时，确定权利主体还需要充分考虑数据经济中高度多样化部门的大量潜在利益相关者的利益，因此界定权利主体的基本权利和具体权利也是个非常大的挑战。三是数据权利化与数据共享需求相悖。现实中，数据具有非排他性和非竞争性，大部分数据是可以实现多方共享的，且数据价值因使用者不同而产生价值差别。企业数据的权利化保护极大可能导致数据价值的锁定，形成数据垄断趋势，导致增值数据产品和数据服务难以进入市场，产品或服务价格变得愈发昂贵，从而损害消费者利益和整个营商环境。在企业数据的权利化保护路径受阻的背景之下，对企业数据权益的保护，只可在现有的法律框架之内运行。

当前，我国企业数据权益法律保护模式主要有以下三类：一是商业秘密保护模式。有学者认为，企业收集的与经营活动有关的数据集合，通常都落入商业秘密法上的"经营信息"范围，应当回到现有的商业秘密保护

---

①《民法典》第127条规定，法律对数据、网络虚拟财产的保护有规定的，依照其规定。该条文是对数据和网络虚拟财产的原则性规定，奠定了数据权益保护的法律基础。《数据安全法》第7条规定，国家保护个人、组织与数据有关的权益，鼓励数据依法合理有效利用，保障数据依法有序自由流动，促进以数据为关键要素的数字经济发展。该条文同样为数据权益保护提供了法律依据。

法加可能的公开数据特殊保护立法的思路，对企业数据产权加以保护。①
企业数据要获得商业秘密保护，需要满足不同法律的不同需求。如反不正
当竞争法要求企业数据必须满足非公开、具有商业价值、采取保密措施的
要求等；劳动法和公司法要求企业数据的商业秘密保护只限定于特定主
体，或者以合同关系存在为前提等；刑法对企业数据商业秘密的保护还需
要满足使"权利人造成重大损失"这一结果要件。二是竞争法保护模式。
该模式可以有效地确定法律的依据和损害的范围，因此通过竞争法保护企
业数据目前成为企业首选项。②在关于企业涉数据利用行为的司法纠纷中，
我国各级法院已经摸索并初步建立相对完善的识别和规则体系，即通过竞
争法保护模式对企业公开或半公开数据提供保护。目前，互联网企业的数
据争议案例多涉及数据爬虫，即一个互联网企业平台通过数据爬虫抓取位
于另一互联网企业平台的数据。在这些案件中，法院最终都以反不正当竞
争法来对案件进行判决。相比商业秘密保护，竞争法保护延展了企业数据
的保护范围。竞争法除了把商业秘密所无法保护的公开或半公开的企业数
据纳入可能的保护范围，还把一些商业价值尚不确定，甚至数据权属并不
明确的企业数据也纳入可能的保护范围。三是刑法保护模式。除了商业秘
密与竞争法，现有法律还提供了对企业数据的刑法保护模式。自非法获取
计算机信息系统数据罪确立以来，已经有很多案例采用这一罪名对相关行
为进行定罪。相关案例多涉及个人信息、网络虚拟财产、知识产权犯罪等
方面。

除上述保护模式外，当前亦有学者认为现行法律制度都不足以实现对
企业数据的全面保护，故而应当确立企业对其数据享有一种独立的、新型
的财产权，即企业数据权益。在承认企业对其生产和处理的数据享有正当
权益的基础上，正视企业数据权益的排他性。③

---

① 崔国斌.新酒入旧瓶：企业数据保护的商业秘密路径［J］.政治与法律，2003（11）：23.

② 梅夏英.企业数据权益原论：从财产到控制［J］.中外法学，2021（5）：1205.

③ 程啸.企业数据权益论［J］.中国海商法研究，2024（1）：50.

二、现实场域下面临的实务挑战

从当前立法趋势和司法实践来看，在未来相当长的一段时间内，立法可能不会界定数据的绝对权利及其归属，而是延续运用传统的企业数据权益保护模式。在数据合规中的"规"无法提供精准化管理指导的前提下，在发展数字经济的大浪潮中，企业亟须加强对企业数据保护的重视程度，与此同时，提高企业的数据合规治理与开发利用能力。当前，企业数据合规主要面临以下四个方面的挑战：

第一，在数据质量方面，提高数据质量与保障数据合规需要全局性思维。在数据合规治理的过程中，企业不仅需要提高数据管理技术与水平，还需要关注数据的质量问题。企业数据质量往往代表了企业的核心竞争力，高质量的数据是企业数据得到切实保护的前提条件，也是实现其数字竞争战略目标的关键要素。企业掌握的数据质量越低，企业数据保护的必要性会大大降低，企业依据数据进行研判的准确性及权威性也会大打折扣，进而危及其在数据市场中的生存地位。因此，如何在高效处理大量且冗杂的数据的同时保证数据的质量，是企业数据合规需要面对的一大挑战。

第二，在数据安全方面，企业面临的风险依旧严峻。虽然各国都在加强对关键信息基础设施的保护力度，企业也在不断升级网络防御机制，但黑客技术也在随着科技的进步而发展，数据泄露的风险依旧相当严峻。如全球最大图片服务公司快飞影像（Shutterfly）被勒索软件威胁支付赎金，否则公开其盗取的数据，这些数据包括银行和商家账户信息、公司服务的登录凭据、电子表格，以及用户私密信息等。此前，推特也因安全漏洞被黑客入侵，共计 540 万个账户的联系方式、位置信息、个人资料等数据被泄露。此类事件的出现，对企业来说是致命的。然而，加强对数据安全的保障，不仅需要提高数据加密技术，还需要加强对网络安全、网络基础设施等层面的保护力度。因此，企业是否有能力制定相对科学的跨部门、可合作的系统性数据合规治理措施，有效加强部门之间的联动及响应速度，及时升级防御技术，最大限度降低相关风险，是相关企业需要面临的又一挑战。

第三，在数据竞争方面，涉数据的企业经营行为的司法评价尚不统一，需要企业在具体的数据合规管理工作中避免相关争议的发生。近年来，以嗨 Q 实验室公司诉领英公司案（hiQ Labs，Inc. v. LinkedIn Corporation）[①] 为代表的平台间数据竞争纠纷频发，引发境内外各界对数据竞争行为的正当性边界的思考。在此背景下，我国在 2021 年《中华人民共和国个人信息保护法》（以下简称《个人信息保护法》）第 45 条规定了个人信息"数据可携带权"，全国网络安全标准化技术委员会发布《信息安全技术 基于个人请求的个人信息转移要求（征求意见稿）》等配套规范，旨在保护数据持有企业利益的基础上，增加数据流通利用的途径，并试图助力澄清数据归属。但是，立法未对数据携带权的义务主体和实施条件作出进一步的细化规定。总的来看，平台间数据相关竞争的正当性边界仍需在司法评价中进一步明确。中国司法评价平台间数据之争的考量因素主要包括数据权属、来源合法性、抓取行为的正当性，最终会从平台经营者、消费者和社会公共利益"三元叠加"的基础上进行综合判断。但必须注意的是，随着科技发展、行业演变以及司法政策的调整等，很多涉及数据的企业经营行为可能在不同时期或不同领域呈现出截然不同的司法评价，也就是说此类案件审判经验和标准仍然存在不确定性，对平台方来讲，在日常生产经营活动中开展数据竞争合规工作呈现出一定的急迫性。

第四，在数据交易方面，数据确权等基础性问题尚待解决，数据交易的法律风险具有不确定性。数据作为生产要素，一方面需要在流动与使用中最大化其资源价值，另一方面意味着其作为商品进行交易是数字经济的必然结果。数据交易的复杂性在于，基于数据非竞争性与非排他性、价值不确定性等特征，其不仅涉及数据确权、收益分配等基础性问题，还与数据安全、网络安全、个人信息等新型数字权益密切相关。从当前数据交易活动的具体情况来看，已有政策性文件与法律规定更多地停留在倡导层面，从事数据交易的企业面临的法律风险具有模糊性和不确定性。在此背

---

① hiQ Labs，Inc. v. LinkedIn Corporation，No. 17–16783，D. C. No. 3：17–cv–03301–EMC（9th Cir. April 18，2022）.

景下，对企业建立内部数据交易合规制度体系提出了较高的要求。

三、数据合规的具体建议

为应对企业数据权益保护对企业数据合规提出的挑战，建立与完善企业数据合规治理模式，企业一方面需要修炼自身内功，另一方面需要把握数字经济发展规律、技术发展进程、行业最新动态。具体提出如下四个针对性建议：

第一，在数据质量方面，把控数据质量，提高数据合规治理水平。建议企业根据自身实际情况，以破解当前企业数据合规治理难题为着力点，提高现有数据质量，改善当前数据治理水平。首先，加强事前筛选机制建设，搭建先进的算法模型对数据进行初步筛选和管理，避免出现数据冗杂、信息重复等问题。其次，审查数据源头，保证数据来源的合法性与可靠性，建立内部数据审核流程，加大对数据安全的保障力度，按照分类分级的管理方法，定期开展数据安全评估，形成全数据处理流程的可追踪、可溯源。最后，强化事后监管，及时采取有效的救济措施对数据瑕疵进行修正，并形成定期的监管报告，通过"回头看"等方法，进一步认识到数据合规治理过程中的缺陷与不足。只有建立以制度为基础，以动态调整为主线的数据合规治理流程，企业数据才能从源头开始得到保护，企业数据才能适应时代的需求，发挥出应有的价值。

第二，在数据安全方面，不断完善数据安全保障措施，建立动态防御机制。网络漏洞是层出不穷的，也没有一劳永逸的防御措施，那么数据安全保障机制的建设也应当是全局性的动态过程。因此，首先，企业需建立网络安全防御机制台账，保障供应链安全与产品技术的先进性和适用性。其次，建立并完善数据分类分级保护措施，对核心数据、重要数据建立严格保护机制，动态调整企业数据分类分级。最后，加强对产品漏洞、网络安全漏洞的识别与跟踪，及时升级数据保护相关技术，增强防御措施的灵活性与稳定性，以使数据安全保障机制在稳定运行中，亦能够应对突发风险。

第三，在数据竞争方面，重视内部权限、外部商业合作伙伴以及用户数据管理，并对司法动态给予密切关注。首先，以数据为核心竞争力的企业，应当注重内部数据合规体系的建设，对数据进行分级管理，针对不同的岗位和职级设置不同数据权限，对业务数据的调取形成可追溯的流程化管理。其次，针对数据供应商、外包服务商等商业合作伙伴，建立白名单和准入制度，在业务合同中设置数据保护条款，通过全方位立体的保障性措施，最大限度维护企业数据的安全性。再次，企业抓取第三方开放数据应注意用户授权、平台授权，应审慎考虑是否与其存在竞争关系并遵循"最少、必要"原则，不应超过必要限度，不应对竞争秩序造成破坏。如果希望数据权益专属，建议尽量在用户协议中与用户进行明确约定，同时注重数据反垄断合规体系建设。最后，通过处理涉数据经营行为纠纷的司法实践指引数据竞争合规工作，组织相关工作人员长期、动态关注相关领域的审判实践。

第四，在数据交易方面，开展数据交易全流程合规管理。首先，事前就数据资源进行分层、分类和必要的权益剥离，并在数据本身、数据来源等方面分别进行合规评估，如遵循"可用不可见"等原则对数据中涉及用户个人信息的部分进行识别性的处理，避免在数据交易过程中出现侵犯公民个人信息合法权益的情形。其次，数据提供方须明确其权益类型、数据用途及定价标准等，并可参照《可信数据服务数据交易合同示范文本》等开展数据交易行为。再次，建立适合企业技术特征、市场定位的商业模式。企业处于数据流通的不同环节，合规成本和风险侧重点是不同的，由此配置的数据合规文件也会有所不同。企业需要在推出产品以前，即对数据合规问题进行预先评估，否则在商业模式成熟、市场客户稳定以后再进行数据合规的整改，不仅成本高昂，企业也可能因为合规的缺陷直接丧失持续经营能力。最后，建立起数据交付的安全保障机制，在通过第三方机构进行交付时，需要事前建立起对第三方机构的资质审查、处理行为监控和责任分配制度。

四、结语

数据的流动性和商业属性，让数据不仅成为企业运营的重要资源，也成为企业创新和竞争优势的关键所在，逐渐演变成一种新型财富。在竞争与合作的过程中，如何划分数据权益的边界、确定数据权益归属，是企业数据合规的一个基础性问题，也是企业数据权益保护必须解决的问题。在此基础上又衍生出数据权益与商业价值的平衡问题，即如何在保护数据权益的同时，充分发挥数据的商业价值，共同组成企业数据合规工作的重要部分。就数据权益的边界和归属问题而言，平台合法收集并深度加工后的数据，应当由平台企业享有数据权益，已在当前的司法实践中形成共识；但对未经平台深度加工的公开数据权益边界问题，未形成较为一致的适用规则，不同个案中认定标准存在差异。对此，在加快形成统一裁判规则背景下，应综合考量企业对数据利益投入的价值贡献，准确界定企业数据利益归属及其权利边界。同时，企业还需积极响应数据要素市场发展要求，以创新为引擎驱动新质生产力发展。新质生产力的要素范畴在对传统生产要素质量升级的基础上提出了更高要求，即如何在生产、流通、消费、分配等社会生产过程中嵌入以数据要素为代表的新生产要素，在场景中发挥数据要素乘数效应，催生新质生产力涌现。对此，企业需要及早布局，设置护城河和防火墙，通过商业模式设计、内部制度建设、外部协议安排等多种方式，抢占数据高地，方能在大数据时代保持竞争优势，最大限度实现信息交互过程中的商业价值。

数据要素时代商业数据保护的
路径选择及规则构建

苏志甫

作者简介

　　苏志甫，汇仲律师事务所上海办公室高级顾问、知识产权争议解决团队负责人。兼任中国版权协会常务理事、中华商标协会专家顾问，并任中国政法大学无形资产管理研究中心研究员及中国传媒大学、北京化工大学研究生导师。专注知识产权争议解决领域近 20 年，曾任北京市高级人民法院知识产权庭法官、审判长，办理知识产权案件约 6000 件，其中新类型、重大疑难复杂案件数百件，经办案件多次入选中国法院年度十大知识产权案件及北京法院年度十大知识产权案件。

　　在数字经济时代，数据作为基础且重要的生产要素，其生产、获取、存储、分析与利用对于社会各行业而言有着更加重要的地位。2020 年 3 月 30 日，中共中央、国务院发布《中共中央 国务院关于构建更加完善的要素市场化配置体制机制的意见》，① 首次将数据与土地、劳动力、资本与技术并列为要素市场配置中的五大要素，提出要加快培育数据要素市场。2021 年 12 月 12 日，国务院发布《"十四五"数字经济发展规划》（国发〔2021〕29 号）② 指出，数字经济是以数据资源为关键要素的新经济形态，数据要

---

① 中共中央，国务院 . 中共中央 国务院关于构建更加完善的要素市场化配置体制机制的意见［Z/OL］.（2020–03–30）［2022–05–13］. http：//www. gov. cn/gongbao/content/2020/content_5503537. htm.

② 国务院 . "十四五" 数字经济发展规划［Z/OL］.（2021–12–12）［2022–05–13］. http：//www. gov. cn/zhengce/content/2022–01/12/content_5667817. htm.

素是数字经济深化发展的核心引擎。在制度层面上，2020 年 5 月 28 日公布的《中华人民共和国民法典》（以下简称《民法典》）第 127 条将"数据"规定在民事权利一章并作出原则性规定，为后续的立法和讨论提供了空间。2021 年 6 月 10 日出台的《中华人民共和国数据安全法》（以下简称《数据安全法》）对数据处理、数据安全和数据的开发和利用等进行了细化规定。其中第 7 条规定，鼓励数据依法合理有效利用，保障数据依法有序自由流动，促进以数据为关键要素的数字经济发展。此外，《中华人民共和国个人信息保护法》（以下简称《个人信息保护法》）等相关法律规定对数据的获取和利用以及个人信息保护等相关问题进行了规定。但目前涉及数据的法律法规主要集中在数据获取、开发和利用等方面，有关数据保护的法律法规依然缺位。

在实践层面上，随着数据作为生产要素的价值不断凸显，具有商业应用价值的数据成为各类市场主体获取竞争优势的重要资源，企业之间对商业数据资源的争夺愈发激烈，使近年来商业数据权益保护相关的纠纷案件呈现逐年增长态势。由于立法的缺失，学术界和实务界对商业数据保护问题存在不同观点。在司法实践中，法院对商业数据权益保护相关纠纷案件的处理，仍处在通过个案审理、逐渐探索明晰裁判规则阶段。值得注意的是，2021 年 8 月 18 日，最高人民法院公布的《最高人民法院关于适用〈中华人民共和国反不正当竞争法〉若干问题的解释（征求意见稿）》（以下简称《反法司法解释征求意见稿》）尝试对数据保护规则作出规定（以下简称数据专门条款），[①] 但 2022 年 3 月 16 日正式公布的《最高人民法院关于适用〈中华人民共和国反不正当竞争法〉若干问题的解释》（以下简称新《反不正当竞争法司法解释》）最终删除了上述条款，表明数据保护规

---

① 《最高人民法院关于适用〈中华人民共和国反不正当竞争法〉若干问题的解释（征求意见稿）》第 26 条规定："经营者违背诚实信用原则和商业道德，擅自使用其他经营者征得用户同意、依法收集且具有商业价值的数据，并足以实质性替代其他经营者提供的相关产品或服务，损害公平竞争的市场秩序的，人民法院可以依照反不正当竞争法第十二条第二款第四项予以认定。经营者征得用户同意，合法、适度使用其他经营者控制的数据，且无证据证明使用行为可能损害公平竞争的市场秩序和消费者合法权益，控制该数据的经营者主张属于反不正当竞争法第十二条第二款第四项规定的行为的，人民法院一般不予支持。"

则的构建仍存在诸多争议。基于上述原因，本文尝试在梳理近年来涉商业数据纠纷典型案例的基础上，厘清相关裁判规则，研究分析商业数据保护规则构建的思路与共识，以期归纳出商业数据保护的可行性路径，为进一步探明商业数据保护规则提供借鉴。

一、商业数据的法律属性及正当性基础

对商业数据保护路径以及相关规则的探讨，有必要先从明确商业数据的概念、分类及其保护的正当性基础入手，下文分别进行阐述。

（一）商业数据的概念

在谈论"数据"的概念时，多数定义会利用"信息"一词对"数据"进行内涵阐释，这是因为在互联网时代，"数据"和"信息"是一对相辅相成的概念，"数据"概念及其法律属性的明晰，离不开对"信息"概念的援引。如《数据安全法》第 3 条规定，数据是指任何以电子或者其他方式对信息的记录。尽管在大多数情况下，"数据"和"信息"的混用在法律上并不会引起理解上的偏差，也不具有严格区分的必要，但"数据"和"信息"实际上是两个不同概念，两者的关系更多的是本体和载体的关系，即"信息"往往是本体，而"数据"往往是载体。①《数据安全法》对数据的定义实际上也区分了"数据"和"信息"的关系，即"数据"是对"信息"的记录，而非等同于"信息"本身。

在明确数据概念的基础上，商业数据与非商业数据主要是从数据持有主体和应用场景的角度对数据进行再分类。通常而言，根据数据持有主体的不同，数据可以分为政府持有或尚未被任何主体持有的公共数据、由个人持有的数据以及由商业主体持有的以商业用途为主的商业数据。②从司

---

① 梅夏英.信息和数据概念区分的法律意义［J］.比较法研究，2020（6）：151-162.

② 黄婉仪.专访国家知识产权局副局长何志敏：建立产业界数据产权保护制度，促进数字经济高质量发展［N/OL］.21 世纪经济报道，2022-03-07［2022-05-13］.http：//www.21jingji.com/article/20220307/herald/67fd50e1859c6cfcda999c43c2128921.html.

法实践情况看，绝大多数数据权益纠纷案件中的数据均可以归类为商业数据。

（二）商业数据的基本分类

通常而言，当仅使用概念以界定客体仍显不足时，可以借助对客体的类型划分以补足对客体的认识。因此，要全面界定商业数据的内涵及其权益边界，梳理其基本类型是一种有效的方式。如前所述，商业数据展现出的巨大商业价值，引发了企业之间对数据资源的争夺。在涉商业数据相关纠纷案件数量逐年增长的背景下，本文选取了 13 件近年来具有代表性的典型案例（以下简称样本案例）加以分析并对涉案商业数据进行归类，目前相关案例中涉及的商业数据可以从三个维度进行分类，分别是：原始数据与衍生数据、公开数据与非公开数据以及单一数据个体与数据资源整体，如表 1 所示。

表 1　涉商业数据纠纷案例数据类型

序号	案件信息	数据类型
1	上海汉涛信息咨询有限公司与爱帮聚信（北京）科技有限公司不正当竞争纠纷案（简称大众点评诉爱帮网案）[北京市第一中级人民法院（2011）一中民终字第 7512 号民事判决书]	原始数据
2	上海汉涛信息咨询有限公司与北京百度网讯科技有限公司等不正当竞争纠纷案（简称大众点评诉百度地图案）[上海知识产权法院（2016）沪 73 民终 242 号民事判决书]	原始数据
3	北京五八信息技术有限公司与青岛韩华快讯网络传媒有限公司侵害著作权纠纷、不正当竞争纠纷案（简称奋韩网诉 58 同城网案）[北京知识产权法院（2017）京 73 民终 2102 号民事判决书]	原始数据
4	北京微梦创科网络技术有限公司与上海复娱文化传播股份有限公司不正当竞争纠纷案（简称微博诉饭友 App 案）[北京知识产权法院（2019）京 73 民终 2799 号民事判决书]	原始数据

续表

序号	案件信息	数据类型
5	北京微梦创科网络技术有限公司与北京淘友天下科技发展有限公司、北京淘友天下技术有限公司不正当竞争纠纷案（简称微博诉脉脉案）〔北京知识产权法院（2016）京 73 民终 588 号民事判决书〕	原始数据
6	腾讯科技（深圳）有限公司、深圳市腾讯计算机系统有限公司与浙江搜道网络技术有限公司、杭州聚客通科技有限公司不正当竞争纠纷案（简称腾讯诉搜道公司、聚客通公司案）〔杭州铁路运输法院（2019）浙 8601 民初 1987 号民事判决书〕	原始数据、单一数据个体、数据资源整体
7	淘宝（中国）软件有限公司与安徽美景信息科技有限公司不正当竞争纠纷案（简称淘宝诉美景案）〔浙江省杭州市中级人民法院（2018）浙 01 民终 7312 号民事判决书〕	衍生数据
8	湖南蚁坊软件股份有限公司与北京微梦创科网络技术有限公司不正当竞争纠纷案（简称微博诉蚁坊案）〔北京知识产权法院（2019）京 73 民终 3789 号民事判决书〕	公开数据、非公开数据
9	杭州阿里巴巴广告有限公司、阿里巴巴（中国）网络技术有限公司与南京码注网络科技有限公司等不正当竞争纠纷案（简称阿里巴巴诉码注公司案）〔浙江省杭州市滨江区人民法院（2019）浙 0108 民初 5049 号民事判决书〕	公开数据
10	深圳市谷米科技有限公司与武汉元光科技有限公司等不正当竞争纠纷案（简称谷米科技诉元光科技案）〔广东省深圳市中级人民法院（2017）粤 03 民初 822 号民事判决书〕	非公共数据
11	苏州朗动网络科技有限公司与重庆市蚂蚁小微小额贷款有限公司、浙江蚂蚁小微金融服务集团股份有限公司不正当竞争纠纷、商业诋毁纠纷案（简称蚂蚁金服诉企查查案）〔浙江省杭州市中级人民法院（2020）浙 01 民终 4847 号民事判决书〕	公共数据
12	北京微梦创科网络技术有限公司与云智联网络科技（北京）有限公司不正当竞争纠纷案（简称微博诉超级星饭团 App 案）〔北京海淀区人民法院（2017）京 0108 民初 24512 号民事判决书〕	公开数据、非公开数据

序号	案件信息	数据类型
13	北京微播视界科技有限公司与浙江淘宝网络有限公司、上海六界信息技术有限公司、厦门市扒块腹肌网络科技有限公司不正当竞争纠纷案（简称抖音诉小葫芦网案）[浙江省杭州市余杭区人民法院（2021）浙 0110 民初 2914 号民事判决书]	原始数据、非公开数据

1. 原始数据与衍生数据

原始数据是由企业利用大数据技术进行收集和存储的海量数据集合。单一数据承载的信息有限，海量单一数据的汇集则使其蕴含的信息内容及价值发生了质变。原始数据作为数据集合，其数据范围较广，包括用户在使用软件时主动提供的数据，如用户的身份信息、兴趣或者评论等，也包括经营者主动通过数据采集、爬取等方式收集的用户浏览访问数据以及从公开渠道获取的数据等。

衍生数据是企业基于自行收集或以其他方式获取的数据资源，经过进一步分析和加工形成的具有更高价值和分析预测能力的数据产品。在数据要素时代，数据从产生到利用是动态变化的，各个环节所承载的价值和利益在不断积累和变化。经过加工、分析、整理之后形成的衍生数据更具商业价值，在众多商业场景下，衍生数据已成为当下提升企业竞争力的重要工具或商业产品。如在淘宝诉美景案中，淘宝开发运营的一款名为"生意参谋"的零售电商数据产品，在收集巨量原始数据基础上，以特定的算法深度分析整合、脱敏处理后形成衍生数据产品，为商家网店运营提供系统的数据化参考服务。被告美景公司以提供远程登录"生意参谋"数据平台的技术服务来招揽客户，帮客户获取信息数据，并从中获利。对于涉案数据是否具有可保护性，一审法院认为，淘宝公司收集涉案数据征得了用户同意，不存在非法获取的情况，且使用数据信息的目的、方式和范围均符合相关法律规定，具有合法性；同时涉案数据是淘宝公司在收集海量数据的基础上经过深度分析处理、整合加工而成的衍生数据，属于受保护的竞争性财产权益。二审法院支持了一审法院的观点。① 该案中，法院对网络

① 浙江省杭州市中级人民法院（2018）浙 01 民终 7312 号民事判决书。

用户信息、原始数据和衍生数据进行了三元划分，确认淘宝公司对于其进一步分析加工而成的衍生数据享有受保护的竞争性财产权益，明确了衍生数据受保护的权益基础。该案对后续有关衍生数据保护案件的处理具有较强的示范效应。

2. 公开数据与非公开数据

公开数据是指可为公众公开获取的信息，如政府公开数据、商家点评数据、实时公交数据等。非公开数据是指不可为社会公众公开获取的信息，对符合商业秘密构成要件的非公开数据可以通过商业秘密进行保护。前述原始数据与衍生数据的分类方式，是根据数据的形态、产生方式及加工程度进行的区分，而公开数据与非公开数据则是根据数据的公开程度进行的划分。对数据公开与否的界定，有助于在具体案件中分析判断诉争行为的合法性。一般而言，企业持有商业数据的公开程度代表了数据权益方对数据不同的控制程度，同时也影响行为人获取数据的难度及对其获取手段正当性的判断。一般而言，相较于对公开数据的抓取和利用，行为人未经许可对他人非公开数据进行抓取、利用的，行为人对其数据获取行为及后续使用行为的正当性要承担更重的举证责任。

3. 单一数据个体与数据资源整体

除了原始数据与衍生数据、公开数据与非公开数据的分类，还存在单一数据个体与数据资源整体的分类方式。如在腾讯诉搜道公司、聚客通公司案中，法院指出，在分析原告对微信平台数据享有何种权益之前，有必要先划分涉案数据类型，即将原告主张数据权益的微信平台数据分为两种数据形态：单一数据个体和数据资源整体，网络平台方对于单一数据个体与数据资源整体所享有的是不同的数据权益。法院认为，对于单一数据个体而言，其主要表现为将微信用户提供的用户信息作了数字化记录后而形成的原始数据，而非衍生数据，因此，数据控制主体只能依附于用户信息权益，依其与用户的约定享有原始数据的有限使用权。未经许可使用他人控制的单一数据个体只要不违反"合法、正当、必要、不过度、征得用户同意"的原则，一般不应被认定为侵权行为。而对于数据资源整体而言，原告则享有竞争权益。此种分类方式是对原始数据的进一步细化，数据持有者对不同的原始数据分别享有不同的权益。

（三）商业数据保护的正当性基础

在网络技术被深度运用的数字经济时代，数据不再仅仅具有承载信息的功能，而是逐渐成为人们认知世界的工具以及商业交易的对象。在数字经济时代，商业数据所蕴含的商业价值已经鲜有争议，但对商业数据为什么值得保护却存在不同认识，因此，有必要借助一些经典理论阐释商业数据保护的正当性基础。在一些持数据赋权论的研究中，通常会借助洛克（Locke）的劳动财产理论、功利主义理论或者激励理论，论证在数据上设立财产权的正当性。本文无意讨论商业数据财产权制度的构建，但不妨将劳动财产理论和功利主义理论作为保护商业数据的理论支撑。

洛克的劳动财产理论认为，人们对于自己的身体享有所有权，人们通过其身体进行的劳动是正当属于他的，对掺进自己劳动的物可以主张享有财产权，人们当然有权利享有自己行为所带来的利益。[①] 借助这一理论视角，企业收集数据，将数据从一些无序的资源中分离出来并进行整理、加工等，往往需要投入一定的劳动，而正因为这些劳动投入，企业要求保护其在这些数据上承载的权益也就较为合理，但同时也要留有足够好的东西给其他人。功利主义则认为，不论怎样安排，只要谋求的是"最大多数人的最大幸福"，就具有合理性。[②] 易言之，功利主义理论认为法律制度的安排应当以最大限度提高社会福利作为终极目标。在数据领域，若商业数据得不到保护，便会使商业数据持有者无法确保自己持有的数据能够按照一种有秩序的方式被大家使用，即使他人以搭便车的方式完整复制了商业数据持有者苦心经营的数据产品，商业数据持有者也没有救济途径，那么最终会造成没有人愿意自掏腰包去构建一个随时会被人夺走的数据产品，数据无法被有效开发和利用，从而导致数据领域陷入"公地悲剧"的境地。经济学则多用"租值耗散理论"来解释这一现象，即在产权配置错误或者

---

① 洛克.政府论 [M].叶启芳，翟菊农，译.北京：商务印书馆，2009：17–19.
② 何永松.功利主义：特征、界限和理想之维 [J].理论月刊，2014（2）：84–87.

没有产权配置的情况下，财产的价值下降以至于完全消灭，其原因在于公地上没有产权人，所有人都只使用不维护，因此资源的所有净值被完全消耗。① 在商业数据为整个世界带来极大商业价值的情况下，若仍无视商业数据保护规则构建的必要性，则无异于眼睁睁看着"数据石油资源"被遗弃、被浪费。鉴于此，有必要承认商业数据的财产属性，在当下构建一套财产权规则尚缺乏足够的理论和实践共识，以及事前界权成本过大的情况下，本文认为可以在现有法律框架下通过先行构建一套保护规则的方式，实现对商业数据的合理保护，而不必陷入赋权思路的困境，从而搁置当下亟待解决的现实问题。正如有学者指出，财产权观念和财产权制度也是与时俱进、不断发展的，现代财产观更重视人与人之间的关系，而不限于对某个客体的绝对性支配权，这一观点契合数据保护的需要，为数据财产化提供了更有力的理论支撑。②

二、商业数据保护的既有制度选项及路径选择

目前，我国尚未在立法层面形成专门的商业数据保护机制，学术界对数据的保护模式一直存在不同观点，主要包括物权保护模式、债权保护模式、知识产权保护模式、新型权利保护模式以及事实财产保护模式等。其中，物权保护模式、债权保护模式、知识产权保护模式均是在现有法律制度框架下为商业数据寻找可能的保护路径，也有相当多的研究成果对采用上述模式保护商业数据的利弊进行分析讨论，本文在此不过多赘述。相对而言，由于数据和知识产权客体存在相似之处，知识产权保护模式在三种模式中似乎更具实操性，但采用知识产权保护模式保护数据仍存在诸多障碍，对此将在后文进行阐述。持新型权利保护模式的观点基于数据与知识产品的类似性，主张可以参照知识产权法对数据权利进行构建，用户基于其个人的信息获得数据精神权益与财产权利，而数据控制者（企业或平

---

① 谢鸿飞.《民法典》物权配置的三重视角：公地悲剧、反公地悲剧与法定义务［J］.比较法研究，2020（4）：65.
② 冯晓青.数据财产化及其法律规制的理论阐释与构建［J］.政法论丛，2021（4）：88.

台）可取得其相关数据的经营权与资产权。[①] 持事实财产保护模式的观点则从数据流通的角度考量商业数据保护模式，认为可以利用民法最基本的理论实现对数据的社会配置和利用，这实际上是一种事实财产权，即数据控制者基于事实上的合法控制即可享有数据使用权，这一进路可以实现即使现有法律并未明确数据控制者享有什么权利，数据控制者基于对数据的实际控制也能享有数据流通或许可使用的法律基础，只要法律承认和保护数据控制者对数据具有事实上的控制，那么也能够以此构建数据利用秩序。[②] 不同学术观点的差异，在一定程度上表明商业数据保护制度的构建尚欠缺足够的理论共识，因此，在现有制度框架下寻求商业数据的保护路径是当前更具现实意义的选择。

（一）商业数据保护的既有制度选项

在司法实践中，商业数据保护的既有制度选项主要有知识产权专门法保护路径和反不正当竞争法保护路径。

1. 知识产权专门法保护路径

主张利用知识产权专门法保护商业数据的观点认为商业数据与知识产权客体非常相似，本质上是一种新型的知识产权客体。有观点指出，数据产权与知识产权具有相似之处：其一，从调整对象来看，两者均以非物质形式存在，数据产权多呈现为数据库或数据产品，与知识产权客体具有相似的权利外观，两者都无法像实体财产一样确定权利内容与边界，而需借助符号来界定；其二，从制度目标上来看，两者都需要在权益保护与社会整体利益之间寻求平衡，制度目标类似。[③] 然而，除上述抽象层面的相似之处外，是否应采用知识产权专门法作为商业数据的保护路径，核心问题在于各知识产权专门法对其调整对象的保护门槛及保护机制能否满足数据

---

① 龙卫球. 数据新型财产权构建及其体系研究［J］. 政法论坛，2017，35（4）：63-77.

② 高富平. 数据流通理论：数据资源权利配置的基础［J］. 中外法学，2019，31（6）：1405-1424.

③ 秦元明. 数据产权知识产权司法保护相关法律问题研究［N/OL］. 人民法院报，2021-04-29［2022-05-15］. http://rmfyb.chinacourt.org/paper/html/2021-04/29/content_204051.htm?div=-1.

要素时代下商业数据权益的保护需求。

2. 反不正当竞争法保护路径

在现有制度选项中，商业数据还可以寻求反不正当竞争法的保护。一般认为，知识产权与反不正当竞争法存在着某种互动关系，反不正当竞争法具有对知识产权提供保护的补充功能。[①] 在知识产权领域，竞争法的作用一直以来都是为了在不断变化发展的背景下，为尚未来得及作出调整的法律关系争取调整的空间，该模式可以避开著作权模式中对独创性的判断，又可以避免对现有知识产权法律体系的突破。[②] 由于在大数据时代背景下，运用知识产权专门法保护途径保护商业数据权益存在种种局限性，使反不正当竞争法保护路径成为当事人在现有法律框架下保护商业数据权益的主要选择。在众多典型案例中，司法机关在解决商业数据权益纠纷时也倾向于援引反不正当竞争法判处案件。

（二）商业数据保护的路径选择

商业数据保护的既有制度选项主要是知识产权专门法保护路径和反不正当竞争法保护路径，但随着商业数据保护案例的不断增多，不同保护路径的优劣及其作用逐渐清晰。在大数据时代，知识产权专门法的保护路径越来越难以适应商业数据的保护需求，绝大多数案件当事人也倾向于选择以反不正当竞争法作为保护路径。从实践情况看，在知识产权专门法保护路径下，为商业数据提供保护的方式主要是汇编作品保护和商业秘密保护两种途径，但随着商业数据保护诉求的不断变化，以上两种保护途径的局限性越发凸显。

其一，汇编作品保护与商业数据保护诉求存在保护方向上的偏差。以汇编作品方式保护商业数据，需要满足的前提条件是商业数据的集合具有独创性，否则无法获得著作权法保护。然而，数据本质上是事实类信息，此点与知识产权所保护的智力成果存在区别。一方面，若商业数据不具备

---

① 吴汉东.论反不正当竞争中的知识产权问题［J］.现代法学，2013，35（1）：38.
② 郝思洋.知识产权视角下数据财产的制度选项［J］.知识产权，2019（9）：57.

独创性，则无法获得著作权法保护；另一方面，在大数据时代，商业数据的价值往往并不体现在对数据的独创性编排上，而是商业数据承载的信息本身。实践中，只有一些特定的数据库产品才可能满足著作权法关于汇编作品的独创性要求，如在济南白兔信息有限公司与佛山鼎容软件科技有限公司侵害著作权纠纷案[①] 以及 "IF 影响因子数据库案"[②] 中，法院认定在数据编排、整理上具有独创性的数据库可以作为汇编作品受到著作权法保护。但数据库产品由来已久，并非大数据时代的产物。以汇编作品保护数据库产品的模式，难以契合大数据时代下大多数商业数据的保护诉求，利用汇编作品保护商业数据在适用对象和范围上具有明显的局限性。

其二，商业秘密保护的门槛较高，难以满足商业数据保护需求。在司法实践中，存在以商业秘密方式保护商业数据的案例，如在衢州万联网络技术有限公司与周某民等侵害商业秘密纠纷案[③]、理正公司与大成华智公司等侵害技术秘密纠纷案[④] 中，法院肯定了原告网站数据库中的用户信息等数据可以作为商业秘密受到保护。但利用商业秘密保护商业数据的局限性也较为明显：一方面，这种方式仅适用于未公开的商业数据，对于大部分处于公开状态的商业数据无法提供保护；另一方面，商业秘密的保护对象必须是满足秘密性、保密性和价值性要求的商业信息，意味着商业秘密保护方式仅限于极少数承载了具体商业信息且满足"三性"要求的商业数据。商业秘密保护的高门槛以及保护对象的局限性显然无法满足大多数商业数据的保护需求。

综上，以知识产权专门法保护商业数据尽管在特定场景下具有一定可行性，但局限性非常明显。其主要原因在于，大数据时代下的商业数据保护诉求与知识产权专门法的保护客体及保护条件并不匹配，大部分商业数据难以满足相关专门法的保护要求。正如北京市朝阳区人民法院发布的《涉数字经济知识产权纠纷案件白皮书》中明确指出，简单的数据集合不

① 佛山市禅城区人民法院（2016）粤 0604 民初 1541 号民事判决书。
② 上海知识产权法院（2020）沪 73 民终 531 号民事判决书。
③ 上海市第二中级人民法院（2010）沪二中民五（知）初字第 57 号民事判决书。
④ 最高人民法院（2020）最高法知民终 1638 号民事判决书。

能在著作权法框架下进行保护，且认定数据构成商业秘密也存在困难。①

基于此，反不正当竞争法保护路径成为当前商业数据保护的主要路径。相比其他制度选项，反不正当竞争法是在现行法律框架下契合商业数据保护需求的最具现实可行性的选择。一方面，反不正当竞争法一直以来都为一些尚未有权利基础但却具有保护价值的权益提供一定的保护，为新事物的产生和发展提供了一定的弹性空间；另一方面，反不正当竞争法可以尚且搁置赋权思路面临的困境，从行为规制角度为数据领域的不正当竞争行为提供规制路径。正如有观点指出，在"赋权热"的浪潮下，盲目赋权可能会带来"反公地悲剧"与"权利乌龙"效应。为避免"权利泛化""权利乌龙"的现象出现，在商业数据保护语境下，应当秉持开放、共享的数据保护理念，不宜贸然构建支配性权利，而应给予市场主体以更多的自由空间，通过反不正当竞争法为商业数据提供合理保护是现阶段的最佳选择。②另有观点进一步指出，在数据保护方面，可以从"权利界定"转向"权益权衡"的私法进路，因为数据的事前界权成本过高，权利进路在当下难以成为数据保护的最佳方式，权益权衡模式则不再纠结于如何赋权，而是暂时悬置数据权益的争议，转而对数据竞争行为的有关事实和后果作实质性思考，利用权衡的法则实现数据保护领域的定分止争。③

三、反不正当竞争法路径下商业数据保护裁判思路解读及规则构建

反不正当竞争法作为行为规制法，在赋权路径存在多重障碍的当下，行为规制思路更契合商业数据的保护诉求。在反不正当竞争法路径下，商业数据保护规则的构建应当关注的是行为的不正当性及调整的必要性。因

---

① 佚名. 北京市朝阳区人民法院发布《涉数字经济知识产权纠纷案件审判白皮书》及典型案例［EB/OL］.（2022-03-31）［2022-05-16］. https://mp. weixin. qq. com/s/L9nQsvSD75ZMLxbDhEdl3g.

② 刘琳. 大数据时代商业数据财产权理论的勃兴与批判［J］. 华中科技大学学报（社会科学版），2022，36（2）：99-107.

③ 许可. 数据爬取的正当性及其边界［J］. 中国法学，2021（2）：168.

此，下文将从行为规制角度解读相关案件的裁判思路并归纳、总结相关规则。

（一）涉商业数据典型案例司法保护概况

前文提及，本文选取 13 件样本案例进行分析，通过对这些案例的梳理可以发现，当前商业数据纠纷案涉及的领域主要集中在互联网行业，且大多数案件援引《反不正当竞争法》寻求保护，如表 2 所示。

表 2 　样本案例案由以及法院裁判依据情况

序号	案件信息	案由	法院裁判依据
1	上海汉涛信息咨询有限公司与爱帮聚信（北京）科技有限公司不正当竞争纠纷案（简称大众点评诉爱帮网案）［北京市第一中级人民法院（2011）一中民终字第 7512 号民事判决书］	不正当竞争纠纷	《反不正当竞争法》第 2 条
2	上海汉涛信息咨询有限公司与北京百度网讯科技有限公司等不正当竞争纠纷案（简称大众点评诉百度地图案）［上海知识产权法院（2016）沪 73 民终 242 号民事判决书］	不正当竞争纠纷	《反不正当竞争法》第 2 条
3	北京五八信息技术有限公司与青岛韩华快讯网络传媒有限公司侵犯著作权纠纷、不正当竞争纠纷案（简称奋韩网诉 58 同城网案）［北京知识产权法院（2017）京 73 民终 2102 号民事判决书］	侵犯著作权纠纷、不正当竞争纠纷	《反不正当竞争法》第 2 条
4	北京微梦创科网络技术有限公司与上海复娱文化传播股份有限公司不正当竞争纠纷案（简称微博诉饭友 App 案）［北京知识产权法院（2019）京 73 民终 2799 号民事判决书］	不正当竞争纠纷	《反不正当竞争法》第 2 条、第 12 条
5	北京微梦创科网络技术有限公司与北京淘友天下科技发展有限公司、北京淘友天下技术有限公司不正当竞争纠纷案（简称微博诉脉脉案）［北京知识产权法院（2016）京 73 民终 588 号民事判决书］	不正当竞争纠纷	《反不正当竞争法》第 2 条

续表

序号	案件信息	案由	法院裁判依据
6	腾讯科技（深圳）有限公司、深圳市腾讯计算机系统有限公司与浙江搜道网络技术有限公司、杭州聚客通科技有限公司不正当竞争纠纷案（简称腾讯诉搜道公司、聚客通公司案）〔杭州铁路运输法院（2019）浙8601民初1987号民事判决书〕	不正当竞争纠纷	《反不正当竞争法》第2条、第12条
7	淘宝（中国）软件有限公司与安徽美景信息科技有限公司不正当竞争纠纷案（简称淘宝诉美景案）〔浙江省杭州市中级人民法院（2018）浙01民终7312号民事判决书〕	不正当竞争纠纷	《反不正当竞争法》第2条
8	湖南蚁坊软件股份有限公司与北京微梦创科网络技术有限公司不正当竞争纠纷案（简称微博诉蚁坊案）〔北京知识产权法院（2019）京73民终3789号民事判决书〕	不正当竞争纠纷	《反不正当竞争法》第2条、第12条
9	杭州阿里巴巴广告有限公司、阿里巴巴（中国）网络技术有限公司与南京码注网络科技有限公司等不正当竞争纠纷案（简称阿里巴巴诉码注公司案）〔浙江省杭州市滨江区人民法院（2019）浙0108民初5049号民事判决书〕	不正当竞争纠纷	《反不正当竞争法》第2条
10	深圳市谷米科技有限公司与武汉元光科技有限公司等不正当竞争纠纷案（简称谷米科技诉元光科技案）〔广东省深圳市中级人民法院（2017）粤03民初822号民事判决书〕	不正当竞争纠纷	《反不正当竞争法》第2条
11	苏州朗动网络科技有限公司与重庆市蚂蚁小微小额贷款有限公司、浙江蚂蚁小微金融服务集团股份有限公司不正当竞争纠纷、商业诋毁纠纷案（简称蚂蚁金服诉企查查案）〔浙江省杭州市中级人民法院（2020）浙01民终4847号民事判决书〕	不正当竞争纠纷、商业诋毁纠纷	《反不正当竞争法》第2条

续表

序号	案件信息	案由	法院裁判依据
12	北京微梦创科网络技术有限公司与云智联网络科技（北京）有限公司不正当竞争纠纷案（简称微博诉超级星饭团 App 案）[北京市海淀区人民法院（2017）京 0108 民初 24512 号民事判决书]	不正当竞争纠纷	《反不正当竞争法》第 12 条
13	北京微播视界科技有限公司与浙江淘宝网络有限公司、上海六界信息技术有限公司、厦门市扒块腹肌网络科技有限公司不正当竞争纠纷案（简称抖音诉小葫芦网案）[浙江省杭州市余杭区人民法院（2021）浙 0110 民初 2914 号民事判决书]	不正当竞争纠纷	《反不正当竞争法》第 12 条

由表 2 可知，以侵害著作权和不正当竞争为由寻求保护的有 1 例，占比 7.7%；以不正当竞争和商业诋毁为由寻求保护的有 1 例，占比 7.7%；仅以不正当竞争为由寻求保护的有 11 例，占比 84.6%。

在法院裁判依据方面，仅以《反不正当竞争法》第 2 条为裁判依据的共 8 例，占比 61.5%；仅以《反不正当竞争法》第 12 条作为裁判依据的共 2 例，占比 15.4%；以《反不正当竞争法》第 2 条和第 12 条为裁判依据的共 3 例，占比 23.1%。

（二）商业数据不正当竞争行为的裁判思路解读

通过对上述案例的梳理，可以发现，法院在分析涉商业数据竞争行为是否构成不正当竞争时，通常会从下述三个方面加以分析：一是主体要件，考虑双方之间是否具有竞争关系，以及数据持有者是否享有值得保护的竞争性权益；二是行为要件，针对被诉侵权人诉争行为的不正当性加以分析；三是结果要件，关注被诉行为是否损害他人应受保护的数据权益以及是否会对市场竞争秩序造成损害。而上述"三要件"的形成涉及对"一般条款"和"互联网专条"的理解与适用，同时也初步构建了商业数据不正当竞争行为的分析框架和规制思路，下文将结合相关法律规定及案例进行梳理和解读。

1. 主体要件：广义竞争关系及数据权益基础

在不正当竞争纠纷案件中，"竞争关系"的判定通常是逻辑起点，即主体之间具有竞争关系是分析不正当竞争行为的前提，若两者不具有竞争关系，则诉争行为是否具有不正当性，将不存在分析的必要。然而，随着互联网的深入发展，传统的"竞争关系"界定思路呈现出较大的局限性，司法实践中对于"竞争关系"逐渐转为从宽界定，即竞争关系不应局限于同业竞争关系，还包括存在可能的争夺交易机会、破坏他人竞争优势、破坏市场资源等关系。在大众点评与百度地图案①、优酷与奇虎案②等一系列不正当竞争纠纷案的处理均遵循了上述思路。新《反不正当竞争法司法解释》第2条同样持前述立场，首次在司法解释层面明确规定竞争关系包括存在可能的争夺交易机会、破坏他人竞争优势等关系。易言之，对于竞争关系的界定，不能以直接竞争关系为限，而应从广义竞争角度着眼，只要经营者之间的交易机会、竞争优势等现实的或潜在的商业利益存在此消彼长的或然性对应关系，就可认定其存在竞争关系。

除了主体之间竞争关系的确定，对于以不同形态呈现的商业数据，法院在分析对其是否存在提供反不正当竞争保护必要性时，通常会先行判断数据持有者是否具有值得保护的竞争性利益。实际上，在主体要件分析方面，法院在具体案件中关注的重点往往并非对竞争关系的界定，而是对数据持有者是否具有数据权益基础的分析。从商业数据相关纠纷案件来看，数据类型会直接影响到法院对数据权益基础的判断。结合前文所述，根据数据加工程度的不同，商业数据可以分为原始数据和衍生数据。法院倾向于认为数据持有者对原始数据一般不享有独立的权益，但是对于衍生数据可享有独立性的财产权益。如淘宝诉美景案中，一审法院将涉案数据进行了网络用户信息、原始数据、衍生数据的三元划分，法院认为，淘宝公司对原始数据不享有独立权利，需要受到其与用户签订的信息使用协议限

---

① 上海知识产权法院（2016）沪73民终242号民事判决书。
② 北京知识产权法院（2021）京73民终683号民事判决书。

制，而对衍生数据，由于其为淘宝公司在原始数据的基础上通过一定的算法，经过深度分析过滤、提炼整合以及匿名化脱敏处理之后形成的，淘宝公司对衍生数据享有独立性的财产权益。[①] 此外，根据数据是否处于对外公开的状态，商业数据可以分为公开数据与非公开数据。数据的公开程度不仅代表数据持有者对数据的控制力度，同时也影响到行为人获取数据的难度及获取和使用行为正当性的判断。如微博诉蚁坊案中，一审法院将涉案微博平台的数据区分为公开数据和非公开数据，指出对于公开数据，平台经营者应当在一定程度上容忍他人收集或利用其平台已公开的数据，否则将可能阻碍以公益研究或其他有益用途为目的的数据运用，有违互联网互联互通之精神；对于非公开数据，一般是数据持有者利用技术措施设置访问权限的数据，不会被他人随意获取，若他人利用技术手段破坏或绕开访问权限获取这类数据，显然具有不正当性。[②] 当然，即便是公开数据，并不意味着任何人可以毫无节制地抓取和使用，而应当本着善良、诚信原则，仅在必要限度内进行抓取和使用。这一规则在阿里巴巴诉码注公司案中由法院明确提出。[③]

基于前述数据分类方式，在数据权益基础的界定上，还存在一些值得思考的问题。如非法收集原始数据或者难以证明原始数据系合法收集时，由此形成的衍生数据是否应受到保护。对于该问题，存在两种不同观点：一种观点认为根据"不洁之手原则"，原始数据来源不具有合法性，由此产生的衍生数据当然不应受保护；另一种观点认为可借鉴著作权法中关于"非法演绎作品"的保护规则，即虽然非法演绎作品相对于在先著作权人是侵权作品，但基于二度创作者所付出的独创性劳动，其仍可以就演绎部分享有著作权，有权追究在后侵权人的侵权责任。按照后一种观点，非法衍生数据显然可以受到保护。但上述保护模式是否能够参照适用于非法衍生数据的保护和救济，不仅需要考虑保护对象之间存在的异同，还要考虑不同保护对象及相关产业的立法目的、政策导向等因素。由于数据的

---

① 浙江省杭州市中级人民法院（2018）浙 01 民终 7312 号民事判决书。
② 北京知识产权法院（2018）京 73 民终 3789 号民事判决书。
③ 浙江省杭州市滨江区人民法院（2019）浙 0108 民初 5049 号民事判决书。

收集、加工、处理通常与个人信息保护、国家信息安全等密不可分，数据产业相关的立法、政策导向均十分注重强调对数据收集合法性的要求。近年来，部分省市出台的地方性法规也纷纷将数据获取的"合法性"作为数据交易的前提条件。如《上海市数据条例》第14条明确规定合法取得的数据可以依法使用、加工，第55条则规定未经许可获得的数据不得交易；《深圳经济特区数据条例》第67条规定，未经许可获取的或者未经依法公开的数据产品和服务不得交易。上述立法呈现的价值取向应该受到重视。当然，在以行为规制为主的反不正当竞争法保护路径下，对数据获取"合法性"的要求是否必然同时推及数据权益基础界定和相关行为规制的层面，值得进一步思考和讨论。

2. 行为要件：行为不正当性

关于商业数据竞争行为是否具有不正当性，通常需要根据行为手段、损害后果以及两者之间的因果关系等因素作出判断。由于数据产业属于新兴领域，相关行业准则和商业惯例尚未完全成型，在诉争行为不正当性的认定上，对于"商业道德"的把握和界定至关重要。2017年《反不正当竞争法》第2条第1款将"遵守公认的商业道德"修订为"遵守法律和商业道德"，使司法实践中对"商业道德"的界定更具弹性和灵活性。正如有观点指出，商业道德有公认的商业道德与创制的商业道德之分。任何市场上都存在公认的商业道德是不现实的，尤其是对于一些新兴市场，更不可能迅速形成公认的商业道德。但是，这些领域的市场竞争秩序仍需要及时维护。在有公认的商业道德可资依据时，应当优先依据公认的商业道德判断竞争行为的正当性。在新市场和新产业等缺乏公认的商业道德的领域，法官需要根据法律精神、市场需求等，尤其是根据反不正当竞争法的价值取向，确定可资遵循的市场道德准则，再据此判断竞争行为的正当性。就前者而言，公认的商业道德可以发挥对市场行为的规制作用；对于后者而言，创制商业道德准则，可以发挥对市场行为的塑造作用。[①] 新《反不正

---

① 孔祥俊.知识产权强国建设下的反不正当竞争法适用完善：基于行政规章和司法解释征求意见稿的展开 [J].知识产权，2021（10）：88.

当竞争法司法解释》第 3 条第 2 款规定为裁判者在个案中"创制"适用于诉争行为评判的商业道德提供了全面的指引，即人民法院应当结合案件具体情况，综合考虑行业规则或者商业惯例、经营者的主观状态、交易相对人的选择意愿、对消费者权益、市场竞争秩序、社会公共利益的影响等因素，依法判断经营者是否违反商业道德。该规则的内容主要来自对既往司法判例和司法经验的提炼。例如，在大众点评诉百度地图案中，二审法院认为，商业道德是在市场长期经营的过程中产生的共识性行为规范，[1] 但在许多近年来新产生的行业中却并未形成此种类型的普遍行业共识。在处理未经许可擅自使用他人数据信息的案件时，既要综合评判经营者、消费者与公众三方的利益，又要考虑互联网经济的基本特征，从而为裁判行为的正当性划清界限。

根据适用法律条款的不同，商业数据不正当竞争行为可以区分为违反"互联网专条"兜底条款的行为和违反"一般条款"的行为。而从行为手段和行为表现形式的角度，则可以划分为数据获取行为和数据使用行为两种行为类型。

对于数据获取行为，通常根据行为人获取数据的手段进行分类，对各类行为不正当性评判时的侧重点也有所区别。从实践情况来看，主要包括以下几种情形：第一，通过破坏技术措施的方式获取数据，包括破坏数据持有者设置的身份认证系统或其他加密系统或破解、规避、绕开反爬虫技术措施等方式。该类行为除可能构成不正当竞争承担民事责任外，还可能同时构成《中华人民共和国刑法》（以下简称《刑法》）第 285 条规定的非法获取计算机信息系统数据罪。例如，在谷米科技诉元光科技案中，元光公司攻破谷米公司"酷米客"App 加密系统，利用爬虫技术大量抓取并使用谷米公司后台公交运行数据，法院认定该行为构成不正当竞争。该案中，在该行为被认定构成不正当竞争的同时，元光公司内部员工还被法院认定构成非法获取计算机信息系统数据罪。[2] 在民事案件中，如何举证证

---

① 上海知识产权法院（2016）沪 73 民终 242 号民事判决书。
② 广东省深圳市中级人民法院（2017）粤 03 民初 822 号民事判决书。

明行为人实施了采取破坏技术措施获取数据的行为，往往成为案件审理的难点。在部分案件中，法院通过适当的举证责任分配破解了该问题。例如，在抖音诉小葫芦网案中，法院认为，当数据持有者初步证明数据获取方采用不当技术手段获取数据的高度可能性时，则应由数据获取方就此给出合理解释并提供相应的证据证明，否则应承担不利后果。[1] 第二，违反爬虫（robots）协议获取数据。在对数据获取行为是否因违反爬虫协议而具有不正当性进行认定时，除考虑数据获取行为本身是否违反爬虫协议外，当事人还可能对爬虫协议本身设置的正当性产生分歧。此时，裁判者需要对爬虫协议设置的正当性作出回应。例如，在新浪微博诉今日头条案中，法院即对通过微博设置唯一爬虫协议黑名单行为的正当性进行了审查和认定。[2] 第三，违反约定超范围获取数据。此类行为通常发生于曾存在合作关系的当事人之间，由于诉争行为涉及违约与侵权的竞合，司法实践中对该类行为并不排斥给予反不正当竞争保护。例如，在微博诉脉脉案中，淘友公司抓取新浪微博信息的部分行为发生在双方合作期间，部分行为发生于双方合作结束后。其中，对于合作期间的抓取行为，由于淘友公司无视双方合作期间签订的协议，超范围抓取数据，构成侵权与违约的竞合；对于淘友公司在合作结束后继续抓取数据的行为，则违背了"用户授权＋平台授权＋用户授权"的三重授权原则，故上述行为均被法院认定构成不正当竞争行为。[3] 第四，过度抓取数据。该类行为是指除了上述三类行为之外，行为人获取数据的手段并不违法，但因数据抓取的数量、持续时间等因素导致他人经营的网站负担过重甚至无法正常运营，此类行为也可能因此构成不正当竞争。与前述三类行为不同的是，此类行为认定的侧重点不在于数据获取手段的违法性，而在于对数据抓取及后续使用行为所造成后果的审查。

对于数据使用行为，在判断其行为是否具有不正当性时，需要考虑数据来源是否正当、使用数据的范围是否合理等因素。若数据来源不正当，

---

[1] 浙江省杭州市余杭区人民法院（2021）浙 0110 民初 2914 号民事判决书。

[2] 北京市高级人民法院（2021）京民终 281 号民事判决书。

[3] 北京知识产权法院（2016）京 73 民终 588 号民事判决书。

则后续的数据使用行为也必然存在不正当性，但如何规制后续的数据使用行为尚有讨论空间。然而，即使数据获取手段正当，仍可能存在对数据后续的不正当利用行为。一般而言，使用数据的主体应当遵循"合法、正当、必要"的原则，如果数据使用行为客观上对数据收集者提供的数据产品或服务产生了实质性替代或部分替代效果，即使在数据获取过程中未采用不正当手段，仍可能构成不正当竞争行为。上述规则在大众点评诉爱帮网案 [1]、阿里巴巴诉码注公司案 [2] 以及微博诉字节案 [3] 等案件中均有体现。

3. 结果要件：对他人数据权益及竞争秩序的损害

在判断商业数据行为是否构成不正当竞争行为时，还有结果要件的考量，即需要判断被诉行为是否对他人数据权益及市场竞争秩序造成损害。通过对样本案例的梳理可知，损害形态包括造成实质性替代、部分性替代、影响他人产品正常运行以及非法利用他人经营成果，破坏他人市场竞争优势等。上述损害形态体现了损害后果在程度上的差异。对于损害后果严重程度的界定，具有重要的法律意义：首先，直接关系到对被诉行为的准确定性与法律适用；其次，在诉争行为定性上，损害后果的严重程度与诉争行为的违法性程度要求可以成一定的反比关系；最后，还直接影响到损害赔偿等法律责任的确定。

（三）从《反不正当竞争法司法解释》修改动态看商业数据保护规则构建

司法实践对商业数据竞争行为的判断已有一套反不正当竞争法保护路径的分析框架，即大部分案件均遵循主体要件、行为要件和结果要件的"三要件"分析思路。由于反不正当竞争法目前尚未针对数据不正当竞争行为作出适切规定，大部分案件只能援引《反不正当竞争法》第 2 条（"一般条款"）或《反不正当竞争法》第 12 条（"互联网专条"），且两者的适用范围和边界并不清晰。在《反不正当竞争法司法解释》修改过程

---

[1] 北京市第一中级人民法院（2011）一中民终字第 7512 号民事判决书。

[2] 浙江省杭州市滨江区人民法院（2019）浙 0108 民初 5049 号民事判决书。

[3] 北京市海淀区人民法院（2017）京 0108 民初 24530 号民事判决书。

中，曾尝试对商业数据保护构建相关规则，即在司法解释中单独为商业数据保护规则设置"数据专门条款"，为相关案件提供裁判指引，但出于多方原因，该规则仅短暂地存在于征求意见稿中，没能被最终采纳。尽管如此，这一修改动态也有利于我们探究司法机关对商业数据保护规则构建的立场和思路，下文将结合新《反不正当竞争法司法解释》有关条文以及这一修改动态讨论商业数据保护规则构建的有关问题。

1. 商业数据在《反不正当竞争法》中保护的现有规定及适用规则

商业数据纠纷案件主要援引《反不正当竞争法》的"一般条款"或"互联网专条"的兜底条款。从表2展示的裁判依据情况可知，相关案件大多存在"向一般条款逃逸"的问题，而较少援引《反不正当竞争法》第二章中的"具体行为条款"，即使有部分案件援引了"互联网专条"的兜底条款，也倾向于同时援引"一般条款"，这就导致"一般条款"与"互联网专条"兜底条款在商业数据不正当竞争纠纷案件中存在适用上的混乱。鉴于此，有必要结合新《反不正当竞争法司法解释》明确商业数据纠纷案件中对"一般条款"或"互联网专条"兜底条款的适用规则。

新《反不正当竞争法司法解释》第一条明确了《反不正当竞争法》"一般条款"与"具体行为条款"之间的适用关系，即在"具体行为条款"有规定的情况下，先适用"具体行为条款"，"一般条款"仅在"具体行为条款"无法适用时再行适用。这一规则在商业数据保护领域则体现在"互联网专条"兜底条款的适用顺序应当优先于"一般条款"。这是因为"互联网专条"兜底条款的设置，旨在规制随着网络技术发展不断涌现的各种新型不正当竞争行为。若"互联网专条"兜底条款已经足够规制被诉行为的，则不必再诉诸于"一般条款"，且司法实践中，法院对于"互联网专条"兜底条款中涉及的"妨碍""破坏"的理解也采用较为宽泛的解释。例如，在腾讯与融思科技不正当竞争纠纷案中，法院认为，"妨碍"既包括通过不当手段让合法运营的网络产品或服务不能正常运营，也包括通过不当手段对合法运营的网络产品或服务产生不利影响，包括并不限于客户流失、用户体验度下降、安全性降低等情形；[①] 在快手科技与洛夜网络科技不正当竞争纠纷案、饿了么与美团不正当竞争纠纷案等案件中，法院认定属于"妨碍""破坏"原告产品服务的情形包括导致"原告向广告商提供的广告服务无法正常结算""使原告丧失交易机会""削弱原告盈利能力""导致原告用户流失"等。[②] 尽管上述案例并非数据相关案例，但这些案例形成的裁判规则，使"互联网专条"兜底条款在商业数据纠纷案件中具有较大的解释和适用空间。

在适用范围上，"一般条款"与"互联网专条"兜底条款也存在一定差异。具体而言，以前述"三要件"为分析框架，在行为要件部分，"互联网专条"兜底条款主要适用于"利用技术手段，通过影响用户选择或者其他方式"实施的特定类型行为，即具有"利用技术手段"的要求，而"一般条款"则并不限于适用的行为类型。在结果要件部分，"互联网专条"兜底条款主要适用于行为的效果达到"妨碍、破坏其他经营者合法提供的网络产品或服务正常运行"的程度，而"一般条款"仅要求达到"损人和/或利己"的程度即可。基于此，从条文表述来看，采用技术手段的商业数据获取行为相较于商业数据使用行为而言更容易满足"互联网专条"兜底条款的适用要件；而对于数据获取手段难以证明或者采取人工复制手段的数据移植及商业数据使用行为，更适合寻求"一般条款"进行规制。

2.《反不正当竞争法司法解释》修改过程中"数据专门条款"的去留

《反法司法解释征求意见稿》第 26 条"数据专门条款"尝试对数据使用类的不正当竞争行为作出规定，并给出适用要件。其中，第一款规定了可以适用"互联网专条"兜底条款的典型性行为，第二款则规定了"合理使用"他人控制数据的适用要件。具体而言，第一款对可以受保护的数据限定了"征得用户同意""依法收集""具有商业价值"三个条件，同时还规定了违反"互联网专条"兜底条款的数据使用行为的行为要件，一是在

---

① 陕西省西安市中级人民法院（2020）陕 01 知民初 1965 号民事判决书。

② 重庆市第五中级人民法院（2020）渝 05 民初 3282 号民事判决书，浙江省高级人民法院（2021）浙民终 601 号民事判决书。

行为不正当性方面，体现为"擅自使用"和"违背诚实信用原则和商业道德"两方面；二是在损害结果方面，该行为是能够起到实质性替代效果，且损害公平竞争市场秩序的行为。第二款则尝试构建"合理使用"他人持有商业数据的规则，即经营者征得用户同意，合法、适度使用其他经营者控制的数据，且该使用行为不会损害公平竞争的市场秩序和消费者合法权益的，不属于"互联网专条"兜底条款规制的行为。第二款显然意在为数据的合理流动预留法律空间。

上述"数据专门条款"的条文设置在一定程度上体现了相关案件的司法裁判规则，对于商业数据保护规则的构建具有一定借鉴意义。但这一条款仍具有一定的局限性：首先，这一条款重点关注了数据使用方面的规则构建，并未对司法实践中更广泛存在的数据获取行为给出一定的裁判指引，在体系上不够完善。其次，该条款使用"实质性替代"概念界定结果要件，仅能够解决可以适用"互联网专条"兜底条款调整的其中一类数据使用行为。根据前文分析，"实质性替代"仅为损害结果的一种形态，不能等同于"互联网专条"兜底条款中所指的"网络产品或服务无法正常运行"。从法律解释角度讲，不论是"一般条款"中的"损害其他经营者合法权益"还是"互联网专条"兜底条款中的"妨碍、破坏他人网络产品或服务无法正常运行"在个案中均存在解释空间，并不一律要求"实质性替代"。此外，在实践中，对于未达到上述两种损害程度，但因大量抓取和／或使用他人数据而"不劳而获"地增加竞争优势的行为，也可能被认定为不正当竞争行为。最后，这一条款并未对当下一些亟待解决的问题作出回应，如数据权益归属规则的确定、在先获取数据的行为具有违法性时在后数据使用行为的正当性判断、如何平衡数据持有者私益与数据自由流动之间的冲突等。新《反不正当竞争法司法解释》最终删除"数据专门条款"，既表明商业数据保护领域仍存在较多分歧，也体现了制定者对待商业数据保护规则构建的审慎态度，为实践留下了更多的探索空间。

基于前文讨论，在商业数据保护规则构建方面，尽管存在很多争议，但仍然可以结合司法实践，在现行法律框架下总结出一系列较为清晰的保护规则。具体而言，第一，商业数据能否受到保护以及受到何种程度的保护与商业数据的类型、特点等密切相关；第二，当前适用《反不正当竞争法》提供的行为规制路径调整数据爬取行为和数据使用行为，是在现行法律框架下满足大数据时代下商业数据保护需求的最具现实可行性的选择；第三，在《反不正当竞争法》保护路径下，该法"互联网专条"兜底条款应当优先于"一般条款"适用，在前者无法适用时，后者仍有较大的适用空间；第四，司法实践中形成"三要件"分析思路，可以适用于大部分商业数据不正当竞争纠纷案件，但相关要件的适用还存在诸多值得深入讨论的问题。此外，尽管《反法司法解释征求意见稿》"数据专门条款"并未被采纳，但其中对司法共识的提炼以及体现出的司法价值取向也可以为商业数据保护规则的构建提供一定借鉴和参考。

四、结语

在数据要素时代，商业数据驱动创新的潜力在逐渐被挖掘和释放。随着商业数据商业价值的凸显和应用场景的不断拓展，与商业数据相关的纠纷案件将不断增多。在当下的理论铺垫和实践经验尚不足以构建一套成熟而完善的制度体系的情况下，适用反不正当竞争法的行为规制路径是目前满足商业数据保护需求的最佳制度选项。法院在相关案件中对商业数据保护规则构建作出的努力以及司法者对商业数据保护的重视和审慎态度，让业界对将来商业数据保护规则的构建充满信心。相信随着实践经验和研究成果的不断积累，商业数据保护规则将逐渐清晰和完善。

互联网数据纠纷问题与纾解
——基于互联网内容平台数据视角

张 喆

作者简介

张喆，新浪集团法务部诉讼总监，带领团队每年处理诉讼案件3000余件，成功办理多件涉及新类型侵权及不正当竞争行为的典型案例；多次获得《商法》《亚洲法律杂志》等评选的优秀团队及个人奖，2021年获选"40位40岁以下企业知识产权精英"；兼任北京知识产权法研究会信息网络与数据法委员会副主任、新浪人民调解委员会主任、中国政法大学等知名院校校外导师。

互联网经济一直是注意力经济，用户和流量是注意力的集中体现。注意力经济催生了互联网内容平台的商业模式，[①] 依靠优质的差异化内容增加用户活跃度和黏性，锁定用户的注意力，从而在广告与增值服务领域获取经济收益，是这一商业模式的核心所在。互联网内容平台无疑是互联网产业的重要构成，互联网社区平台、社交媒体平台、短视频平台、点评类平台，差异化的优质内容都是其赢得用户注意力的核心竞争资源。

优质内容需要平台资源和成本的投入与积累，然而部分经营者获取优质内容的方式，是将其他互联网平台展示的内容进行搬运和移植，成为其自身经营产品的内容，继而成为其获取用户和流量的依托。相关纠纷已屡见不鲜，不同领域的多家公司曾就此发起数据维权诉讼，诸如大众点评[②]、

[①] 曾田．网络内容平台竞争与反垄断问题研究［J］．知识产权，2019（10）：45．

[②] 北京市海淀区人民法院（2010）海民初字第24463号民事判决书，北京市第一中级人民法院（2011）一中民终字第7512号民事判决书。

上海钢联[①]、酷米客[②]、奋韩网[③]、微博[④]、微信[⑤]、抖音[⑥]、贝壳网[⑦]等网站企业，均以其平台内容被竞争对手移植、搬运而起诉，案件争议客体涉及"商户简介和用户点评""钢铁价格数据""实时公交信息""租房留学招聘等分类信息""微博内容和账号动态""微信公众号内容和账号信息、互动信息""短视频内容和用户评论""房源信息"等多类内容。这类案件都被定义为互联网数据竞争案件，司法机关也作出了具有指导意义的判决，在诸多关键问题上予以回应。然而，关于数据问题的讨论没有停止，诸如信息与数据的区分、数据权益归属、数据获取行为正当性评价、数据流通规则等问题在业界争论不断。在实践中，数据如何定义、如何分类，不同类型的数据应该如何保护，以及对不同类型的数据实施怎样的规制，是需要区分场景讨论的，由于上述数据问题的复杂性，可能无法笼统而言，故本文基于互联网内容平台的视角，对部分重点问题进行分析并尝试澄清一些误区，提供一些纾解的思路。

一、数据权益剖析

我国尚未通过立法对数据进行赋权，基于数据主体与客体的多重性、

---

① 上海市第二中级人民法院（2012）沪二中民五（知）初字第 130 号民事判决书。

② 广东省深圳市中级人民法院（2017）粤 03 民初 822 号民事判决书。

③ 北京市海淀区人民法院（2017）京 0108 民初 4758 号民事判决书，北京知识产权法院（2017）京 73 民终 2102 号民事判决书。

④ 北京市海淀区人民法院（2017）京 0108 民初 24530 号民事判决书，北京市海淀区人民法院（2017）京 0108 民初 24512 号民事判决书。

⑤ 杭州铁路运输法院（2021）浙 8601 民初 309 号民事判决书。

⑥ 北京市海淀区人民法院（2019）京 0108 民初 35902 号民事判决书，北京知识产权法院（2021）京 73 民终 1011 号民事判决书。

⑦ 北京市海淀区人民法院（2021）京 0108 民初 9148 号民事判决书。

动态性，学界存在诸如"权利束说"①"用益权说"②"场景化界定说"③"企业数据有限产权制度说"④"国家所有说"⑤等众多讨论与纷争。尽管关于数据权属等问题存在如此多的激烈争议，但面对现实产业中明显需要救济的损害，司法机关没有拒绝裁判。在前述互联网数据竞争案件中，不同地区法院的裁判思路总体上基本形成一致，即认为涉案数据系原告付出成本和劳动所获取，原告对相关数据享有数据权益或竞争性权益，继而结合对被告行为的正当性认定，综合消费者利益和竞争秩序的考量，以反不正当竞争法进行保护和规制。

然而，批评争论声随之而来，如有观点认为数据只应当按现有法律中列明的权利进行保护，认为"反不正当竞争法规制会导致数据霸权与利益失衡""具有独创性的数据应当依照著作权法予以保护，而不具有独创性的数据，人人皆可自由免费获取和使用，不应予以保护"⑥；也有观点担忧数据司法赋权可能打破利益平衡，认为"目前数据抓取纠纷案的审理对数据权益的分配，暗含着将经营者的数据利益'权利化'的赋权倾向"⑦。这些观点使数据权属问题进一步复杂化，也给争议当事方和裁判者带来了一定的困扰，似乎在现行法律框架下，数据持有方的利益就不应当得到保护，数据的获取和使用行为就不应当得到规制。

本文从整体上认同目前法院形成的裁判思路，但争议案件往往囿于个

---

① 较有代表性的参见王利明. 论数据权益：以"权利束"为视角［J］. 政治与法律，2022（7）：99.

② 较有代表性的参见申卫星. 论数据用益权［J］. 中国社会科学，2020（11）：110.

③ 较有代表性的参见丁晓东. 数据到底属于谁：从网络爬虫看平台数据权属与数据保护［J］. 华东政法大学学报，2019（5）：69.

④ 较有代表性的参见冯晓青. 大数据时代企业数据的财产权保护与制度构建［J］. 当代法学，2022（6）：104.

⑤ 较有代表性的参见张玉洁. 国家所有：数据资源权属的中国方案与制度展开［J］. 政治与法律，2020（8）：15.

⑥ 熊文聪. 以"反法"调整数据抓取行为的正当性反思［EB/OL］.（2022-09-05）［2024-05-17］. https://mp.weixin.qq.com/s/iTJtb_ke1VlN3X9PJ2BOzA.

⑦ 卢代富，张煜琦. 从权益保护到利益衡量：数据抓取行为正当性认定的路径优化［J］. 河南财经政法大学学报，2022（6）：59.

案事实和争议焦点，难以从整体上对各类数据问题进行全面深度的论述。对互联网平台数据权益进行剖析应当从数据产生的过程出发，分析数据竞争的本质，探寻数据权益的保护途径。

（一）互联网平台内容的信息与数据双重身份

在目前的法律体系中，信息和数据的概念一直被混用而不够清晰，有学者总结出立法、司法和学术研究层面存在的信息与数据并用、信息包含数据、数据包含信息等三种常见的混用情形。[①] 一般认为，信息具有天然的流通共享属性，除人格权法中的隐私权和标识性人格权，以及知识产权等以外的信息，人类几千年来并不提供任何私法上的保护（公法规制在此不论），将之悉数置于公共分享领域。[②] 而数据作为生产资源，本应具有财产权益属性，[③] 不应被视为公有之物，却因其作为记录信息的载体，被普遍认为应与信息具有同等的公共属性。然而，数据显然在互联网诞生前就客观存在和被使用，在互联网及数字经济出现与发展之前，数据共享互通的呼声非常罕见，例如，传统行业中的保险数据、金融数据、医疗数据等进行共享互通，将会颠覆行业基础而不可想象。协作、共享是互联网精神的内涵而非数据的天然属性。同样，数据流通的价值性也无法赋予其流通的应然性，知识产权或商业秘密同样会因流通而产生价值，但并不具有流通的必然性。因此，数据并不具备与信息相同的天然流通和共享属性，区分互联网平台内容是信息还是数据，对纾解互联网数据纠纷具有必要性。

互联网内容平台页面上的内容，通常以文本、图片、视频等形式呈现，如果单独看待这些内容，可能更容易将其感知为信息而非数据。在平台内容搬运纠纷中，被搬运的内容可能更容易被视为不应由平台独占的信息，从而认为搬运行为不应受规制。但如果观察内容的生成和展示过程，可能会有新的认知。从技术上看，从平台用户输入信息内容到从平台页面

---

① 韩旭至. 信息权利范畴的模糊性使用及其后果：基于对信息、数据混用的分析 [J]. 华东政法大学学报，2020（1）：85.

② 梅夏英. 企业数据权益原论：从财产到控制 [J]. 中外法学，2021（5）：1188.

③ 如《民法典》第127条将数据与网络虚拟财产并列，肯定了数据的财产权益属性。

浏览到相应内容的过程，并非如同用笔在纸上书写那样所写即所见，而是经历了从信息到数据，再从数据到信息的处理过程。具体而言，当用户结合平台功能输入内容并发布，或者用户在平台中进行点赞、关注等行为操作后，平台会将用户输入的内容信息或行为信息与其他信息整合处理，转化为计算机语言写入服务器数据库，存储为结构化形式的数据；当用户浏览平台内容时，依用户的调用请求，平台将数据从服务器数据库返回至用户端，由网页浏览器或应用客户端根据平台设计的规则和逻辑，解析提取出数据中的相关信息进行可视化展示。可见，展示在平台页面上的内容，是经历数据化处理后再次提取的产物。

因此，平台中展示的内容具有信息与数据的双重身份，信息由用户授权，但数据却由平台生产，授权应发生在信息而非数据层面。信息由用户产生，平台无权独占，而数据的转化、生产、传输、存储过程完全由平台完成，也由平台所控制并作用于平台的各项功能，带有明显的私域属性。正如有学者指出：企业对数据的利益不在于对信息内容的独占，而体现在对数据的技术控制上。[①] 基于互联网的技术特性，信息难以脱离数据单独展现，信息和数据在物理上难以进行切分，但在法律层面区分具有必要性，在认知平台数据权益和探析数据流通规则时，信息与数据的区分将具有重要意义。

（二）将数据直接作为财产权客体的保护路径

产业界和学术界一直存在对数据予以立法赋权保护的呼声，中央多份文件也为建立数据产权制度、进行数据财产赋权提供了顶层指引。尽管对数据赋权方式存在多种可能性探讨，但一般观点认为，需要将数据财产权设计为独立于传统物权、知识产权的新型权利。

本文重点不在于探究数据产权模式，笔者认为，就互联网平台数据而言，作为数据生产者，数据在产生时即处于被平台占有的状态，并自然地被平台所使用、处置和产生收益，数据也已经成为市场交易的对象，这已

---

① 梅夏英 . 信息和数据概念区分的法律意义［J］. 比较法研究，2020（6）：151.

经是产业的现实并对数字经济的持续发展产生正向激励。如果在上述任一环节直接对平台进行权利剥夺，可能会在一定程度上遏制数据的产出并对市场造成破坏。因此，数据产权制度不应在权利设置上与传统所有权权利结构相违背，而应在数据合理使用和数据开放规则层面进行重点设计，在确保数据生产者受到充分激励的同时，平衡信息权利的保护和社会公共利益，促进社会总体福祉的提升。

（三）不将数据直接作为财产权客体的保护路径

在正式的立法赋权之前，需要探寻实际可行的数据司法保护路径。目前，司法实践采用的数据库版权保护路径、商业秘密保护路径、竞争法保护路径均不是将数据作为财产权客体，而是将数据封装为作品、商业秘密、竞争权益等内容进行保护。互联网内容平台数据因其使用特性，通常无法满足作品独创性以及商业秘密"三要素"的要求，竞争法保护路径是更为常见的数据保护方式。

从某种角度讲，互联网内容平台就是一个互联网数据综合体，平台中的内容不仅以数据承载，也基于平台对数据统计分析后通过程序和算法分发得以呈现，并依托数据分析进行产品更新和策略调整。数据无疑是平台的核心运营资源，也是体现平台差异化、作为平台争夺用户注意力的重要竞争资源。

对竞争资源的获取应当如何进行法律评价，美国普通法下的信息盗用制度确立的保护路径可以作为参考。禁止误导和禁止盗用是反不正当竞争法的两个基本的道德规范[①]，禁止盗用起初多用于规范窃取商业秘密或盗用商誉的情形，后发展扩大为规范盗用劳动成果等行为。美国普通法下的信息盗用制度至今已有超过百年的历史，其核心思路即以侵犯"准财产权"的竞争法路径对"经投入大量劳动与资金"而积累或获取的，但不受或尚

---

① 张伟君.从"金庸诉江南"案看反不正当竞争法与知识产权法的关系［J］.知识产权，2018（10）：14.

未受著作权法保护的客体进行法律保护。[①] 这一类客体可以是事实新闻信息[②]、体育赛事比赛情况信息[③]，也可以是股票指数信息[④]、社交网站的用户电子邮箱地址信息[⑤]，可以是完全公开的，也可以是向部分群体公开的。在美联社诉国际通讯社案[⑥] 中，美国联邦最高法院确立了信息盗用制度，认为"当事人在新闻信息之上不享有对抗社会公众的财产权益，但是享有对抗竞争者的准财产权"。在 NBA 诉摩托罗拉案中，美国联邦第二巡回上诉法院将信息盗用制度的构成要件进一步细化为："第一，原告在制作或收集信息的过程中投入了成本；第二，信息具有时效性；第三，被告使用信息的行为属于对原告努力的搭便车行为；第四，被告与原告供应的某种产品或服务具有直接竞争关系；第五，他方当事人对原告或其他人之努力进行搭便车的行为将减损其供应产品或服务的激励，使得产品或服务的生存或质量受到严重威胁。"[⑦] 近年来，备受国内关注的 HiQ 诉领英案，除大众聚焦的涉案行为是否落入《计算机欺诈和滥用法》（CFAA）规制以外，在重审程序和领英的反诉程序中，美国联邦上诉法院和联邦地区法院均延续了前述信息盗用制度路径，认为领英页面上的公开数据信息"可能存在受保护的准财产权"[⑧] "即使《计算机欺诈和滥用法》不适用，州法律框架下的侵犯动产主张仍可能成立"[⑨]。同样，在大陆法系国家，无论是德国、法国还是日本，均以禁止盗用规则对无法成为知识产权法保护对象的客体，诸

---

① 关于美国信息盗用制度的相关案例介绍，参见杨翱宇 . 美国法信息盗用制度的演进及其对我国数据财产权益保护的启示 [J]. 政治与法律，2019（11）：145.

② International News Service v. Associated Press，248 U. S. 215（1918）.

③ National Basketball Association v. Motorola，Inc.，105 F. 3d 841（2d Cir. 1997）.

④ Banx Corp v. Costco Wholesale Corp.，723 F. Supp. 2d 596（S. D. N. Y. 2010）.

⑤ Facebook，Inc. v. Connect U LLC.，489 F. Supp. 2d 1087（N. D. Cal. 2007）.

⑥ International News Service v. Associated Press，248 U. S. 215（1918），at 234—236.

⑦ National Basketball Association v. Motorola，Inc.，105 F. 3d 841（2d Cir. 1997），at 845.

⑧ HiQ Labs，Inc. v. LinkedIn Corp. Case No17–cv–03301–EMC（N. D. Cal. 2021）. Order deferring in part and denying in part plaintiff's motion to dismiss and strike counterclaims.

⑨ HiQ Labs，Inc. v. LinkedIn Corp. No. 17–16783（9th Cir. 2022）.

如字体、数据、时尚设计等提供一定的保护。①

可以看出，前文中提及的我国数据竞争案件中种种被搬运、移植的对象，与美国案件中的时事新闻、比赛情况、股票指数、用户邮箱地址一样，都是经相关经营者投入劳动和各类资源所获得的竞争资源的具体表现形式。在此语境下，数据和信息的区分，乃至数据的定义和权属均无须过多评述，所规制的重点在于夺取这一竞争资源的行为。事实上，如果相关数据被其他经营者所获取，被获取方失去的不是这些数据，而是竞争资源；数据获取方所看中的，也不是数据本身，而是凭借其而可以实现的"从无到有""此消彼长"的经营资源和市场份额，是无须投入和贡献即可取得的经济利益。

从禁止盗用的角度对我国数据竞争法保护路径进行本质理解，或许可以为解决多方面的数据问题困境提供思路。其一，不与权利立法相冲突，由于保护的是著作权法等专门权利法以外的客体，一旦客体被赋权，原则上将退出竞争法保护路径，赋权一部分即退出一部分，与立法起到良好的配合衔接效果；其二，避免垄断性权利保护的风险，竞争优势不是对抗社会公众，而是对抗其他经营者的不当竞争行为，这也符合我国反不正当竞争法兼顾保护消费者权益、维护市场竞争秩序，综合衡量多元利益的立法宗旨；其三，强化反不正当竞争法的行为法属性，即采取行为规制路径，重点评价争议行为的正当性，弱化法益保护路径，回归数据竞争本质。与此同时，诸如数据携带权等问题在这一路径下也更加容易理解，数据携带权原本就是《欧盟通用数据保护条例》（GDPR）中将数据与信息概念混用的结果，携带和迁徙的客体本质指向的是信息而非数据，权利的行使也有诸多条件和限制，绝非如同我国目前数据竞争案件中的诉争行为那样对数据进行简单粗暴的搬运、移植和使用。在我国目前的法律框架下，个人信息和数据分属独立的立法体系，数据流通是诸如《数据安全法》等数据立法规制的内容，而非《个人信息保护法》的规制范畴。在数据竞争法保护

---

① 关于大陆法系国家禁止盗用规则的相关介绍，参见王文敏. 反不正当竞争法中的禁止盗用规则及其适用 [J]. 现代法学，2021，43（1）：128.

路径的语境下，评判数据携带行为，应当考量用户携带的是与个人信息等法定权利密切相关的信息，还是与行为经营者竞争优势的内容更为密切相关的数据，相关数据被携带后是否会直接导致经营者竞争优势的削弱，经营者制定数据携带策略是为了便捷用户个人信息迁移还是为了夺取竞争资源，在对应场景下或许都更能得到准确的认知和判定。

二、数据获取行为的对象及正当性评价

数据自产生时即处于被平台占有、控制的状态，作为数据的生产者，平台对数据的控制是实现其利益的基础。在不同的商业和产品模式下，平台可依据自主经营权，设计不同的数据控制模式，并随着商业模式和产品设计的调整而改变控制力度，如推特公司近期不断调整访问权限，就是改变数据控制力度的典型体现。数据被获取意味着数据脱离平台的控制，这样的脱离并不意味着应获得法律的否定性评价，对于数据的排他性保护强度应当与平台对数据控制力度相匹配。同时，数据的利益实现方式在于被占有后使用而非单纯被展示，数据的使用价值也是规模性而非单一性的，从技术上看，数据可以被查看并非意味着可以被随意获取，平台对数据进行公开不等同于放弃对数据的控制。因此，从数据可及性角度对数据获取行为的正当性进行评价可能更加符合实际。

相较于传统行业的数据，互联网内容平台数据往往更容易被第三方查看，同时随着互联网技术的进步，数据获取方已经不满足于传统的数据获取方式，突破平台技术控制获取数据的现象越来越多见。在评价数据获取行为的正当性时，应当区分获取行为的对象，并结合平台对数据的控制力度。

（一）信息

单纯获取信息是可实现的，文本复制和页面截取都是常见的信息获取方式。平台用户浏览网页时对内容进行手动复制或页面截取以用于信息分享，新闻媒体在报道中为引出新闻事实以截图呈现网页内容，网络社区论

坛中使用网页截图而明确讨论内容等，都是互联网中常见的应用场景。此类获取和使用平台内容的方式并未触碰数据，获取的对象应视为信息而不涉及数据。对于信息的获取一般不具有可责性，后续使用行为可能落入著作权或人身权等权利规制范畴，根据使用规模和性质，也有可能以竞争法进行评价。

（二）用户端数据

用户端数据是指已经经过用户请求，从服务器输出至用户端的数据，用户端数据可以在网页浏览器中使用技术手段进行查看，这是互联网数据竞争案件较为常见的获取对象，网络爬虫是获取用户端数据的常见方式。在平台内容搬运纠纷中，内容获取方并非从平台页面上通过手动复制粘贴的方式对信息进行搬运，这种方式因太过低效、无法满足其使用需求而失去搬运意义，而是通过网络爬虫等技术方式对用户端数据进行获取，然后挑选提取出数据中包含的信息在其产品中进行展示。

平台对于用户端数据采用的控制措施通常包括爬虫（robots）协议、反抓站措施以及访问限制。爬虫协议是针对网络爬虫的技术规范，反抓站措施主要从识别非真人用户角度进行限制，访问限制则是从登录、关注等产品功能层面对访问设置条件。产生纠纷的用户端数据获取行为一般突破了上述限制措施，并通常对平台带来占用服务器带宽的负担而不会带来有价值的回报。从数据可及性上看，用户端数据仍处于平台控制之下，但这样的控制已经在商业和产品模式的设计中作出了一定的让步，对数据的控制主要体现在限制获取规模上。评价用户端数据获取行为的正当性，更适宜综合数据获取的规模、行为对平台造成的服务器压力与对应的数据使用行为等因素而作出。

（三）服务器数据

服务器数据是指存在于平台服务器数据库中的数据，区别于用户端数据，服务器数据包含不会向用户端输出的数据，也包含会对外输出但未经请求尚未输出的数据，近几年一些互联网数据纠纷中出现了获取此类数据的情形。与用户端数据相比，服务器数据无法通过技术手段直接查看，就数据获取方而言，服务器数据显然比用户端数据范围更广、价值更大，通过服务器数据接口获取数据也比通过网络爬虫爬取用户端数据更加高效、更能满足其需求。

对于服务器数据，平台一般采取强防护措施。对于不会向用户端输出的数据，完全无法查看，第三方获取只能以侵入服务器系统等方式进行。对于会对外输出但尚未输出的数据，平台不仅对数据接口的统一资源定位符（URL）进行保密，对发起数据调取的请求会进行层层技术校验和限制，例如，限制发出调取的请求的端口只能是平台自己的官方客户端或正常的网页浏览器，限制发起请求的主体只能是平台注册用户，限制调用的频次、量级等。而数据获取方通常是使用抓包、反编译等技术手段获知数据接口地址，再采用获取密钥等方式通过服务器的校验，然后伪装为平台用户、模拟平台用户的正常行为发出调用请求，最终获取数据。例如，在微信诉极致了案中，被告网站是通过欺骗微信客户端，取得等同于微信登录用户的权限，从而获取数据。[1] 对服务器数据的获取甚至可能落入刑法规制范围，如在上海晟品网络科技有限公司非法获取计算机信息系统数据案中，被告人就是通过使用伪造 device_id 方式绕过字节跳动公司服务器的身份校验，使用伪造身份标识及 IP 的方式绕过字节跳动公司服务器的访问频率限制，从而实现数据抓取。[2] 对服务器数据应给予较强的排他性保护，对相应的获取后的使用服务器数据行为，也应予以不正当评价。

值得注意的是，由于互联网技术的复杂性，数据获取的技术日新月异，数据纠纷中内容平台方往往面临的是只知内容被相对方使用，而难以准确探明获取手段、难以清晰认定获取对象的情形，此时需要平台方积极举证说明，如在微博诉超级星饭团案中，通过事先取证并结合突击性的现场勘验，展示出被告调用了微博平台数据接口获取了微博服务器数据的事实。[3] 同时，也更有赖于司法机关根据当时双方对争议事实的举证能力，

---

[1] 杭州铁路运输法院（2021）浙 8601 民初 309 号民事判决书。

[2] 北京市海淀区人民法院（2017）京 0108 刑初 2384 号刑事判决书。

[3] 北京市海淀区人民法院（2017）京 0108 民初 24512 号民事判决书。

合理分配举证责任，从证据优势角度进行事实认定。

三、数据流通规则

数据流通的本质是对生产要素的重新分配，如前文所述，数据并非天然具有公共属性，信息的公域性和互联网的共享互通精神赋予了数据流通的需求。但数据流通绝不是随意、无序的，而是应当从互惠、公平角度出发，在兼顾数据控制者、数据使用者、消费者和社会公共利益等各方利益的条件下有序进行。

"三重授权"规则是经常被提及的数据流通规则之一，"三重授权"是早期数据竞争案件微博诉脉脉案所确立的规则，指互联网中第三方应用通过开放平台如 OpenAPI 模式获取用户信息时应坚持"用户授权＋平台授权＋用户授权"的三重授权规则。"三重授权"规则在淘宝诉美景案、微信诉抖音、多闪案中也被法院提及，但一直广受争议，诸多观点认为其授权流程过长、获取授权成本过高，甚至阻碍数据自由流通，也有学者提出限缩性适用的建议。笔者认为，"三重授权"规则作为通过司法而非立法确定的规则，其本身就是在特定情形下所确立，不应作错误的扩大解释和应用。这一特定情形即"开放平台模式＋用户个人信息数据"。首先，微博诉脉脉案所涉及的数据，是承载用户的"基本信息、职业、教育、喜好"等与个人信息及隐私较为密切信息的数据，任何主体获取和使用此类数据中的信息当然需要取得用户授权，这是第一重授权；其次，开放平台 OpenAPI 模式本身就是"平台合作、用户启动"的授权模式，即开发者经平台授权获取和使用数据，但授权的启动须以用户在开发者产品中的明确同意为前提。也就是说，开发者通过 OpenAPI 模式不是在成为平台开发者或者签订合作协议后就直接获取了平台数据，而是在实际应用场景中，通过接入平台提供的 API 接口，经过平台用户在使用开发者产品时作出的具体行为而获取了相应数据，对应的即为"三重授权"中的第二重、第三重授权。因此，"三重授权"是数据流通的一项合理规则，但其是"通过开放平台 OpenAPI 模式获取与用户个人信息及隐私相关数据"这一特定情形下的数据流通规则，而非任意适用于数据流通领域的一般通用规则。

回到通用场景，数据的流通规则差异主要体现在平台对数据的控制强度上。对类似前文提及的服务器数据那样施以强控制力度的数据，应当尊重平台的经营自主权，平台可按照其自身意愿依合作等情况对外输出与交互。对用户端数据这样施以相对较弱控制力度的数据，如果第三方在获取和使用数据时能够给予平台合理的回报，并有利于公共利益，平台应进行一定的权益让渡，允许数据流通，反之，平台无义务放弃权益以帮助竞争对手。

爬虫协议是平台对数据的控制措施之一，司法裁判对网站爬虫协议设置规则的评价，给数据流通规则提供了很好的指引。爬虫协议是互联网行业内关于爬虫获取网页公开数据、信息的重要技术规范，自 20 世纪 90 年代起，许多网站都以设置爬虫协议的方式对外告知网页数据的可获取范围，即对数据流通采取限制措施。但并非网站基于自身意愿设置的爬虫协议都是正当合理的，在北京市高级人民法院先后审理的两件关于爬虫协议设置规则的案件中，裁判的结果在表面看似相反，但其内在逻辑恰恰是高度统一的，即充分结合个案事实，剖析问题的本质，准确区分场景，而不是"一刀切"的认定，这与本文所持的观点也是高度一致的。由于搜索引擎服务与内容产品服务在获取和使用数据层面的显著差异性，对于网站的利益回报明显不同。[1] 在百度公司与奇虎公司的爬虫协议不正当竞争案[2] 中，对具有互益性、公益性的通用搜索引擎爬虫，法院认为网站在缺乏合理、正当理由的情况下不能阻碍其对数据的获取，对数据流通予以鼓励；在今日头条与微博的爬虫协议不正当竞争案[3] 中，对于不具有互益、公益属性的非搜索引擎爬虫，法院认为网站有权进行阻止，哪怕是带有一定的歧视性区分限制也应该得到允许，对该场景下的数据流通予以否定。

---

① 张喆，郭凌云.数字经济时代 Robots 协议再思考［J］.中国知识产权，2021（10）：58.

② 北京市高级人民法院（2017）京民终 487 号民事判决书。

③ 北京市高级人民法院（2021）京民终 281 号民事判决书。

四、结语

　　在数据日益彰显重要作用的今天，如何兼顾公共安全、个人权利和企业利益，最大限度地发挥出数据的资源价值，发展数字经济产业，无疑是亟待解决的重大课题。企业作为市场经济活动的主要参与者，也是挖掘和创造数据价值的主要贡献方。法律制度应当尊重市场在生产要素配置中的作用，依循经济规律，在不断认识数据、设立规则的同时，探索出既能激励发挥数据价值，又能兼顾数据有序流通，还能与立法赋权妥善衔接的数据保护路径，对护航数字经济发展尤为重要。本文所涉及的只是对行业实践中互联网内容平台常见数据纠纷问题的探讨，囿于写作目的，许多问题未能深入展开，希冀能通过提出一些问题的纾解思路，减少目前业内诸多无谓的争论，更多地聚焦真问题、真思考。

互联网平台公开数据保护的
路径与制度选择

陈文煊

作者简介

　　陈文煊，北京世宁律师事务所律师。曾任职于北京法院、阿里巴巴集团；兼任中国知识产权研究会理事、国际商会中国国家委员会知识产权委员会成员、华南国际经济贸易仲裁委员会（深圳国际仲裁院）仲裁员、国际商会专利和商业秘密专家组成员，入选北京首届百名高端涉外法律人才。代表作有译著《美国反垄断法——原理与案例》，专著《专利权的边界——权利要求的文义解释与保护范围的政策调整》等，发表专业论文 40 余篇。

　　随着数字经济的不断发展，数据作为新类型的生产要素，其产权化的必要性、正当性不断增强。实践中已经出现电子商务平台公开数据是否可以使用"数据权"进行保护的新型案件。本文从解释论、立法论的角度分析，认为电子商务平台应当就其平台内数据享有持有、使用、收益等权益，以鼓励社会和产业加大对数据的投资，促进数据产业和数字经济的更高质量发展，同时，制度设计也可以兼顾社会公众的需求，最终达成权利保护与数据开放的政策平衡。

一、问题的提出

　　随着信息技术的快速发展，数据在生产、生活中的地位和作用越来越重要。数据是数字经济时代重要的生产要素，是新时代的"水、电、煤"，是促进新经济发展的重要资源和资产。

2021 年出台的《"十四五"数字经济发展规划》(国发〔2021〕29 号,以下简称《规划》),对数据要素作出专章部署,提出强化高质量数据要素供给、加快数据要素市场化流通、创新数据要素开发利用机制等重点任务举措,对加快形成数据要素市场体系、促进数字经济高质量发展具有重要意义。而赋予数据以产权保护,是激发市场经济主体创造、挖掘、整合、运用数据的基础和前提,是鼓励数据市场投资的最重要的制度手段。

为此,《中华人民共和国民法典》(以下简称《民法典》)在立法之时,即预料到了这种情况,该法第 127 条规定:"法律对数据、网络虚拟财产的保护有规定的,依照其规定。"然而,学术界和实务界对该条规定是否已经创设数据权,以及数据权的内涵和外延,仍然存在争议。

近年来,在电子商务行业,出现了一种"新"的商业模式。该模式被称为"幽灵店铺",具体而言,是 B 平台的电子商务经营者(B 平台商铺)利用技术手段爬取 A 平台的不特定多数的电子商务经营者的店铺数据,包括商品名称、属性、价格、描述、参数、图片、介绍等完整的数据,并将其复制到 B 平台的商铺中,对外展示、招揽消费者。而当消费者从 B 平台的商铺中下单购买时,B 平台商铺会使用技术手段关联到 A 平台商铺同步下单,由 A 平台商铺向消费者发货。对于 B 平台商铺而言,在自己完全没有货源和售前、售后服务能力的情况下,可以赚取差价(在 B 平台的售价高于 A 平台实际下单的价格时);对于消费者而言,其并不清楚自己购买的产品实际上来源于 A 平台商铺,也不清楚其本可以更低的价格从 A 平台商铺购买到相同的商品,甚至不知道 B 平台商铺事实上不具有售后服务的履约能力;而对于 A 平台商铺而言,其无法获得真实消费者的选购、浏览等交易和行为信息,无法做持续的消费者运营和后续的深度营销,其知识产权(如图片著作权)也因未经许可的使用而受到侵害。

针对上述情况,已经发生 A 平台的经营者以自己的名义起诉 B 平台商铺,以及提供爬虫技术服务的主体的案件,此类案件起诉的案由即为"侵害数据权益"。在该类案件中,一个核心争议焦点是:A 平台对其平台上已经公开的数据,是否享有权利,如何进行保护,这关系到 A 平台及其平台商铺的经营基础。对这个重要的法律问题，笔者尝试从解释论、立法论的角度，进行相应分析。

二、电子商务平台经营者应有权就其平台数据享有所有者权益

根据现行法律、法规规定，电子商务平台经营者应有权就其平台数据享有持有、使用、收益等权益，并有权禁止他人侵害、妨碍该等数据权益。具体而言：

（一）现行法律和政策已经明确认可平台主体对其依法收集、持有的数据享有合法权利，应当予以保护

首先，《民法典》第127条应被解读为创设了"数据"的民事权利。如前所述，《民法典》第127条的规定应如何解读存在争议。参考《中华人民共和国民法典总则编理解与适用（下）》①中对该条法律规定的理解："该条是关于数据、网络虚拟财产的引致性规定，但其宣示了对数据和网络虚拟财产的保护……数据和虚拟网络财产是一种特殊类型的物。（1）它在法律上具有可支配性和排他性。无论是数据还是网络虚拟财产都是建立在数据基础上的虚拟物，对于权利人来说，可以排他地占有、支配和使用。（2）数据和网络虚拟财产具有经济价值。民法所保护的数据和网络虚拟财产属于权利人通过合法劳动取得，具有可交换性，有一定的经济价值……综上，数据和网络虚拟财产作为一种特殊类型的物，需要民法的保护。"

据此可知，立法者在制定《民法典》时，系有意对数据权益的民法保护作出明确规定，《民法典》第127条宣告了数据权益本身就是一种民事权益类型，数据权益作为民事权益体系的重要组成部分，应当受到《民法典》关于民事权益保护规则的调整。

---

① 最高人民法院民法典贯彻实施工作领导小组.中华人民共和国民法典总则编理解与适用：下［M］.北京：人民法院出版社，2020：7.

其次，《中共中央 国务院关于构建数据基础制度更好发挥数据要素作用的意见》（以下简称《数据二十条》）规定："（三）……建立……企业数据……分类分级确权授权制度。根据数据来源和数据生成特征，分别界定数据生产、流通、使用过程中各参与方享有的合法权利，建立数据资源持有权、数据加工使用权、数据产品经营权等分置的产权运行机制……推动数据处理者依法依规对原始数据进行开发利用，支持数据处理者依法依规行使数据应用相关权利……（五）推动建立企业数据确权授权机制……市场主体享有依法依规持有、使用、获取收益的权益，保障其投入的劳动和其他要素贡献获得合理汇报……（七）……合理保护数据处理者对依法依规持有的数据进行自主管控的权益……承认和保护依照法律规定或合同约定获取的数据加工使用权、尊重数据采集、加工等数据处理者的劳动和其他要素贡献，充分保障数据处理者使用数据和获得收益的权利。"

《数据二十条》发布后，全国多个地区亦颁布、推出了数据条例，不但确立了市场主体持有、使用、收益的数据权益，同时规定了该等权益不受侵害的权益。例如，《深圳经济特区数据条例》（深圳市第七届人民代表大会常务委员会公告第十号）第 68 条规定："市场主体应当遵守公平竞争原则，不得实施下列侵害其他市场主体合法权益的行为：（一）使用非法手段获取其他市场主体的数据；（二）利用非法收集的其他市场主体数据提供替代性产品或者服务；（三）法律、法规规定禁止的其他行为。"

同时，全国多地出台了数据确权登记的管理办法，并事实上开展了大量的数据确权登记工作。例如，《深圳市数据产权登记管理暂行办法》（深发改规〔2023〕5 号）即于 2023 年 7 月 1 日起施行，并在很短的时间内提供了大量的数据产权登记。该暂行办法第 7 条明确规定，数据产权登记主体对合法取得的数据资源或数据产品享有相应的数据资源持有、数据加工使用和数据产品经营等相关权利。如果司法未能认可数据权，就会与目前各地如火如荼的数据产权登记实践活动相互脱节。

基于上述中央政策和法律法规规定，"数据"本身作为特殊的物，可以获得民法保护。数据权益本身是《民法典》确立并承认的一种民事权益。进而，数据权益是权益主体基于其劳动和其他要素贡献，依法或者依约获取的对数据进行采集、持有、利用和获取收益的权益，同时其有权禁止其他市场主体侵害、妨碍该等数据权利。

（二）电子商务平台对平台数据进行筛选、编排，进行后续的维护、管理和保护，依法应对该等平台数据享有数据权益

电子商务平台的经营者付出大量人力、财力、物力建设电子商务平台，并制定了完备的商户指引，引导、规范平台商户进行信息上传从而形成平台数据，并对平台数据进行筛选、编排，从而进行后续的维护、管理和保护，该等平台依法应对平台中的数据享有数据权益。

以淘宝平台与淘宝商户签署的《淘宝网卖家服务协议》[①] 第 3.6.1 条及天猫平台与天猫商户签署的《天猫商户服务协议》[②] 第 6 条第 5 项约定为例，实践中，各电子商务平台均与平台内经营者约定了收集、记录商户使用平台服务过程中及其他平台运营过程中产生的相关数据权利归属于平台。同时，以淘宝平台和天猫平台发布的法律声明为例，电子商务平台也基本都要求，除非经平台另行同意，平台推出的所有官方产品、技术、软件、程序、数据及其他信息（包括文字、图标、图片、照片、音频、视频、图表、色彩组合、版面设计等）的所有权利（包括著作权、商标权、专利权、商业秘密及其他相关权利）均归属于平台所有。未经平台事先许可，任何人擅自使用上述内容和信息，可能会侵犯平台权利。因此，基于平台与其商户的约定，电子商务平台对平台数据有权进行收集、使用、处理。

与此同时，平台更是付出了大量劳动和其他要素贡献，形成了极具商业价值的数据集合。需要说明的是，电子商务平台并非仅仅通过协议约定而取得对平台数据集合的权利，更是投入了巨额的成本和劳动：首先，电子商务平台为营造良好的平台交易环境、提升消费者体验付出了巨大的人力、物力成本和资源投入。该等投入的回报，将体现为消费者基于购物过

---

① 淘宝网.淘宝网卖家服务协议［EB/OL］.（2024–03–29）［2024–05–15］. https://terms. alicdn. com/legal–agreement/terms/suit_bu1_taobao/suit_bu1_taobao201908081502_44434. html.

② 天猫.天猫商户服务协议［EB/OL］.（2023–11–02）［2024–05–15］. https://terms. alicdn. com/legal–agreement/terms/TD/TD201609271722_89275. html.

程中对售前、售中、售后、消保服务等的良好体验从而累积的平台良好商誉，进而获得和提升平台的访问量与交易量。电子商务平台作为平台运营者，需要搭建平台、创建系统、创建数据接口、制定数据上传标准、安排审核和监管人员、美化平台界面、宣传和推广平台活动，从而吸引和留住更多平台商户。因此，电子商务平台作为数据收集者和持有者，有权凭借自己付出的劳动对平台数据主张权利。其次，电子商务平台对平台商户如何上传信息、上传何种信息均进行了规范指导、算法修正。电子商务平台通过搭建类目广泛、多样、分层次的商品上架发布系统，设置了有差异的个性化字段和一定范围内容的数据交互，引导商家填写，并经过商家授权，采集、储存了内容完善、字段固定、真实可靠的商品信息，以供后续发布、陈列、展示，从而提供了全面完整的商品信息和良好的浏览体验。再次，电子商务平台对平台数据集合进行了相应的筛选、分类、排序。平台商户的数据是零散的、单一的。当海量的平台商户数据上传至电子商务平台后，形成海量、巨大的数据集合。该等数据集合已经和单个平台商户持有的数据相分离，同时，因为该数据集合经平台经营者主动筛选、分类、创建数据索引关联、编号、根据销量排序，形成了对市场极具吸引力、拥有巨大商业价值的数据集合。这也是为什么爬虫软件有可能仅凭借一条商品详情链接或商户店铺主页链接，从数据集合中批量"挑选"其想要爬取的数据的技术原因。最后，电子商务平台投入大量成本对平台数据进行维护、管理。电子商务平台通过设置一系列关于信息发布、质量管理的具体规范，对数据的合法性和质量进行规范管理，同时还对假冒、不当获取使用信息、发布虚假信息等违规信息进行监管和综合治理。同时，电子商务平台还在商品详情页设置爬虫协议，明确禁止未经许可的数据爬取行为，对平台数据进行保护。

综上所述，平台经营者付出大量人力、财力、物力搭建和发展电子商务平台，并制定完备的商户指引，引导、规范平台商户进行信息上传，从而形成平台数据，并对平台数据进行筛选、编排，进行后续的维护、管理和保护。因此，平台经营者依法对该等平台数据享有数据权益。

三、确立电子商务平台就平台数据享有权益具有重要意义

在当前数据爬取行为已成为广泛存在的侵害行为的情况下，确立电子商务平台就平台数据享有权益，认定未经其许可随意获取数据构成对数据权益的侵权行为具有重大意义。确立数据权益，不但能够激励数据生产、促进数据流通，并且能够摆脱以反不正当竞争法进行规制的困境。

（一）数据确权对当前数字经济时代下数据的生产、流通和保护的重大意义

数据确权对当前数字经济时代下数据的生产、流通和保护具有重大意义，也是势在必行的。

首先，数据确权有利于激励数据生产。具体而言，数据是大数据时代的新型财产。只有保护数据财产，才能使公民和企业产生对未来取得利益的合理预期，从而产生投资、生产数据的意愿，产权的激励效应得以发挥。

其次，数据确权有利于定分止争。数据确权是数据保护的前提，也是数据保护的基础。如果法律没有对数据处理者及其他主体针对数据享有的权益作出公正、高效与合理的界定，那么围绕数据归属和利用的纷争将难以从根本上解决，从而不利于数据生产。

再次，数据确权有利于促进数据流通。第一，数据确权为数据流通提供了确定性和可预见性，从而减少了相应的法律风险。《数据二十条》指出，探索建立数据产权制度，推动数据产权结构型分置和有序流通。该规定解释了数据确权与数据流通的相互依存关系。从法律上看，数据确权是数据流通的前提和基础，两者密切联系。只有存在明晰的产权，数据交易才有确定性。同时，也只有数据确权，相关主体才能确信交易具有合法性。第二，数据确权有利于减少数据流通的障碍。数据的产生可能是多个相关主体共同作用的结果，数据确权可以厘清各主体对于数据所享有的权利，便于数据交易，规避潜在的侵权风险，确保交易的稳定和安全，有助于更多交易机会的产生。同时，数据产权不明晰会引发各种数据非法复制

和盗取行为，导致数据权益被随意侵害。数据处理者可能需要通过各种方式防范大规模的数据爬取行为，通过各种繁复的技术措施确保自己的数据安全，这也会极大增加数据生产和持有的成本，更会导致公众无法正常利用数据，反而限制数据的供给和流通。

最后，数据确权有利于降低数据流通的成本。如前所述，由于目前未能对数据确权，致使数据生产和流通环节的成本极大增加，交易的安全性和稳定性存在潜在风险，阻碍数据合法合理的流通。因此，数据确权后，也必然会降低该等问题，极大降低各方主体在数据生产和流通中的成本，进而促进数据的流通和利用。

（二）反不正当竞争法对数据爬取行为的规制不足以保护数据持有人的合法数据权益

在数据爬取行为已经成为侵犯平台数据权益的一种常见行为的情况下，以反不正当竞争法对数据爬取行为进行规制，不足以保护数据持有人的合法数据权益。同时，仅以反不正当竞争法对侵害数据权益纠纷进行规制，会造成侵权行为规制法律从具体条款向一般条款的逃逸。

由于数据的商业价值和重要性越来越受到关注，甚至部分企业的核心业务就是数据的收集和利用。但是，由于从个体重新获取数据成本高昂，直接从平台获取数据集合则更为简单，致使数据爬取行为日益猖獗。然而，诸多裁判案例显示，一些法院目前仅仅通过反不正当竞争法调整数据纠纷。通过反不正当竞争法规则保护数据，实际上是在缺乏数据产权立法的情形下，不得已而为之的现象，存在明显缺陷。首先，反不正当竞争法的立法目的在于维护竞争秩序，而非确认民事权益，其无法从正面规定数据权益的内容、数据权益的限制以及数据许可使用、数据转让等规则。通过反不正当竞争法规则保护数据，回避了数据确权这样一个重大前置问题。以反不正当竞争法对数据予以保护无法形成一种持久而稳定的经济激励机制，亦无法有效保护和促进数据持有人的创新活动。其次，对数据权益进行确认，有利于准确判断不正当竞争行为。认定是否构成不正当竞争，仍要以所侵害的权益是否为法律所保护的权益为基础。缺乏对数据的确权，将导致数据合理使用与不正当竞争的界限难以区分。再次，反不正当竞争法规则只能解决具有竞争关系的经营者之间的数据纠纷。然而，在实践中，一方面，当事人可能并非经营者，自然人和数据权益主体之间也可能产生纠纷，此时反不正当竞争法将难以作为纠纷解决依据；另一方面，在侵害数据权益的案件中，当事人双方可能并不存在竞争关系，此时一概通过反不正当竞争法进行保护，将使缺乏竞争关系的纠纷在法律适用层面出现向反不正当竞争法逃逸的现象。最后，由于反不正当竞争法并未为数据财产权提供系统的基础性保护规则，目前，司法、行政机关只能通过《反不正当竞争法》中的第12条第2款第4项网络不正当竞争行为兜底条款及第2条的一般条款对数据权益进行保护。但这两条均是兜底性、开放性的规定，一概适用这些条款为数据权益提供保护，无异于适用公平原则解决数据纠纷，构成向一般条款逃逸。因此，反不正当竞争法规则无法规范数据利用的具体行为，也无法对数据侵权作出具体认定并进行救济。

（三）数据权益的确定能够更为全面和高效地保护电子商务平台合法权益

在实践中，如司法、行政机关能确认电子商务平台对平台数据享有数据权益，则能够突破普遍以反不正当竞争法对数据爬取行为规制的司法实践，避免个案仅能作为反不正当竞争法一般条款的应用个例，无法充分起到示范性定分止争的作用，真正发挥民法规范在数据保护方面的指引、评价、教育和预测作用。

电子商务平台经营者花费大量成本搭建的电子商务平台是具有高度消费者认可度的购物平台。凭借电子商务平台的悉心经营，才能获得相应的美誉度，发挥网络消费领域的带动作用。尤其是，电子商务平台所主张保护的数据集合是相关平台的核心竞争力。数据集合并不是简单的数据堆砌，而是通过指导用户上传数据，对用户上传的数据进行审查、筛选和编排，在符合现行法律对电子商务平台商品销售宣传的合规性要求后，最终将数以亿计的商品数据汇集成为电子商务平台上的数据集合。该数据集合由于数据体量大、合规性高、信息完备等多方面特点，从而具有极高的商业价值。但同时，数据本身的特性决定了电子商务平台的数据集合具有可复制性。数据集合一旦脱离电子商务平台的控制之后，即可以被无限复制。电子商务平台基于持有该部分数据集合而享有的任何利益均会遭受侵害，并且损失难以挽回。依据反不正当竞争法，电子商务平台仅仅能够禁止爬虫运营者、使用者立即停止使用涉案的数据集合，但是无法直接禁止其他主体使用该部分被爬取的数据集合。然而，如果司法、行政机关确认电子商务平台对平台数据享有数据权益，则基于数据权益的对世属性，电子商务平台可以对抗其他潜在侵权人，更为全面和高效地保护自身合法权益，同时对该领域侵犯数据权益的相关案件，起到标杆性的示范作用，从而确立对数据权益进行保护的法律路径。

四、确定平台对数据享有权益不会与其他主体的权利产生冲突

依据现有法律规定以及政策，确定以电子商务平台为代表的平台对平台数据享有数据权益，并不会与平台数据来源者对原始数据所享有的数据权益产生冲突。知名学者王利明教授在讨论如何进行数据确权时，提出构建数据的双重权益结构。[①] 所谓双重权益结构，是指在同一数据之上，通过区分数据来源者和数据处理者而确认不同的权利。

进一步而言，电子商务平台经营者属于数据处理者，数据处理者对平台依法依约收集的数据集合享有财产权益，包括持有权、使用权、收益权、处置权等。而平台上的入驻商户（平台内经营者），属于数据来源者。数据来源者对其知识产权、个人信息等不同类别的权益客体，可依据相关法律享有法定在先权益，并可以访问其向平台提供的数据，或对涉及个人信息的数据享有查阅、复制、更正甚至删除等权利。数据处理者和数据来源者可分别享有不同层级、范围和类型的权益，两者并不冲突。

此外，在数据确权方面，区分数据处理者与数据来源者的权利有如下

---

① 王利明.数据何以确权［J］.法学研究，2023，45（4）：56-73.

意义：

首先，有利于区分数据来源和数据产品。《数据二十条》中的数据产品，是数据处理者对数据进行处理所形成的集合，而数据具有多种来源，其中又可能涉及知识产权、个人信息等各种法定在先权益。两者自然而然应当分别作为独立的客体受到保护。其次，有利于区分数据处理者和数据来源者的权益。数据处理者对数据和数据产品享有财产权益，数据处理者之外的主体不能主张分享数据和数据产品的财产权益，包括持有权、使用权、收益权、处置权等。而数据来源者如果本身不能成为数据处理者，其只是享有在先权利以及对其所提供数据的访问权等权利。最后，有利于区分数据处理者和数据来源者的权利范围。数据处理者对整体数据以及相关的数据产品依法享有财产权，其可以对整体数据以及数据产品进行各种形式的商业化利用。数据来源者虽然也提供了部分数据，但其并不能主张对整体数据享有权利，只能依法对其所提供的部分数据享有权利。综上，数据来源者上传的数据经过数据处理者处理后产生的数据集合，无论在数据体量和数据价值方面，都产生了质变。同时，数据来源者在将本地数据上传至平台后，其本地数据已经和平台上收集到的数据分裂为两个不同的数据实体，权利所指向的数据亦可以得到有效区分。因此，数据处理者对于平台数据的数据权益，可以和数据来源者对其上传的数据作区分并分别予以保护。

基于此，本文认为，对以电子商务平台为代表的平台数据权益进行确认，并不等于赋予平台"绝对的独占权"，而是与数据来源者相区别的、归属于数据持有人所享有的"有限的排他权"。该等对数据持有人的数据持有权利进行确权，并不会导致平台商户利用数据（尤其是平台商户作为数据来源者必然对原始数据享有的权益）的障碍，而是有利于避免和排除相关侵权行为（未经任何权利主体授权、以获得经济利益为目的的使用行为），不当挤占电子商务平台作为权利主体本应获得的市场空间。

五、结语

在《民法典》施行之后，中共中央和国务院适时出台了《数据二十条》的重要政策，为深化我国数字经济的发展和创新打下了坚实的制度基础。电子商务平台经营者对自身平台上的数据享有数据权益，具有充分的正当性。目前，在司法和行政执法上，尚未出现对电子商务平台经营者的公开数据以数据权进行保护的案例。如果能够对此形成突破，必然能够从《民法典》的角度对数据提供全新的保护理念，并为进一步开展数据权保护相关的立法和制度建设迈出至关重要的一步。

网络游戏发行渠道高比例抽成的
反垄断规制
——以苹果公司遇到的反垄断调查为例

江玉远

作者简介

江玉远，北京市盈科律师事务所律师，兼任北京知识产权研究会版权专业委员会委员、人民法院调解平台调解员。曾在金融机构、互联网公司、上市文化娱乐集团等企业任职诉讼总监，处理诉讼案件千余起，擅长争议解决和知识产权领域法律事务；办理案件入选最高人民法院 50 件典型案例及中国新文娱十大影响力案件；办理的著作权侵权案件判赔 2000 万元，是知识产权赔偿市场价值标准的典型案例。

随着技术的发展、智能手机的普及，手机的性能已经能够承载复杂的游戏运行，网络游戏逐渐向手游迁徙，而掌管各大应用商店的手机厂商就对应用商店的应用抽成具有较高的话语权。分成比例往往是格式合同，难以通过谈判有效沟通，为了维护发行渠道的整体利益，各大渠道已经达成价格协同。

游戏发行渠道苹果公司、谷歌公司的渠道发行抽成为 30%。国内苹果 IOS 系统应用商店的游戏发行抽成为 30%，而国内安卓系统手机厂商应用商店游戏发行抽成为 50%，有的甚至先要收取 5% 的支付渠道费（如广东省高级人民法院生效文书记载国内安卓渠道的 App 开发者从收入中分成 46%[①]）。大多数游戏厂商具有游戏研发能力，发行能力相较于发行厂商

[①] 广东省高级人民法院（2021）粤民终 1035 号民事判决书。

较弱，而且发行厂商掌握手机应用商店的天然优势，有些通过手机浏览器进入游戏官网下载可能被手机提示不安全，引导进入手机应用商店下载游戏，手机应用商店成了游戏发行几乎无法绕开的问题。因此，高额的游戏发行抽成让游戏厂商苦"抽成税"久矣。

高达30%或50%的渠道分成，既损害了游戏发行厂商的利益，又严重侵害消费者的利益，也扰乱了游戏发行的管理秩序，应当加强反垄断规制和行业自律，引导游戏发行渠道和游戏研发厂商的健康良性发展。

一、美国《开放应用市场法案》提案及影响

"苹果税"是指对苹果应用商店从"应用程序内支付"获取的收入进行30%的分成。"应用程序内支付"（in-app purchase，IAP）是指发生在苹果iOS系统内的所有虚拟内容交易，例如，视频的会员付费、游戏的道具购买等。苹果平台自成一体的封闭系统及支付、分成体系，受到开发者、政府监管方等各方质疑，通过Epic Games公司与苹果公司的诉讼进一步看到，苹果公司以安全之名对体系封闭及自主权的坚持，[1] 加深了各方的误解和冲突。目前，各国对苹果公司纷纷展开反垄断调查，2021年8月美国参议院司法委员会收到了议员提出的提案——《开放应用市场法案》（Open App Markets Act），[2] 意在通过立法规制应用商店的市场垄断。随后，苹果于2021年8月23日对相关诉讼向法院提出和解申请。

美国参议院司法委员会收到的《开放应用市场法案》提案，旨在规制在美国拥有5000万名以上用户的应用商店拥有者，目的是在应用程序经济中，弱化苹果公司、谷歌公司等"看门人"的权力，增加消费者的市场选择机会，降低其购买成本，提高商品质量，使应用程序市场更具竞争力。

---

① Epic Games, Inc. v. Apple Inc., 493 F. Supp. 3d 817（2020）. Epic Games, Inc. v. Apple Inc., 2020 WL 5073937（2020）.

② 佚名.《开放应用市场法案》或将对应用市场竞争格局产生重大影响［EB/OL］.（2021-08-26）［2024-05-10］. https://mp.weixin.qq.com/s/d2d50x4zw5CM07AZ86Y-1w.

　　该法案明确了巨型科技公司滥用市场支配地位行为的监管规则：第一，禁止应用商店拥有者使用其应用程序内支付系统作为在其应用商店分发或访问的条件；第二，允许应用程序开发者以低于其应用商店的价格直接向用户或向其他应用商店销售他们的应用软件，或者提供优惠和其他福利；第三，允许用户通过官方应用商店之外的渠道将应用程序安装到自己的手机操作系统上；第四，禁止应用商店拥有者利用其平台收集到的非公开商业信息来开发具有竞争性的应用程序；第五，禁止应用商店拥有者以设置排名方案的方式将自己的应用程序置于第三方应用程序开放者的应用之上；第六，禁止限制第三方开发人员访问操作系统接口、开发模块和功能特性。不过，该法案为使用其应用程序内支付系统保留了一定空间，设置了"实现用户隐私、安全或数据市场安全所必需的"等适用例外。

　　这一法案的出台可以看作近年来以 Epic Games 公司为典型的开发者和应用商店消费者，要求苹果公司开放第三方支付系统并提起反垄断诉讼的斗争成果。同时，该法案提出后，苹果公司在其涉案的反垄断集体诉讼中选择和解，并对其应用商店政策作出更改，因此，有舆论认为，该法案的出台促成了苹果应用商店的政策更改。

　　2021 年 8 月 26 日，苹果公司发布新闻稿《苹果公司与美国开发者就苹果应用商店的更新达成一致，这些更新将支持开发者业务，并持续为用户带来精彩体验》。这一系列更新是在苹果公司与卡梅隆公司等开发者（Apple Inc. v. Cameron et al）的集体诉讼中，与开发者达成的和解协议内容。该协议确认了七项开发者关心的问题，包括：（1）年收入少于 100 万美元的企业，将按照小型企业计划在未来三年内继续受益于佣金折扣，规模较大的开发者则需就 App 购买和 App 内支付向苹果公司支付标准佣金；（2）开发者可以使用电子邮件等通信方式与用户共享 iOSApp 之外的支付方式；（3）苹果公司同意其搜索结果将继续以下载量、星级评分、文本相关性和用户行为信号等客观特征为基础；（4）把开发者可用于订阅、App 内购买和付费 App 的价格点数量从少于 100 个扩展到多于 500 个，开发者可以继续自行设定价格；（5）苹果公司同意基于苹果网站数据创建年度透明度报告，以公开 App 审核机制的详实数据等；（6）苹果公司将为开发者保留以不公对待为由就未通过 App 审核申请复议的选项；（7）苹果公司还将设立一项基金以协助美国小型开发者。

该重大调整是苹果公司作出的妥协，旨在应对此前包括 Epic Games 公司和流媒体音乐巨擘 Spotify 在内的应用开发者，主张其收取的 30% 抽成费用不合理，且存在有碍公平竞争行为的诉讼，使线上交易可以绕开"苹果税"。但针对应用程序内链接发生的交易，苹果公司并未就抽成比例作修改。因此，此次应用商店的政策更改可能对改变苹果公司垄断 iOS 应用市场和应用内产品分发服务相关市场的效果有限。该修改政策并未实质性地降低苹果公司的权利，相反，苹果公司可能会对该法案进行游说以降低对其利益的影响。

二、针对苹果公司的反垄断诉讼

《开放应用市场法案》提案的背景是苹果公司对应用程序开发者收取 30% 的过高佣金并禁止应用程序开发者采用第三方支付系统，这与广受关注的 Epic Games 公司与苹果公司的反垄断诉讼的焦点一致。

游戏开发商 Epic Games 公司于 2017 年上线《堡垒之夜》，2018 年 3 月该游戏在苹果应用商店上架。当时，Epic Games 公司已经对各大在线游戏平台的分成政策颇为不满，创始人兼首席执行官蒂姆·斯维尼（Tim Sweeney）点名批评蒸汽公司（Steam）、苹果应用商店和谷歌应用商店（GooglePlay）抽成过高。2020 年 8 月 13 日，Epic Games 公司在《堡垒之夜》里上线了一项新功能：玩家在购买游戏内货币时，如果直接支付给 Epic Games 公司，即可获得 20% 折扣，这种支付方式绕开了苹果公司应用程序内支付系统，因此苹果公司无法获得 30% 的平台抽成。此举引发了苹果公司与 Epic Games 公司的拉扯战。苹果公司下架游戏《堡垒之夜》，Epic Games 公司提起了对苹果的反垄断诉讼。两家公司之间的诉讼波及游戏玩家和蒸汽公司等大型运营方。

该案件的争议焦点在于，苹果、谷歌乃至蒸汽公司等大型平台对游戏销售和游戏内交易 30% 的抽成是否合理，是否允许第三方支付渠道的存在，苹果公司是否构成垄断行为。

在庭审过程中，Epic Games 公司认为苹果公司抽成 30%，这一数字并不考虑开发者所需的工具、服务以及提供给开发者的协助，"当一家企业在制定价格时无须考虑成本，人们称之为'垄断'"。此外，Epic Games 公司指出，当用户在苹果应用商店进行消费后，就被绑定在了苹果公司的生态之中，如果没有苹果公司的限制，开发者能够为用户提供更多的服务以及更低的价格。

苹果公司则认为：苹果应用商店实际上是改善了消费者的选择，Epic Games 公司本身也从苹果应用商店中获益，而且苹果公司本身并不能限制《堡垒之夜》的发行，它可以选择在其他平台上架，用户也可以使用各类非 iOS 产品，Epic Games 公司将苹果应用商店定义为单一品牌的市场并不正确。苹果公司在庭审中提出了这样一个问题：《堡垒之夜》可在 iPhone、Xbox、Switch、PC 跨平台游戏，但 Epic Games 公司却未指责其他三个平台。采用 30% 的分成并非苹果公司的特有举措，Epic Games 公司的主张将会殃及其他平台的生态。苹果公司首席执行官库克（Cook）出庭作证时说明，苹果公司不允许第三方绕开其应用商店直接向消费者收费的原因是出于对用户隐私和数据安全的考虑，苹果应用商店能够为用户和开发者提供更为安全的环境，避免被恶意软件袭击，而不是为了限制竞争，获取市场垄断地位。

苹果公司在应用市场的秩序维护、安全管控与市场上产品的宣传推广等方面作出了很大的努力，"苹果税"就是开发者入驻这一市场的"入场费"。正如库克所称，如果开发者都能拥有自己的支付方式，这将使苹果应用商店成为跳蚤市场，跳蚤市场会带来混乱，这样的应用商店将不会被用户信任，开发者也不会得到如此庞大的用户群，因此如果开放第三方支付，没有人会受益。然而，对于像 Epic Games 公司这样知名度较大的企业来说，苹果应用商店只是提供应用程序的下载平台，而控制应用程序使用者在应用内支付并收取佣金的行为，涉嫌不公平竞争，不利于数字市场的竞争秩序。

本案中，涉及反不正当竞争和反垄断的法律问题，相关市场的界定是重要前提和基础。Epic Games 公司想将案件中的垄断市场狭义限制为苹果手机商的移动 App 市场，但苹果公司一方则试图将主机、个人计算机和移动设备描绘为一个广义上的整体游戏市场，这么一来，包括苹果应用商店、V 社、微软、任天堂在内的多家数字销售平台就是在这个市场内共同竞争。法官在判决中驳回了双方关于相关市场的界定，认为这里的相关市场是指数字移动游戏交易市场，既不是一般的游戏应用市场，也不是苹果公司自己与应用商店相关的内部操作系统。

Epic Games 公司在与苹果公司的诉讼中称，苹果公司利用其经济控制力，将应用程序内支付系统与苹果应用商店捆绑销售，从而违反《反托拉斯法》，但是该主张并未得到法院的支持。

法院认为，应用程序内支付系统从历史上来看与应用商店同时出现，它从来不是一个单独的产品，而捆绑销售的前提是存在两个单一的产品。应用程序内支付系统处于这样一个场景，即应用商店是一个数字市场，许多如 Epic Games 公司一样的开发者，可以构建这样一种商业模式，先以免费下载游戏或应用为由吸引顾客，然后再通过应用程序内支付系统收费。应用程序内支付系统不是 Visa、Master Card 一样的支付处理器，它更类似于返回到应用商店的链接，因此交易必须在应用商店的数字范围内进行。

考虑到消费者的需求与市场竞争，在证明其消费者对独立支付系统有需求的主张方面，Epic Games 公司欠缺有力的论证。当消费者被提供另一种更优惠的选择时，他们固然会选择另一种替代支付方式，但这仅能说明对应用程序内支付系统替代品的需求，而不是对应用商店外单独支付系统的需求。尽管苹果公司承认把应用程序内支付作为应用程序分销的条件具有强制性质，但其声称该行为是出于数据市场安全、交易便捷的需要。

2021 年 9 月 10 日，苹果公司与 Epic Games 公司的诉讼之争有了阶段性结果，苹果公司赢得了 10 项指控中的 9 项，法官伊冯娜·冈萨雷斯·罗杰斯（Yvonne Gonzalez Rogers）认为，法院无法判定苹果公司为垄断者，但应认定其从事反竞争行为，并颁布一项禁令：苹果应用商店不得禁止开发者在应用程序内向用户提供链接使用购买、充值的第三方支付渠道。该禁令于 90 天后生效。该禁令的颁布意味着苹果不得再禁止开发者使用第三方支付渠道，这有助于开放应用市场竞争格局。Epic Games 公司为此付出了游戏下架、违约赔偿等沉重代价，苹果公司也将损失其高额利润，双方均对该判决提出上诉。2023 年 4 月，上诉法院基本维持原判。苹果公司在 2024 年 1 月更改美国地区的抽成政策，允许第三方支付，但是仍然有具体的暂时限制条件，抽成比例为 27%，如果开发者参与了小型企业计划，抽成比例则是 12%。

三、苹果公司受到的反垄断调查及国际反垄断动态

世界各国的应用程序开发者都对苹果、谷歌等大公司表示不满，并要求反垄断机构及立法机构采取相应的措施，多国政府也采取了相应的举动。

（一）韩国的情况

2021 年 8 月 31 日，韩国国会表决通过了《电信业务法》（修订案）[①]。该修订案的生效意味着韩国将成为第一个以成文法的形式规定应用市场经营者义务的国家。该修正案对应用市场运营商的权利进行了限制，禁止以下行为：在中介移动内容等交易时，不正当地利用其交易地位，强迫移动内容等提供方采取特定的支付方式；不当延迟移动内容等的审查；在应用市场中不当删除移动内容等。

该修正案实施后，应用市场经营者将无法强制开发者使用应用程序内支付系统并收取佣金，从而促进公平开放的移动生态环境的形成。2022 年 6 月 30 日，苹果公司发布公告：允许韩国地区使用第三方支付，抽成为 26%。

---

① 赵青 . 韩国国会通过《电信业务法》（修订案）禁止应用市场（App Market）经营者强制限定结算方［EB/OL］.（2021–09–03）［2024–05–10］. https://mp. weixin. qq. com/s/RFnrW–zPH–QWvPGhWz2_ebQ.

（二）欧盟的情况

2020 年 6 月 16 日，欧盟反垄断机构正式开启两项调查，以评估苹果公司支付及应用商店是否违反欧盟竞争法。欧盟委员会表示，调查将涉及苹果公司强制应用开发商使用应用程序内支付系统，以及该公司禁止应用开发商向用户告知应用之外更便宜的购买渠道。2020 年 12 月，欧盟委员会向欧洲议会及欧洲理事会提交《数字市场法案》，该法案于 2022 年 9 月 14 日通过，2024 年 3 月 7 日生效。苹果公司的抽成从原先的 30% 降至 17%，或从折扣后的 15% 降至 10%，并允许第三方软件的侧载（下载应用），但仅限于欧盟地区。2024 年 4 月 29 日，欧盟委员会宣布，苹果 iPad 操作系统纳入《数字市场法案》合规义务。

（三）英国的情况

2021 年 6 月 16 日，英国竞争和市场管理局（Competition and Markets Authority）表示，正在调查苹果和谷歌这两家公司对移动操作系统、应用商店和网络浏览器的控制是否会损害数字市场的竞争。该监管机构称，担心这可能削弱创新，导致消费者为设备、应用程序或其他商品和服务支付更高价格。针对这一问题，英国法律界配合提起了多起集体诉讼，诉求金额高者达 10 亿美元，想通过诉讼及可能形成的判例给苹果公司施加压力。

（四）美国的情况

2019 年 9 月，美国众议院司法反垄断小组委员会对苹果公司发送信件调查，要求了解苹果公司如何管理其应用商店、第三方支付系统政策、"应用程序内支付"收入分享政策和用户是否可以选择非苹果应用作为默认应用的信息。2020 年 10 月初，美国众议院反垄断调查报告——《数字市场竞争的调查》①发布，其中对苹果、谷歌、亚马逊、脸书等公司的垄断行为进行了详细的论述与分析。报告中称，这些平台都承担着应用程序分发渠道的看门人角色，控制应用程序市场准入。他们可以利用其各自的市场力量，通过控制数字时代的基础设施，对其他企业进行监视，以确定潜在的竞争对手，并最终通过收购、抄袭复制或直接搞垮竞争对手等方式消除竞争威胁。最后，这些公司滥用其作为中介的角色，以进一步巩固和扩大其市场支配地位。不管是通过自我优待、掠夺性定价还是排他性行为，处于支配地位的平台都在利用自己的力量使其更具市场统治力。在与 Epic Games 诉讼过程中，苹果公司也与开发者就相关问题寻求和解②并作出一些允许第三方支付的改变③和抽成比例变更的变化④，Epic Games 与苹果公司诉讼结束后，苹果公司在美国也作出了一定改变。

数字经济时代，互联网科技巨头以其成熟的技术和市场影响力，牵动着整个行业的利益与发展，对数字市场的竞争格局产生巨大影响。法律与监管机构需要多管齐下，平衡消费者、开发者、应用商店平台方之间的利益，维护开放公平的市场，确保数字经济的活力。但毫无疑问，应用商店作为平台方事实上还是掌握着市场规则、应用下载、支付系统、分成定价等核心权利（力），各方之间的利益博弈将成为常态，相关的反垄断诉讼和执法也将成为常态。

---

① 一介庶民.反垄断巨潮下的诸神黄昏：Facebook 篇［EB/OL］.（2021-02-09）［2024-05-10］.https://www.huxiu.com/article/409176.html.

② 佚名.苹果 App Store 政策重大调整：允许开发者告知用户使用其他支付选项［EB/OL］.（2021-08-29）［2024-05-10］.https://baijiahao.baidu.com/s?id=1709366439446281535&wfr=spider&for=pc.

③ 佚名.Apple 与美国开发者就 App Store 更新达成一致，这些更新将支持开发者业务，并持续为用户带来精彩体验［EB/OL］.（2021-08-26）［2024-05-10］.https://www.apple.com.cn/newsroom/2021/08/apple-us-developers-agree-to-app-store-updates/.

④ 杜知航.苹果在美反垄断诉讼达成和解 30%"苹果税"松动［EB/OL］.（2021-08-29）［2024-05-10］.https://www.caixin.com/2021-08-29/101763411.html.

四、结语

反垄断法的立法目的是"保护竞争而不是竞争者",其基本含义是,反垄断法维护的是市场竞争机制,通过维护市场竞争机制提高经济效率或者实现其他社会目标,而不是刻意保护在竞争中受到损害的竞争者。当然,反垄断法归根结底仍然是保护正当竞争的法律。因此,确切地说,反垄断法不是简单地以特定的竞争者受到损害作为断定是否构成垄断行为的标准,而是从竞争机制的大局或者整体进行判断。[1] 从这个意义上讲,本文的主题也并非着眼某一家游戏研发厂商,而是从游戏厂商和应用市场发行渠道者这两个紧密联系的相对方来看,两者的关系由于垄断定价问题已经出现重重矛盾,目前不可调和,降低了社会效率,损害了消费者等相关方的社会福祉,有必要引起重视。

目前来看,对应用市场的管理,我们还停留在隐私保护和数据合规层面,对应用市场的反垄断问题缺乏针对性的法律、法规或部门规章级别的规范,仅靠市场的自我矫正,难以撼动既成利益格局。美国对自家的大公司苹果动手,韩国、欧盟也保护本国/地区的企业,实施反垄断法的举措本就超前的欧美国家,纷纷根据时代变化对应用市场单独出台针对性的法案进行管理。而我国的反垄断法处于起步阶段,目前我们国内也没有对应用市场的垄断执法,没有应用市场的合规立法,鲜有针对公司利用应用市场滥用市场支配地位或其他垄断行为的诉讼,举报处罚也较少。虽然可以效仿英国大量提起针对苹果公司、安卓手机厂商的集体反垄断诉讼,但是组织难、立案难、判决难也是摆在我们面前的现实问题,这与我们的针对性立法缺失具有一定的关系。对这一违背经济学规律的销售分成方式,如不及时加以干预,除了会对该领域经济产生影响,可能会进一步蔓延到社会其他经济领域,进一步破坏公平竞争秩序。只有效仿美国、韩国、欧盟,通过有针对性的立法手段倒逼应用市场走向合规,遏制横向垄断、超高定价,重新发挥市场的作用。当然,仅靠立法不是一蹴而就的良药,更

---

[1] 孔祥俊.反垄断法原理［M］.北京:中国法制出版社,2001:176-178.

要提高这方面的意识，加强行政执法和合规要求，应用市场的 App 不是简简单单的一些软件，数字经济下那是我们的一个个企业，做好应用市场反垄断管理，会促进千千万万企业更好地发展，促进就业和纳税，让利于消费者，而不是将财富集中到少数企业中去收割暴利。

网络音乐版权独占许可的反垄断分析 *

尹锋林

作者简介

尹锋林，法学博士，中国科学院大学知识产权学院副教授、学校法律顾问，北京知识产权法研究会副会长、中国知识产权法研究会理事，中国科学院知识产权法律咨询服务平台咨询专家；世界知识产权组织远程教育学院导师。曾作为咨询专家参与科技部对《中华人民共和国促进科技成果转化法》和《中华人民共和国科学技术进步法》修改草案的起草工作；以第一作者或主编身份出版知识产权法、科技成果转化、科技法方向专著和教材6部，发表相关论文70余篇。

版权保护在于鼓励文学艺术创作，促进社会文化繁荣。合理的、有效的音乐版权保护与利用，有助于使音乐作品创造者和表演者通过市场化方式获得应得的经济收益。最近几年来，随着我国知识产权保护水平的大幅提升和网络音乐市场的迅速繁荣，我国音乐版权权利人获得了应有的市场回报，这是值得期许和鼓励的。同时，版权本身是一种天然的垄断性权利，但版权权利人的分散通常不会导致市场垄断问题。但是，如果国际上主要的跨国音乐巨头在某一特定国家通过版权独家许可合作安排，使该国的某一公司获取该国市场上所需要的大部分音乐作品的独占使用权，那么该国网络音乐市场就极有可能产生比较严重的市场垄断问题。这种做法，既不利于国内网络音乐经营者之间的合法竞争，亦会损害国内广大音乐爱好者的合法利益，理应受到我国反垄断法的约束和规制。

---

* 原载于《版权理论与实务》2021年第5期，第11–24页。

一、网络音乐版权市场与独占许可

广义的音乐版权主要涉及三种类型的权利：一是音乐作品的著作权；二是音乐表演者的表演者权；三是音乐录制者的录音录像者权。音乐作品是指歌曲、交响乐等能够演唱或者演奏的带词或者不带词的作品。音乐作品的著作权由音乐作品的词作者和曲作者所享有。音乐作品的传播和欣赏，主要不是通过文字形式进行，而是通过表演或播放录音录像方式。经音乐作品著作权人许可，表演者（如歌星）表演音乐作品，那么表演者即可对其表演享有表演者权，即现场直播和公开传送其现场表演、录音录像、复制、发行、出租录有其表演的录音录像制品、通过信息网络向公众传播其表演的排他性权利。经表演者和音乐作品著作权人许可，对表演者的表演首次进行录音录像的人，是录音录像制作者。录音录像制作者对其录音录像享有录音录像制作者权，即复制、发行、出租、通过信息网络向公众传播其录音录像并获得报酬的排他性权利。[①]

由于表演者表演的是作品，录音录像制作者录制的是作品的表演，无论是作品的表演，还是作品表演的录制，其相关权利均来源于作品，且上述行为也均属于作品传播范畴，因而表演者权和录音录像制作者权在我国和其他大陆法系国家通常被称为邻接权或有关权。同时，需要注意的是，美国对待音乐录音的做法与我国和其他大陆法系国家不同，《美国版权法》认为录音也可以具有独创性，因此，美国将录音作为一类单独的作品进行保护。《美国版权法》规定：录音作品是指作为音乐、演讲或其他声音录制结果的作品，而不论存储该录音作品的载体（如磁盘、磁带或唱片等）的性质是什么，但是电影作品或视听作品的伴音不属于录音作品。

传统音乐版权市场主要可以划分为三类市场：一是音乐作品的原创市场；二是表演市场；三是录音或唱片市场。音乐作品原创市场，通常由分散的个体的词或曲作者组成。当然，唱片公司为了获取优质的原创歌曲，也有可能培养发展或雇用公司自己的原创词、曲作家。音乐作品原创

---

① 徐鹤薇，张雅光.论音乐作品的著作权保护［J］.行政与法，2012（9）：119–123.

市场在音乐市场中居于上游位置，国际上跨国音乐巨头通常会通过著作权转让、独占许可或普通许可的方式从分散的词、曲作者那里获取海量的音乐作品著作权。由于每位词或曲作者的著作权在整体音乐市场上的影响很小，所以跨国音乐巨头单独收购特定的词、曲著作权的行为，通常不会涉及市场垄断问题。

绝大部分音乐消费者主要的消费目的是欣赏音乐作品的表演，因此，音乐表演市场在音乐版权市场中占有重要的地位，同时也是文化市场的一个极为重要的组成部分。[①] 表演者一方面可以通过表演向观众提供现场的音乐享受服务，另一方面可以通过录音或唱片等形式向消费者提供事后的音乐享受服务。

录音或唱片市场则主要涉及唱片公司组织表演、录制唱片、复制发行唱片等行为。由于唱片公司需要整合词曲作者、表演者、录制者、发行者等各方面的力量和利益，因而唱片公司一般在音乐市场中占据主导地位。同时，考虑到一首特定的歌曲可以由多位表演者分别进行表演和录音录像，一位表演者也可以对一首特定的歌曲进行多次表演和录音录像，因此，对特定歌曲的表演或录音录像，通常亦不会涉及反垄断问题。

自20世纪90年代以来，随着互联网，特别是移动互联网的发展，通过网络欣赏音乐的市场需求越来越大，在传统音乐市场之外，网络音乐市场应运而生并且发展迅猛。在网络音乐市场中，网络音乐服务提供者通过互联网向消费者分享音乐，具体方式主要有两种：第一，通过网络向消费者提供音乐下载服务，使消费者通过网络可以获得音乐的电子复制件。消费者在获得电子复制件后，即可以不受网络连接的限制在其电子设备上播放音乐。音乐下载服务又可以具体分为两种情况：一种是消费者下载的是可以永久保存且播放次数不受限制的电子复制件；二是消费者下载的电子复制件的保存期限受到限制或者该电子复制件的播放次数受到限制。第二，通过网络直接向消费者提供音乐播放服务。网络直接向消费者提供音乐播放服务的技术，被称为流媒体技术，即网络音乐服务提供者通过网络

---

① 林少坚. 音乐表演专业发展市场前景浅析［J］. 艺苑，2014（3）: 105-106.

向消费者实时连续传输音乐数据，消费者的电子设备接收到该音乐数据后实时播放该音乐。消费者的电子设备在播放音乐后即删除所收到的音乐数据，故此，通过流媒体技术提供音乐播放服务，不会使消费者电子设备中保存相关音乐的永久复制件以供其再次欣赏。流媒体服务又可分为如下两种情况：一是消费者可以自主选择时间、音乐作品等内容的交互性流媒体服务；二是消费者只能根据网络音乐服务提供者事先确定的时间表播放音乐的非交互性服务。[①]事实上，网络音乐服务提供者通常会根据不同情况，针对不同人群，提供上述所有方式的网络音乐服务。

传统音乐版权市场是网络音乐版权市场的基础。网络音乐版权市场需要传统音乐版权市场中的词曲著作权人、表演和录音录像权利人的许可才能合法地通过网络向消费者提供音乐。因此，在传统音乐市场占有优势地位的音乐公司往往也可以在网络音乐市场获取市场主动权。

由于跨国音乐集团在传统音乐市场通过企业并购提升市场占有率的行为容易引起各国反垄断执法部门的关注，因而近年来跨国音乐集团开始寻找迂回路径，以达到垄断某个单一国家网络音乐市场之目的。其中的一个主要迂回路径就是"独占许可"。

版权许可方式主要可以分为三类：一是一般许可，二是排他许可，三是独占许可。版权一般许可，是指版权人在签订许可协议许可被许可人使用其作品之后，版权人自己仍然有权使用其作品，同时，还有权向第三人发放使用许可。版权排他许可，是指版权人在签订许可协议许可被许可人使用其作品之后，版权人自己虽然仍有权使用其作品，但是不得向第三人颁发使用许可。这样，在版权排他许可情况下，就只有一个被许可人和版权人可以使用该音乐作品。版权独占许可，则比排他许可更进一步，版权人在签订许可协议许可被许可人使用其作品之后，版权人不仅不能再许可第三人使用其作品，同时，版权人自己也不得再使用其作品。在版权独占许可情况下，就只有一个被许可人才可以使用该音乐作品，而包括版权人在内的其他所有人均不能再使用该音乐作品。由上述三种版权许可方式

---

① 刘家瑞. 论美国数字音乐版权制度及启示［J］. 知识产权，2019（3）：102–103.

的分析可见，版权排他许可，特别是版权独占许可具有严重的版权锁定效果。对于在网络音乐版权市场中发生的有一定影响的版权独占许可，需要从反垄断法角度审视其对正常市场竞争的影响。

二、网络音乐版权独占许可与垄断协议

垄断协议是市场主体之间达成或作出的具有排除或限制竞争效果的协议、决定或者其他协同行为。垄断协议可以分为横向垄断协议和纵向垄断协议。横向垄断协议是指具有竞争关系的经营者所达成或共谋作出的涉及固定或变更商品价格、限制商品的生产数量或销售数量、分割销售市场或原材料采购市场、联合抵制交易等具有排除或限制竞争效果的协议或行为。纵向垄断协议是指具有上下游关系的经营者与交易相对人达成或共谋作出的涉及固定向第三人转售商品的价格、限定向第三人转售商品的最低价格等具有排除或限制竞争效果的协议或行为。

由于市场主体之间的垄断协议的目的本身就在于排除或限制竞争，因而国际上原则上将垄断协议视为违法行为，即适用"本身违法"原则。例如，《欧盟运行条约》第 101 条第 2 款就明确规定，任何具有如下意图的协议均属无效：固定购买价格、销售价格或其他交易条件；限制生产、市场、技术进步或投资；分割市场或供应资源；在相同的交易环境下对不同的交易对象适用不同的交易条件，从而使他们处于不利的竞争地位；对交易对象附加与交易本身无关的义务。当然，考虑到垄断协议除了具有排除、限制竞争目的之外，在某些情况下还具有市场竞争所需要的正当的目的，因此，各国反垄断法通常会规定某些豁免。例如，《中华人民共和国反垄断法》（以下简称《反垄断法》）第 20 条规定，具有下列情形之一的，不构成非法垄断：为改进技术、研究开发新产品的；为提高产品质量、降低成本、增进效率，统一产品规格、标准或者实行专业化分工的；为提高中小经营者经营效率，增强中小经营者竞争力的；为实现节约能源、保护环境、救灾救助等社会公共利益的；因经济不景气，为缓解销售量严重下降或者生产明显过剩的；为保障对外贸易和对外经济合作中的正当利益

的；法律和国务院规定的其他情形。

在传统音乐市场，每个市场主体所拥有的音乐版权各不相同，具有显著的差异，消费者对某首特定歌曲的选择并不会因为音乐版权权属的变化而发生变化。同时，由于音乐版权的特殊性，基本上不可能对音乐版权进行准确的价值评估，而市场主体之间进行共谋行为，特别是价格共谋行为的前提就是要对共谋的标的进行恰当的估值，只有各市场主体明确知晓自己及对方投入共谋标的的价值，市场主体才能确定自己参与共谋是否有利可图，进而决定是否加入共谋。因此，一般情况下，传统音乐市场中的市场主体之间达成垄断协议，特别是进行价格共谋行为的经济动力并不充足。由于在传统市场中垄断协议的真正实施非常困难，因而无论竞争对手如何选择，市场主体的最好选择通常还是竞争。

然而，在由传统市场引发的新兴市场中，特别是在涉及信息网络的新兴市场中，由于这样的新兴市场具有"重复参与"和便捷的"信息交换"性质，因而这样的价格共谋或卡特尔就具有现实的稳定性并有利可图。如果进入卡特尔门槛较低，并且该卡特尔因为参与市场主体越来越多而可以产生更多的利润，那么反过来，该卡特尔就可以吸引更多的新的竞争者加入；这样，该卡特尔就会滚雪球式地增长。①

网络音乐市场是适合传统的跨国音乐巨头达成垄断协议理想的新兴市场。网络音乐市场需要传统跨国音乐巨头提供合法的音乐版权才能够健康发展。特别是在我国知识产权保护水平明显加强、政府和民众对盗版的容忍度越来越低、网络音乐盗版的监测效率越来越高的情况下，网络音乐市场中的经营者必须拥有合法版权才能行稳致远。②

跨国音乐巨头之间虽然在传统音乐市场达成垄断共谋的可能性很小，但是在特定国家的网络音乐市场达成垄断共谋却极有可能发生。跨国音乐巨头要想快速进入特定国家的网络音乐市场，通常需要借助于该国已经存在的网络音乐平台。跨国音乐集团向特定国家已经存在的网络音乐平台颁

---

① 基斯·希尔顿.反垄断法经济学原理和普通法演进［M］.赵玲，译.北京：北京大学出版社，2009：55-57.

② 蒋涵.互联网环境下的音乐版权保护［J］.知识产权，2016（7）：117-119.

发音乐版权许可的方式主要有三种情况：

第一，多对多的一般许可。如果跨国音乐巨头以一般许可的方式将音乐版权分别许可给该特定国家的多个网络音乐平台，那么由于该国存在多个拥有相同音乐版权的网络音乐平台，这些网络音乐平台之间由于存在严重的同质化竞争，因而为了吸引国内消费者必然会尽力压低销售价格，进而也会带动音乐版权购买价格的走低；当然，这样的充分市场竞争也会使国内消费者利益最大化。同时，在多对多的一般许可情况下，该国不同的网络音乐平台可以分别同时从跨国音乐巨头处获取特定音乐版权使用许可，因此，只要跨国音乐巨头向该国网络音乐平台发放的音乐版权一般许可的条件不具有歧视性，那么就不会存在非法垄断问题。

第二，多对多的独占许可。如果不同跨国音乐巨头 A、B、C 单独向不同的国内网络音乐平台 X、Y、Z 颁发音乐版权的独占许可，由于国内网络音乐平台 X、Y、Z 分别拥有不同歌曲的音乐版权，因而他们之间在国内网络音乐市场中针对某首特定歌曲并不存在相互竞争。在这种情况下，国内网络音乐平台 X、Y、Z 虽然仅能分别单独使用 A、B、C 曲库中的音乐，即 X 不能使用 B 或 C 曲库中的音乐，Y 不能使用 A 或 C 曲库中的音乐，Z 不能使用 A 或 B 曲库中的音乐，但是只要 A、B、C 的各自单独的曲库在市场中不占有优势地位，那么 X、Y、Z 在该国国内之间的竞争就主要表现在各自曲库大小、歌手多少、音质效果等方面的竞争；在一般情况下，这种竞争可以控制在合理的限度之内。

第三，多对一的独占许可。如果不同的跨国音乐巨头 A、B、C 分别将其音乐版权独占许可给国内的某个网络音乐平台 X，使 X 可以在该国独占全部网络音乐市场，那么 A、B、C 向 X 颁发独占许可的行为虽然从表面上看是分别进行的，但在本质上可以视为一种特殊形式的垄断协议。《反垄断法》第 17 条规定："禁止具有竞争关系的经营者达成下列垄断协议：（一）固定或者变更商品价格；（二）限制商品的生产数量或者销售数量；（三）分割销售市场或者原材料采购市场；（四）限制购买新技术、新设备或者限制开发新技术、新产品；（五）联合抵制交易；（六）国务院反垄断执法机构认定的其他垄断协议。"由于这种多对一的独占许可一般会涉及固定独占许可价格事项，同时，这种多对一的独占许可必然会在客观上导致国内的其他网络音乐平台，如 Y 和 Z，不能再从这些跨国音乐巨头那里获得音乐版权许可，因而多对一独占许可既有可能涉嫌固定价格垄断协议，还有可能构成联合抵制垄断协议。

三、网络音乐版权独占许可与经营者集中

经营者集中是指经营者通过合并、购买股权或资产等方式，引发或强化独立市场力量间联系的行为。经营者集中的实质在于原来在市场上相互独立的经营者之间的控制关联关系发生变化。反垄断法之所以要对经营者集中进行规制，主要原因在于在经营者集中之前，各经营者之间相互独立、相互竞争，不会对其他竞争者造成正常市场竞争之外的影响，也有利于通过市场配置资源；而在经营者集中之后，会使原来相互独立的经营者之间的控制关系发生变化，进而导致市场结构的变化，从而对市场中的其他主体和市场整体竞争环境产生严重影响。[1]

根据《反垄断法》的规定，经营者集中主要有三种情况：一是狭义的经营者合并，即两个或两个以上的经营者通过吸收合并或新设合并的方式最终形成一个市场主体的行为。二是经营者通过取得股权或者资产的方式取得对其他经营者的控制权，即收购企业与被收购企业在不改变各自法律主体资格的前提下，通过改变股权或资产结构的方式取得对被收购企业的实际控制，进而使收购企业与被收购企业成为事实上的同一主体，但这种事实上的同一主体在法律上看又是两个经营者各自作为独立的市场主体从事经营。三是两个或两个以上的经营者在保留各自独立法人资格的前提下，通过合同等方式形成控制与被控制的关系。[2]

各国历来重视新兴市场中的新兴市场主体与传统优势主体之间的集中行为。20 世纪早期，一种能够自动演奏乐曲的装置——钢琴卷（piano

---

[1] 叶军.经营者集中法律界定模式研究 [J].中国法学，2015（5）：223-247.

[2] 孟雁北.反垄断法 [M].2 版.北京：北京大学出版社，2017：185.

roll）成为美国家庭欣赏音乐的一种重要方式，并在当时形成了一个新兴市场。在钢琴卷技术出现之前，《美国版权法》尚未通过立法方式给予音乐作品权利人利用钢琴卷自动演奏音乐的排他性权利，同时，美国法院在钢琴卷应用的早期亦通过判例认定，由于人们不能在正常情况下浏览或阅读钢琴卷中反映的音乐作品，故钢琴卷不能构成版权法意义上的复制。在这种背景下，钢琴卷制造商爱奥利安（Aeolian）公司预测美国国会将会通过立法给予音乐作品权利人利用钢琴卷演奏音乐的排他性权利——音乐作品机械复制权，故通过合同方式积极购买该项权利。由于爱奥利安公司在购买音乐作品机械复制权时，该项权利尚未由美国国会立法明确，因而爱奥利安公司的收购价格极为低廉，并迅速积累了大量音乐作品的相关权利。美国国会在立法时既考虑到了给予音乐作品版权人机械复制权的必要性，同时，为了反垄断又对该项权利进行了限制，即允许其他市场主体通过法定许可的方式对音乐作品进行机械复制。①

虽然有学者根据爱奥利安公司在当时并未控制绝大多数市场份额且该公司在多年之前就已经不复存在的事实而对法定许可的必要性怀有疑问，但是对该事实亦可以有另外一种解读：正是因为美国国会设计了音乐作品机械复制权的法定许可制度，才导致爱奥利安公司先前所收购的独占性权利在钢琴卷市场变得无效，其他的钢琴卷厂商可以不必受到竞争对手爱奥利安公司的制约而通过法定许可制度合法地制造、销售钢琴卷。这种制度设计，既保证了音乐作品权利人可以获得合理的利益，又促进了钢琴卷市场竞争主体之间的公平竞争，带动了整个钢琴卷市场的繁荣。

2018 年，为了进一步适应网络音乐市场的挑战，美国通过了《音乐现代化法案》。该法律主要从以下两个方面对美国原版权法作出了修改：第一，以流媒体方式使用音乐作品的行为可以通过类似于法定许可的格式使用费协议获得使用授权；第二，参与音乐制作并对音乐具有独创性贡献的制作师、音响师或者音乐工程师，有权就通过网络或卫星服务播放音乐的行为获取报酬，该项获得报酬的权利亦可通过法定许可的方式实现。

---

① 刘家瑞. 论美国数字音乐版权制度及启示［J］. 知识产权，2019（3）：87-104.

由于《音乐现代化法案》允许网络音乐服务提供者通过类似法定许可的方式使用音乐作品，在网络音乐服务提供者同意支付使用费的前提下，音乐作品著作权人或独家许可使用权的拥有者并不能禁止网络音乐服务提供者通过网络方式分享音乐作品，因而《音乐现代化法案》从法律上基本排除了美国网络音乐平台通过独占许可方式在音乐版权市场获得垄断地位的经济动力。而且，即使美国网络音乐平台通过独占许可方式在音乐版权市场进行集中获得了垄断地位，由于上述准法定许可的存在，该网络音乐平台对网络音乐市场竞争的影响也极为有限。这或许也是近年来美国反垄断执法机构对音乐版权市场关注比较少的一个原因。

《中华人民共和国著作权法》（以下简称《著作权法》）第42条第2款规定："录音制作者使用他人已经合法录制为录音制品的音乐作品制作录音制品，可以不经著作权人许可，但应当按照规定支付报酬；著作权人声明不许使用的不得使用。"该条是关于我国音乐作品法定许可的规定，根据该条规定，我国音乐作品使用者适用法定许可的条件有三：第一，音乐作品著作权人未声明不得使用。如果音乐作品著作权人明确声明他人未经许可不得使用其作品，那么使用者即不得再通过法定许可的方式使用其音乐作品，这也是当我国某个网络音乐平台获得了某首音乐的独家使用权时，其他网络音乐平台必须下架该首音乐的根本原因。第二，音乐作品必须在已经被合法地录制为录音制品之后才能适用法定许可。质言之，即使词曲作品已经被公开发表，甚至被合法地公开表演了，但如果词曲作品尚未经著作权人和表演者同意被合法地制作为录音制品，那么其他使用者也不能主张适用法定许可。第三，使用者通过法定许可的方式使用音乐作品，需要按规定向著作权人支付报酬。

需要注意的是，虽然我国《著作权法》对音乐作品规定了法定许可制度，但是我国音乐作品法定许可制度与美国音乐作品法定许可制度有着明显的区别。

首先，对词曲作品的法定许可，美国并未规定著作权人有反对的权利，因此，在美国，即使词曲作品被汇集到一家音乐公司，但不会妨害其他公司通过付费方式使用该词曲作品。而在我国，如果词曲作品著作权人或独占被许可人希望独占该词曲的使用，那么其他网络音乐平台即使同意向著作权人支付使用费并自己聘请歌唱家演唱及录制该词曲作品，也会构成侵权。

其次，我国《著作权法》规定的法定许可仅是对已经合法录制为录音制品的音乐作品再次制作录音制品的法定许可，即在著作权人没有明确声明反对的情况下，其他网络音乐平台可以使用已经被合法录制为录音制品的音乐作品制作录音制品。另外，根据最高人民法院的裁判指导案例，音乐法定许可的使用者还可以将其制作的录音制品对外发行。[①] 但是，音乐法定许可的使用者是否可以将其制作的录音制品通过互联网传播，尚存在较大争议。

同时，我国网络音乐平台通过网络传播他人合法制作的音乐录音制品，亦不得适用法定许可，而直接属于侵权行为。而根据《美国版权法》，美国网络音乐平台不仅可以以法定许可的方式，自己制作和通过网络传播其他人享有版权的非戏剧音乐词曲作品，还可以根据准法定许可制度通过流媒体方式向公众传播他人合法制作的音乐录音。

正是因为我国目前尚无符合音乐作品使用和传播规律的法定许可制度设计，跨国音乐巨头通过独占许可方式进行音乐版权集中才会在我国产生明显的反竞争效果。具体到上述"多对一"的独占许可情况，跨国音乐巨头 A、B、C 分别将其音乐版权独占许可给国内的某个网络音乐平台 X，从跨国音乐巨头 A、B、C 的角度进行观察，他们的行为可能构成垄断协议；而如果从国内网络音乐平台 X 的角度进行观察，X 的行为则会涉嫌构成经营者集中。由于跨国音乐巨头的核心资产就是音乐作品的著作权，而音乐作品的著作权又具有明显的地域性特点，因而 X 从 A、B、C 处购买音乐作品国内版权的独占使用权，本质上就是 X 收购了 A、B、C 在国内的核心资产。X 的收购行为虽然由于仅涉及国内版权，可能并不会对国外音乐市场构成影响，但是在国内却有可能产生明显的反竞争效果。需要注意的

---

① 王迁.论"制作录音制品法定许可"及在我国《著作权法》中的重构［J］.东方法学，2011（6）：50–58.

是，虽然 X 购买的版权独占许可并非版权本身，但是由于知识产权独占许可具有排他性效果，因而各国对于市场主体获得知识产权独占许可的行为亦认为属于经营者集中的审查范围。①

事实上，国家有关部门已经关注到版权独占许可对网络音乐市场的潜在危害，并在采取措施避免发生反竞争后果。2017 年 9 月，国家版权局专门针对网络音乐版权问题，分别约谈了网络音乐服务商和境内外音乐公司主要负责人，要求促进网络音乐全面授权、广泛传播，不得哄抬价格、恶性竞价，避免采购和授予独家版权。②国家版权局作为版权管理部门，从著作权管理的角度对网络音乐市场主体进行了指导，此举对规范网络音乐市场主体的竞争行为具有重要意义。同时，对符合我国经营者集中申报标准的网络音乐版权独占许可行为，反垄断执法部门亦应加强审查，对应申报而未申报的经营者集中行为则应加强执法监督和处罚。当然，由于互联网行业的特殊性，在判断网络音乐市场集中行为的违法性时，不仅需要考虑传统行业集中行为的判断因素，还必须考虑网络音乐市场中的核心知识产权、技术创新和新兴产业发展等新因素的影响。③

四、网络音乐版权独占许可与滥用市场支配地位

市场主体取得市场支配地位的原因有多种，有的是因为企业的创新和远见卓识，如微软公司凭借其在操作系统领域的著作权在世界软件市场中占据了优势地位，又如百度公司通过其市场经营和创新在我国搜索市场中所拥有的垄断地位；而有的可能来自政府的直接授权，例如，我国烟草公司对烟草行业的专营。因此，反垄断法并不反对市场主体通过自身的正常发展在市场中取得市场优势或市场支配地位，但是，反垄断法禁止市场主

---

① 李慧颖．论与知识产权有关的经营者集中［J］．电子知识产权，2007（7）：23-26．
② 倪伟．国家版权局约谈网络音乐服务商及音乐公司：避免采购和授予独家版权［EB/OL］．
［2021-01-20］．http://www.bjnews.com.cn/news/2017/09/14/458011.html.
③ 叶明．互联网经济对反垄断法的挑战及对策［M］．北京：法律出版社，2019：110-111．

体在取得市场优势后不正当地利用或滥用其市场支配地位。①

《反垄断法》第 22 条规定的具有市场支配地位的市场主体滥用市场支配地位的行为有七种：第一，以不公平的高价销售商品或者以不公平的低价购买商品；第二，没有正当理由，以低于成本的价格销售商品；第三，没有正当理由，拒绝与交易相对人进行交易；第四，没有正当理由，限定交易相对人只能与其进行交易或者只能与其指定的经营者进行交易；第五，没有正当理由搭售商品，或者在交易时附加其他不合理的交易条件；第六，没有正当理由，对条件相同的交易相对人在交易价格等交易条件上实行差别待遇；第七，国务院反垄断执法机构认定的其他滥用市场支配地位的行为。由此可见，在判断市场主体是否滥用市场支配地位时，并不适用"本身违法"原则，而应当适用"合理性"原则。质言之，即使具有支配地位的市场主体作出了掠夺定价、拒绝交易、限定交易、捆绑交易、差别待遇等法律所规定的行为，但还必须考量这些行为是否具有市场合理性，只有在没有合理理由的情况下，这些行为才属于反垄断法意义上的非法垄断行为。

在网络音乐市场"多对一"独占许可情况下，如果国内某个网络音乐平台获得了大部分市场所需的音乐版权的独占使用权，那么该网络音乐平台就有可能在国内网络音乐市场拥有市场支配地位，并进而涉及市场支配地位滥用问题。在认定网络音乐平台的市场支配地位时，需要考虑互联网产业的特殊性。与传统产业相比，互联网产业具有以下特征：一是网络效应，即一个用户使用某种产品或服务所获得的效用会随着使用该产品或服务的用户人数的增加而增加的现象。二是锁定效应，即网络用户从一个产品或服务转移到另外一个产品或服务的转移成本很高，从而使用户对产品或服务的使用越多越难以退出。三是兼容性与标准化，即互联网企业要想更好地满足用户需求，必须不断协调不同互联网企业的各种产品或服务

---

① 王晓晔.禁止滥用市场支配地位：《反垄断法》释义之三［J］.中国商界（上半月），2008（1）：26–27.

之间的关系，这就需要数据的兼容性和技术的标准化。①

互联网产业的上述特征，使网络音乐平台市场支配地位认定的考量因素发生了显著变化。在传统产业中，市场支配地位的认定以市场份额为主；而在网络音乐市场中，市场支配地位的认定除了要考查市场份额之外，还应重点考虑网络音乐平台的用户数量、音乐版权数量及占有率等情况。②特别是由于版权本身就具有法定的排他性效力，如果网络音乐平台所获得的音乐版权（包括版权所有权和版权独占使用权）数量超过了市场所需要的50%以上，那么通常就应直接认定该平台拥有市场支配地位。

版权作为知识产权，是一种法定的排他性权利。通常情况下，版权权利人有权拒绝许可他人使用其版权作品，这是版权权利人依据《著作权法》所享有的合法权利。《反垄断法》第68条规定："经营者依照有关知识产权的法律、行政法规规定行使知识产权的行为，不适用本法；但是，经营者滥用知识产权，排除、限制竞争的行为，适用本法。"由此可见，版权权利人在行使其版权时如涉嫌滥用知识产权排除、限制竞争，亦应受到《反垄断法》的规制。

在网络音乐市场，网络音乐平台滥用市场支配地位主要涉及"必需设施"理论。《反垄断法》意义上的"必需设施"，也被称为"必要设施"或"核心设施"，是指基于地理、法律或经济上的原因，其他竞争者无法或者非常难以复制的且竞争者进行市场经营所必需的设施。在"必需设施"理论中，当一个设施被认定为"必需"之后，设施的拥有者就在一定程度上需要承担以合理条件开放使用的义务，而不得拒绝交易。这在反垄断理论与实践上具有非常重要的意义。因为在"必需设施"理论下，设施的拥有者将不再具有契约自由的权利，市场被完全封闭的状况也将因此而大

---

① 刘佳.互联网产业中滥用市场支配地位法律问题研究［M］.北京：人民出版社，2018：26-30.

② 贾东明.数字音乐独家版权反垄断规制的路径探析［J］.法制与社会，2019（34）：32-33，42.

为改善。①

国家市场监督管理总局《禁止滥用市场支配地位行为规定》第 16 条规定：具有市场支配地位的经营者拒绝交易相对人在生产经营活动中以合理条件使用其必需设施，属于滥用市场支配地位。在认定经营者滥用市场支配地位时，应当综合考虑以合理的投入另行投资建设或者另行开发建造必要设施的可行性、交易相对人有效开展生产经营活动对该设施的依赖程度、该经营者提供该设施的可能性以及对自身生产经营活动造成的影响等因素。在网络音乐市场，具有市场支配地位的网络音乐平台 X 因为拥有该市场所需要的大部分音乐版权，那么在这种情况下，其他竞争者如果要合法地开展网络音乐服务，则必需使用 X 所拥有的音乐版权，否则，其他竞争者就难以合法地开展网络音乐服务。质言之，X 所拥有的音乐版权是其他竞争者进入网络音乐市场的必要条件，同时，也是其他竞争者难以复制的条件，即其他竞争者基本上没有另行获取相应音乐版权的可能性。因此，在这种情况下，网络音乐平台 X 所拥有的音乐版权就会构成网络音乐发展的"必需设施"，网络音乐平台 X 如拒绝以合理的条件向其他竞争者颁发音乐版权许可，则可以构成滥用市场支配地位。

同时，还需注意到，由于网络音乐市场属于轻资产市场且市场主体可以通过版权独占许可的方式迅速转移其主要资产，加之网络音乐市场主体的市场份额计算难度较大且变化较快，因而认定某个市场主体在网络音乐版权市场具有支配地位会很困难。与此同时，通过独占许可方式汇集巨量网络音乐版权的市场主体又确实可能滥用其市场地位，破坏正常的市场竞争，在这种情况下，如何对之进行有效规制，则是一个亟待解决的问题。

2016 年 2 月国务院法制办公室公布了《反不正当竞争法（修订草案送审稿）》，向社会公开征求意见。该修订草案引入了"相对优势地位"概念，其第 6 条规定："经营者不得利用相对优势地位，实施下列不公平交

---

① 李剑. 反垄断法中核心设施的界定标准：相关市场的视角［J］. 现代法学，2009，31（3）：70.

易行为：（一）没有正当理由，限定交易相对方的交易对象；（二）没有正当理由，限定交易相对方购买其指定的商品；（三）没有正当理由，限定交易相对方与其他经营者的交易条件；（四）滥收费用或者不合理地要求交易相对方提供其他经济利益；（五）附加其他不合理的交易条件。"相对优势地位"概念是对"市场支配地位"概念的补充，对于维护市场公平竞争具有重要意义。①

虽然基于各种原因，《反不正当竞争法》最终未正式引入"相对优势地位"理论，但是该理论对解决网络音乐市场版权独占许可问题却具有启发意义。例如，《中华人民共和国价格法》（以下简称《价格法》）第14条第5项规定：经营者提供相同商品或者服务，不得对具有同等交易条件的其他经营者实行价格歧视。经营者之所以可以进行价格歧视，根本原因还在于该经营者具有市场支配地位或相对优势地位。因此，拥有相对优势地位的数字版权所有者，如果在向其他网络音乐平台颁发版权许可时实行价格歧视，那么受损害方则可以根据《价格法》寻求救济。

五、结语

网络音乐市场经过最近几年的发展，已经成为我国最具活力、发展最迅速的市场之一。在网络音乐市场快速发展繁荣的同时，网络音乐市场上的参与者、竞争者亦应在法律规定的限度内进行公平竞争。如果音乐公司、网络音乐平台意图利用不合理、不合法的方式获取或滥用网络音乐市场垄断地位，既不利于我国网络音乐市场的正常竞争，进而使广大消费者不能获取优质的、价格合理的音乐作品，也理应受到《反垄断法》的约束和规制。在适用《反垄断法》时，反垄断执法部门和人民法院应当充分考虑网络音乐版权市场的特点，对垄断协议、市场集中和滥用市场支配地位行为进行判断和认定。另外，为了促进网络音乐市场的健康发展，我国亦有必要考虑借鉴美国的法定许可制度，使网络音乐平台可以以法定许可的

---

① 王晓晔.论滥用"相对优势地位"的法律规制［J］.现代法学，2016，38（5）：79-92.

方式使用已经发表的音乐作品。这样，既可以有效保护音乐作者和网络音乐消费者的合法权益，又可以最大限度地有效解决网络音乐市场的垄断问题。

从国内外知识产权诉讼案件的处理探讨知识产权纠纷的可仲裁性*

徐叶红

作者简介

徐叶红，同方威视技术股份有限公司法务部部长、法务专职总监。具有近30年企业法务工作经验，先后在中国仪器进出口集团有限公司担任法律顾问，北京高阳金信信息技术有限公司担任法务经理。发表《出口商品商标的使用和保护》《企业名称/商标/品牌/LOGO的区别》《客户名单构成商业秘密的条件》《签署保密协议应注意的问题》等文章。

本文首先介绍作者处理过的国外专利侵权诉讼案件和国内商业秘密侵权诉讼案件，总结这两个诉讼案件的共同特点。接下来，作者设想并分析，如果上述两个案件不通过诉讼方式，而是通过仲裁方式解决，会有哪些好处。另外，很多人对哪些知识产权纠纷可以通过仲裁方式解决一直都有疑惑，针对此点，作者通过列举方式进行说明。之后，介绍了目前国内外知识产权纠纷仲裁的现状。最后，作者结合处理知识产权纠纷仲裁案件的实践，提出目前知识产权纠纷仲裁中存在的一些问题，并给出改进建议。

---

* 部分内容于 2021 年 2 月 4 日发表于"法之究竟"微信公众号，题目为《知识产权纠纷的可仲裁性》。

一、国外专利侵权诉讼案件介绍

东南亚某国的 A 公司一直是中国 B 公司在当地多年的合作伙伴，被 B 公司授予了独家总经销权限，合作模式是 A 公司先买 B 公司的设备，然后再卖给东南亚某国的客户。从 2003 年以来，B 公司通过 A 公司向东南亚某国的客户销售了很多套设备。2011 年，A 公司向 B 公司发函，表示不再采购 B 公司的设备。此后，B 公司在当地的市场经理发现，A 公司与东南亚某国的客户签订了 6 套设备销售合同，其中 2 套已交付，4 套正在安装待交付，这些设备和 B 公司的设备十分相似，于是便开展了调查。经调查发现，原来 B 公司一位高管辞职后在国内成立了 C 公司，上述 6 套设备正是 C 公司通过组装生产并销售给 A 公司的。

B 公司在中国及东南亚某国均申请并获授权了此种设备的多项专利，于是 B 公司在北京某中级人民法院以这位辞职高管设立的 C 公司为被告提起专利侵权诉讼，某中级人民法院受理后提出由于设备不在国内，无法现场勘查，建议 B 公司撤诉，于是 B 公司不得不撤诉。

2013 年 11 月，B 公司在东南亚某国法院，以 A 公司为被告，提起了 6 套设备专利侵权诉讼。A 公司是贸易商，B 公司辞职高管成立的 C 公司是供货商，C 公司为了证明自己销售给 A 的设备不侵权，于是向当地法院提出申请，要求以第三人身份加入诉讼，法院同意了。这个第三人是有独立请求权的第三人，身份等同于被告，这样 B 公司面对两名被告。而这两被告 A 公司和 C 公司随后在当地法院提出了 B 公司专利无效诉讼，法院决定合并审理 B 公司提起的专利侵权诉讼和两名被告提起的专利无效诉讼。

2015 年初，东南亚某国当地法院作出一审判决，判决要点如下：（1）B 公司的当地专利有效；（2）两名被告 A 公司和 C 公司共同销售给东南亚某国客户的 6 套设备侵犯了 B 公司当地专利权；（3）两名被告 A 公司和 C 公司赔偿因侵权给 B 公司造成的损失。此后，两名被告对判决内容不服提起上诉。B 公司因为侵权损失赔偿被法院支持得少，也提起了上诉，于是案件继续在当地法院的上一级法院审理。

A 公司一审败诉后不甘心，2 套已交付的设备因设备所有权已转移给了东南亚某国客户，无法再作任何更改，但另外 4 套设备正在安装中，还没有交付，于是 A 公司对这 4 套设备进行了更改，企图绕开 B 公司专利在东南亚某国的权利保护范围。2015 年 6 月，A 公司以原告身份，在东南亚某国法院以 B 公司为被告，提起了这 4 套设备专利不侵权诉讼，请求法院判决这 4 套设备不侵犯 B 公司当地专利权。

为防止 A 公司不断更改设备技术特征，B 公司向当地法院申请共同去现场检验设备，以固化设备技术状态，法院同意了此项申请。这 4 套设备安装在东南亚某国边境，现场检验时，A 公司和 B 公司的技术人员及代理律师都到了现场，拍了很多照片和视频，并作了记录。

此后，经过对上述现场检验取得的技术资料进行分析和多次开庭审理，2018 年 8 月，当地法院作出一审判决，判定 A 公司提供的这 4 套设备也侵犯了 B 公司在东南亚某国的专利权，随后 A 公司提起上诉。但由于 B 公司的设备在东南亚某国市场未来有很大需求，通过在当地起诉，法院判决 A 公司侵权，使 A 公司不能再继续投标并销售该设备，这样为 B 公司巩固和扩大后续市场销售奠定了坚实基础。

中国公司目前在国外开展业务越来越多，在国外申请和获授权的专利也越来越多。遇到国外当地公司侵犯中国公司专利权的情况，一定要及时维权，及时起诉，通过打赢官司，不但可以帮助和促进中国公司在当地市场的销售，还可以为中国公司在海外保护知识产权积累经验。

二、国内商业秘密侵权诉讼案件介绍

中国公司在海外销售产品，在当地人生地不熟，经常需要找一家当地公司提供支持，上面第一部分介绍的东南亚某国 A 公司就是中国 B 公司在当地的独家总经销商，十多年来一直在该国只销售 B 公司的设备。B 公司一位负责海外业务的高管辞职后，在北京成立了 C 公司，也做和 B 公司相同设备的生产和销售。在这名高管辞职后不久，A 公司就发函给 B 公司告知不再与 B 公司合作，后来 B 公司才知道 A 公司不和 B 公司合作的原因是 A 公司从辞职高管设立的 C 公司采购了设备卖给东南亚某国客户。这名辞职高管成立的 C 公司从 B 公司共带走十多人，包括技术研发人员及市场销售人员等，充实和增强了 C 公司的技术力量和市场拓展能力，使 C 公司也能生产和销售与 B 公司相同的设备。

近些年，B 公司生产的设备在国内外市场上需求不断增加，很多国内公司都涉足此领域，上面说的辞职高管觉得有利可图，以身体原因提出辞职后的真实目的就是成立 C 公司，同时从 B 公司带走人之后，利用其在 B 公司工作期间建立起来的在东南亚某国独家总经销 A 公司的渠道，销售其个人公司 C 公司的产品获利。经咨询外部律师后，外部律师认为 B 公司通过十多年经营建立起来的东南亚某国独家总经销渠道可以认定为 B 公司的商业秘密，商业秘密分为技术秘密和经营秘密，上述独家总经销渠道属于经营秘密。

经过前期证据收集，2014 年，B 公司以原告身份在北京市某中级人民法院针对这名辞职高管及其个人公司 C 公司提起了商业秘密侵权诉讼。开了一次庭后，主审法官被调到另外一家法院去了，一直没有确定新的主审法官。由于国内审理商业秘密侵权案件数量较少，经验缺乏，后来新指定的主审法官不太擅长审理商业秘密侵权案，开了多次庭，终于在 2017 年 3 月作出一审判决，认定这名辞职高管及其个人设立的 C 公司共同侵犯了 B 公司的商业秘密即东南亚某国独家总经销渠道，连带赔偿 B 公司损失×××万元人民币。

这名辞职高管及其个人设立的 C 公司共同提起上诉，2017 年 7 月，北京市高级人民法院作出二审判决，维持原判。2017 年 9 月，B 公司向法院申请强制执行，此后收到了×××万元损失赔偿。2018 年 1 月，这名辞职高管及其个人设立的 C 公司向最高人民法院提起再审申请，最高人民法院立案后开了一次庭，于 2019 年 4 月作出裁定，驳回其再审申请。至此，该案在法院的审理程序全部结束。

此案的胜诉，打击了侵犯商业秘密的不正当竞争行为，维护了 B 公司的合法权益，这名辞职高管及其个人设立的 C 公司不能再通过东南亚某国独家总经销 A 公司销售设备了，此后 B 公司在东南亚某国赢得了更多订单。

三、上述两个诉讼案件的共同特点

上述两个案件，一个发生在国外，另一个发生在国内，都是通过法院诉讼方式解决的，具有如下共同特点。

（一）获取维权证据难，调查取证时间长

知识产权诉讼处理的实体内容是技术是否侵权，本质上是个技术问题，只是披着法律程序的外衣来处理，因此，起诉前的技术侵权分析工作十分重要。

以上述东南亚某国专利侵权诉讼案为例，由于侵权设备安装在东南亚某国边境，作为原告的 B 公司在中国，对当地情况不熟，根本无法依靠自身力量调查取证。在东南亚某国当地律师的帮助下，B 公司联系了当地调查公司，调查公司派人去侵权设备现场拍摄了设备的照片，并对设备运行过程进行了录像，之后将照片和录像发给了 B 公司。B 公司的技术人员将照片和录像中的设备与 B 公司在东南亚某国授权的专利权利保护范围进行了对比分析，得出结论：东南亚某国 A 公司从国内 C 公司购买并销售给当地客户的设备侵犯了 B 公司的当地专利权。上述调查取证过程花费了一年多时间。

上面介绍的国内北京市某中级人民法院审理的商业秘密侵权诉讼案件，取证耗时也较长。B 公司让公司信息化部门把辞职前高管与东南亚某国 A 公司之间十多年来的往来沟通邮件全部调出来，一封一封查看。从双方建立独家总经销关系开始，通过 A 公司在东南亚某国开展营销工作，经过双方不懈努力，共同协作，A 公司从 B 公司购买了很多套设备，然后销售给东南亚某国的客户，上述每个节点都找到了对应证据的支持。对这些通过邮件取得的证据，B 公司联系公证机构进行公证后提交给法院，证明 A 公司从 B 公司购买设备后销售给东南亚某国客户的独家总经销渠道是 B 公司的经营秘密。上述调查取证过程，也花费了一年多时间。

（二）案件诉讼周期长

东南亚某国专利侵权诉讼案件中，B 公司为提起诉讼，从 2012 年开始在当地调查取证。2013 年，B 公司以 A 公司为被告提起专利侵权诉讼，C 公司以第三人身份加入，此后 A 公司和 C 公司提起专利无效诉讼，当地法院将上述两个诉讼合并审理。2015 年初，B 公司取得一审胜诉，A 公司和 C 公司提起上诉。此后，2015 年 6 月，A 公司以 B 公司为被告提起专利不侵权诉讼，2018 年 8 月，B 公司取得此案一审胜诉，之后 A 公司又提起上诉。至此已经花费近 9 年时间，估计还会持续几年。

再说一下国内商业秘密侵权案，2014 年在北京某中级人民法院，B 公司针对其辞职高管及其个人设立的 C 公司提起商业秘密侵权诉讼。3 年后，2017 年 3 月，北京某中级人民法院作出一审判决，B 公司胜诉，两名被告即辞职高管和 C 公司提起上诉。2017 年 7 月，北京市高级人民法院作出二审判决，维持原判。2018 年 1 月，两名被告向最高人民法院提起审判监督程序即再审申请。2019 年 4 月，最高人民法院作出裁定，驳回其再审申请。国内商业秘密侵权诉讼案历时 5 年全部结束。

（三）案件各项支出费用高

以东南亚某国专利侵权诉讼案为例，B 公司投入了巨大的费用，主要包括下面几部分：第一部分是律师费，刚开始 B 公司找的是国内律师和当地律师，后来为了节约费用，只用当地律师，律师费是最主要的费用支出部分。第二部分是调查取证费用，聘请当地调查公司去现场拍摄侵权设备的图片和视频，通过调查渠道取得设备技术资料等。第三部分是专家证人费用，由于涉及技术问题，法官不懂技术，需要双方各自找专家出具技术分析报告，提交给法官，B 公司共请了两位专家，分别是美国某大学的物理学专家和英国某大学的探测技术专家，A 公司请的是澳大利亚某大学的教授，双方为此都支付了不少专家费用。第四部分是禁令的担保费用，B 公司起诉的同时提起了禁令，禁止 A 公司在当地销售侵权设备，这个禁令类似中国的诉前财产保全程序，为此 B 公司需向当地法院支付保证金。第五部分是 B 公司市场人员及法务人员去东南亚某国出差、找当地律师开会、参加庭审等产生的差旅费。中国的法院庭审，每次开庭 2 至 3 个小时，开几次就差不多结束了，而东南亚某国是英美法系国家，开庭时要对每一位证人交叉询问，如果证人的作证内容少，一两天询问完一位证人，如果作证内容多，双方律师询问的问题自然也会多，有时长达一两周才能询问完一位证人。开庭时 B 公司会派人参加，由于开庭次数多，时间长，B 公司的差旅费用也非常高。在二审还没有结束前，上述案件共花费了人民币一千多万元。

再来看国内商业秘密侵权诉讼案，由于历时长，也花了不少费用。北京某中级人民法院换了几次法官，法院案件处理时间比预期长，律师工作量增加了不少，律师提出增加律师费。最初签订的律师服务协议中约定的是固定费用，即收到一审判决时支付一个固定费用数额，收到二审判决时再支付一个固定费用数额。律师提出增加费用时，B 公司提议费用要和案件结果挂钩，双方达成一致，签订了补充协议，写明一审及二审的基础费用均为固定费用，一审及二审如果分别都打赢了，再奖励一些固定费用，如果法院判决被告赔偿 B 公司损失，再按损失赔偿数额的一定比例支付律师提成费，这样的约定有利于激励律师的办案积极性。该商业秘密侵权诉讼案历经一审、二审和再审，共花费了律师费人民币二百多万元。

（四）专业技术性强，需联系第三方出具专家报告

如前所述，东南亚某国专利侵权诉讼案件，B 公司先后聘请了美国某大学的物理学专家和英国某大学的探测技术专家。聘请专家之后，由于专家是大学教授，理论性知识很强，实践性工作经验较少，所以需要向专家介绍 B 公司的设备构成和性能，主要是请 B 公司的技术专家给大学教授介绍，用英文开会，大学教授消化吸收后，写出侵权设备与 B 公司东南亚某国授权专利之间对比分析报告，报告出来后需经当地律师审核一下，此时律师会和专家之间有不同意见，经过多轮讨论修订达成一致，专家认可后才会在专家报告上签字。

国内商业秘密侵权案件，也请了国内知识产权鉴定机构出具了经营秘

密具有保密性的报告。

综上，在知识产权侵权诉讼案件中，为增强各自证据的证明力，聘请第三方专家出具专家报告必不可少。

四、上述两个诉讼案件如通过仲裁方式解决的好处

上述两个案件都是通过法院诉讼方式解决的，当初没有在相关的合同或协议中约定仲裁条款，其实细想一下，如果前期在相关协议中约定仲裁条款，也可通过国外或国内仲裁机构解决知识产权侵权争议。

在东南亚某国专利侵权诉讼案件中，B 公司可在与东南亚某国 A 公司之间签订的独家总经销协议及设备销售合同中约定仲裁条款，如因 A 公司购买 B 公司设备产生的所有争议，包括但不限于侵犯 B 公司专利权、商标权、著作权等争议，均由中国国际经济贸易仲裁委员会或香港国际仲裁中心来解决。在国内商业秘密侵权诉讼案件中，B 公司可在与其前高管签订的保密协议中约定仲裁条款，如该高管行为侵犯了 B 公司的商业秘密，由北京仲裁委员会处理商业秘密侵权所有争议，这样两个案件就可通过仲裁方式解决。下面分析一下上述两个案件如果通过仲裁方式解决有哪些好处。

（一）仲裁的保密性

仲裁不像诉讼那样公开审理案件，同时仲裁裁决内容也不公开，仲裁的保密性可以充分保障知识产权纠纷中当事人不想让公众知悉的商业秘密、技术内容或商业安排等。而法院审理案件是公开的，除非涉及商业秘密和个人隐私，当事人申请经法院同意后可以不公开审理。另外，法院的判决内容可以公开查到。

因此，对于不想公开技术内容、商业秘密和案情等信息的双方当事人而言，选择仲裁解决争议是很好的方式，此为仲裁的第一个好处和优势，即仲裁的保密性。

（二）仲裁员的专业性

法官通常都是学法律专业出身，而仲裁机构仲裁员的专业构成比较多元，如做过法官八年的，做过律师八年的，从事过仲裁工作八年的，或者从事经贸工作具有高级职称（如高级工程师）的专家。

知识产权争议仲裁案件，如果金额少，由独任仲裁员审理时，如双方无法共同选定独任仲裁员，仲裁委员会主任通常会根据案件的技术特点和需要，指定一名有技术背景的仲裁员担任独任仲裁员。如果金额大，由三名仲裁员组成普通庭审理时，无论是申请人还是被申请人，均可以从仲裁员名册中选定一名自己认为更符合案件专业和技术需要的专家仲裁员，双方可共同选定或由仲裁委员会主任指定第三名有专业背景出身的仲裁员担任首席仲裁员。由上可见，相比诉讼而言，仲裁更能实现由技术或行业专家断案，显然从技术角度，仲裁更具优势。

（三）仲裁程序的高效性

仲裁实行一裁终局制，没有诉讼的二审上诉程序或再审程序，因此程序更为简捷。由于现在的技术更新特别快，有的行业技术1至2年就更新一代，权利人提起知识产权侵权案件时，需要尽快得到侵权判决。因此，程序相对更为高效的仲裁能够帮助当事人早日脱身，最大化实现知识产权的价值，避免诉累。

以北京仲裁委员会为例，仲裁案件审理程序分为简易程序和普通程序，争议金额500万元以下的适用简易程序，即由一名独任仲裁员来审理，争议金额500万元以上的适用普通程序，由三名仲裁员来审理。简易程序通常是组庭之日起75日内作出裁决，普通程序通常是组庭之日起4个月内作出裁决。

上面介绍的东南亚某国专利侵权诉讼案件，有本诉和反诉案件，单是本诉，就花了近两年时间才结束，目前本诉和反诉都还在二审阶段，已经花费近9年时间，还没有结束。国内商业秘密侵权诉讼案件，花了近五年时间完成了一审、二审和再审程序。相比而言，从时间效率角度来看，仲裁比诉讼可节省 10 到 20 倍的时间。

仲裁的高效性，不仅体现在单个案件的处理周期上，还体现在案件处理过程中，可以应当事人需要，在案件处理过程中作出部分裁决和中间裁决。部分裁决是指仲裁庭认为必要或者当事人申请后，仲裁庭可以在最终仲裁裁决作出前，就当事人着急的某些仲裁请求事项作出部分裁决，其他仲裁请求待案件全部审理完毕时作出最终裁决。中间裁决是指仲裁庭可就案件争议的程序问题或者实体问题作出中间裁决。在法院诉讼程序中没有部分裁决和中间裁决，这两种裁决都体现了仲裁高效性的特点。

（四）仲裁员的可选择性

知识产权纠纷案件如在法院通过诉讼处理，当事人是无法选择法官的，法官是由法院来指定的，而如果在仲裁机构处理，当事人可以从仲裁机构的仲裁员名册中选择其认为更专业的仲裁员来审理案件。

（五）程序的灵活性

在仲裁程序中，仲裁的当事人可以约定仲裁地点、仲裁语言、仲裁程序适用的法律乃至具体的程序。例如审理的方式，以现行《北京仲裁委员会仲裁规则》为例，其第 25 条规定，仲裁庭应当开庭审理案件，当事人约定不开庭的，或者仲裁庭认为不必要开庭审理并征得各方当事人同意的，可以根据当事人提交的文件进行书面审理。此外，在仲裁庭的组成方式上，《北京仲裁委员会仲裁规则》第 20 条规定，如果当事人另有约定，仲裁庭不一定由三名仲裁员组成。由上可见，在案件处理程序方面，仲裁比诉讼更加灵活。

（六）仲裁机构的服务意识强

《中华人民共和国仲裁法》（以下简称《仲裁法》）第 14 条规定："仲裁委员会独立于行政机关，与行政机关没有隶属关系。同时，仲裁委员会之间也没有隶属关系。"仲裁机构为了扩大良好声誉，从案件的受理到开庭及裁决等过程，通常会提供给当事人高效优质的服务，而法院因案件数量多，法官人手少，案件处理周期长，当事人体验和感受有时会差一点。

（七）执行的便利性

目前，国内仲裁机构近 300 家，作出的仲裁裁决如何执行？下面分别介绍在国内执行和国外执行的情况。

就国内执行而言，根据《最高人民法院关于人民法院办理仲裁裁决执行案件若干问题的规定》（法释〔2018〕5 号），仲裁裁决或仲裁调解书由被执行人住所地或被执行人财产所在地的中级人民法院执行。

就国外执行而言，目前，《承认和执行外国仲裁裁决公约》（以下简称《纽约公约》）的成员方共有 171 个，中国也加入了该公约。据此，在中国由国内仲裁机构作出的仲裁裁决，可以在世界上 171 个国家得到执行，此前就有北京仲裁委员会的裁决在美国和加拿大得到执行的案例。

相比而言，诉讼产生的中国法院判决，要想在中国以外的其他国家得到执行，需要两国之间有司法互助条约，才能得到国外当地法院的认可和执行。如果两国之间没有司法互助条约，需要两国之间根据互惠对等原则来执行，就是说，如果对方国家执行过中国的法院判决，则中国可根据互惠对等原则也须执行对方国家法院作出的判决。

网络无国界，会产生很多跨境交易及业务，跨境交易及业务中产生的纠纷，如由法院作出判决，判决的跨境执行难度较大；如通过仲裁解决，作出的仲裁裁决则可通过《纽约公约》得到执行。打官司的目的是拿回钱，如果赢了官司，执行不回来钱，失去了打官司的意义，仲裁裁决执行的便利性使仲裁成为当事人更好的选择。

国内仲裁机构受理的知识产权纠纷案件逐年增加，这说明仲裁处理知识产权争议的优势越来越得到更多人的认可。知识产权纠纷选择仲裁解决，有如此多的优势，那么所有的知识产权纠纷都能通过仲裁解决吗？答曰：大部分是可以的，但有一部分不可以，下面具体看看哪些知识产权纠纷可以通过仲裁方式解决。

五、可以通过仲裁方式解决的知识产权纠纷

《仲裁法》第 2 条规定："平等主体的公民、法人和其他组织之间发生的合同纠纷和其他财产权益纠纷，可以仲裁。"《仲裁法》第 3 条规定："下列纠纷不能仲裁：（一）婚姻、收养、监护、扶养、继承纠纷；（二）依法应当由行政机关处理的行政争议。"

知识产权纠纷案件共有三种类型，包括民事案件、刑事案件和行政案件。根据《仲裁法》上述相关规定，只有民事案件可以通过仲裁解决，行政案件和刑事案件不能通过仲裁解决。

上面提及的行政案件主要包括专利无效案件、商标确权案件等，专利权无效案件是指，专利权被授予后，如任何自然人和单位认为不符合法律规定，均可请求专利复审委员会宣告该利权无效。专利复审委员会经过审查后，对该专利作出有效或无效的决定。对专利复审委员会的决定不服的，请求人或专利权人可以在收到通知之日起 3 个月内向法院提起行政诉讼，国家专利行政主管部门为被告。

商标确权案件是指，申请人或其他利害关系人因不服商标局商标评审委员会作出的商标驳回、商标不予注册、商标撤销、商标无效宣告等决定，向人民法院提起以商标评审委员会为被告的行政诉讼案件，法院会根据原告的诉讼请求及理由，对商标授权确权行政行为和理由进行审查并作出判决。

上述专利无效和商标确权案件，涉及的另一方是专利或商标行政管理部门，不是平等民事主体之间的商事纠纷，不能通过仲裁解决。但知识产权民事纠纷可以，那么，是不是所有民事纠纷都可以？答案是否定的，能通过仲裁解决的知识产权民事纠纷有两类：第一类是知识产权合同纠纷。此类合同包括专利权、商标权、著作权、商业秘密的转让和使用许可合同，植物新品种合同，集成电路布图设计合同，技术开发合同，技术转让合同，技术咨询合同，技术服务合同，知识产权质押合同及其他知识产权类合同。上述这些合同可在合同中约定仲裁条款。第二类是知识产权侵权纠纷。在侵权发生后，当事人之间达成了仲裁协议，则可提交仲裁机构解

决，由仲裁机构处理侵权是否成立及侵权损害赔偿等事宜，此类纠纷包括侵犯专利权、商标权、著作权、商业秘密等侵权纠纷。如果当事人没有达成仲裁协议，则不能通过仲裁解决，只能通过法院诉讼解决。

六、国内外知识产权纠纷仲裁现状

（一）国际上认可知识产权纠纷仲裁的协议、组织及仲裁机构

1.《与贸易有关的知识产权协议》

《与贸易有关的知识产权协议》第 64 条规定，知识产权国际争议可以借助世界贸易组织的争议解决机制，包括但不限于仲裁等方式。可见，《与贸易有关的知识产权协议》是认可知识产权纠纷由仲裁解决的。

2. 世界知识产权组织

1993 年 9 月，世界知识产权组织成立世界知识产权组织仲裁中心，主要负责审理解决个人或企业之间有关知识产权的争议，以满足国与国之间知识产权和技术纠纷的处理需要，设立上述仲裁中心后，仲裁主要在科技、媒体、电信等领域发挥作用。

此外，国际上其他仲裁机构如香港国际仲裁中心、新加坡国际仲裁中心、巴黎国际商会仲裁院、伦敦国际仲裁院、中国国际经济贸易仲裁委员会等都受理知识产权争议。

（二）国内处理知识产权纠纷的仲裁机构

1. 北京仲裁委员会

北京仲裁委员会一直非常重视知识产权仲裁工作，其目前在册仲裁员中能够审理知识产权案件的仲裁员数量众多。另外，北京仲裁委员会还组织了知识产权仲裁员小组，经常开展各类活动，充分发挥人才优势，积极探讨和研究行业热点及动态。同时，北京仲裁委员会还组织专家编写《中国知识产权争议解决年度观察》，为研究知识产权争议解决积累了丰富经验和宝贵资料。

2. 上海知识产权仲裁院

在上海仲裁委员会和上海市知识产权局等部门的支持下，2008 年，在上海仲裁委员会下面设立了上海知识产权仲裁院，是华东地区从事知识产权纠纷争议解决的专业机构，专门负责处理涉及知识产权合同纠纷的仲裁案件。受理案件类型包括：特许经营合同、技术服务合同、技术开发合同、技术转让合同、技术咨询合同、版权合同、专利实施许可合同以及其他知识产权类合同纠纷。

3. 华南高科技和知识产权仲裁中心

2015 年，在最高人民法院等机构的支持下，深圳国际仲裁院成立了华南高科技和知识产权仲裁中心，为高科技企业灵活解决知识产权争议和救济提供便利，为境内外特别是华南地区和粤港澳大湾区的高科技企业提供仲裁调解服务，受理符合仲裁法规定的各类知识产权合同纠纷，维护高科技企业的合法权益，保护高科技企业的创新能力和成果。

此外，国内其他省份的仲裁机构还有广州知识产权仲裁院、青岛知识产权仲裁院、江苏南京知识产权仲裁调解中心、海南自贸区知识产权仲裁调解中心、合肥市知识产权纠纷仲裁调解中心等，它们专门处理知识产权纠纷案件。

七、知识产权纠纷仲裁中存在的问题及改进建议

目前，很多人对知识产权纠纷仲裁还不太了解，当然，仲裁机构在处理知识产权纠纷时也存在一些问题和需要完善提高的地方，下面针对现存问题逐一分析并给出一些解决建议：

第一，针对很多人对知识产权争议可仲裁不了解或认识不够的问题，建议扩大宣传，培养思维。建议法院、仲裁机构、司法部等部门大力宣传知识产权仲裁，形成知识产权可仲裁的思维意识，以思维来引导行动，推广知识产权仲裁的优势，不但可以缓解法院的受案量及工作压力，还有利于快速高效解决当事人之间的知识产权争议。

第二，加强制度或规则建设，让知识产权仲裁更加有规可依。例如，

针对国际投资领域争议多且金额大的特点，中国国际经济贸易仲裁委员会单独制定了《国际投资争端仲裁规则》并配有相应的仲裁员名册。北京仲裁委员会为此也制定了专门的《国际投资仲裁规则》，并设立了相应的仲裁员名册。由于金融领域争议也相对独立，专业性很强，中国国际经济贸易仲裁委员会单独制定了《金融争议仲裁规则》。由于知识产权是法律的一个单独分支，也是相对独立的领域，涉及技术方面的专业性较强，建议仲裁机构制定专门的知识产权仲裁规则或制度，或者在现有的仲裁规则中单辟一章，单独对知识产权仲裁作出相关规定，明确知识产权纠纷仲裁的受案范围、仲裁员选任、特殊仲裁如加急程序、送达和期间等，通过规则或制度保障知识产权争议的处理。有了规则或制度保障，当事人会更多地选择仲裁来解决知识产权争议。

第三，针对知识产权仲裁的需要，组建法律专家与技术专家并重的专业队伍。上文中的两个诉讼案件，在处理过程中，法官只懂法律，不懂技术，影响案件处理效率。法官的主业是法律，不可能让法官去学技术，但仲裁机构可以选择既懂法律又懂技术的仲裁员。建议仲裁机构在挑选仲裁员时，多找一些既懂法律又懂技术的专家，将其列入仲裁员名册，这样在双方当事人选择或仲裁委员会主任指定仲裁员组庭时，能选到更适合案件处理的仲裁员，可以更高效优质地审理案件。

第四，针对仲裁机构没有法律强制执行部门，对仲裁中的财产保全等程序需联系法院处理，当事人普遍反映层次多、沟通多、效率低等问题，建议仲裁机构与法院之间加强衔接。由于仲裁机构不像法院有执行庭能强制执行案件，如查封冻结银行账户、查封房地车等。目前在仲裁机构进行的案件，如果提起保全程序，包括财产保全等，需由当事人先将保全申请文件提交给仲裁机构，再由仲裁机构转给法院，当事人普遍反映的问题是中间多了一道程序，不但效率低、时间长，而且不了解进展情况。建议仲裁机构和法院之间加强沟通，可利用技术手段实现当事人上网查询保全程序的进展，以保证保全措施的快速有效衔接。

后　记

　　金秋九月，我们迎来了"知行天下讲堂"五周年庆典。作为中国政法大学知识产权校友会、中国政法大学知识产权研究中心发起，并与北京知识产权法研究会、北京知识产权研究会共同打造的知识产权专业交流平台，"知行天下讲堂"自 2019 年 9 月创办以来，始终秉承"知行合一"理念，致力于为学术界和实务界架起沟通桥梁，促进知识产权领域理论界和实务界的深度融合。

　　五年来，讲堂坚持每月举办一期，至今已成功举办 60 期。其间，我们荣幸地邀请到来自知识产权司法部门、知识产权行业、企事业单位知识产权管理岗位和曾在世界知识产权组织任职的专家和校友们，围绕知识产权法律及相关司法规则、典型案例、管理实务、保护与创新等主题进行了深度分享与交流。这些讲座不仅为在校学生提供了宝贵的"第二课堂"，也为广大知识产权从业者及爱好者提供了一个开放的优质学习平台。讲堂受到知识产权领域同仁和在校生的广泛关注，已逐渐发展为知识产权实务研究领域颇具影响力的品牌活动。

　　为纪念知识产权校友会成立及"知行天下讲堂"成功举办五周年，系统记录并传承讲堂的研讨成果，进一步促进社会各界对知识产权相关领域疑难问题、新型问题的深度探讨和交流，不断增强"知行天下讲堂"的品牌形象及社会影响力，我们编辑出版了这部《知行天下讲堂（第一辑）》。本书精选了过去五年具有代表性和影响力讲座人的相关文章，涉及著作权、商标、专利、反不正当竞争及数据保护等知识产权相关方面，分为著作权法理论与实务，商标法与专利法理论与实务，竞争法、数据保护与知识产权其他问题三大板块。为尽可能系统地向读者展示知识产权实务领域疑难问题、新型问题的研究成果，《知行天下讲堂（第一辑）》还选编了部分已发表于《中国法律评论》《法律适用》《暨南学报》《中国出版》《中国版权》《版权理论与实务》《中国专利与商标》《人民法院案例选》等核心期刊、杂志，以及"WIPO中国""IPRdaily""知产财经"等各类知识产权相关微信公众号的文章。

在此，我要感谢所有参与过"知行天下讲堂"的嘉宾们，是你们的智慧与贡献成就了这份珍贵的成果；也要感谢每一位听众和支持者，是你们的热情与信任推动了讲堂的延续和发展；更要感谢中国政法大学副校长兼中国政法大学校友总会会长李秀云教授、北京知识产权研究会会长孙国瑞教授、北京知识产权法研究会会长曲三强教授欣然为《知行天下讲堂（第一辑）》分别作序；感谢编委会全体成员的精心指导；感谢知识产权出版社编辑的辛苦付出。未来，我们将继续努力，为知识产权学科发展、知识产权行业进步与知识产权强国建设作出更多的贡献。

最后，希望《知行天下讲堂（第一辑）》能成为您探索知识产权世界的一扇窗口。让我们携手共进，开启更多未知的旅程。

刘 瑛

2024 年 9 月 1 日